CHAIYOUJI DIANKONGXITONG
WEIXIU YU SHILI

柴油机电控系统维修与实例

吴文琳　主　编
林瑞玉　副主编

化学工业出版社
·北京·

内 容 简 介

本书从电控柴油机使用与维修的实际出发，简明扼要地介绍了柴油机电控系统的结构与原理，重点介绍了柴油机电控系统及各种传感器、执行器的故障诊断维修方法和技巧。全书分为八章，内容包括柴油机电控系统维修基础、柴油机电控燃油系统结构与维修、柴油机电控系统传感器的结构与维修、柴油机电控单元与执行器的检测与维修、柴油机进气控制系统结构与维修、柴油机排气净化系统结构与维修、柴油机电控系统故障的诊断与排除、柴油机电控系统故障维修实例精选。书中精选了165个轻、中、重型柴油机电控系统典型故障维修实例，方便读者查阅、举一反三。本书内容丰富，通俗易懂，实用性较强。

本书可为广大汽车修理工和技术人员提供实用性帮助，也可作为大中专院校相关专业和汽车维修培训学校的教材或参考书。

图书在版编目（CIP）数据

柴油机电控系统维修与实例/吴文琳主编 . —北京：化学工业出版社，2022.9
ISBN 978-7-122-41441-0

Ⅰ.①柴…　Ⅱ.①吴…　Ⅲ.①汽车-柴油机-电气控制系统-维修
Ⅳ.①U464.172

中国版本图书馆 CIP 数据核字（2022）第 085954 号

责任编辑：陈景薇　辛　田　　　　　　　　　文字编辑：冯国庆
责任校对：田睿涵　　　　　　　　　　　　　装帧设计：王晓宇

出版发行：化学工业出版社（北京市东城区青年湖南街 13 号　邮政编码 100011）
印　　装：三河市延风印装有限公司
787mm×1092mm　1/16　印张 24¼　字数 643 千字　2022 年 9 月北京第 1 版第 1 次印刷

购书咨询：010-64518888　　　　　　　　　售后服务：010-64518899
网　　址：http://www.cip.com.cn
凡购买本书，如有缺损质量问题，本社销售中心负责调换。

定　　价：99.00 元

随着柴油机电子控制技术的迅速发展，为与国际接轨，国内企业一面引进国外先进的高压共轨与单体泵、泵喷嘴柴油机电控技术，一面自力更生研发了一些新的技术，使柴油机从结构、功能、原理，到故障检测与维修都发生了很大变化。为了满足广大柴油机维修工的迫切需求，能快速、准确地判断汽车故障点并排除故障，能较快地掌握柴油机电控技术的维修技能，特编写了本书。

本书从电控柴油机使用与维修的实际出发，在内容上力求实用，通俗易懂，简明扼要地介绍了电控柴油机的结构与原理，重点介绍了柴油机电控系统及各种传感器、执行器的故障诊断与维修方法和技巧。

全书分为八章，内容包括柴油机电控系统维修基础、柴油机电控燃油系统结构与维修、柴油机电控系统传感器的结构与维修、柴油机电控单元与执行器的检测与维修、柴油机进气控制系统结构与维修、柴油机排气净化系统结构与维修、柴油机电控系统故障的诊断与排除、柴油机电控系统故障维修实例精选。书中精选了 165 个轻、中、重型柴油机电控系统典型故障维修实例，方便读者查阅、举一反三。本书内容丰富，通俗易懂，实用性较强。

本书可为广大汽车修理工和技术人员提供实用性帮助，也可作为大中专院校相关专业和汽车维修培训学校的教材或参考书。

本书由吴文琳任主编，林瑞玉任副主编，参加编写的人员还有何木泉、林国强、林志强、吴沈阳、黄志松、林志坚、陈山、杨光明、林宇猛、陈谕磊、李剑文等。本书在编写过程中参阅了一些文献资料，特在此向相关作者表示衷心的感谢。

由于笔者水平有限，书中难免有不足之处，敬请广大读者批评指正。

编　者

CONTENTS

目录

第三章 柴油机电控系统传感器的结构与维修

93

第四章　柴油机电控单元与执行器的检测与维修　　/ **137**

第八章　柴油机电控系统故障维修实例精选

附录 ╱ 349

第一章
柴油机电控系统维修基础

电控柴油机的指燃油系统由柴油机电控单元（ECU）控制，电控单元以柴油机的转速、负荷及运行状况作为反映柴油机实际工况的基本信号，参照由试验得出的柴油机各工况相对应的喷油量和喷油定时（MAP）来确定基本的喷油量和喷油定时，然后根据各种因素（如水温、油温、大气压力等）对其进行各种补偿，得到最佳的喷油量和喷油正时，再通过执行器进行控制，从而使柴油机的燃油经济性和动力性达到最佳的平衡。而且在确保柴油机提高动力性和经济性的同时，废气排放指标可以满足新的环保要求（如国六排放标准）。而传统的柴油机则由机械控制，控制精度无法以保障。因此，除了某些特殊用途外，柴油机行业已基本电控化。

汽油机与柴油机的最根本区别在于燃料的点火方式，前者用点燃汽油做功，即汽油机的燃料在进气行程中与空气混合后进入气缸，然后被火花塞点燃做功；后者用压燃柴油做功，即柴油机的燃料在压缩行程接近终了时直接喷入气缸，在压缩空气中被压燃做功。

而在电控系统方面，柴油机与汽油机的主要差别是，汽油机的电控系统只是控制空燃比，柴油机的电控系统则是通过控制喷油时间来调节输出的大小，即由发动机的转速和加速踏板位置（油门拉杆位置）来决定。因此，柴油机电控系统的基本工作原理是计算机根据转速传感器和油门位置传感器的输入信号，首先计算出基本喷油量，然后根据冷却液温度、进气温度、进气压力等传感器的信号进行修正，确定最佳喷油量。

一、柴油机电控系统的组成

电控柴油机通常根据电控燃油系统的形式来命名，如电控分配泵柴油机、电控泵喷嘴柴油机、电控单体泵柴油机、电控高压共轨柴油机等。由于设计理念的不同，对于同一种电控高压燃油系统，虽然电控方法基本相同，但不同生产厂家的产品差异较大。

普通柴油机采用的是机械式燃油喷射系统（图1-1），电控燃油喷射系统如图1-2所示，两者的主要区别在于燃油供给系统的不同。普通柴油机燃料供给系统一般由燃油供给装置、空气供给装置、混合气形成装置和废气排放装置四大部分组成。电控柴油机燃油供给系统则是在普通柴油机燃油供给系统的基础上加装电控系统发展而来的。柴油机电控系统一般由电控单元、传感器和执行器三大部分组成，如图1-3所示。

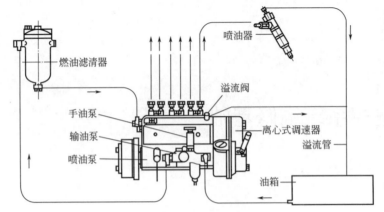

图 1-1 普通柴油机燃油喷射系统

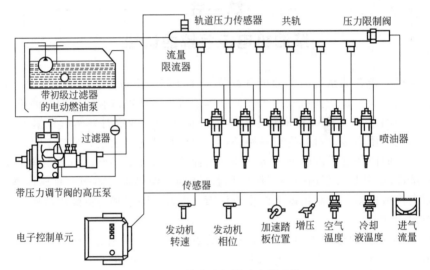

图 1-2 电控柴油机燃油喷射系统

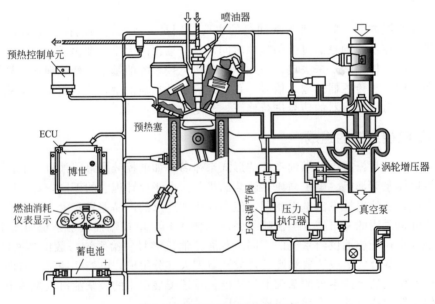

图 1-3 柴油机电控系统的组成

1. 传感器

传感器（包括信号开关）用于检测柴油机或喷油泵本身的运行状态，并将检测结果转换成电信号输送给 ECU；ECU 根据各个传感器的信息不断地运行，控制发动机的最佳喷油量、最佳喷油时间；执行器根据电控单元的指令，准确控制柴油机的供（喷）油量和供（喷）油正时。在电控柴油机中一般有下列几种传感器。

（1）进气温度和压力传感器　可以分别将柴油机进气（通过涡轮增压器后）的温度和压力转换成电压信号，这些信号经 ECU 处理后可以用于计算柴油机的进气量。

（2）曲轴信号传感器　曲轴信号传感器安装在靠近曲轴正时齿轮或飞轮的位置，当曲轴上安装的柴油机转速脉冲齿轮通过传感器时，传感器内线圈的磁场发生变化，从而产生交流（AC）电压。柴油机 ECU 将 AC 电压作为检测信号而检测出来，通过对电压信号的处理，可以得到柴油机转速、角加速度的瞬态值和平均值。

（3）凸轮轴信号传感器　电控柴油机的凸轮轴上有铁磁材料的信号轮。凸轮轴信号传感器安装在凸轮轴旁边。当凸轮轴转动时，凸轮轴信号传感器就会产生与凸轮齿廓对应的电脉冲信号。凸轮轴信号主要用于对柴油机的运转状态做相角初定位。

（4）冷却液温度传感器　常用的冷却液温度传感器用热敏电阻制成，通过铜材料外壳的保护，直接安装在柴油机的冷却液循环通道内的合适位置。控制系统将根据不同的冷却液温度实施相应的控制策略。

（5）加速踏板位置传感器　在电控柴油机中，"油门"的功能由一个加速踏板位置传感器取代。其外观仍像传统的加速踏板，但它与供油量的控制没有任何机械的连接关系。在它的转轴位置安装着一个由精密导电塑料作为接触材料制成的电位器（也有汽车厂家采用霍尔元件），随加速踏板一起运动，可以将加速踏板的位置转角转换成电信号。控制系统通过对这个传感器的采样可以了解驾驶人的操控意图，并结合其他控制要素的综合处理，最终控制供油量和供油时机。

（6）废气再循环阀位置传感器　废气再循环（EGR）技术就是从柴油机排气中，引回部分废气与新鲜空气共同进入柴油机气缸内参与燃烧，既降低气缸内的燃烧温度，又能有效地控制高温富氧条件下 NO_x 的生成，从而大大降低发动机废气中 NO_x 的含量。EGR 系统由柴油机 ECU（电控单元）进行控制。ECU 通过进气温度传感器、进气压力传感器、水温传感器、转速传感器、加速踏板位置传感器以及车辆制动信号等来感知柴油机的各种状态，从而控制 EGR 控制阀的开度和废气再循环比率。EGR 阀门工作时联动着一个位置传感器，该传感器一般是由精密导电塑料制成的电位器，它将阀门的位移量转换为电信号量。通过对这个传感器进行采样，控制系统可以获取废气再循环阀的当前开度，通过与开度期望值的比较，可以决定此刻应对该阀门的控制动作。

（7）共轨压力传感器　共轨压力传感器是由一个半导体元件组成的传感器。利用压力施加到硅元件上时电阻发生变化的压电效应原理制成。输出信号随压力的增加而增大。

（8）机油压力温度传感器　可以同时检测机油压力和机油温度，其原理与进气温度和压力传感器一致。

（9）共轨压力传感器　共轨压力传感器是由一个半导体元件组成的传感器。利用压力施加到硅元件上时电阻发生变化的压电效应原理制成。输出信号随压力的增加而增大。

（10）机油压力温度传感器　可以同时检测机油压力和机油温度，其原理与进气温度和压力传感器一致。

（11）氮氧传感器　氮氧传感器是用于检测发动机尾气中如 N_2O、NO、NO_2、N_2O_3、N_2O_4 和 N_2O_5 等氮氧化合物（NO_x）含量的传感器。按照工作原理可分为电化学式、光学

式以及其他原理的 NO_x 传感器。氮氧传感器是实现柴油车国五和国六排放标准的关键传感器之一。

2. 电控单元

柴油机电控系统的电子控制器一般称为电控单元（ECU），也称为柴油机控制模块（ECM）。它的作用是接收各种传感器和开关的信号，进行运算、分析、比较、判断，根据ECU存储的发动机控制程序向执行器发出指令，实现喷油量和喷油正时的控制。电控单元通过 CAN 总线还可以和其他控制系统进行通信。

ECU 还具有故障诊断功能，当控制系统出现故障时，它会进行识别，当确认为故障时，以故障码的形式进行存储，并使指示灯点亮，提醒驾驶人进行检修。

电控柴油机的电控单元是以单片微型计算机（即单片机）为核心所组成的电子控制装置，主要包括 ECU 的控制功能，ECU 的硬件，ECU 的软件，ECU 的标定与调试等相关内容。

（1）ECU 的控制功能　在电控柴油机中，ECU 是"大脑"。电控柴油机的所有机械部件只是使柴油机具备了能够发挥出效能的可能性，而只有在 ECU 的控制下，才能部分或全部发挥出其效能。

（2）ECU 的硬件　从外观上看，ECU 就是一个铝外壳的扁平盒子，里边装有一块集成电路板。集成电路板上有个多路的连接器，所有的对外电路连接都通过连接器实现。集成电路板上一般是采用贴片制造工艺安装电路元件，其中最重要的元件是一个单片芯片或称微控制器。另外，还有一些其他的元件，完成一些辅助的输入输出功能。

（3）ECU 的软件　ECU 既然是微型计算机系统，它的所有工作当然是受软件控制的。ECU 软件系统的主要功能包括单片机运行环境的配置、外部信号的输入操作、内部的逻辑运算和处理、对输出信号和驱动的控制、对其他信号系统的通信等。

（4）ECU 的标定与调试　在 ECU 控制柴油机的工作过程中，有一些专用控制参数能够决定控制效果。这些控制参数的不同取值会不同程度、不同范围地影响最终控制效果。其中最重要的是每次喷射的供油量和供油相位。确定这些控制参数在每一个特定的工况条件下最佳取值量的调试过程称为标定。调试与标定过程需要利用另一台计算机，通过与 ECU 的通信，在 ECU 实时控制柴油工作的过程中对每个工况进行标定。

3. 执行器

执行器是执行电控单元发送的指令，并按指令调节喷油量和喷油正时，从而调节柴油机的运行状态。在直列泵系统中，有负责调节喷油泵齿杆位置的调速器执行器和负责调节喷油时间的喷油提前执行器。在分配泵系统、泵喷嘴、单体泵系统和高压共轨系统，还有电磁阀等执行器。电控柴油机的执行器主要有下列几种。

（1）电控高压燃油设备　对于柴油机电控系统，最重要的执行器就是电控高压燃油设备。

电控高压燃油设备有多种，其结构原理虽有不同，但基本上都是依靠供油控制电脉冲的前沿来控制供油开始时刻，依靠供油控制电脉冲的宽度来控制每次喷射的供油量。

（2）废气再循环阀　废气再循环（EGR）阀是一种由比例电磁铁或真空腔控制的气阀，阀的开度决定了废气的再循环量（EGR 阀把一定比例的废气引入气缸内）。废气的再循环量会对柴油机排放物中的 NO_x 含量有显著影响。在柴油机电控系统中，常使用脉宽驱动（PWM）方式来控制 EGR 阀开度。

（3）控制开关　根据柴油机的工作状况，柴油机需要随时对一些辅助的、附属的电气做出各种控制动作，针对这一类的控制动作有各种不同的控制逻辑。例如，当柴油机冷却液温度达到某一较高值时，需要及时开启冷却风扇来散热。如果车辆运行速度较快而使冷却液温度低于某一数值时，需要及时关闭冷却风扇。对于需要较大工作电流的设备，常表现为由控制器驱动一些继电器来实现开关。而对于工作电流不是很大的设备，则可直接用控制设备的输出来驱动执行设备。

（4）可调喷嘴增压器　可调喷嘴增压器（VNT）是一种较新的柴油机增压设备部件，即可变喷嘴环涡轮机，也有的资料上称为可变截面涡轮增压（VGT），即可变几何参数涡轮机。该设备通过改变柴油机喷嘴环的角度调整涡轮机的工作性能，对于改善柴油机的低速转矩有极好的作用。

二、柴油机电控系统的工作原理

汽车电子控制系统由信号的传感器、ECU、执行器三大部分组成。无论是哪种电子控制系统，其控制基本原理都是相同的，即以 ECU 为控制核心，以各传感器为控制基础，以执行器为控制对象，保证各系统都能在最佳的状态工作（图1-4）。

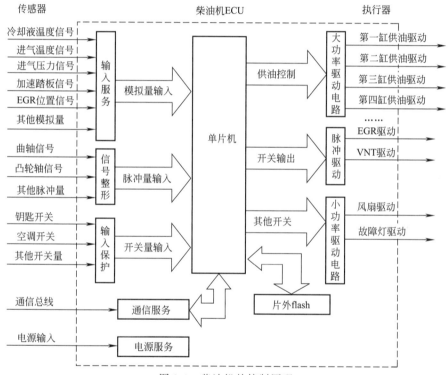

图 1-4　柴油机的控制原理

柴油机电控系统采用转速、加速踏板位置、喷油时刻、进气温度、进气压力、燃油温度、冷却液温度等传感器，将实时检测到的各种信号先送入模/数（A/D）转换器（如果输入信号是模拟量），然后通过电子控制单元的接口输入。

对于传感器，在电子控制单元的储存器中存有所需的发动机的调控参数或状态的目标数据。柴油机 ECU 对电控系统传感器输入的各种信息进行运算、处理、判断，与已储存的设定参数值或参数图谱（MAP 图）进行比较，如果两者相同，则整个柴油机电子控制系统保持原状态，发动机继续按先前状态运行；反之，当实际参数偏离目标参数时，电子控制单元则会根据该偏离值的大小和极性（正和负），按一定的控制策略进行有关信息的处理。

执行器根据 ECU 指令控制喷油量（供油齿条位置或电磁阀关闭持续时间）和喷油正时

（正时控制阀开闭或电磁阀关闭始点），同时对废气再循环阀、预热塞等执行机构进行控制，使柴油机运行状态达到最佳。

知识拓展

我国电控柴油机主要厂家生产的欧Ⅲ柴油机见表1-1。

表1-1　我国电控柴油机主要厂家生产的欧Ⅲ柴油机

生产厂家	机型		电控高压柴油喷射系统		排量/L	功率/kW	转矩/(N·m)	适用车型
			类别	所属公司				
东风康明斯有限公司	康明斯ISBe	184-30	高压共轨	德国博世	5.9	136	700	6缸机用于载重25t的卡车、大型客车，4缸机用于4t以下的卡车和5m以下的客车
		220-30	高压共轨	德国博世	5.9	162	820	
		250-30	高压共轨	德国博世	5.9	184	950	
		274-30	高压共轨	德国博世	5.9	202	955	
	康明斯ISCe	224-30	高压共轨	德国博世	8.3	166	955	35t以下载重车及12m客车
		260-30	高压共轨	德国博世	8.3	191	1060	
		300-30	高压共轨	德国博世	8.3	223	1250	
	康明斯ISLe	300-30	高压共轨	德国博世	8.9	223	1250	41t重型货车、大型双层客车、豪华大巴等
		324-30	高压共轨	德国博世	8.9	242	1250	
		350-30	高压共轨	德国博世	8.9	258	1550	
	雷诺DCi	11	高压共轨	德国博世MS6.3	—	210～303	—	东风-雷诺（法国）柴油机
玉柴机器股份公司	YC6L		电控单体泵	美国德尔福	8.424	258	1400	大型客车（10～12m）
	TC6G		电控单体泵	美国德尔福	7.8	177	950	中型客车（7.8～9.5m）
	YC6G		电控单体泵	美国德尔福	5.202	155	780	中型客车（7.8～9.5m）
	YC4F	TC4F100-30	高压共轨	美国德尔福	2.66	75	245	轻型客车（6m以下）
		YCAF114-30	高压共轨	美国德尔福	2.66	85	300	轻型客车（6m以下）
	YC4W74-30		高压共轨	美国德尔福	1.2	55	153	微型客车、微型轿车
	YC4L		电控单体泵	美国德尔福	5.616	173	850	大、中型客车
上海柴油机股份有限公司	6CK300-3		高压共轨	日本电装	8.27	221	1200	大型客车（10～12m）重型货车（总重40t）
	PI1C	PI1C-325UK	高压共轨	日本电装	10.52	239	1250	大型客车、重型货车
		PI1C-360CJ	高压共轨	日本电装	10.52	257	1420	大型客车、重型货车
	日野（上海）J08C		高压共轨	—	7.9	223	—	大型客车、重型货车
	09系列	08-280	高压共轨	日本电装	8.82	205	1150	重型货车、大型客车
		08-300	高压共轨	日本电装	8.82	220	1230	重型货车、大型客车
		08-320	高压共轨	日本电装	8.82	235	1250	重型货车、大型客车
		08-350	高压共轨	日本电装	8.82	258	1350	重型货车、大型客车
		08-370	高压共轨	日本电装	8.82	272	1600	重型货车、大型客车
一汽解放大连柴油机分公司	CA4DC2		高压共轨	德国博世	3.2	65～88	—	轻型客车、卡车
	CA6DE3		高压共轨	德国博世	6.8	118～176	—	中型客车、卡车

生产厂家	机型		电控高压柴油喷射系统		排量/L	功率/kW	转矩/(N·m)	适用车型
			类别	所属公司				
一汽解放无锡柴油机分公司	6DL系列	6DL-32R	高压共轨	日本电装	7.7	235	1230～1350	客车(11～12m)和重型卡车(10～40t)
		6DL-35R	高压共轨	德国博世	8.6	257	1450	
	6DF3		高压共轨	德车博世	6.7	176	910	10m客车、中型卡车
东风朝阳柴油机有限责任公司	CYQD32系列	CYQD32T	—	—	3.153	80.9	221	轻卡、轻客、皮卡
		CYQD32Ti	—	日本尼桑	3.152	101.5	313	轻卡、轻客、皮卡
	CY6D78Ti		高压共轨	未定	7.79	180～191	830	中型卡车、客车
	CY4102系列		高压共轨	未定	3.856	125	600	轻型货车6～7m客车
潍柴动力股份有限公司	WP10		高压共轨	德国博世	10	264	—	大型客车、重型货车
	WP12		高压共轨	德国博世	12	352		大型客车、重型货车
南京依维柯有限公司发动机分公司	索菲姆柴油机	8140.435	高压共轨	德国博世	2.798	92	290	轻型客车
		8140.43N	高压共轨	德国博世	2.798	107	320	轻型客车

三、柴油机电控系统的控制功能

电控柴油机可以有效地改变传统柴油机尾气排放污染严重等问题，其控制功能主要是对柴油机喷油量和喷油时间进行有效控制，使混合气燃烧充分。电控柴油机还对发动机怠速、进气、燃油喷油、空调、涡轮增压、EGR阀、故障诊断等进行控制。在高压共轨系统中，利用压力传感器测量油轨内的燃油压力，从而调整油泵的供油量，喷油器电磁阀开启时间长短，控制喷油时间等。电控柴油机的控制功能见图1-5。

1. 燃油喷射控制

电控柴油机的燃油喷射控制主要包括供（喷）油量控制、供（喷）油正时控制、供（喷）油规律控制、喷油压力控制，此外还有柴油机低油压保护、增压器工作状况保护等。

（1）供（喷）油量控制 供（喷）油量控制是柴油机电控燃油喷射系统最主要的控制功能之一。在起动、怠速、正常运行等各种工况下，ECU根据发动机转速信号、负荷信号（加速踏板位置信号）和内存控制模型来确定基本供（喷）油量，并根据其他有关输入信号（如冷却液温度信号、进气温度信号、进气温度信号、启动开关信号、空调开关信号、反馈信号等）对供（喷）油量进行

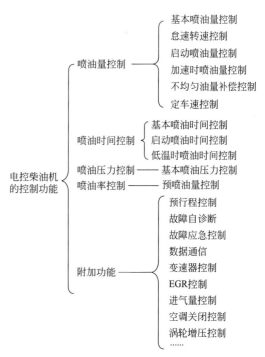

图1-5 电控柴油机的控制功能

补偿和修正，最后确定总的循环供（喷）油量。

（2）供（喷）油正时控制　供（喷）油正时控制也是柴油机电控燃油喷射系统最主要的控制功能之一。在柴油机电控燃油喷射系统中，ECU根据发动机转速信号、负荷信号和内存的控制模型来确定基本的供（喷）油提前角，并根据其他有关输入信号（如进气温度、进气压力等）加以补偿和修正，再根据曲轴位置信号，最后将各缸供（喷）油正时控制在一个最佳时刻。

（3）供（喷）油规律的控制　在柴油机电控燃油喷射系统中，电控单元以柴油机转速信号和负荷信号作为主控制信号，按预设的程序确定最佳的供（喷）油速率和供（喷）油规律。

（4）喷油压力控制　在柴油机电控燃油喷射系统中，电控单元以柴油机转速信号和负荷信号作为主控制信号，按预设的程序确定最佳的喷油压力，并对喷油压力进行闭环控制。

（5）低油压保护　柴油机机油压力过低时，电控单元根据机油压力传感器信号减少供（喷）油量，降低转速并报警；当机油压力降到极限值以下时，则切断燃油供给，强制使发动机熄火以保护柴油机。

（6）增压器工作状况保护　装有增压装置的柴油机，当增压压力因增压器超速而过高，并造成中冷器压力太高，或气缸内压力过高甚至超过极限时，电控单元根据增压压力传感器的信号减少喷油量；如果因增压压力过低，造成空气量不足使排气温度过高时，电控单元根据增压压力传感器的信号减少喷油量并报警。

2. 怠速控制

电控柴油机的怠速控制主要包括怠速转速的控制和怠速时各缸均匀性的控制。

（1）怠速转速的控制　怠速工况时，电控单元以柴油机转速和负荷信息作为主控信号，同时参照冷却液温度、进气温度、空调离合器开关情况等信息，确定循环供（喷）油量，并通过各种反馈信息，对怠速供（喷）油量进行反馈控制，使怠速转速保持稳定。

（2）怠速时各缸均匀性的控制　在共轨式第二代柴油机电控燃油喷射系统中，由电控单元分别对各缸的喷油器进行控制（顺序喷射控制），电控单元可以通过精确测定曲轴转速计算出怠速时各缸喷油量的偏差，然后进行补偿调节。

3. 进气控制

电控柴油机的进气控制主要包括进气管节流控制、可变进气涡流控制、可变配气正时控制和进气预热控制等内容。

（1）进气管节流控制　电控单元主要根据柴油机转速信号和负荷信号，控制进气管中节流阀的开度，以满足高、低转速工况时对进气流量不同的要求。

（2）可变进气涡流控制　电控单元以柴油机转速和负荷作为主控制信号，按预存的程序对进气涡流强度进行控制，以满足高、低转速工况时对进气涡流强度不同的要求。

（3）可变配气正时控制　电控单元以柴油机转速和负荷信息作为主控信号，按预存的各种工况下的最佳配气相位图对配气正时进行控制，以满足高、低转速工况时对配气正时不同的要求。

（4）进气预热控制　电控单元以柴油发动机冷却液的温度为基本的控制参数，通过对加热塞通电时间的控制对进气进行预热，以提高柴油发动机的低温启动性能和低温下的怠速稳定性。

4. 废气涡轮增压控制

在电控柴油机中，废气涡轮增压器采用的是电控方式。它主要是由电控单元根据柴油机转速信号、负荷信号、增压压力信号等，通过控制废气旁通阀的开度或废气喷射器的喷射角度、涡轮增压器废气进口截面大小等措施，实现对废气涡轮增压器工作状态和增压压力的控制，既能保证柴油机在低速时有较高的转矩，又能保证柴油机在标定附近增压压力不至于过高，以防止负荷过高而导致的功率下降和涡轮增压器超速。废气涡轮增压器的作用主要包括废气旁通的控制和涡流通流面积的控制。

（1）废气旁通的控制　电控单元以柴油机增压压力信息作为主控信号，结合其他有关信息，控制废气旁通阀的开启或关闭，使废气涡轮增压柴油机在低速时响应性好，转矩特性不变差，而高速时又能满足功率大的要求。

（2）涡流通流面积的控制　电控单元以柴油机转速和负荷信息作为主控信号，结合增压压力、冷却液温度等信息从相关内存中得到目标增压压力，然后通过对涡轮进口面积或涡轮喷嘴截面的控制来改变涡轮通流面积（低工况时和高工况时分别缩小及增大涡轮通流面积），从而在不损害高工况经济性的前提下，扩大低燃油消耗率的运行区，增大低速转矩，提高加速性能，降低排放和噪声。

5. 排放控制

电控柴油机的排放控制（不包括其他专门的排气后处理系统）主要是废气再循环（EGR）控制。电控单元主要根据柴油机转速和负荷信号，按内存程序和计算修正，输出适当占空比脉冲电压，控制 EGR 真空电磁阀通电时间，进而控制 EGR 阀开度，以调节 EGR 率。

6. 启动控制

柴油机启动控制主要包括供（喷）油量控制、供（喷）油正时控制和预热装置控制。其中供（喷）油量控制和供（喷）油正时控制与其他工况相同。柴油机冷启动时的预热装置一般都是电加热装置（如进气预热塞等），ECU 根据柴油机启动时的冷却液温度决定电加热装置是否通电以及通电持续时间，并在柴油机启动后或启动温度较高时，自动切断电加热装置电源。

7. 自诊断系统、失效保护模式和跛行（回家）功能

（1）自诊断系统　在发动机启动和运行过程中，或在诊断输入自测试模式时，能够自动检测包括本身在内的发动机电控系统的状况。如果发现问题，ECU 会判断该问题是永久性故障还是间歇性故障，并在其存储器中设置、储存相应的故障码，或同时输出报警信息。

（2）失效保护模式　是指发动机电控系统在故障状态下，ECU 的控制策略。与汽油机电控系统相似，柴油机的电控系统同样具有失效保护模式（又称为安全保护功能）。当某一部件或信号出现异常后，将会导致控制单元的运算错误甚至不能进行正常的控制，这将对柴油机的运行构成较大威胁。失效保护模式能有效地保护柴油机不受进一步损害而自动启用若干保护措施。

失效策略（失效保护）因故障不同可分为四级：一级，默认值（替换）；二级，减转矩；三级，跛行（回家）；四级，停机。

（3）跛行（回家）功能　某些传感器故障导致信号缺失或失常，会使发动机停转，发动机电控单元将启用备用功能，使相关执行器切换到预设的工作模式，以维系发动机的基本运

转，这种功能也称为跛行功能或回家功能。当发动机电控系统发生以下故障时，进入跛行（回家）状态。

① 曲轴转速传感器损坏，线路开路、断路。
② 凸轮轴位置传感器损坏，线路开路、断路。
③ 轨压传感器损坏，线路开路、断路。
④ 油量计量阀损坏，线路开路、断路。
⑤ 加速踏板位置传感器损坏，线路开路、断路。

8. 柴油机与变速器的综合控制

在装备电控自动变速器的柴油车上，将柴油机电控单元与自动变速器电控单元合在一起，实现柴油机与变速器的综合控制，以改善汽车的变速性能。

四、柴油机燃油系统的分类

电控柴油机的燃油系统的分类方法包括按喷油量控制方式和按柴油机高压燃油机构2种。

1. 按喷油量控制方式分类

电控柴油机按喷油量控制方式分类，可分为位置控制式燃油系统、时间控制式燃油系统和时间-压力控制式燃油系统三种。

（1）位置控制式燃油系统　普通的柴油机喷油量大小通过机械方式进行控制，即由喷油泵柱塞顶面封住径向油孔到柱塞斜槽露出油孔的距离来决定，也就是由喷油泵的供油有效行程决定。驾驶人踩下加速踏板，拉动控制齿条使柱塞转动，改变柱塞与开有回油孔的柱塞套筒的相对位置，增加或减小柱塞的供油有效行程，从而调节喷油量。加速踏板通过调速器与控制齿条联动，根据发动机的转速和负荷的变化调节供油量。喷油时刻则由安装在发动机和喷油泵之间的供油提前角自动调节器根据发动机的转速调节凸轮轴的相对位置来调节。所以，普通柴油机的供油量、供油时刻控制精度、供油特性、响应性等较差。

位置控制式燃油系统是位置控制式电控柴油喷射系统，它保留了传统柴油机的高压油泵-高压油管-喷油器（PLN）、控制齿条、齿圈、滑套、柱塞上的螺旋槽等油量控制机构，只是对齿条或滑套的移动位置进行电控。用电子调速器代替了传统的机械式离心调速器，用发动机转速传感器和加速踏板位置传感器代替了原有的转速和负荷传感机构（如离心飞块、真空室等），用ECU控制的电子执行机构代替了机械离心式调速执行机构和加速踏板传动机构。

位置控制式电控燃油系统主要有直列柱塞泵和转子分配泵两种位置控制机构。

① 电控直列柱塞泵的燃油系统。电控直列柱塞泵的燃油系统的喷油量控制装置采用占空比电磁阀式或直流电动机式电子调速器，其反馈元件是齿条位置传感器。

② 电控转子分配泵的燃油系统。电控转子分配泵的燃油系统的供油量装置采用转子式或占空比电磁阀式电子调速器。

在位置控制式电控柴油喷射系统中，喷油量是根据ECM发出指令由齿杆或溢油环的位置进行控制；喷油时间是根据ECM的指令由发动机驱动轴和凸轮轴的相位差进行控制。ECM根据各种传感器检测出的发动机的运行状态及环境状况等，计算出适合发动机运行的最佳控制量，并向执行机构发出指令，控制执行器工作。

一汽捷达轿车SDI电控柴油喷射系统，就是采用博世电控轴向压缩式分配泵实行位置控制式喷射系统。

（2）时间控制式燃油系统　时间控制式燃油系统保留了传统柴油机燃油系统的组成和结构，通过新增加的传感器、电控单元和高速电磁阀（执行器）组成的数字式调节系统，由高速电磁阀直接控制高压燃油的喷射正时和喷油量。电磁阀关闭，执行喷油；电磁阀打开，喷油结束。所以，喷油量和喷油正时是由电磁阀通电时间和通电时刻来控制的。时间控制式燃油系统控制自由度大，供油加压和供油调节在结构上相互独立，可以简化喷油泵的结构，提高强度，加强高压燃油喷射能力；其不足在于供油压力不好控制。

时间控制式燃油系统利用时间控制方式，对供油量实行位置控制，其特点是以模拟量来控制执行元件的工作，通过对喷油泵油量控制机构的定位来获得所需的供油量。闭环控制供油量的反馈信号也由模拟信号传感器检测，ECU 对模拟信号进行 A/D 转换后才能处理，所以供油量控制精度和执行元件的响应速度都较差。在位置控制方式中，所用的电子调速器需要由部分机械装置完成对喷油泵供油量的调节，这也会降低控制精度和响应速度。采用时间控制方式，可以弥补位置控制的不足。

时间控制式燃油系统主要包括电控单体式喷油器、电控单体泵系统和时间控制式电控转子分配泵喷油系统。

① 电控单体式喷油器，即电控泵喷嘴系统，它是将喷油泵、喷油嘴和电磁阀组合在一起，由凸轮轴摇臂驱动的喷油系统。其喷油量由安装在喷嘴总成上的电磁阀关闭时间决定，喷油正时由电磁阀关闭时间决定。

电控泵喷嘴没有高压油管，没有机械式供油量调节齿杆。喷油量和喷油正时由 ECM 根据各种传感器输入信号和油门踏板位置信号，电磁阀关闭，执行喷油；电磁阀打开，喷油结束。在电控泵喷嘴系统中，由于没有高压油管，所以具有很高的机械强度，喷油压力可达 200MPa 以上。

电控泵喷嘴可应用于小型客车、轻型车及中重型载货汽车柴油机上，其尾气排放可达欧 Ⅳ 标准以上。一汽大众宝来 TDI 电控柴油机采用博世电控泵喷嘴系统。

② 电控单体泵系统（FUP）。电控单体泵和电控泵喷嘴一样，高压燃油仍然由套筒内做往复运动的柱塞产生，喷油量和喷油正时则由 ECM 根据各种传感器输入的信号进行控制，电磁阀关闭，执行喷油；电磁阀打开，喷油结束。在单体泵总成内的每个单体泵上部都设置了一个高速电磁阀，喷油时间和喷油量由电磁阀的接通/断开控制。

电控单体泵和电控泵喷嘴一样，没有机械式供油量调节齿条；传统喷油泵中的齿圈、滑套、柱塞上的斜槽、提前器、齿杆等全部取消。每个单体泵实际上是一个独立的柱塞泵，柱塞只负责供油和加压，而供油量和供油时刻由柱塞上部的高速电磁阀单独完成。因此供油加压与供油调节在结构上互相独立，分别由柱塞和电磁阀完成。

电控泵喷嘴和电控单体泵有许多相似之处，单体泵系统是由博世公司喷油泵-高压油管-喷油嘴（PLN）衍化而来，现已广泛应用在美国和欧洲各国的电控柴油车上，在柴油轿车和中重型柴油货车上都得到广泛应用。电控单体泵系统，喷射压力可达 200MPa 左右，其燃油经济性好，排放可达欧 Ⅳ 标准。我国玉柴公司引用美国德尔福（Delphi）电控单体泵，研制和开发了排放达欧 Ⅳ 标准的 YC6G、TC6L、TC4G 系列电控单体泵燃油系统。

我国成都威特公司研制的电控组合泵，即电控单体泵具有自主知识产权，并配装在玉柴、潍柴的柴油机上，性能可靠。该单体泵适合缸径为 95～105mm、转速在 3000r/min 以下的轻型或中型载货汽车柴油机上。

③ 时间控制式电控转子分配泵系统。时间控制式电控转子分配泵系统已经取消了油量控制滑套，也取消了泵油柱塞上的回油槽。

高速电磁阀安装在泵油柱塞顶部高压油腔的回油通道中，它由控制器操纵控制，而控制器又由 ECU 控制。驱动器的作用是将控制器输出的信号放大后作为电磁阀的驱动电流。在喷油泵内安装有电磁感应式或霍尔式泵角传感器，用于检测喷油泵驱动轴的位置和转角，传感器将信号输入控制器，控制器再将泵角传感器输入的转角信号传递给ECU，使ECU确定柴油机转速。后期开发的转子分配泵时间控制系统，一般将控制器、驱动器和ECU组合成一体。

（3）时间-压力控制式燃油系统（即电控共轨燃油系统） 共轨电控技术是指由高压（中压）输油泵将高压燃油输送到一个公共油轨（又称高压蓄能器），由高压（或中压）输油泵、压力传感器和电控单元组成的闭环系统中将喷射压力的产生和喷射过程彼此完全分开的一种供油方式。

ECU对共轨内的油压和喷油时间进行控制。其中，保持喷油压力一定，通过控制喷油时间来控制喷油量，为"时间-压力控制"方式；保持喷油时间一定，通过控制喷油压力来控制喷油量，为"压力控制"方式。它是应用非常广泛的电控柴油机。

共轨柴油系统按油轨压力大小可分为高压油轨和中压油轨两种基本类型；按控制喷油器喷油的执行元件的不同，共轨系统可分为电磁阀式和压电式两种类型。

① 高压共轨系统。高压是指喷油压力比传统柴油机要高出2倍多，最高可达200MPa（传统柴油机喷油压力为60~70MPa）以上，压力大、雾化好，燃油充分，因而提高了动力性并达到省油的目的；共轨是指通过公共油管同时供给各个喷油器，喷油量经过ECU的精确计算，同时向各个喷油器提供同样品质、同样压力的燃油，使柴油机运转更加平顺，从而优化柴油机综合性能，而传统柴油机由各缸各自喷油，喷油量和压力不一致，运转不均匀，造成燃烧不平稳，噪声大，油耗高以及排放水平低。

在高压共轨系统中，电控单元直接对电磁喷油器的喷油量、喷油正时、喷油速率和喷油规律、喷油压力等进行时间-压力控制。高压油泵并不直接与喷油器连接，它的主要作用是向共轨油管供油以维持所需的共轨的油压。设在共轨油管上的压力阀可以连续调节共轨压力来控制喷油压力。

我国一汽奥迪A6电控柴油轿车，其发动机燃油供给系统采用博世公司的第三代共轨技术，喷油压力可达160MPa。

东风康明斯、玉柴、大柴、潍柴等公司引进国外技术生产的高压共轨电控柴油机有ISBE、ISDE、ISLE、YC4F、YC4W75-30、CA6DE3、CA4DC2、6DL-35R、WP10、WP1Z，南京依维柯（IVECO）公司生产的8140.43S、8140.43N等柴油机，这些电控柴油机应用在城市公交车、旅游客车、轻型和中重型载货汽车上，尾气排放达到欧Ⅲ标准。

② 中压共轨系统。中压共轨系统中，输油泵输出的是中、低压燃油，压力为10~30MPa，由此压力燃油进入共轨，然后进入喷油器。ECU根据柴油机的工作需要通过高速电磁阀控制喷油器开闭。喷油器中有液压放大结构（即增压器），燃油在此被加压到120MPa以上，然后再喷入气缸。此类系统一般通过控制共轨中的油压来控制喷油量，即采用"压力控制"方式。

③ 压电式共轨系统。高压、中压共轨系统均属于电磁阀式共轨系统，即利用电磁阀作为执行元件，通过控制喷油器的开始与结束来实现燃油喷射控制。而在压电共轨系统中，则是利用压电晶体作为执行元件，通过控制喷油器喷油的开始与结束来实现燃油喷射控制。

我国已引进德国博世公司高压共轨技术和日本电装公司高压共轨技术，并将其应用在中重型电控柴油机上，主要有东风康明斯公司的ISBe、ISMe，玉柴的YC4F、YC4L等，锡柴的6DL2-35E3、CA6DF3等，上柴的6CK300-3、P11C、J08C等，大柴的CA6DE3等，潍柴的WP10、WP12及南京依维柯的8140.43、8140.43N等，这些电控柴油机的排放均达欧Ⅲ标准。

电控柴油机燃油系统控制原理及其特点见表1-2。

表 1-2　电控柴油机燃油系统控制原理及其特点

项目		具体说明
位置控制式系统	控制原理	位置式控制系统是在不改变传统喷油系统工作原理与基本结构的情况下,采用电控组件代替调速器和供油提前器,来对分配式喷油泵的油量调节套筒或柱塞式喷油泵的供油齿杆的位置,以及油泵主动轴和从动轴的相对位置进行调节,以实现对喷油量和喷油正时的控制
	特点	采用位置式控制方式的喷射系统,由于不必对柴油机的结构进行较大的改动,故十分方便对现有机型进行技术改造。不足之处是控制系统执行频率响应较慢、控制频率低、控制精度不够稳定,喷油量和喷油压力较难控制,无法改变传统喷油系统固有的喷射特性,很难较大幅度提高喷射性能
时间控制式系统	控制原理	时间控制式系统是在高压油路中,采用电磁阀直接控制喷油开始时间和结束时间,以此来改变喷油量和喷油正时
	特点	采用时间控制方式的喷射系统,具有直接控制、响应快、喷射压力高(峰值压力可达 240MPa)等特点,不足之处是无法实现喷油压力的灵活调整,而且也较难实现预喷射或分段喷射方式
时间-压力控制式系统	控制原理	时间-压力控制式系统是应用十分广泛的共轨喷射系统,该系统不再采用喷油系统柱塞泵分缸脉动供油原理,而是采用一个设置在喷油泵与喷油器之间具有较大容量的共轨管,把高压泵输出的燃油蓄积起来,并使压力稳定,然后通过高压油管输送给每个喷油器,由喷油器上的电磁阀控制喷射的开始与终止时间
	特点	共轨喷射系统喷油器上的电磁阀起作用的时刻决定喷油正时,起作用的持续时间和共轨压力决定喷油量。由于该系统采用压力-时间式燃油计量原理,故将其称为时间-压力控制式系统

2. 按柴油机高压燃油机构分类

电控柴油机按高压燃油机构的不同,可分为电控直列泵燃油系统 (图 1-6)、电控分配泵燃油系统 (图 1-7)、电控泵喷嘴燃油系统 (图 1-8)、电控单体泵燃油系统 (图 1-9)、电控共轨式燃油系统 (图 1-10)。

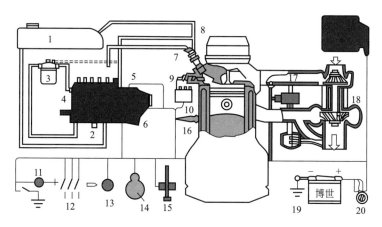

图 1-6　电控直列泵燃油系统

1—燃油箱；2—输油泵；3—燃油滤清器；4—直列式喷油泵；5—定时装置；6—调速器；7—喷油器及喷油器体；8—回油管；9—插入式预热塞及其控制电路；10—电控单元；11—故障指示灯；12—离合器、制动器和排气制动开关；13—速度选择杆；14—加速踏板位置传感器；15—发动机转速传感器；16—温度传感器(冷却液、空气、燃油)；17—进气压力传感器；18—涡轮增压器；19—蓄电池；20—预热塞和起动机开关

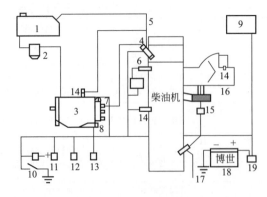

图 1-7　电控分配泵燃油系统

1—燃油箱；2—燃油滤清器；3—VE 型分配泵；4—带针阀运动传感器的喷油器；5—回油管；6—预热塞；7—断油
电磁阀；8—喷油定时控制电磁阀；9—电控单元；10—故障指示灯及故障诊断开关；11—巡航控制开关；
12—加速踏板位置传感器；13—车速传感器；14—温度传感器（冷却液、机油、进气）；15—EGR 阀；
16—空气流量传感器；17—曲轴转速传感器；18—蓄电池；19—电热塞和启动开关

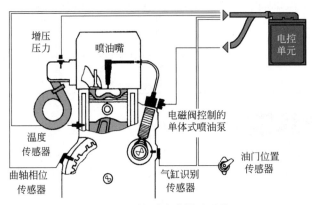

图 1-8　电控泵喷嘴燃油系统

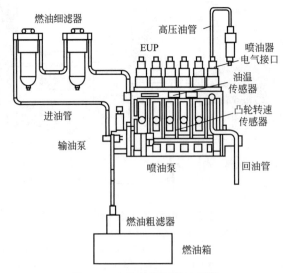

图 1-9　电控单体泵燃油系统

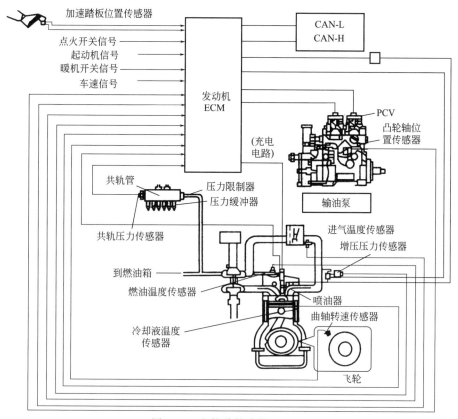

图 1-10　电控共轨式燃油系统

五、电控柴油机燃油系统的特点

1. 电控单体泵燃油系统

　　电控单体泵是将油泵柱塞驱动与柴油机配气机构所需凸轮轴整合成一体，包含在机体内部，从而实现油泵到喷油器的燃油管路最短化。柴油机工作时则通过传感器以检测柴油机状态。作为控制油泵电磁阀时间控制要求的输入信息，对燃油喷射量、喷射正时实行电控。该系统已在国内很多品牌的柴油机（如道依茨、玉柴等）上成功使用。

　　电控单体泵燃油喷射系统主要包括一个带有出油控制阀的高压油泵、机械喷油器，以及连接所需的燃油管路、滤清系统。其技术的主要特征是在柴油机机体上集成了喷油泵的功能，并通过在油泵上加装电磁阀控制其出油时间、油量，从而达到燃油喷射优化的目的。其油泵与柴油机凸轮共用一根凸轮轴，从而在结构上使其最大限度得到简化，并缩短了油泵出油口到喷油器的管路距离。

　　由于其喷油器的喷油开启方式仍是依靠弹簧压力控制，不可能进行多次喷射。进入国四阶段，需重新换用新燃油系统（国四柴油机一般需要使用催化器，并要求喷油器具有需多次喷射能力）。

2. 电控泵喷嘴燃油系统

　　电控泵喷嘴技术是直接将燃油压力提升、正时，油量控制的全部功能都集成起来安装到柴油机气缸盖上的一种方式。它是通过气缸盖顶端的顶置凸轮轴直接驱动燃油形成高压。由于没有额外的高压燃油管路，消除了管路压力损失并避免了管路泄漏的可能。

这种结构的柴油机可直接过渡到国四、国五产品中。电控泵喷嘴系统柴油机在国内宝来系列柴油轿车、国外卡特彼勒等柴油机上均有实际应用。

3. 电控分配泵燃油系统

随着欧Ⅲ和欧Ⅳ排放标准的实施，要求分配泵的泵端压力提高到100MPa以上，原有的分配泵机械结构已经不能满足上述要求。新型的VP44内凸轮电控分配泵，它采用内凸轮、径向对置式柱塞供油，转子旋转分配的结构；采用高速电磁阀直接控制高压供油量。泵端压力为100MPa，利用高压油管中形成的压力波效应，可使嘴端的喷油压力达到180MPa。供油提前角用高速电磁阀控制，并能控制供油速率和预喷射。

为了进一步降低部分负荷时的排放，除了油泵采取的上述措施之外，对喷油嘴也进行了重大改进。首次采用了小压力室喷油嘴和双导向针阀，大大改善了喷束的形成，特别是部分负荷时，喷油量和针阀升程较小情况下的混合气的形成。

4. 电控共轨燃油系统

柴油机电控共轨燃油系统的主要特点如下。

① 宽广的应用领域（用于小型乘用车和轻型载重车，每缸功率可达30kW；用于重型载重车、内燃机车和船舶，每缸功率可达200kW左右等）。

② 采用先进的电控装置及配有高速电磁开关阀，使喷油过程的控制十分方便，并且可控参数多，利于柴油机燃烧过程的全程优化。

③ 采用共轨方式供油，喷油系统压力波动小，各喷油器间相互影响小，喷射压力控制精度较高，喷油量控制较准确。

④ 高速电磁开关阀频率高，控制灵活，使喷油系统的喷射压力可调范围大，并且能方便地实现预喷射等功能，为优化柴油机喷油规律、改善其性能和降低废气排放提供了有效手段。

⑤ 可独立地柔性控制喷油正时，配合高的喷射压力（120～200MPa），目前常用的博世公司的共轨系统，轨道压力为145MPa，可同时控制 NO_x 和微粒（PM）在较小的数值内，以满足排放要求。

⑥ 共轨式电控燃油喷射技术有助于减少柴油机的有害尾气排放量，并具有降低噪声、降低燃油耗、提高动力输出等方面的综合性能。

专家指南

① 电控直列柱塞泵柴油发动机、电控分配（VE）泵柴油发动机、电控单体泵柴油发动机以及泵喷嘴式柴油发动机的燃料供给系统，均是用凸轮推动柱塞往复运动，通过柱塞在套筒内的往复运动将低压燃油压缩成高压燃油，再通过柱塞分别送入各缸的喷油器。这种高压燃油供给方式由于柱塞的运动，会使高压燃油的压力产生波动，即具有一定的脉冲性，使燃油压力控制、喷油速率控制以及喷油定时控制功能受到局限，从而影响发动机的性能。

② 电控共轨式燃油喷射技术通过共轨直接或间接地形成恒定的高压燃油，分送到每个喷油器，并借助于集成在每个喷油器上的高速电磁开关的开启与闭合，定时、定量地控制喷油器喷射至柴油机燃烧室的油量，从而保证柴油机达到最佳的空燃比和良好的雾化性能，以及最佳的点火时间、足够的点火能量和很少的污染排放。

到目前为止，能够达到和满足国家废气排放标准的柴油机，都是对燃油系统进行了重大改进后的电控（燃油系统）柴油机。能够达到和满足国五、国六排放标准的电控柴油机主要包括电控单体泵燃油系统柴油机、电控分配泵燃油系统柴油机、电控泵喷嘴燃油系统柴油机和电控高压共轨燃油系统柴油机。电控高压共轨柴油机和电控单体泵柴油机是目前（电控）车用柴油机的主要使用机型。

第二节
电控柴油机的维修及注意事项

一、电控柴油机的维护及注意事项

1. 燃油系统的维护及注意事项

（1）燃油系统的维护内容

① 要求对油水分离器中的水进行排放，并考虑柴油里面的硫和水反应产生硫酸，从而损坏燃油系统，并且通过活塞环串气进入润滑系统，导致润滑油失效、轴承磨损等问题。

② 在更换滤清器后一定要按要求进行排空，对于有手动输油泵的按要求将滤清器座上的排气塞旋开后，按压操作开关直到气泡输出时再拧紧排气塞。

③ 检查相关管路的密封情况，注意是否有渗漏处，并进行及时的紧固和相应密封件的更换。

④ 更换机油和滤清器的周期如下。

a. 更换机油和机油滤清器。一般柴油机汽车每行驶 7500km、出租车每行驶 5000km，应更换机油和机油滤清器。捷达轿车 1.9L SDI 柴油机的机油容量为 4.5L，宝来轿车 1.9L TDI 柴油机的机油容量为 4.3L。

b. 更换柴油滤清器。一般柴油机汽车每行驶 15000km，应更换柴油滤清器。

c. 空气滤清器。一般柴油机汽车每行驶 15000km，应更换空气滤清器。

d. 定期放水。由于国内柴油含水量超出国际标准较多，各地区柴油含水量又不相同，一般柴油机汽车每行驶 1000km，应进行一次柴油滤清器放水。

⑤ 燃油滤清器滤芯更换周期。每运行 15000km 或累计运行 300h 更换一次滤芯。更换滤芯的方法是用专用工具将滤芯（筒）从燃油滤清器支座上拧下，用力要均匀，以免将其挤压变形；检查新滤芯的密封圈是否完好；不允许往新滤芯中灌注柴油；更换燃油滤清器滤芯后要按用户手册的要求驱动手油泵进行排空。

（2）柴油机燃油供给系统的维护注意事项　进行柴油机燃油供给系统维护时，在普通柴油机和一般电控系统维修注意事项的基础上，应特别注意以下几点。

① 一定要加注符合国标的燃油。

② 在日常的维护保养中要定期更换燃油滤清器及油水分离器。定期放出油水分离器中的水分。

③ 严禁在发动机运转时拆卸高压油管，因为此时高压油管中的油压很高，一定要停机静置 15min 以上才能拆卸，以确保安全。

④ 必须使用柴油机生产厂家认可的柴油滤清器滤芯，否则容易造成柴油泵及油轨损坏。

⑤ 电控共轨对燃油的清洁度与含水量要求更高，因此对电控燃油系统进行维护保养时，要特别注意清洁。

⑥ 严格按照维修手册的要求定期更换燃油滤清器及油水分离器。更换柴油滤清器滤芯时，要注意以下问题。

a. 用专用工具将滤芯从座上拧下，用力要均匀，以免挤压变形。

b. 检查新滤芯的密封圈是否完好。

c. 不允许往新滤芯中灌注柴油。

d. 更换滤芯后要排除管路中的空气。

2. 电控系统的维护及注意事项

① 电控系统是在一定的电压范围内工作的，如五十铃 4KH1-1TC 电控柴油机的工作电压为 8V 或 16V，东风康明斯 ISBE 的工作电压为 16V 或 32V，应保障蓄电池电压充足和发电机正常工作。

② 蓄电池充电时，需拆下蓄电池进行，不能就车充电，但拆卸前一定要关闭点火开关。

③ 更换蓄电池时，一定要注意蓄电池的极性和控制单元的极性不能接反，也不允许在柴油机工作时将蓄电池从车内电网中拆卸。

④ 注意系统中所有电气元件或插接头防水罩的密封性以及线束的紧固情况和位置的合理性，并定期清洁线束和传感器上的油污与灰尘，保持其连接部分的干燥与清洁。

⑤ 部分机型应根据燃油情况或在一定的行驶里程内对利用燃油进行冷却的 ECU（电控单元）冷却腔进行清洁。

⑥ 气门间隙的调整。电控柴油机对气门间隙的要求比传统柴油机要高，必须用塞尺进行测量，并严格按技术标准进行调整。

⑦ 车辆清洗过程中应注意水压力的调整，不能直接冲刷电气部件，并注意相关插接头和元件的密封性。

⑧ 所有的接插器都是塑料材料，安装或拔出时禁止野蛮操作，一定要确保锁紧定位装置插到位，插口中无异物。

⑨ 注意维护整车电路，发现有线束老化、接触不良或外层剥落时要及时维修更换，但对于传感器本身出现损坏时，一定要由专业的维修人员进行整体更换，不能自行在车上简单对接或维修。

3. 电控柴油机综合使用注意事项

（1）柴油的牌号及选用

① 柴油的牌号。柴油规格按硫含量和安定性等质量指标分为优等品、一等品、合格品 3 个质量等级，每个等级又根据柴油的凝点不同分为六个牌号，即 $10^{\#}$、$0^{\#}$、$-10^{\#}$、$-20^{\#}$、$-35^{\#}$ 和 $-50^{\#}$。每种牌号的凝点不应高于其牌号的数值，如 $-20^{\#}$ 柴油表示油的凝点不应高于 $-20℃$。

② 柴油的选用。柴油含硫量的高低直接影响柴油机的排放，柴油机使用的柴油含硫量应低于 0.05%。柴油机使用的柴油主要根据地区和季节环境温度情况来选择，一般所选用柴油的凝点要求比当地最低气温低 3～5℃，以保证车辆的正常使用。在冬季气温低

的环境下，应使用低凝固点的柴油；夏季则反之。各种牌号的柴油一般可按照如下原则选用。

 a. 10[#]柴油适合有预热设备的高速柴油机使用。

 b. 0[#]柴油适合最低气温在 4℃ 以上的地区使用。

 c. －10[#]柴油适合最低气温在 －5℃ 以上的地区使用。

 d. －20[#]柴油适合最低气温在 －14℃ 以上的地区使用。

 e. －35[#]柴油适合最低气温在 －29℃ 以上的地区使用。

 f. －50[#]柴油适合最低气温在 －44℃ 以上的地区使用。

 注意：柴油必须保持高度的清洁，不被灰尘杂质所污染，柴油注入燃油箱前应静置 72h 以上并取用上层柴油。

 ③ 柴油使用注意事项。

 a. 不同牌号的柴油可掺兑使用，因此，在换季时不需进行专门换油，只需在天气变化前将原有的柴油使用完毕即可。

 b. 柴油中不能掺入其他种类的燃油。若掺入，柴油点火性能可能变差，导致启动困难甚至不能启动。

 c. 柴油加入油箱前一定要充分沉淀（不少于 48h），仔细过滤以除去杂质，切实保证净化，这对防止喷油泵柱塞早期磨损与延长其使用寿命极重要。

 d. 冬季使用桶装高凝点柴油时，不能用明火加热，以免爆炸。

 （2）机油的选用原则及选用

 ① 机油质量等级优先原则。柴油机使用的机油，具有润滑、散热、清洁、密封等多项功能，如果质量不好，不仅不能起到这些作用，而且可能造成柴油机的异常损坏。柴油机机油选用的一般原则如下。

 a. 机油质量等级。根据柴油机使用说明的要求选用相应质量等级的机油，可以选用比说明书要求的质量等级更高级别的机油，但通常情况下绝对不能选用低于该级别的机油，也就是说，如果柴油机使用说明书规定为 CG 质量等级的机油，就只能选用 CG 级以上的机油（比如 CHCH-4、CI 等），但绝对不能选用 CF（或 CE、CD）级的机油，这一点尤为重要。机油的质量等级是表示机油是否"高级"的最主要的指标。

 b. 增压柴油机。增压柴油机应该选择更高一级的机油。

 c. 机油黏度等级。根据柴油机使用的环境温度选用机油的黏度等级，如环境温度变化范围是 －15～40℃，可以选用高低温混合用机油（如 15W/40）。

 特别提示

 机油的黏度等级只表示机油适应的环境温度，与柴油机的增压或非增压没有必然联系，这个指标也不代表机油是否高级。

 d. 合成机油与矿物机油。对于选用合成机油还是矿物机油或半合成机油，没有明确规定，只要机油的质量等级满足使用要求，就可以随意选用，通常矿物机油的换油周期要比合成机油的换油周期更短一些。

 注意：不同品牌的机油可以互换使用，但一定不能混合使用。

 ② 机油的选用。为确保柴油机的正常运行和寿命，改善柴油机的排放，柴油机、增压器应采用专用的 CF-4 以上级别的机油。根据气温情况选用如图 1-11 所示牌号的机油。

 使用表 1-3 中最低温度栏的数据，确定冷柴油机所需的机油黏度见表 1-3 中最高温度栏的数据。

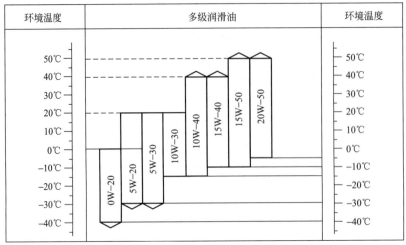

图 1-11　机油牌号选择

按环境温度选择（黏度）只能使用高级机油

表 1-3　机油适用工作温度范围的选择

API CF-4、CG-4、CH-4	环境温度/℃	
	最低	最高
SAE0W/20	−40	10
SAE0W/40	−40	40
SAE5W/40	−30	40
SAE10W/30	−20	40
SAE15W/40	−10	40
SAE20W/50	0	50

　　合适的机油黏度等级是根据柴油机冷态时最低的外界温度和柴油机运转时最高的外界温度来确定的。

二、电控柴油机维修时的注意事项

　　与传统的机械式喷油系统相比，电控柴油机的燃油系统有很大的差别。因此，电控柴油机燃油系统的维修方法与传统柴油机燃油系统的维修方法大不一样。进行柴油机电控系统维修时，在普通柴油机和一般电控系统维修注意事项的基础上，还应特别注意以下事项。

　　① 柴油机的蓄电池电容量不足时，不能用快速启动电源进行启动，但可以采用蓄电池辅助启动。

　　② 在进行柴油机的故障检查过程中，不能随便拔插电气接头及元件，而应在点火开关关闭后进行，并注意不要直接用万用表表笔在插接头前端进行相应的测量，而应采用专用接头或按技术手册要求进行测量。此外，还应注意接头及元件的清洁，不要让水、燃油或灰尘进入。

　　③ 不能直接对装备电控柴油机的车辆进行电焊工作，在车身上进行电弧焊时，应先断开电控单元电源。在靠近 ECU 或传感器的地方进行车身修理作业时，更应特别注意。

　　④ 如需要对燃油系统进行拆卸时，一定要在柴油机停机一段时间后才能进行管路和器件的拆卸，具体时间因车型、柴油机型号和电控系统的不同而不同。在组装时，要注意保持

接头的清洁及紧固后的密封性，根据拆卸情况进行排空。对于部分柴油机要逐段进行排空，首先是油箱到滤清器，然后是滤清器到油泵，即将泵体上的排气塞或排气口旋开，用手动真空泵将泵体内的气体排空。

⑤ 不能用传统的方法对新型电控柴油机进行故障诊断，应由通过系统专业知识培训的技师，应用合适的诊断设备和专用工具进行电控柴油系统的故障诊断。同时在故障诊断前需要详细阅读柴油机制造厂的操作指南和技术说明。

⑥ 电控柴油机系统故障诊断多采用逆源诊断法，先使用诊断设备找出故障的可能原因，然后从外围设备到控制单元逐步寻找故障所在的部位，最后加以解决。

⑦ 不能随意切断ECU电源。在发动机运行过程中，电控系统出现故障时，自诊断系统会存储相应的故障码，以便维修人员在维修时，利用诊断仪器或随车自诊断系统读取故障码，进而根据故障提示信息查找故障原因和部位。若在读取故障码前拆开蓄电池电缆线或拆下主熔丝，就会切断ECU的电源，存储在ECU随机存储器中的故障码便会自动消除。

而对于故障间歇性出现或根本无法启动的发动机，切断ECU电源后将导致难以再获取甚至无法获得故障码，这也就失去了一个很重要的故障信息。因此，在维修电控发动机时，若需要拆开蓄电池电缆线，必须通过自诊断系统将故障码及有关信息资料调出并诊断出故障原因，方可将蓄电池从电路中断开。

ECU电源一般不受点火开关控制，关闭点火开关不会切断ECU电源。当诊断出故障原因，对电控系统进行检修时，应先将点火开关关闭，并将蓄电池搭铁线拆下。如果只检查电控系统，则只需关闭点火开关即可。

⑧ 不能随意断开与蓄电池电压相同的供电线路。当点火开关处于接通（ON）位置时，无论发动机是否正在运转，此时绝不可拆下蓄电池电缆线或熔丝。因为突然断电将会使电路中的线圈产生自感电动势而出现很高的瞬时电压（有时高达近万伏），从而使ECU及传感器等微电子器件严重受损。

此外，还必须注意的是，除蓄电池电缆线外，其他凡是与蓄电池电压相同的供电线路（如直流电动机、燃油泵等线路），在点火开关处于接通位置时，也都不能拆除；否则，同样使相关的线圈产生自感而烧坏ECU或传感器。

⑨ 必要时必须切断电源。由于电控发动机的燃油系统多采用电动燃油泵，若在检修燃油系统时不切断电源，就有可能在检修过程中无意接通电动燃油泵电路，使电动燃油泵工作，高压燃油会从拆开的燃油管路中喷出，造成人身伤害或引发火灾。因此，在对电控发动机燃油系统进行检修作业之前，应先切断电源，其方法是关闭点火开关，或拆开蓄电池电缆线，或拔下主熔丝。

⑩ 不可随意采用切断ECU电源的方法清除故障码。发动机维修完毕后，必须清除存储在ECU中的原故障码；否则，发动机故障虽已被清除，但故障码却仍储存在ECU中，驾驶室仪表板上的故障指示灯仍将点亮，驾驶人无法确定是有新的故障发生，还是旧故障码未清除所致，容易引起误解。

对大多数电控发动机而言，拆开蓄电池电缆线或拆下主熔丝，使ECU断电30s以上即可清除故障码。但是必须注意，汽车防盗密码、音响密码、石英钟等信息也存储在ECU的随机存储器中，采用断电清除故障的方法，上述存储在ECU中的临时信息也将一起被清除掉，从而导致音响锁码等。一般来说，应按维修手册要求的方法清除故障码，不知道有无防盗密码和音响密码，或不知道密码是什么，切忌随意切断ECU电源。

⑪ 不要出现过压或蓄电池极性接反的情况。在进行车辆维修时，不允许用蓄电池以外的其他电源（如专供启动用的启动电源）直接启动发动机，在装复蓄电池时注意其正、负极性不能接反，否则，供电电压过高、反向通电均会使ECU或其他电控元件损坏。

⑫ 在对电控系统进行测试时，除在测试过程中特殊指明外，不能用指针式万用表测试 ECU 及传感器，应用高阻抗数字式万用表进行测试。严禁用试灯测试与 ECU 相连接的电气元件，禁止用搭铁试火的方法进行电路检测，以免损坏 ECU 或其他电控元件。

⑬ 不能盲目进行拆检。电控系统的工作可靠性高，使用中出现故障的概率小，多数故障是由于线束连接器接触不良造成的，但必须注意，"工作可靠性高"并不是说"绝对可靠"，"出现故障的概率小"并不是说"绝对不出现故障"，"多数故障是因为连接不良造成的"并不是说"全部故障是因连接不良造成的"。有些维修人员，尤其是驾驶人，由于对上述"正确语言描述"的片面理解，当发动机故障指示灯点亮时，便根据自己的主观臆断，在点火开关打开，甚至在发动机运转过程中，将一些电控元件的线束连接器拆开、插上进行试验，殊不知，这样每拆开一个传感器的线束连接器，ECU 便会记录一个故障码，这会导致人为故障码与实际故障码混淆，给故障诊断带来不必要的混乱。尤其是缺乏电控发动机维修知识或经验的人员，由于盲目操作导致发动机无法启动，再由专业人员维修时，读取的故障码有几个甚至几十个，也只能按读取的故障码一个一个地排除，既费时又费力。因此，非专业维修人员不要进行盲目拆检。

⑭ 不能盲目采用换件法诊断故障。当怀疑某个电控元件有故障时，用新的元件（或无故障车的同一元件）取代旧件以验证该电控元件是否有故障，这是目前在维修电控系统中多数维修人员都采用过的方法。但必须注意，换件法是建立在已经获得初步诊断结论后所采用的验证方法，否则换了一堆零件下来，即使故障修复了，也不知道准确的故障部位在哪里。

此外，换件法对诊断传感器、执行器等自身故障非常有效，但电控系统发生故障多是因为外部元件或线路损坏造成的，如果在此情况下采用换件法是比较危险的，极易因故障车的外围故障而导致新电控元件的损坏，增加损失。因此，若采用换件法诊断电控系统故障，只能将故障车电控元件换到其他同类型无故障车上试验，而不能将其他无故障电控元件装在故障车上进行试验。

⑮ 必要时拆开喷油泵或喷油器线束连接器。在维修中，使发动机运转但又不想启动发动机（如检测气缸压力等）时，必须拆开喷油泵或喷油线束连接器，以免发动机误启动或喷油器误喷油造成事故。

⑯ 注意燃油系统清洁。在拆开燃油系统前，必须先清洁相关部件及相邻区域；拆下的燃油系统部件必须放置在清洁的平面上，并用不带绒毛的布等遮盖好；安装前，必须保证零部件的清洁；维修中，如有柴油滴漏，应及时擦拭干净；燃油系统拆开后，尽量不使用压缩空气作业，尽量不移动汽车，以免污物进入燃油系统。

⑰ ECU、传感器必须防止受潮，不允许将 ECU 或传感器的密封装置损坏，更不允许用水冲洗 ECU 和传感器，ECU 必须防止受剧烈振动。不要打开 ECU 盖板，因为 ECU 即使坏了也无法修理，若是好的，打开后很可能将 ECU 损坏，或破坏其密封性。

三、电控柴油机维修的误区

1. 未进行常规检查就检测 ECU

目前有的汽车维修人员一接手故障车就连接故障诊断仪，读取电控单元存储的故障码，忽视对汽车进行基本的、常规的检查。应首先进行常规检查，这对于避免面对简单故障而走大弯路是十分有效的。

2. 只注重故障诊断仪而忽视专用仪器的使用

过去，维修人员习惯使用万用表检测汽车电路，但是目前有着轻视专用测试仪器的倾向。通用诊断仪的主要功能有控制电脑版本的识别、故障码读取和清除、动态数据参数显示、传感器和部分执行器的功能测试与调整、某些特殊参数的设定、维修资料及故障诊断提示、路试记录等。通用诊断仪可测试的车型较多，适应范围也较宽，因此被称为通用型仪器，但它与专用诊断仪相比，无法完成某些特殊功能，这也是大多数通用仪器的不足之处。

专用诊断仪是汽车生产厂家的专业测试仪，它除了具备通用诊断仪的各种功能外，还有参数修改、数据设定、防盗密码设定更改等各种特殊功能。专用诊断仪是汽车厂家自行或委托设计的专业测试仪器，它只适用于本厂家生产的车型。

通用诊断仪和专用诊断仪的动态数据显示功能，不仅可以对控制系统的运行参数（最多可达上百个）进行数据分析，还可以观察电脑的动态控制过程。因此，它具有从电脑内部分析过程的诊断功能。它是进行数据分析的主要手段。

其实故障诊断仪在读取数据流时反应比较慢，对间歇性故障的检测也未必有优越性。在许多情况下，使用专用仪器更加有效。以故障诊断仪为主，配合使用示波器、红外线测温仪等专用仪器，往往能够收到事半功倍的效果。

3. 只专注检测维修而忽视人工调整

有人认为，维修电控发动机只需要进行检测，找到故障部位，更换损坏的部件就可以了，无须进行调整。其实不能一概而论，有的车型是需要调整的。

调取电控单元存储的故障信息所用的方法不同，得到的故障码也不相同。目前普遍采用故障诊断仪读取故障码，故障诊断仪显示的故障码一般为 5 位码。对于许多车型，可以利用仪表板上的指示灯调取故障码。维修人员按照一定的程序操作，然后观察仪表板上相关系统指示灯的闪烁规律，依据电压脉冲的宽度以及位与位之间的间隔时间，读取 ECU 存储的故障码，这种方法被称为闪码诊断法，这种故障码称为"闪码"，闪码由 2 位数字组成。

另外，对于同一种传感器的故障，由于各车型所采用的电子控制系统的版本不同，显示的故障码也可能不相同。

4. 不清除故障码

在对电控发动机维修完毕后，必须将存储在 ECU 中的原故障码清除，才算维修完毕。若不清除 ECU 中存储的原故障码，发动机故障虽已被排除，但故障码却仍在 ECU 中储存着，驾驶室仪表板上的故障指示灯仍将点亮。只要拆下蓄电池连接线，给 RAM 断电了，便可清除故障码。对大多数电控发动机而言，拆下蓄电池连接线或拆下通往 ECU 的熔断器，保持断电 30s 即可清除 ECU 中存储的故障码。但是有些发动机则不适用这种拆卸电源的方法清除故障码，因为车辆防盗、音响、石英钟等的内存（包括防盗密码）也是存储在 RAM 中的，采用断电消码法便会将这些内存也一起清除、从而导致音响锁码等。

一般来说，应按该车的维修手册所指示的方法清除故障码，不可随意拆除蓄电池连接线。

对于未采用 OBD-Ⅱ车载自诊断系统的汽车，各车型清除故障码的方法是不同的，这是电控单元记忆电路的形式不同的缘故。有的 ECU 的随机存取存储器（RAM）直接由蓄电池供电，清除这种车型的故障码需要拆除蓄电池的连接线；而有的 ECU 的随机存取存储器（RAM）与点火开关连接，清除这种车型的故障码只需要关闭点火开关。

对于采用 EEPROM（电子可擦除可编程只读存储器）记忆电路的车型，即使拆下蓄电池连接线，其故障记忆内容也无法清除，必须输入触发信号，使用导线跨接专用诊断座的特定端子（丰田皇冠、雷克萨斯、佳美等为 TE1 和 E1），才能将故障码清除。

注意：不要随意采用拆除蓄电池连接的方法清除故障码。因为目前现代汽车都装备了电子防盗系统和安全气囊系统，一旦拆除蓄电池连接线，这些系统就会产生"自锁"。

正确的方法是关闭点火开关，然后拔下 ECU 的供电熔丝约 30s 即可，即清除故障码的基本方法是切断 ECU 的电源。

四、与 ECU 自诊断系统无关和不能识别的故障

1. 与 ECU 无关的故障

如果发现发动机有故障，而故障指示灯并未闪亮（或没有显示故障码），在大多数情况下，说明该故障可能与发动机 ECU 无关，此时应视同发动机没有装设 ECU 故障自诊断系统，按照基本检查与速排的常规程序对信号进行检查。

与发动机 ECU 控制无关的故障主要有怠速不稳或可能熄火；燃油耗量增高。

2. ECU 故障自诊断系统不能识别的故障类别

当车辆发生故障后，ECU 却读取不到故障码，或者故障码判断失误，即 ECU 不能识别。不受电控单元监控的系统故障主要有下列几种。

（1）喷油正时失准　电控单元不能探测到错误的配气相位和喷油正时失准，但这些现象却能导致氧传感器的故障码被存储在电控单元中。

（2）发动机控制系统搭铁不良　电控单元不能监测电气线路搭铁不良故障，但会产生因这种情况而导致的故障码存储。

（3）电控单元插头故障　电控单元不能鉴定自身的插头脱落、松动或插脚变形损坏，但会产生因这种情况而导致的故障码存储。

（4）燃油系统的燃油压力　电控单元不能探测燃油泵进油口滤网和燃油滤清器管路的堵塞，也不能检测燃油出口油管、进油管和回油管是否被挤瘪，但上述现象能造成混合气成分的改变，如过浓或过稀，使氧传感的故障码被存储在电控单元中。

（5）喷油器工作不良　电控单元不能确定喷油器是否粘住或性能低下，但上述现象能引起混合气过浓或过稀，导致氧传感的故障码被存储在电控单元中。

（6）气缸压力状况　电控单元不能探测到发动机气缸压力不均匀，或过高、过低及泄漏故障。

（7）排气系统故障　电控单元不能探测到排气系统的堵塞、节流或泄漏故障。

（8）真空助力系统故障　电控单元不能监控真空助力装置中的各真空管路泄漏或节流，但进气歧管绝对压力传感器的真空度会被监测，且电控单元将存储故障码。

（9）电控单元不能监控发动机燃油超耗故障　燃油超耗的主要影响因素是喷油不正时，气缸密封性下降，混合气配比不当（即空燃比失调），进、排气系统不畅，发动机温控失准，燃油品质及供油系统泄漏等。

专家指南

采用解码器进行故障诊断时，无法检测到故障的原因如下。

（1）不属于电控系统的故障　在车辆的各种故障中，凡故障不属于电控系统的电路，解码器均无法检测到。如发动机点火系统的高压电路故障、电磁阀出现的发卡现象等均不属于电控系统故障，解码器对这些电路的问题无能为力。

（2）传感器特性发生的变化　由于汽车自诊断系统通常仅能监视电控装置信号的范围，无法监视传感器特性的变化，这主要是当传感器信号特性出现变化时，往往不能产生故

障码之故。如自动变速器油温传感器的电阻值变化有一个正常的范围，只有当电阻值超出该范围时，电控单元才会判断出现故障并产生故障码存储到存储器中。如果油温传感器的温度与电阻值之间的特性出现变化，而其电阻值却在正常值范围内，此时，自动变速器就会出现工作不良的现象，但故障指示灯却不会点亮，解码器也读不出故障信息。

（3）不能检测到某一元件故障　汽车自诊断系统通常监视的往往为某一电路，而不只是某一元件。如解码器显示的诸如"进气温度传感器故障"，是指该传感器相应的电路故障，包括进气温度传感器本身、进气温度传感器与电控单元之间的连接线路和相应的各插接件、进气温度传感器电路的搭铁及 ECU 为传感器的供电、搭铁情况。

如果对故障码所提示的故障范围不甚清楚，仅按所提示的故障原因的字面含义去检查故障，必然会使维修走弯路或误入歧途。

第三节
柴油机电控系统的检测方法

柴油机电控系统的检测方法主要有以下四种。

一、运用解码器检测法

1. 使用解码器的方法

汽车车载故障自诊断系统时刻监测汽车电控系统的工作，一旦发现问题便设定相应的故障码，维修人员利用汽车故障检测仪通过数据连接器可以读取故障码，依据故障码的提示便可以确定车辆的故障部位。

柴油机电控系统的传感器故障内容多以故障码形式储存于控制单元自诊断系统的存储器中，因此可以通过读取故障码的方法判断传感器或其相关电路是否产生了故障。在读取故障码时可利用随车自诊断系统或车外自诊断系统进行。

（1）读取故障码之前的准备工作

① 检查蓄电池电压。对于 12V 系列汽车蓄电池来说，其电压值不应低于 11V；对于 24V 系列汽车蓄电池来说，其电压值不应低于 23V。

② 所有辅助电气都要关闭。读取故障码时，关闭辅助电气设备（如空调、灯光、收放机等）也是很有必要的。因为辅助电气设备不仅要消耗一部分电能，而且会干扰 ECU 的正常工作。

③ 检查故障指示灯。在接通点火开关但不启动发动机时，ECU 便开始进入初始化状态，并对整个电控系统进行自我检查，此时警告灯也亮。如果警告灯不亮，则说明警告灯线路有故障，应予以检查和修理。接通点火开关片刻或发动机启动后，如果警告灯熄灭，则说明 ECU 没有查出电控系统有故障；如果警告灯仍亮而不灭，则说明电控系统有故障，应排除。

④ 做好安全防范。汽车电控系统读取故障一般分为静态（如 KOEO）和动态（如福特公司的 KOER）两种测试模式。在静态测试模式状态下，只需要接通点火开关而不需要启动发动机，便可读取故障；动态测试模式是指在发动机正常运转过程中，进行故障自诊断的一种测试模式。因此，在电控汽车实施动态模式测试时，应当确保汽车制动状态良好，变速杆置于驻车挡或空挡，必要时，可用三角木块将汽车车轮塞住，以防发生意外事故。

⑤ 检查机械连接可靠性。读码前，应直观检视与电控系统有关的机械部件的插接情况。如导线插接器连接是否有问题；真空管是否脱落、泄漏或者阻塞；空气流量计是否有漏气现象等。

在上述检查过程中，应断开点火开关（OFF），以防在导线的插接过程中，因导线连接和断开时，电感元件所产生的感应电动势将 ECU 的个别电子元件烧毁，而导致 ECU 损坏。

专家指南

① 在进行故障码分析时，建议按照以下步骤进行。

a. 首先读取并记录（可打印）所有故障码。

b. 清除所有故障码。

c. 确认故障码已被清除（在再次读取故障码时，应显示此时无故障码）。

d. 模拟故障产生的条件进行路试以使故障重现。

e. 再读取并记录此时的故障码。

f. 区分间歇性（软）故障码和当前（硬）故障码。

g. 区分与故障症状相关的故障码和无关的故障码。

h. 区分诸多故障码或相关故障码中的主要故障码（它可能是导致其他故障码产生的原因）。

按照上述分析，进一步精确地检查和测量故障码所代表的传感器、执行器或 ECU 及相关的电路状态，以便确定故障点发生的准确位置。

② 故障码指示的是 ECU 所控制的电气部分，而无法兼顾（监测）汽车的机械部分。通过解读故障码，大多能正确区别故障可能发生的原因和部位。有时也会出现判断失误，造成误导。实际上，故障码仅是一个是或否的界定结论，不可能指出故障的具体原因。若欲判定故障部位，还需根据故障现象，进一步分析和检查才能做到。

（2）读取故障码的方法　读取故障码的方法有两种，一种是利用故障检测仪读取，另一种是通过整车仪表板上的闪码灯读取。目前绝大多数是利用故障诊断仪来读取故障码。

① 通过故障灯读出闪码。当柴油机在运行状态时，闪码灯长亮，则说明柴油机有故障，可以参照闪码表初步判断故障部位及原因。潍柴国三柴油机可通过故障指示灯读取故障码，故障闪码的方法如下。

a. 在点火开关接通或发动机运转状态下均可进行，按下-松开故障诊断开关即可激活闪码。

b. 此时故障指示灯就以闪码的形式显示故障信息。

c. 每一次操作只闪烁一个故障码，直至循环到第一个为止。

d. 依次进行即可读完所有故障码。

e. 故障码由三位组成。例如，闪码 324 代表车速传感器有故障，其闪烁规律如图 1-12 所示。

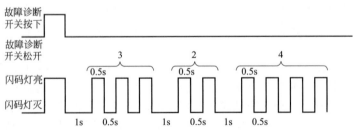

图 1-12　故障闪码 324 闪烁规律

注意：故障灯说明如下。

该灯位于仪表板上，颜色为红色，电控系统出现故障后点亮。电控系统故障排除后，故障灯在下一运转循环过程中自动熄灭。打开点火开关，启动发动机后，电控系统对故障灯的线路进行自检，点亮故障灯，如正常则故障灯在 2s 后熄灭。

② 利用专用诊断仪读取故障码。当电控系统出现故障码时，则说明电控系统存在一定的故障。利用故障码检测的方法如下。

a. 将钥匙开关由 ON 旋至 OFF 位置（发动机关闭）。

b. 将故障诊断仪的接口线束与发动机的诊断接口连接。

c. 将点火开关由 OFF 旋至 ON 位置，不要启动发动机。

d. 在故障诊断仪显示的"系统选择"中选择"发动机"和"共轨系统厂商"，按"确认"键。

e. 在故障诊断仪显示的"功能选择"中选择"常规选择"。

f. 在"常规选择"界面中选择"读取故障码"。

g. 故障诊断仪显示所读的"故障码"。

h. 根据故障码对故障进行排除。

i. 故障排除后，清除原故障码，用故障诊断仪对电控系统再进行一次故障诊断，确认无故障后可交付使用。

专家指南

进行电路和控制系统的故障排查时，通常应进行下列 5 方面的基本检查。

（1）元件功能检查 由于电路元件的多样性，元件的功能检查需要根据实际的元件采取不同的方法。如对于温度传感器可采取测量其电阻的办法；对于压力传感器需要用专用的测试导线在其工作时测量其输出的信号电压；对于电磁阀可以通过诊断仪进行测试。

（2）供电电源的检查 正确的电源供应是电子控制系统元件正常工作的必备前提。没有电源供应或者错误的电源供应都会导致系统不能工作或工作异常。在整个控制系统中，ECU 由蓄电池供电，其他大部分元件由 ECU 提供工作电源。常见的电源故障包括由于插头损坏等造成的电路虚接、熔丝熔断和错误接线等。

（3）导通性检查 导通性检查是电子控制系统最常用的检查项目。导通性检查是测量两点之间的电阻值，用于确认这两点之间是否导通。要求是两点之间的电阻值小于 10Ω。

（4）搭铁短路的检查 搭铁短路是指电路上的某点按电路设计要求不应该搭铁而实际电路已经搭铁的故障。火线搭铁短路会引起熔丝熔断等故障。

（5）线与线短路检查 与对搭铁短路检查相似，线与线之间短路是指两点之间按照电路设计的要求不应该导通而实际却导通的故障。两点之间开路的要求是两点之间的电阻大于 $100k\Omega$。

---

2. 使用解码器时的注意事项

① 在读取故障码之前，发动机应处于规定的初始状态，蓄电池电压高于 11V；节气门完全关闭（节气门位置传感器内的怠速开关闭合）；变速器位于空挡，自动变速器位于驻车挡；关闭所有附属设备（如空调器、音响、灯光等）；发动机处于正常工作温度。

② 并不是所有的故障都会出现故障码。如三菱 V73 的 6 线式步进电机由于是 ECU 以脉冲方式进行控制，因此没有监控装置，所以出现故障后，没有故障码。又如，当冷却液温度

传感器的电阻发生漂移而不准确时，如果电阻总值没有超出规定范围，虽然有故障，但不会显示故障码。

③ 故障码的含义说明需弄清楚，是传感器或执行器自身故障还是线路故障；对于线路故障，要分清是短路还是断路，是与电源短路或断路，还是与接地短路或断路等。只有清楚、明白故障码的确切含义，才能更好地利用故障码排除故障，维修起来也可以少走弯路。

④ 通过解码查出的故障码，只是说明某一系统或相关系统有故障，不要看到故障码就断定是该传感器或执行器有故障，就要更换，其他与其相关的系统也会造成同样故障而出现相同的故障码。

⑤ 要弄清楚是历史性故障码还是当前的故障码，以及故障码出现的次数。如果是历史性故障码，则表示故障较早之前出现过，现在不出现了，但在 ECU 中有一定的存储记忆；而当前故障码则表示是最近出现的故障，当前故障码绝大部分和目前出现的系统故障有很大关系。

如大众公司的解码器上在故障码前显示"SP"，均表示临时的偶发性故障。故障发生的原因不外乎以下几种情况：发动机运转或点火钥匙打开的过程中拔下了某个电气插头，或者某个传感器或执行器的插头虚接，是软故障，不是硬故障。

⑥ 当读不出故障码但车辆依旧有故障症状，此时要利用解码器的数据流对传感器和执行器进行深入的分析及判断。所谓数据流，简单来说就是电控系统中的一些主要传感器和执行器的当前工作参数值（如发动机转速、蓄电池电压、空气流量、喷油时间、节气门开度、点火提前角、水温等）。维修过程中，可以通过阅读数据流来分析、发现故障所在，特别是当电控系统无故障码可供参考时，数据流分析就更加重要。每个传感器和执行器在一定条件下的工作参数值是有一定标准范围的，可以通过实际值与标准值的比较来判断某传感器和执行器是否存在异常。

⑦ 当参考故障码排除故障后，要利用解码器来清除故障码，也就是从 ECU 内部记忆体中清除其故障码记忆，并在发动机运转一段时间后（有条件的话，可以进行路试），再通过解码器来测试是否还会出现相似的故障现象，或者存储同样的故障码。

⑧ 清除故障码，不提倡用拔掉蓄电池负极的办法进行。早期的车辆，如三菱和现代品牌的车型，在清除故障码时可以使用拔掉蓄电池负极的方法进行，但随着汽车技术的发展，越来越多的车辆已将故障码存储在 ECU 和 EEPROM 中，用拔掉蓄电池负极的方法是消除不掉故障码的。使用拔掉蓄电池负极的方法来清除故障码，不但清除不掉故障码，还会导致许多问题：一是很多车辆的 ECU 具备了自适应和自学习功能，拔掉蓄电池负极后，存储在 KAM（可保持存储器）中的自适应信息丢失，导致车辆运行不稳定；二是会触发音响防盗等的防盗功能起作用，导致锁死，如果不知道密码，音响便不能正常使用，预先设置在音响中的播放顺序、座椅的预定设置位置信息也会因此丢失。

注意：随车自诊断系统通常只能提供与电控系统有关的电气装置或线路故障诊断，一般只能做出初步诊断结论，具体故障原因，还需要通过直接诊断和简单仪器进行深入诊断。

二、运用万用表检测法

万用表检测传感器的方法，通常是采用测量传感器线束插接器相关端子间电压或电阻，若检测结果不符合规定，则应修理或更换传感器。

1. 万用表电阻检测法

万用表电阻检测法主要用于可变电阻、电位计传感器、磁电式传感器电阻的检测，对于半导体元件，一般要与标准元件的测量值对比才能得出结论。

检测方法：将点火开置于 OFF 位置，拆下传感器插接器，用数字式高阻抗万用表 $R \times 1$ 挡，测试传感器两端电阻值。将测得的值与标准值比较，若不符合标准，则应修理或更换传感器。如对磁电式轮速传感器，可以用欧姆表检查其电阻值，一般在室温时，电阻为 $600 \sim 2300\Omega$ 则正常。电阻太小表示线圈短路；电阻过大表示连接不良；电阻非常大表示断路；线圈与外壳导通表示搭铁。

2. 万用表电压检测法

对于有源传感器，由于在工作时自身可以产生电压，因此可以使用万用表电压检测法来检测传感器工作是否正常。

传感器输出信号电压检测：当点火开关置于 ON 位置时，检测传感器的输出信号电压，将测得的值与标准值比较，若不符合标准，则应修理或更换传感器。

以 ABS 用磁电式轮速传感器为例，拆开 ABS ECU 接线插座或拔下轮速传感器的接线插头，使被测车轮以 $1r/s$ 的速度转动时，使用万用表交流 mV 挡，测量各车轮的轮速传感器对应端子间的电压，万用表指示值应在 70mV 以上。如测量值低于规定值，原因可能是传感器与轮齿的间隙过大或传感器本身有问题，需要更换新件。

3. 万用表电流检测法

万用表电流检测法主要用于产生电流调制信号的新型的集成电路传感器，对于主动型轮速传感器，通过万用表也可以对传感器进行检测。

4. 检测传感器与 ECU 连接线线束电阻值

如图 1-13 所示，用高阻抗万用表电阻挡，测量传感器与 ECU 两连接线束的电阻值（传感器信号端、地、线端分别与对应 ECU 的两端子间电阻），线路应导通，若不导通或电阻值大于规定值，说明传感器线束存在断路或插接器插头接触不良，应进一步检查或更换。

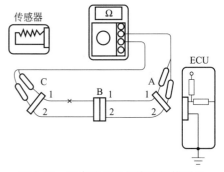

图 1-13　用高阻抗万用表电阻挡测量

三、运用数据流分析法

所谓数据流就是由其中一个电脑（ECU）发送，并由另外一个电脑（解码器）接收然后显示出来的电子编码信息。这些信息包括车载电脑（ECU）对系统控制所采集的输入信息（如传感器和各种开关输入电脑的信息），以及输出的执行信息（如对喷油器、电磁阀等输出的指令信息），还有电脑计算的信息（如燃油修正等）。数据流是采用串行方式进行通信的，所以也称为串行数据流。

数据流是通过诊断接口，由专用诊断仪读取的电控单元与传感器、执行器交流的数据参数，是发动机电控单元接收传感器信息、控制执行器工作状态的数量表现形式，并且随时间、温度、负荷等工况而变化的动态参数。它能真实地反映传感器、执行器的工作电压和工作状态，为故障诊断提供必要的参考依据，将其作为发动机电控单元的输入、输出数据，使维修人员能随时了解发动机的工作状况，针对性地运用各种测试手段对控制系统的相关数据参数进行综合分析，及时诊断发动机故障。

这些标准数据流是厂方提供的，或者是车在行驶过程，故障自诊断系统把各种有关数料记录下来。使用中，这些数据资料可通过故障诊断，把各种传感器和执行器输入或输出的值以数据的方式在显示屏上显示出来，这样根据汽车工作过程中各种数据的变化与正常行驶时的数据（或标准数据流）对比，即可诊断电控系统的故障原因。

1. 数据流的分类

数据流的分类方法有根据读取方法和根据各类数据在诊断仪上的显示方式两种。

（1）根据读取方法。可分为静态数据流和动态数据流两种。

① 静态数据流。静态数据流是指接通点火开关，不启动发动机时，利用故障诊断仪读取的发动机电控系统的数据。如进气压力传感器的静态数据应接近标准大气压（100～102kPa）；冷却液温度传感器的静态数据，冷车时应接近环境温度等。

② 动态数据流。动态数据流是指接通点火开关，启动发动机时，利用诊断仪读取的发动机电控系统的数据。这些数据随发动机工况的变化而不断变化，如冷却液温度传感器的动态数据随冷却液温度的变化而变化。通过阅读控制单元动态数据，能够了解各传感器输送到ECU的信号值，通过与真实值的比较，能快速找出确切的故障部位。

（2）根据各类数据在诊断仪上的显示方式　大体可分为两大类型，即数值参数和状态参数。如果按照电控系统的工作原理，数据流的参数又可分为输入参数和输出参数。

注意

① 数值参数是有一定单位、一定变化范围的参数，主要反映电控系统中各部件的工作电压、温度、压力、时间和速度等，如电控装置中的温度传感器、进气压力传感器、加速踏板传感器等的工作状态。

② 状态参数是指工作中只有两种工作状态的参数，如开或关、导通或断开、高或低、是或否等，如电控装置中的开关，一般电磁阀等元器件的工作状态。

③ 输入参数是指提供给电控单元的传感器信息或开关信号的各个参数，可以是数值参数，也可以是状态参数。

④ 输出参数是指电控单元输出对执行器进行控制的指令，大多数为状态参数，但也有少部分为数值参数。

2. 数据流的读取

数据流只能通过故障诊断仪（专用诊断仪和通用诊断仪）读取。电控系统中数据流参数的获取的方法有电控单元通信式、电路在线测量式和元器件模拟测量式三种方式。

（1）电控单元通信式　电控单元通信式即利用故障诊断仪（解码器、扫描仪），通过电控系统诊断插座的数据传输线与电控单元进行有效沟通，将电控单元的实时数据参数以串行的方式传输给诊断仪。在数据流中主要包括故障码信息、运行参数、控制指令等。诊断仪在接收到这些信号数据后，按照预定的通信协议将其显示为相应的文字和数码，以使维修人员观察系统即时运行状态，用以故障诊断时的数据分析。

诊断仪一般可分为专用诊断仪和通用诊断仪两个大类。

① 专用诊断仪。专用诊断仪是各汽车生产厂家专用的测试设备，主要是针对本厂生产的一种或多种车型的故障诊断，它具有控制电控单元版本的识别、读码、解码、数据扫描、动态参数显示、系统匹配和防盗设定等功能，有些还具有传感器输入信号和执行器输出信号的参数修正、电控单元控制系统参数调整以及部分执行器的功能测试，适应车型较少但专业性很强，是专业修理厂的必备设备。

② 通用诊断仪。通用诊断仪的测试功能大体上与专用诊断仪不相上下，某些特殊功能的性能不及专用诊断仪，但可测试的车型较多、范围较广，因而称为通用诊断仪。

（2）电路在线测量式　电路在线测量式主要是针对电控单元外部的电气部件和连接电路

的在线检测，通常是将电控单元的输入信号、输出信号直接传输给电路分析仪的测量方式。电路分析仪中最常用的是汽车专用万用表，其次是示波器（或汽车专用示波器）。

① 汽车专用万用表一般为数字显示式，大多功能和外形与普通数字式万用表很相似，一般包括测量交直流电压与电流、电阻、电容、频率、温度、占空比、闭合角及转速等。测量时需将万用表的测试笔直接触接被测导线或器件，用数字或模拟显示的方式反映电路中电参数的动态变化。汽车专用万用表是分析电路信号数值变化最常用、最实用的测试仪表，同时对大多数电气元件能够进行静态检查以确定其功能的好坏。

② 示波器是通过波形显示的方式反映电路参数的动态变化过程，是分析复杂电路信号波形变化的专业仪器。通常汽车专用示波器有两个或两个以上的测试通道，根据维修需要可同时对多路电信号进行同步测量和显示，具有高速动态分析的优点。有些专用示波器还具有连续记忆和重放功能，便于捕捉间歇性故障，或通过一定的软件与计算机连接，将采集的数据进行存储、打印和再现。

（3）元器件模拟测量式　元器件模拟测量式是通过信号模拟器替代传感器的方式，将模拟信号送入电控单元，再对电控单元的响应参数进行分析比较，用以判断传感器的性能。目前常用的信号模拟器有两种，一种是单路信号模拟器，另一种是同步信号模拟器。

① 单路信号模拟器。单路信号模拟器也称单通道信号发生器，它只有一路信号输出，只能模拟一个传感器的动态变化信号。一般有 $0\sim15\mathrm{V}$ 的可变电压信号，$0\sim10\mathrm{kHz}$ 的可变交、直流频率信号，$0\sim200\mathrm{k\Omega}$ 的可变电阻信号。

② 同步信号模拟器。同步信号模拟器具有两路信号同时输出的功能，特别是曲轴位置和凸轮轴位置传感器两路信号同步输出，在发动机无法启动的故障诊断中，能够用于人工模拟发动机运转的情况，对电控单元进行动态响应数据分析，用以界定传感器或控制电控单元的工作情况。

信号模拟器在故障诊断中的功用主要有两个：一个是用对比的方法去判断被怀疑的传感器的好坏；另一个是用可变模拟信号去动态分析电控单元及控制系统的响应，进而分析电控单元及控制系统的工作情况。

3. 数据分析方法

（1）数值分析法　数值分析是对数据的数值变化规律和数值变化范围的分析，如转速、车速和电控单元读值与实际值的差异等。

在控制系统运行时，控制模块将以一定的时间间隔不断地接收各个传感器的输入信号，并向各个执行器发出控制指令，对某些执行器的工作状态还根据相应传感器的反馈信号再加以修正。在诊断过程中可以通过诊断仪器读取这些信号参数的数值加以分析。

如系统电压，在发动机未启动时，其值应为当时的蓄电池电压（12V 或 24V），在启动后应等于该车充电系统的电压（13.5～14.5V 或 26.5～28V）。若出现不正常的数值，表示充电系统可能出现故障，应首先查明原因并予以排除。

对于发动机不能启动（启动系统正常）的情况，应注意观察发动机的转速信号（通过诊断仪或转速表），因为大多数发动机控制系统在对发动机进行控制时，都必须获取发动机的转速信号，电控单元方可启用启动工况，否则将无法确定发动机是否在转动，也就不可能对燃油系统进行有效的控制。

（2）时间分析法　电控单元在分析某些数据参数时，不仅要考虑传感器的数值，而且要判断其响应的速率，以获得最佳效果。

例如，氧传感器的信号，不仅要求有信号电压的变化，而且信号电压的变化频率在一定时间内要超过一定的次数（如某些车要求大于 6～8 次/10s），当小于此值时，就会产生故障码，表示氧传感器响应过慢。有了故障码是比较好解决的，但当次数并未超过限定值，而又反应迟缓时，并不会产生故障码。不仔细体会，可能不会感到任何故障症状，此时应接上诊断仪观察氧传感器数据的变化状态以判断其好坏。对采用 OBD-Ⅱ 系统的催化转化器前后氧传感器的信号变化频率是不一样的。通常后氧传感器的信号变化频率至少应低于前氧传感器的一半，否则表明催化转化效率已降低。

（3）因果分析法　因果分析法是对相互联系的数据间响应情况和响应速度的分析。在各个系统的控制中，许多参数是有因果关系的，如电控单元得到一个输入，肯定要根据此输入给出一个输出，在认为某个过程有问题时可以将这些参数连贯起来观察，以判断故障出现在何处。

柴油发动机电控系统中，大多设计排气制动功能，当驾驶人按下排气制动开关时，只是将排气制动请求信号传输给电控单元，是否执行排气制动功能，还取决于电控单元对车辆运行工况的综合分析（最关键的是发动机转速，各种车辆有不同的标准）。当满足工作条件时，电控单元将发出对排气制动的控制指令，由排气制动继电器提供排气制动电磁阀的工作电流，或电控单元直接控制排气制动阀，实现排气制动功能。当有排气制动故障时，可通过数据流逐项对排气制动请求信号、电控单元对排气制动继电器的输出指令以及排气制动继电器的工作状态等参数的变化来判断故障，若是电控方面的问题，则按照相应的提示进行检查，否则检查机械方面。

（4）关联分析法　电控单元对故障的判断一般是根据几个相关传感器的信号进行比较的。当发现相互之间的关系不合理时，会给出一个或几个故障码，或指出某个信号不合理。此时一定不要轻易按照故障码所指定的传感器草率对其判为不良或有故障，而应该根据它们之间的相互关系做进一步的检测，以得出正确的结论。

（5）比较分析法　比较分析法是对相同车种及系统在相同条件下的相同数据组进行的分析。

在很多时候，没有足够详细的技术资料和详尽的标准数据，很难确认某个数据的正确与否，更无法准确地判定某个器件的好坏。如果有条件可与同类车型或相同系统的数据加以比较，或者方便时也会使用替换器件的方法进行试验以达到判断的目的，这都是一些简单的修理方法。但在操作时应首先做基本的诊断，在故障趋势基本确定后，替换怀疑有问题的器件，千万不要随意、盲目地替换器件，这样做既破坏了故障现象的原始状况，也有可能导致新的故障，其结果可能是换了所有的器件，仍未发现问题。需要注意的是，用于替换的器件一定要确认是良好的，而不一定是新的，因为新的未必是良好的，这是做替换试验的基本原则。

4. 数据分析的一般步骤

数据分析是运用各种测试手段对电控系统的各类相关数据参数进行综合分析的过程。读取汽车数据流可以检测汽车各传感器的工作状态，并检测汽车的工作状态，通过数据流还可以设定汽车的运行数据。

（1）有故障码时的方法　在确认有故障码存在并进行故障码分析时，可以直接找出与该故障码相关的各组数据进行分析，并根据故障码设定的条件分析其产生的原因，进而对数据的数值及波形进行分析，找出故障点。

（2）无故障码时的方法　当无故障码存在时，可从故障现象入手，根据控制系统的工作原理和结构推断相关数据参数，再用数据分析的方法对相关数据参数进行观察和全面分析。

在进行数据分析时，常常需要知道所维修汽车系统的基本原理和结构、基本的控制参数及其在不同工况条件下的正确读值，并经过认真的分析，才有可能得出准确的判断。

注意

① 将控制单元的数据与实际测量数据进行对比，差值越小，说明控制单元及传感器越精确。

② 将控制单元数据与维修手册标准进行对比，若误差值超过极限，说明相应的数据为工作不良数据。

③ 找出疑问数据进行分析。例如，氧传感器信号电压变化值为 0.1～0.9V，无故障码。简单看，氧传感器无故障，数据也在维修手册规定范围内，但与新车 0.3～0.7V 的正常值相比，却有了很大变化。由此说明氧传感器接触到的发动机废气中的氧含量变化不稳定，即燃烧时混合气的空燃比不稳定。而导致此种故障产生的原因包括发动机进气管漏气、气门积炭、气门关闭不严、曲轴箱通风阀堵塞及发动机活塞环密封不严等。

5. 利用数据流排除间歇性故障

利用数据流排除间歇性故障的步骤和方法如下。

(1) 重现故障现象　根据客户对故障的描述，反复创造同样的使用条件，尽量多次重现故障现象，如路试、加热、晃动、急加速、淋水、加载、降温等。

(2) 利用诊断设备捕捉故障现象出现时瞬间数据流变化　在重现故障现象的过程中，使用诊断设备读取数据流并启用诊断设备的记录功能，将所选择的数据流保存起来，当间歇性故障现象出现时，对记录的数据流进行对比分析。通过数据回放显示，对故障出现前后的数据流进行对比分析，可以发现是哪些数据流的变化直接或间接导致了故障的出现。

6. 发动机主要数据分析

(1) 电源分析

① 蓄电池电压分析。蓄电池电压是一个数值参数，它反映的是电控单元检测到的汽车蓄电池的电压，单位为 V。柴油发动机高压共轨电控系统中没有专门检测蓄电池电压的传感器，它是根据其内部电路对输入电控单元的电源电压进行检测后获得这一数值的。发动机运转时，该参数实际数值接近正常的充电电压（12V 车辆为 13.5～14.5V；24V 车辆为 26.5～28V）。在数值分析时，可将该参数的数值与蓄电池接线柱上的电压进行比较。若电压过低，说明电控单元的电源线路有故障。

该参数主要用于电控单元自诊断。当蓄电池电压过高或过低时，电控单元的某些功能会发生变化。例如，如果电控单元发现电压下降到极限值以下，它将发出指令让发动机以怠速运转，以增加充电量。这样会对怠速控制、燃油控制等参数产生影响。在大部分车型中，如果电控单元发现蓄电池电压过高，它会切断由电控单元控制的所有电磁阀的电流，以防止电控单元因电流过大而损坏。

控制单元的电压过低，易引起发动机怠速不稳、发动机熄火、加速不良和发动机启动困难。

② 5V 基准电压分析。5V 基准电压是一个数值参数。它是发动机电控单元向电控系统大多数传感器提供的基准工作电源电压的数值，大部分汽车电控单元的基准电压为 5.0V 左右，一般有一路输出、两路输出或多路输出。该电压是衡量电控单元工作是否正常的一个基本标志。若该电压异常，则表示电控单元内部有故障。

(2) 转速分析

① 发动机转速分析。读取电控装置数据流时，在检测仪上所显示出来的发动机转速是由电控系统（ECU）根据发动机曲轴位置传感器的脉冲信号计算而得的，它反映了发动机的实际转速。发动机转速的单位一般采用 r/min，其变化范围为 0 至发动机的最高转速。该

读数本身并无分析的价值，一般用于对其他参数进行分析时作为参考基准。

②发动机启动转速分析。该参数是发动机启动时由起动机带动的发动机转速，其单位为 r/min，显示的数值范围为 0～800r/min，该参数是发动机微机控制启动喷油量的依据。分析发动机启动转速可以分析其启动困难的故障原因，也可分析发动机的启动性能。

（3）进气量分析

①大气压力分析。大气压力是一个数值参数，它表示大气压力传感器送给电控单元的信号电压的大小，或电控单元根据这一信号经计算后得出的大气压力的数值。该参数的单位依车型而不同，有 V、kPa 及 mmHg 三种，其变化范围分别为 0～5.12V、10～125kPa 和 0～850mmHg。有些车型的电控单元显示两个大气压力参数，其单位分别为 V 和 kPa 或 mmHg，这两个参数分别代表大气压力传感器电压的大小及电控单元根据这一信号计算后得出的大气压力数值。大气压力数值和海拔有关，在海平面附近为 100kPa 左右，高原地区大气压力较低，在海拔 4000m 附近为 60kPa 左右。在数值分析中，如果发现该参数和环境大气压力有很大的偏差，说明大气压力传感器或电控单元有故障。

②进气歧管压力分析。进气歧管压力是一个数值参数，表示由进气歧管压力传感器送给电控单元的信号电压，或表示电控单元根据这一信号电压计算出的进气歧管压力数值。该参数的单位依车型而不同，有 V、kPa 及 mmHg 三种，其变化范围分别为 0～5.12V、10～125kPa 和 0～850mmHg。进气歧管压力传感器所测量的压力是进气歧管内的绝对压力。在发动机运转时该压力的大小取决于油门的开度和发动机的转速。在相同转速下，油门越小，进气歧管的压力就越低（即真空度越大）；发动机转速越高，该压力就越低。涡轮增压发动机的进气歧管压力在增压器起作用时，则大于 102kPa（大气压力）。在发动机熄火状态下，进气歧管压力应等于大气压力，该参数的数值应为 100～102kPa。如果在数值分析时发现该数值和发动机进气歧管内的绝对压力不符，则说明传感器不正常或微机有故障。

③空气流量的分析。空气流量是一个数值参数，它表示发动机微机接收到的空气流量传感器的进气量信号。该参数的数值变化范围和单位取决于车型及空气流量传感器的类型。采用热线式空气流量传感器及热膜式空气流量传感器的汽车，该参数的数值单位均为 V，其变化范围为 0～5V。在大部分车型中，该参数的大小和进气量成反比，即进气量增加时，空气流量传感器的输出电压下降，该参数的数值也随之下降。5V 表示无进气量，0 表示最大进气量。也有部分车型该参数的大小和进气量成正比，即数值大表示进气量大，数值小表示进气量小。

采用涡旋式空气流量传感器的汽车，该参数的数值单位为 Hz 或 ms，其变化范围分别为 0～1600Hz 或 0～625ms。在怠速时，不同排量的发动机该参数的数值为 25～50Hz。进气量越大，该参数的数值也越大。在 2000r/min 时为 70～100Hz。如果在不同工况时，该参数的数值没有变化或与标准有很大差异，说明空气流量传感器有故障。进气流量不准常会引起加速不良、发动机回火、排气管放炮等故障现象。

（4）温度分析

①冷却液温度分析。发动机冷却液温度是一个数值参数，其单位可以通过检测仪选择为℃或℉。在单位为℃时其变化范围为 -40～199℃。该参数表示电控单元根据冷却液温度传感器送来的信号计算后得出的冷却液温度数值。该参数的数值应能在发动机冷车启动至热车的过程中逐渐升高，在发动机完全热车后怠速运转时的冷却液温度应为 85～105℃。当冷却液温度传感器或线路断路时，该参数显示为 -40℃，若显示的数值超过 185℃，则说明冷却温度传感器或线路短路。

在有些车型中，发动机冷却液温度参数的单位为 V，表示这一参数的数值直接来自冷却液温度传感器的信号电压。该电压和冷却液温度之间的比例关系依控制电路的方式不同而异，通常成反比例关系，即冷却液温度低时电压高，冷却液温度高时电压低，但也可能成正比例关系。在冷却液温度传感器正常工作时，该参数值的范围为 0～5V。

注意：冷却液温度传感器损坏引发的故障现象较为典型的是发动机冒黑烟、冷车不易启动，若显示温度过高也会限制发动机转速，导致加速不良、怠速不稳、有时熄火等现象。

② 启动时冷却液温度分析。某些车型的电控单元会将点火开关刚接通那一瞬间的冷却液温度传感器信号存在存储器内，并一直保存至发动机熄火后下一次启动时。在进行数值分析时，检测仪会将电控单元数据流中的这一信号以启动温度的形式显示出来，可以将该参数的数值和发动机冷却液温度的数值进行比较，以判断冷却液温度传感器是否正常。在发动机冷态启动时，启动温度和此时的发动机冷却液温度数值是相等的。随着发动机在热状态下启动，发机冷却液温度应逐渐升高，而启动温度仍然保持不变。若启动后两个数值始终保持相同，则说明冷却液温度传感器或线路有故障。

③ 进气温度分析。进气温度是数值参数，其数值单位为℃或℉，在单位为℃时其变化范围为 -50～185℃。该参数表示电控单元按进气温度传感器的信号计算后得出的进气温度数值。在进行数值分析时，应检查该数值与实际进气温度是否相符。在冷车启动之前，该参数的数值应与环境温度基本相同；在冷车启动后，随着发动机的升温，该参数的数值应逐渐升高，若该参数显示为 -50℃，则表明进气温度传感器或线路断路；若该参数显示为 185℃，则表明进气温度传感器或线路短路。

（5）共轨管压力分析

① 轨压传感器信号分析。轨压传感器适时检测轨管内的压力，通过电信号的方式把轨管压力送给发动机电控单元，它是一个数值参数，单位为 V，其数值范围为 1.5（怠速时）～2.6（2500r/min 时）V。在进行数值分析时，应检查轨压信号电压与实际转速的关系。转速越高，轨压信号电压越大，若低于最低下限或高于最高上限时，则表明传感器失效或线路故障，ECU 据此将加大高压泵的供油量，燃油压力超高，泄压阀打开，发动机进入保护状态。

② 轨管压力值分析。轨管压力是一个数值参数，单位 MPa，其数值范围为 30（启动）～130（高速）MPa，它是通过轨管压力传感器提供的压力信号由发动机电控单元计算出来的，主要用于燃油系统检修时的数值分析。

在进行数值分析时，应检查数据流中额定轨管压力与实际轨管压力是否相等，若出现实际轨管压力大于额定轨管压力的情况时，发动机电控装置将通过燃油计量单元加大高压泵供油量，使燃油压力升高，冲开限压阀（轨管压力可达 176～180MPa），发动机进入保护状态。

（6）燃油控制参数分析

① 喷油脉冲宽度信号分析。喷油脉冲宽度是发动机微机控制喷油器每次喷油的时间长度，是喷油器工作是否正常的最主要指标。该参数所显示的喷油脉冲宽度数值单位为 ms。

该参数显示的数值大，表示喷油器每次打开喷油的时间较长，发动机将获得较浓的混合气；该参数显示的数值小，表示喷油器每次打开喷油的时间较短，发动机将获得较稀的混合气。喷油脉冲宽度没有一个固定的标准，它随着发动机转速和负荷的不同而变化。

影响喷油脉冲宽度的主要因素有空气温度与密度、蓄电池电压（喷油器打开的快慢）；而喷油量过大的常见原因则是进气计量失准、电子油门控制单元损坏、有额外的负荷、某缸或数缸工作不良等。

② 燃油计量单元分析。燃油计量单元是一个执行元件，它是一个数值参数，在数据流中有两种表示方法，一种是显示电磁线圈触发脉冲，正常工作期间为 1380～1420mA；另一种是显示为比例（%），正常工作范围为 18%～20%。

（7）电子油门分析　电子油门也称加速踏板传感器，主要是通过驾驶人的意愿了解油门转动角度，作为发动机的负荷信号，并将其转变为电信号送给发动机电控单元，负荷越高，电压越大。ECU 据此信息进行相关比较和计算后，发出指令控制相关的执行器，油门转动角度是一个数值参数，其数值的单位一般有两种。

若单位为 V，则电装电子油门最大信号电压为 4.4V；博世电子油门最大信号电压为 3.8V。

若单位为比例（％），则数值范围为 0～100％，该参数的数值表示发动机微机接收到的加速踏板位置传感器信号值，或根据该信号计算出的油门开度的大小。其绝对值小，则表示油门开度小；其绝对值大，则表示油门开度大。在进行数值分析时，应检查在油门全关时参数的数值大小。以电压为单位的，油门全关时该参数的数值一般为 0.7V 左右；以比例（％）为单位的，油门全关时该参数的数值应为 0。此外，还应检查加速踏板转动时油门 1 与油门 2 之间的信号电压是否存在 1/2 的关系。若有异常，则可能是加速踏板位置传感器有故障或调整不当，也可能是线路或微机内部有故障。

线性输出加速踏板位置传感器要输出与加速踏板开度成比例的电压信号，控制系统根据其输入电压信号来判断油门的开度，即负荷的大小，从而决定喷油量的控制。如果传感器的逻辑关系发生了变化，传感器输出的电压信号虽然在规定的范围内，但并不与油门的开度成规定的比例变化，就会出现发动机怠速不稳、加速不良、转矩限制甚至发动机熄火。

（8）启动信号分析　启动信号是一个状态参数，其显示内容为 YES 或 NO。该参数反映由电控单元检测开关的位置或起动机回路启动时是否接通。在点火开关转至启动位置、起动机运转时，该参数应显示为 YES，其他情况下为 NO。发动机电控单元根据这一信号判断发动机是否处于启动状态，并由此来控制发动机启动时的燃油喷射、怠速转速。在进行数值分析时，应在发动机启动时检查该参数是否显示为 YES。如果该参数仍显示为 NO，说明启动系统至电控单元的信号电路有故障，这会导致发动机启动困难或无法启动。

四、运用波形检测法

电控系统发生的故障，有时属于间歇故障，时有时无，很难用数据流分析和判断。同时在电控系统中，很多传感器和执行器的信号采用电压、频率或其他数字形式表示。在汽车运行过程中，由于信号变化很快，很难从这些不断变化的数字中发现问题所在。但用示波器显示的波形却能捕捉到故障中细小的、间断的变化。利用电控系统正常工作时各种传感器信号所描述的波形图与有故障时的波形图相比较，若有异常之处，则表示该信号的控线路或部件本身出了问题。读取电子部件的信号必须采用示波器，有些解码器也带有示波功能。

汽车示波器是通过波形显示的方式反映电路参数的动态变化过程，是分析复杂电路信号波形变化的专业仪器。通常汽车专用示波器有两个或两个以上的测试通道，根据维修需要可同时对多路电信号进行同步测量和显示，具有高速动态分析的优点。有些专用示波器还具有连续记忆和重放功能，便于捕捉间歇性故障，或通过一定的软件与计算机连接，将采集的数据进行存储、打印和再现。

1. 运用波形检测与分析

汽车专用示波器是用于快速判断电控系统故障的有效工具，使用操作简单、容易掌握，波形显示准确。在实际操作时，像点菜单一样，只要选择好需要测试的内容，不再需要任何设定和调整就可以直接观察电子部件的波形。示波器波形显示是用电压随时间变化的图形来反映一个电信号，可以非常直观、准确地判断工作部件的工作状况，为查找故障提供了方便。

在电控系统中，某些电子部件的信号变化速率快，变化周期达千分之一秒，还有许多故障信号间歇发生，时有时无，这需要测试设备的扫描速度大大高于故障信号速度。而汽车示波器就可以快速捕捉电信号，并且还可用较慢的速度来显示这些波形，以便让维修人员一面观察，一面分析。它还可以以储存的方式记录信号波形，以便反复观察已经发生过的快速信号，为分析故障提供了快速途径。在电控系统中，无论高速信号，还是慢速信号，都可用示波器来观察被测部件的工作状况，并且可以通过观察波形知道故障是否已经排除。

用汽车示波器测试传感器输出的信号波形及信号电压的变化情况，可以确定传感器本身性能的好坏，由此可以确定某个系统的运行情况。例如，在装有氧传感器的反馈系统的汽车上，使用示波器测试氧传感器的信号，可以很好地了解整个反馈系统的运行情况，为捕捉故障信息提供方便条件。

2. 汽车专用示波器的安全操作注意事项

① 确定被测试车辆的挡位在 P 挡，并且拉起驻车制动手柄。
② 确定车轮在地面上被锁止。
③ 使车辆在通风顺畅的地方。
④ 在切断测试接头之前，应先断开搭铁线接头。
⑤ 注意保护仪器免受液体侵入。

第四节
利用电路图检查故障的方法

一、利用电路图分析故障的方法

1. 分割各个单元系统

要分析汽车电路图，首先必须掌握组成电路的各个电气元件的基本功能和电气特性。在大概掌握全图的基本原理的基础上，再把一个个单元系统电路分割开来。

在框划各个系统时，一定要遵守回路原则，注意既不能漏掉各个系统中的组件，也不能多框划其他系统的组件。一般规律是，各电气系统只有电源和总开关是公共的，其他任何一个系统都应是一个完整的、独立的电气回路，即包括电源、开关（熔丝）、电气（或电子线路）、导线等。从电源的正极经导线、开关、熔丝至电气后搭铁，最后回到电源负极。

2. 分析各局部电路之间的内在联系和相互关系

从整车电路来讲，各局部电路除电源电路公用外，其他单元电路都是相对独立的，但它们之间也存在着内在联系。

分析电路时，不但要熟悉各局部电路的组成、特点、工作过程和电流流经的路径，还要了解局部电路之间的联系和相互影响。这是迅速找出故障部位、排除故障的必要条件。

3. 掌握各种开关在电路中的功能

对多层多挡接线柱的开关，要按层、按挡位、按接线柱逐级分析其各层各挡的功能。

当开关接线柱较多时，首先抓住从电源来的一两个接线柱，再逐个分析与其他各接线柱相连的用电设备处于何种挡位，从而找出控制关系。

4. 全面分析开关、继电器的初始状态和工作状态

在识图时，必须根据工作状态进行分析，因为大多数用电设备都是通过开关、按钮、继电器触点的变化而改变电路工作状态，进而实现不同的电路功能。

二、利用电路图检查故障的思路

① 根据电路原理图上熔丝、继电器上标注的编号或标注的名称很容易找到其在熔断器、继电器盒上的位置。

② 根据导线的颜色与部件上标出的连接器端子的序号，可以在实车上迅速找到相应的导线与端子。

③ 通过分析电路原理图即可确定一些故障的诊断方案，如有一个制动灯不亮，则应该去检查不亮的制动灯灯泡及相应线路；如果两个灯都不亮，那么首先应该考虑去检查制动开关及其熔丝。

④ 根据电路原理图可确定一些故障的检测点和检测步骤。如果遇到喇叭不响的故障（不带喇叭继电器），可以先检测喇叭供电端子是否有 12V 电压，如果有，说明故障不在喇叭熔丝，下一步再将喇叭搭铁线直接搭铁（喇叭开关一般在搭铁电路上）；如果喇叭不响，则故障在喇叭本身，如果喇叭响，再去检查喇叭开关，依此步骤很快即可找到故障点。

三、利用电路图检查故障的步骤

当电气系统出现故障时，首先应确定故障的现象和发生故障的条件，这样可以大致确定故障的范围。检查时应首先对电源系统的供电情况及故障元件本身进行检查，如果通过上述检查还不能确定故障的原因时，就需借助电路图进行故障诊断。电路图可以提供电气设备的基本电路、电气元件的安装位置、线束及插接器的基本情况。在使用电路图进行故障诊断时，可按下述步骤进行。

① 在电路图中找出故障系统的电路，并仔细阅读。

② 通过阅读电路图找出故障系统电气中所包含的电气元件、线束和插接器等。

③ 通过电路图找出上述电气元件、线束和插接器在车上的安装位置及电气元件和插接器上各端子的作用或编码。

④ 对怀疑有故障的部件按前述内容进行检测。

⑤ 根据电路图检查线束的短路和断路情况，直至查出故障的部位。

利用电路图进行电压检测的情况如图 1-14 所示，利用电路图进行短路检查的情况如图 1-15 所示。

如果检测到的数据与正确的数据不符，则说明系统有故障。如图 1-16 所示，在开关断开时各点的电压应为万用表所示的数值，如图 1-17 所示为开关接通时各点的正常电压，如果电压不符，如图 1-18 中继电器触点处有 2V 电压，说明此处有接触电阻，故障为触点不良。

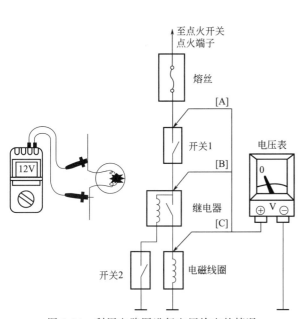

图 1-14 利用电路图进行电压检查的情况

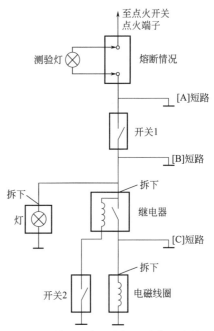

图 1-15 利用电路图进行短路检查的情况

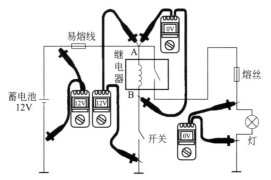

图 1-16 开关断开时各点电压的正确数据

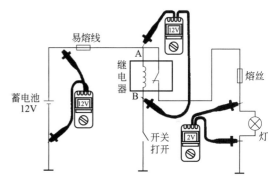

图 1-17 开关接通时各点的正常电压

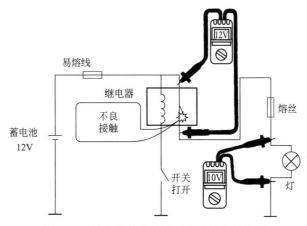

图 1-18 继电器触点接触不良时的电压数据

四、汽车导线与插接器故障的排查以及更换熔断器注意事项

1. 汽车导线与插接器故障的排查

（1）导线及插接器短路故障的检查　导线及插接器的故障可能是由于线束与车身（地线）之间或是关开关内部短路造成的。检查前应首先查看在车身上的导线插接器固定是否牢靠，然后便可按下列步骤进行测试。

① 检查线路通断。首先拆下控制电脑 ECU 和传感器两侧的导线插接器，再测量插接器相应端子间的电阻。如电阻值不大于 1Ω，则说明线路正常，以便进行下一步检查。在测量导线电阻时，最好在垂直和水平两个方向轻轻摇动导线，以提高测量的准确性；同时注意，对于大多数导线插接器、万用表表笔应从插接器的后端插入，但是对于装有防水套的防水型插接器，表笔就不能从后端插入，因为在插入时稍有不慎便会使端子变形，这是在维修检测时应特别注意的。

② 短路电阻值的检测。首先拆下控制电脑 ECU 和传感器两侧的导线插接器，再测量两侧插接器各端子与车身间的电阻值。测量时，一支表笔搭铁接车身，另一支表笔要分别在两侧导线插接器上进行测量，其电阻值大于 1Ω 为正常，即说明该线路与车身无短路故障。

（2）导线及插接器断路的检视　导线及插接器断路故障，可能是由于导线使用中的折断、插接器接触不良或插接器端子松脱造成的。

①导线在中间断开的故障是很罕见的，大都是在插接器处断开。因此，检查时应着重仔细检查传感器和插接器处的导线，是否有松脱和接触不良。

②由接触不良而引起的插接器断路故障，常是由于插接器端子锈蚀或外界脏污进入端子或插接器插座从而造成接触压力降低所致。此时，只需把插接器拆下，再重新插上，以改变其连接状况，使其恢复正常接触即可。

（3）导线插接器外观及接触压力检查　首先应一一拆下各导线插接器，检视插接器端子上有无锈蚀和脏污，对锈蚀和脏污应进行清理；然后，便可检视端子有无松动现象。反之，如果在哪一个插孔中的插头端子拔出时比其他插孔容易，则该插孔可能在使用中会引起接触不良的故障。

导线故障的排查方法如下。

① 检查导线断路。当线路出现断路时，主要表现为线头脱落、开关失效、导线折断、插头松动或搭铁不良。

检查时，对于明显的导线断裂部位比较容易查找，但是对于比较隐蔽的内芯线断路，需使用万用表、试灯才能确定故障部位。

② 检查导线短路。导线因绝缘层损坏或导线线头裸露部分相互接触，使导线间发生短路。可用万用表或试灯检测线路的短路故障。

③ 检查导线搭铁。

a. 外观检查。直接用眼睛观察导线是否有破裂、破损处。

b. 试灯检查。以蓄电池作为电源，将蓄电池的负极搭铁，正极接试灯的一个引线端子，而试灯的另一个引线端子接导线，如果试灯发亮，表明导线已搭铁。

c. 万用表检查。用万用表的两表笔分别与导线和车架接触，如果电阻接近 0，表明导线已搭铁。

2. 更换熔断器注意事项

① 更换烧坏的熔断器时，应使用相同规格的熔断器。使用比规定容量大的熔断器会导

致电气损坏或引发火灾。

② 拆开插接器时，首先要解除闭锁，然后把插接器拉开，不允许在未解除闭锁的情况下用力拉导线，否则会损坏闭锁装置或连接导线。

五、继电器故障的分析方法与技巧

电控柴油机上的继电器主要有主继电器、PCV 继电器、预热继电器、排气制动继电器。主继电器和 PCV 继电器一般集成在 ECU 线束上。

1. 继电器工作状态的简便判断方法

汽车继电器广泛用于控制汽车启动、预热、空调、灯光、刮水器、电喷、油泵、防盗、音响、导航、电动风扇、冷却风扇、电动门窗、安全气囊、防抱死制动、悬架控制以及汽车电子仪表和故障诊断等系统中，其数量仅次于传感器。

接通点火开关后，用耳朵或听诊器倾听控制继电器内有无吸合声，或者用手触摸，感受一下继电器有没有振动感。如有，说明继电器工作基本正常，用电器不工作是由其他原因引起的；否则说明该继电器工作不正常。

也可以拔下继电器进行实验，例如发生空调压缩机不工作的故障，可以启动发动机，然后接通鼓风机开关和空调开关，再拔下空调压缩机的继电器进行判断。若拔下继电器时发动机的转速明显下降，插入该继电器后发动机的转速又提升，说明空调压缩机的继电器及其控制线路是正常的。

至于继电器的安装位置，凡是在电路图上标在点划线内的继电器及熔断器，一般布置在中央配电盒内。

2. 继电器的常见故障

继电器的主要故障是绝缘老化、线圈烧断、匝间短路、触点抖动以及无法调整初始动作电流等。

现代汽车往往将各种控制继电器与熔丝安装在一起，成为一个中央配电盒。它的正面装有继电器和熔丝插座，背面是插座，用来与线束的插头相连。

（1）继电器线圈烧坏　在进行维修、维护及电焊时，如果温度可能超过 80℃，应当首先拆下对温度敏感的继电器和电控单元。

（2）触点腐蚀　如果触点脏污，可以采用专用电气触点清洗剂处理。

（3）设法减小继电器触点的接触电阻　车用继电器触点间存在的接触电阻，主要由收缩电阻和表面膜电阻构成。其接触电阻与触点的接触形式、材料性能和表面加工等因素。

3. 继电器在电气维修中的妙用

汽车电路可以分为电源电路和控制电路。在大多数用电系统中，继电器就是电源电路和控制电路的交汇点，控制电路通过控制继电器的通断来控制电源电路，因而在实际维修中可以通过短接继电器对应的插孔，将一个复杂的系统问题一分为二，直接缩小汽车故障的诊断范围。如果是控制电路，就要对传感器和相关插接件进行检查；如果是电源电路，则需要对线路上的插接件和导线进行检查，从而快速判断出汽车电气故障到底发生在控制电路还是电源电路。

六、汽车电路搭铁不良故障的检测

汽车电路绝大多数采用单线制，即电气设备的正极用导线连接，俗称火线；负极用不长的导线与车架金属部分连接，称为接地线，作为系统的回路线，因此接地线是汽车电路的重要组成部分。任何一个完整的电路，其电流必须从电源的正极出发，经过熔断器、开关、导线等到达用电设备，再经过接地线回到电源的负极。

1. 汽车搭铁线断路的排查

若搭铁线有导线断开或者连线端子锈蚀现象，会导致搭铁线失去作用，严重时可能导致电气较明显的工作不良或不工作。通常这种情况都能通过目测检查发现故障。如目测不能发现故障，可以进行电阻测量，通过电控检测仪检测或其他辅助手段准确确定故障点所在的位置。

2. 汽车搭铁接触不良的排查

汽车搭铁接触不良一般是导线断路、导线端子锈蚀、连线端子松动等导致的。

一般汽车电路大多是数字信号及高精度的模拟信号电路，如果搭铁线有接触不良故障，就相当于在电路中串联了电阻，有可能会使高精度信号失准。通常这种情况都能通过目视或测试电阻检查发现故障点。

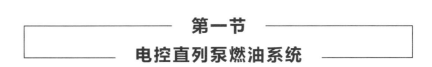

第二章
柴油机电控燃油系统结构与维修

Chapter 02

第一节

电控直列泵燃油系统

电控直列泵燃油系统是在普通直列泵燃油系统的基础上改进而成的。它把控制喷油泵的执行元件（机械式调速器）改为电磁式电子调速器或直流电动机式电子调速器。改进后的电控柴油机，用电子调速器代替原有的机械离心式调速器对喷油量进行控制；用正时控制器代替原有的机械离心式供油提前角自动调节器，对喷油正时进行控制；还设有油量调节拉杆（齿条）位置传感器和正时传感器。

一、电控直列泵燃油系统的分类

电控直列泵燃油系统有位置控制式和时间控制式两种。

1. 位置控制式

柴油机电控燃油系统的第一代产品，是在直列柱塞泵的基础上改造的。该系统利用电子调速器取代原有的机械调速器，控制喷油量多少的供油齿条或拉杆由电子调速器进行驱动；用正时提前器取代原有的机械离心式供油提前角自动调节器，喷油正时由喷油提前器（正时控制器）进行调节。执行机构控制发动机驱动轴和喷油器凸轮轴间的相位差，从而控制喷油时间，并分别通过供油拉杆（或齿条）位置传感器和喷油正时传感器对喷油器及喷油正时进行闭环控制，对喷油量和喷油正时进行控制。调速器执行机构和提前器执行机构是电控直列泵燃油系统中的两个特殊机构。

2. 时间控制式

时间控制式电控系统是将原来与直列泵相连的机械调速器（调速齿条、齿轮等）取消，在直列喷油泵出油阀和喷油器之间的高压油管路上安装一个三通电磁阀，得到简称为泵-管-阀-嘴（PPVI）式的电控燃油喷射系统。与传统的泵-管-嘴的机械式喷油系统相比，发动机各缸都对应安装了一个控制喷射过程的电磁阀。因此，不再需要传统柱塞上的斜槽来控制喷油量，无斜槽柱塞泵的功能只是建立高压，不再具有喷油调节的功能，真正的喷油控制由电磁阀来完成。

二、电控直列泵燃油系统的组成

普通柴油机的燃油系统结构一般由燃油供给装置、空气供给装置、混合气形成装置和废气排放装置四大部分组成，如图 2-1 所示。

　　普通直列泵燃油供给系统如图 2-2 所示，发动机工作时，输油泵经吸油管将柴油自柴油箱吸出，并将柴油压力提高到 0.15～0.30MPa，再经柴油滤清器滤去杂质后送至喷油泵，喷油泵将柴油压力进一步提高至 10MPa 以上，通过出油阀、高压油管泵入喷油器，喷油器再将柴油以雾状喷入燃烧室并与空气混合自行着火燃烧。输油泵供给的多余的柴油以及喷油器顶部回油孔流出的少量柴油，都经回油管流回到柴油箱。

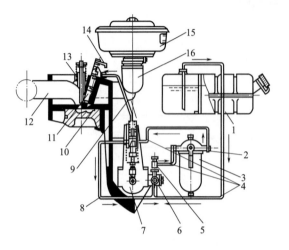

图 2-1　柴油机燃料供给系统示意

1—柴油箱；2—溢流阀；3—柴油滤清器；4—低压油管；5—手油泵；6—输油泵；7—喷油泵；8—回油管；9—高压油管；10—燃烧室；11—喷油器；12—排气管；13—排气阀；14—排气管；15—空气滤清器；16—进气管

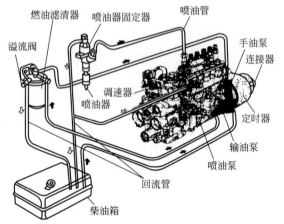

图 2-2　普通直列泵的燃油供给系统

　　而电控直列泵燃油系统结构主要由 ECU、传感器、执行器三大部分组成，如图 2-3 所示。博世电控直列泵燃油系统如图 2-4 所示。

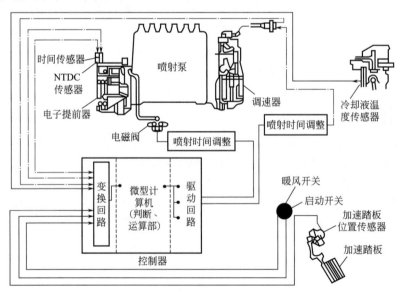

图 2-3　电控直列泵燃油系统

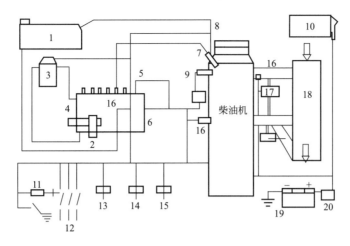

图 2-4　博世电控直列泵燃油系统

1—油箱；2—喷油泵；3—燃油滤清器；4—直列式喷油泵；5—定射器；6—调速器；7—喷油器；8—回油管；
9—预热塞；10—ECM；11—故障指示灯；12—离合器、制动器和排气制动开关；13—速度选择杆；
14—加速踏板位置传感器；15—发动机转速传感器；16—温度传感器（冷却液、空气、燃油）；
17—进气压力传感器；18—涡轮增压器；19—蓄电池；20—预热塞和启动开关

1. 传感器

直列柱塞泵电控系统采用的传感器有发动机转速传感器、进气歧管压力传感器或空气流量计、供油提前角传感器、齿杆位置传感器、套筒位置传感器、加速踏板位置传感器、控制杆角度传感器、进气温度传感器、冷却液温度传感器、燃油温度传感器、机油温度传感器、针阀升程传感器和大气压力传感器、涡轮增压传感器、启动开关和空调开关等。

由于车型不同，所采用传感器的数量也会有所不同。

2. 电控单元（ECU）

ECU 对输入控制信号和反馈进行分析处理计算，发出相应的喷油量和喷油提前角命令。

3. 执行器

执行器的作用是用于精确喷油量和喷油提前角的控制。主要有调速器、喷油正时器（或电子提前器）和喷油器。调速器又分为电动调速器和电磁调速器两种。

三、电控直列泵燃油系统的工作原理

电控直列泵燃油系统的工作原理是，从各个传感器传来的信号输入电控单元（ECU）中，经过 ECU 计算处理，与柴油机负荷及转速状态相适应的信号送往电子调速器和电磁阀，使调速器和时间控制器（定时器）动作。同时，调速器和时间控制器中的传感器，也把自身的反馈信号输入 ECU，以达到控制最恰当的喷油量和喷油时间的目的。

1. 喷油量的控制

安装电子调速器的直列泵电控系统，其喷油量控制是由 ECU 通过控制电子高速器实现的。柴油机工作时，ECU 根据加速踏板位置传感器信号（即负荷信号）和柴油机转速信号确定基本供油量，并参考冷却液温度、进气流量等传感器信号对供油量进行修正。然后通过

ECU中的伺服电路控制电子调速器工作，以改变或保持直列泵油量调节拉杆（或齿条）的位置，使直列泵的供油量达到预期的控制目标。

2. 喷油正时的控制

直列泵电控系统采用正时控制器，通过控制供油时刻来控制喷射定时。直列泵采用电控液压式正时控制器，根据对油路中机油压力控制方式不同，可分为电磁阀型正时控制器和步进电动机型正时控制器两种。

（1）电磁阀型正时控制器 直列柱塞泵的供油时刻随液压腔内机油压力的变化而变化，而机油压力的改变受ECU的控制，ECU通过控制供油电磁阀和回油电磁阀的开闭来实现对液压腔内油压的控制。

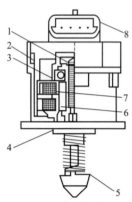

图2-5 步进电动机
控制阀的结构

1—丝杠机构；2—密封圈；
3—后轴承；4—前轴承；
5—控制阀；6—转子；
7—定子；8—线
束连接器

（2）步进电动机型正时控制器 与电磁阀式正时控制器不同，步进电动机正时控制器内机油压力的变化是由步进电动机控制阀进行控制的。如图2-5所示为步进电动机控制阀的结构。

电子提前器即喷油定时器，是通过改变发动机曲轴和喷油泵凸轮轴之间的相位即喷油提前角，来实现对喷油定时控制的。

直列泵供油正时的电控系统主要由正时控制器、电磁阀、柴油机转速传感器、正时传感器和ECU等组成，如图2-6所示。两个电磁阀分别安装在正时控制器进、回油路中，控制正时控制器工作的液压油来自柴油机润滑系统。正时控制器安装在直列泵驱动轴与凸轮轴之间，受液压控制的正时控制器可使直列泵凸轮轴相对驱动轴在一定范围内转动。柴油机转速传感器安装在直列泵驱动轴上，ECU主要根据柴油机转速和负荷传感器信号确定基本供油提前角，再根据冷却液温度等传感器信号进行修正，并通过两个电磁阀控制正时控制器工作，来实现对直列泵供油正时的控制。正时传感器安装在直列泵凸轮轴上，用来检测凸轮轴的位置和转角，ECU根据正时传感器信号判断实际的供油正时，并对供油正时进行闭环控制。

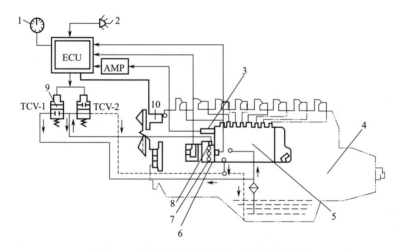

图2-6 直列泵供油正时的电控系统的组成

1—转速表；2—故障指示灯；3—供油齿条位置传感器；4—柴油机；5—喷油泵；6—正时传感器；
7—正时控制器；8—转速传感器；9—电磁阀；10—冷却液温度传感器

第二节
电控分配泵燃油系统

电控分配泵燃油系统由传统机械转子泵演变而来，只是将油量调节环改为电控执行器控制，取消了机械调速器。电控转子泵常用于轿车和小型货车，在重型货车上较少采用。

一、电控分配泵燃油系统的分类

柴油机电控分配泵燃油系统按喷油量、喷油时间的控制方法分类，可分为位置控制式和时间控制式燃油系统两类。

1. 位置控制式电控分配泵系统

所谓位置控制，就是将 VE（轴向压缩）分配泵中的机械调速器换成电控的执行机构，将传统 VE 分配泵中的油量控制滑套的油量调节位置运动，由机械式调速器控制改为由电子执行器控制，将传统 VE 分配泵中控制喷油时间变化的提前器活塞位置移动，由机械-液力控制改为由电子执行器控制。其基本特点是保留了机械分配泵的溢油环，采用旋转式电磁铁，因此不用杠杆。电磁铁中控制轴旋转改变了控制轴下端偏心球的位置，直接控制溢油环，控制喷油量。该产品在博世公司和杰克赛尔公司都曾大量生产。

德国博世公司生产的位置控制式电控分配泵系统的结构（第二代）如图 2-7 所示。旋转螺线圈式执行机构如图 2-8 所示。由于转子的旋转，改变轴下端的偏心球的位置，就可以控

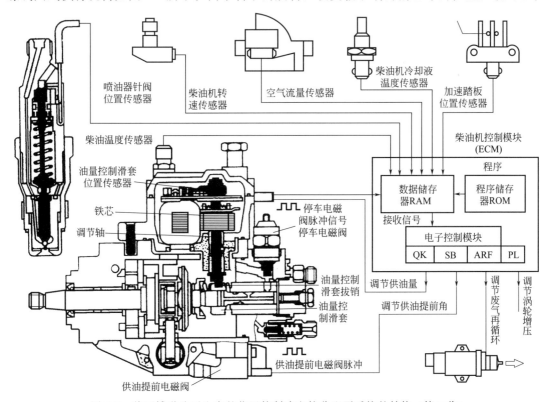

图 2-7　德国博世公司生产的位置控制式电控分配泵系统的结构（第二代）

制溢油环的位置。

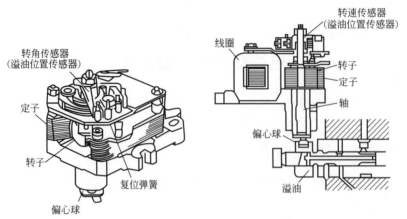

图 2-8 旋转螺线圈式执行机构

ECU 根据发动机的状态计算出目标喷油量，并将其结果输出到驱动回路。驱动回路根据 ECU 的指令一边反馈控制执行机构的位置，一边控制输出。这样，将 VE 分配泵的溢油环控制在目标位置，从而控制喷油量，如图 2-9 所示。

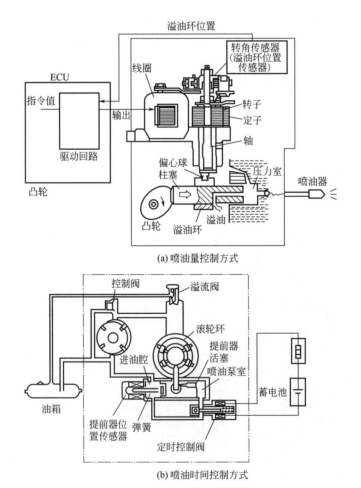

(a) 喷油量控制方式

(b) 喷油时间控制方式

图 2-9　喷油量和喷油时间控制方式

2. 时间控制式电控分配泵系统

所谓时间控制，就是用高速电磁阀直接控制高压燃油的适时喷射，电磁阀关闭时执行喷油，电磁阀打开时结束喷射。喷油始点取决于电磁阀的关闭时刻，喷油量则取决于电磁阀关闭时间的长短。因此，既可实现喷油量控制，又可实现喷油定时的控制，控制自由度大。

时间控制式电子分配燃油系统如图 2-10 所示。电控单元内设有时钟，利用时钟控制喷油终了时刻，从而控制喷油量。控制喷油终了的执行机构是电磁阀，对每一次喷油都可以进行控制，因此，可以取消其他喷油控制机构。另外，在时间控制方式中，电子回路比较简单。

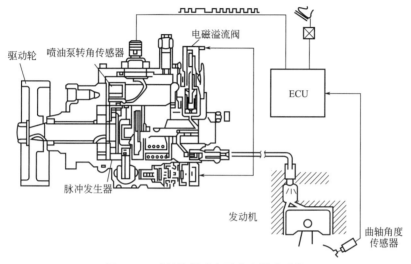

图 2-10　时间控制式电子分配燃油系统

时间控制式电控分配泵燃油系统的显著特点是取消了原 VE 分配泵上的溢油环，在进油通路上设置一个电磁溢流阀，喷油量的时间控制原理如图 2-11 所示。

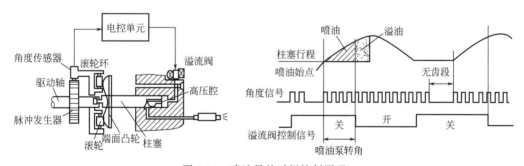

图 2-11　喷油量的时间控制原理

在柱塞泵油阶段，当电磁溢流阀断电时，溢流阀打开，高压燃油立即卸压，停止喷油，喷油始点并不取决于电磁溢流阀关闭的时刻，而是取决于分配泵端面凸轮的行程，与采用的溢油环改变喷油终点以控制油量的方式一样，电磁溢流阀打开得越晚，喷油量越多，端面凸轮行程始点就是图 2-11 中喷油泵角度信号上的无齿段终点的信号。喷油泵角度传感器装在滚轮环上，这样即使喷油正时有变化，由于喷油泵角度传感器随着滚轮环一起移动，因此喷油泵角度并不改变，泵油始点与无齿段终点相对位置始终不变。

二、电控分配泵燃油系统的组成

电控分配泵燃油系统是在 VE 分配泵的基础上实现电控的，它主要由传感器、电控单元和执行器三大部分组成，如图 2-12 所示。

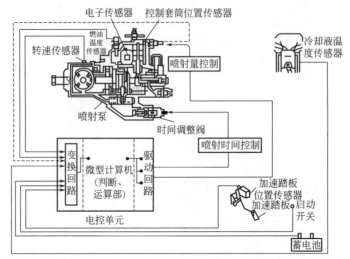

图 2-12　电控分配泵燃油系统的组成

电控分配泵喷射系统的典型构成如图 2-13 所示，其组成与电控直列泵燃油喷射系统相似，不同之处在于喷油泵为分配式，其他传感器和执行器与电控直列泵燃油喷射系统相同。电控分配泵燃油系统是根据各种传感器的信息检测出发动机的实际运行状态，由电控单元完成的控制有喷油量控制、喷油时间控制、怠速时间控制、故障诊断功能和故障应急功能。

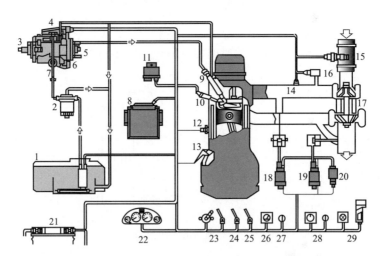

图 2-13　电控分配泵喷射系统的典型构成

1—油箱；2—滤清器；3—喷油泵；4—泵控制单元；5—高压电磁阀；6—计时电磁阀；7—计时器；8—发动机 ECU；
9—喷油器；10—预热装置；11—预热电控单元；12—冷却液温度传感器；13—曲轴转速传感器；14—进气温度
传感器；15—空气流量传感器；16—增压压力传感器；17—涡轮增压；18—EGR 阀；19—增压调节器；
20—真空泵；21—蓄电池；22—仪表板；23—加速踏板传感器；24—离合器开关；25—制动器触点；
26—车速传感器；27—巡航控制；28—空调压缩机开关；29—故障指示灯及诊断接口

不同的机型其电控的具体内容不同，有些机型可以实现喷油量、喷油时间和怠速转速三项控制，有些机型仅对喷油时间进行控制。电控分配泵喷射系统基本控制内容和功能如图 2-14 所示。

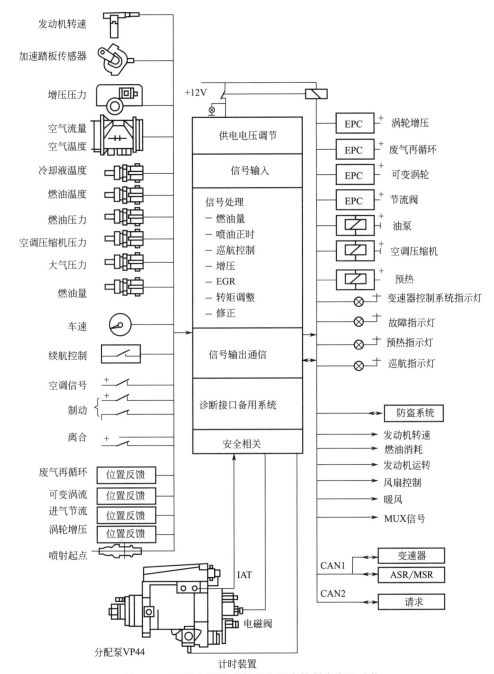

图 2-14 电控分配泵喷射系统基本控制内容和功能

1. 传感器

电控 VE 分配泵的传感器主要包括转速传感器、温度传感器、定时器位置传感器、加速踏板传感器等。博世柴油机电控 VE 分配泵燃油系统中的主要传感器如图 2-15 所示，主要传感器包括发动机转速传感器、冷却液温度传感器、进气歧管温度传感器、燃油温度传感器、调节滑套位置传感器（或调节活塞运动传感器）、针阀升程传感器、车速传感器、加速踏板位置传感器、大气压力传感器、空气流量传感器，以及制动灯开关、离合器踏板开关和制动踏板开关。

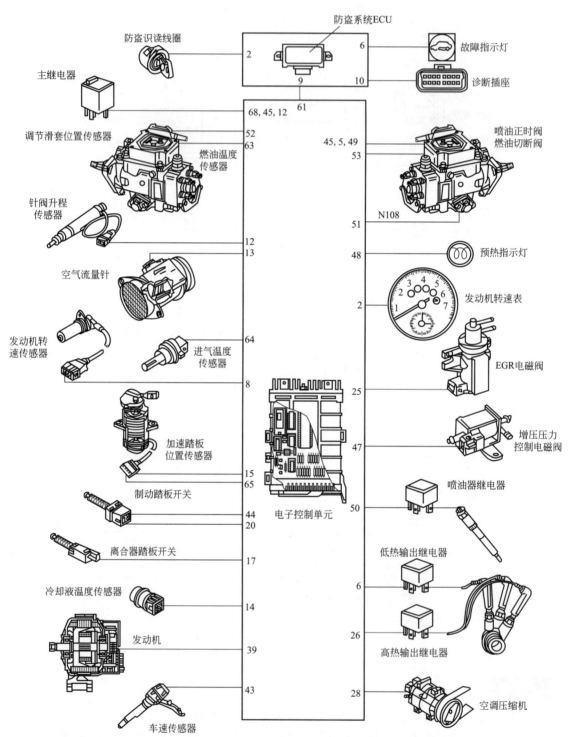

图 2-15　博世柴油机电控 VE 分配泵燃油系统中的主要传感器

2. 电控单元（ECU）

ECU 按照一定的控制算法处理不同来源的信息，并以电信号的形式输出，以控制执行器。

电控柴油机在喷油泵的顶部有一个油泵控制单元（PCU），而 PCU 是由发动机 ECU 控制的。PCU 和 ECU 的内部都是一个以单片机为核心的模块，PCU 直接安装在喷油泵顶部，而 ECU 则一般安装在发动机附近或发动机上。PCU 和 ECU 之间通过控制器局域网（CAN）进行通信。ECU 根据这些传感器信号确定喷射定时和喷油量的大小，并将这些信息发送给 PCU，PCU 驱动油泵的电子执行器执行喷射定时和喷油量控制。

在时间控制式的燃油喷射系统中，PCU 和 ECU 的分开便于发动机及燃油喷射系统的独立研发与生产。一般情况下，电控分配泵（喷油泵）和发动机不是在同一家工厂生产的，只要两者都有标准的 CAN 协议接口，电控分配泵就可以与不同型号的发动机匹配，喷油泵 PCU 不用调整。只需调整 ECU 内部存储器上存储的 MAP 图即可。

两个喷油泵之间，由于喷射电磁阀在加工和制造上的误差，在相同转速、喷油脉宽和喷射定时条件下喷油量并不完全相同，可以在生产时单独标出每个喷油泵的喷油脉宽对应的喷油量的速度特性。这样，同一台发动机可以任意换装其他的喷油泵，不会对发动机性能产生较大的影响。因此，PCU 和 ECU 的独立制造便于同型号喷油泵之间的参数进行一致性调整。

3. 执行器

执行器将 ECU 输出的电信号转换成机械参数，以控制柴油机运转。

电控分配泵燃油系统中使用的主要执行器包括喷油正时阀、燃油切断阀、EGR 电磁阀、喷油器增压压力控制电磁阀和空调压缩机，见图 2-15。

此外，为了降低燃烧噪声，特别是在怠速和部分负荷时的燃烧噪声，电控分配泵通常与双弹簧喷油器组合使用，以实现预喷射。

电控 VE 分配泵燃油喷射系统采用的是电控分配泵，分为轴向柱塞式和径向柱塞式两种（图 2-16），与普通 VE 分配泵的差别在于电控部分（表 2-1），其他构造及原理基本相同。

时间控制式径向柱塞分配泵是采用径向柱塞取代轴向柱塞，同样采用时间控制方式。由于各柱塞在圆周上的均布，凸轮环受力均匀且作用力相互平衡，因此可以产生较高的供油压力（达 170MPa）。

表 2-1　电控 VE 分配泵与传统 VE 分配泵的差别

目前电控 VE 分配泵的产品类型	较传统 VE 分配泵构造的差异	较传统 VE 分配泵性能的差异
共同特点	在 VE 分配泵上增加提前器位置传感器、油门位置传感器、冷却液温度传感器、提前角执行器、冷启动电控单元，喷油提前角由 ECU 控制	通过精准控制喷油的正时、油压、油量，不仅提升了做功效率，而且降低了污染物的排放
大于 3.5t 电控 VE 分配泵产品特点	增加中冷装置	通过加装中冷装置，降低了进气温度，提高了进气量，进一步提升功率，以满足 3.5t 以上车型的动力需求

目前电控 VE 分配泵的产品类型	较传统 VE 分配泵构造的差异	较传统 VE 分配泵性能的差异
小于 3.5t 电控 VE 分配泵产品特点	增加 EGR 电控装置及排放后处理装置	对尾气进行处理，进一步降低污染物的排放，达到小于 3.5t 车型的小型车环保要求

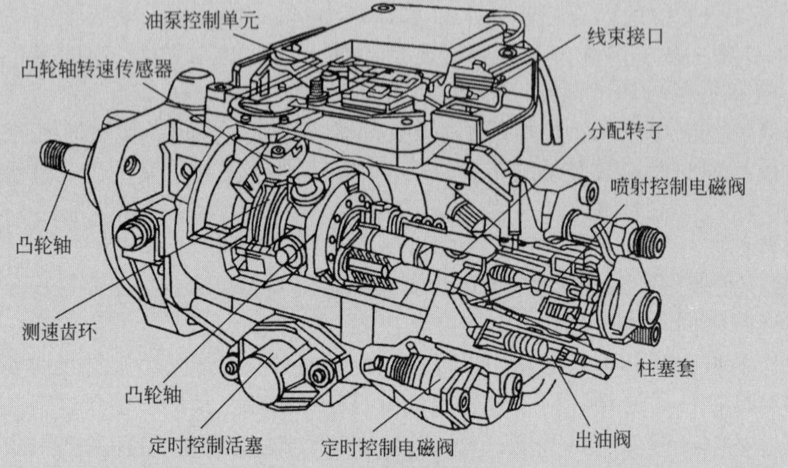

(a) 轴向柱塞式

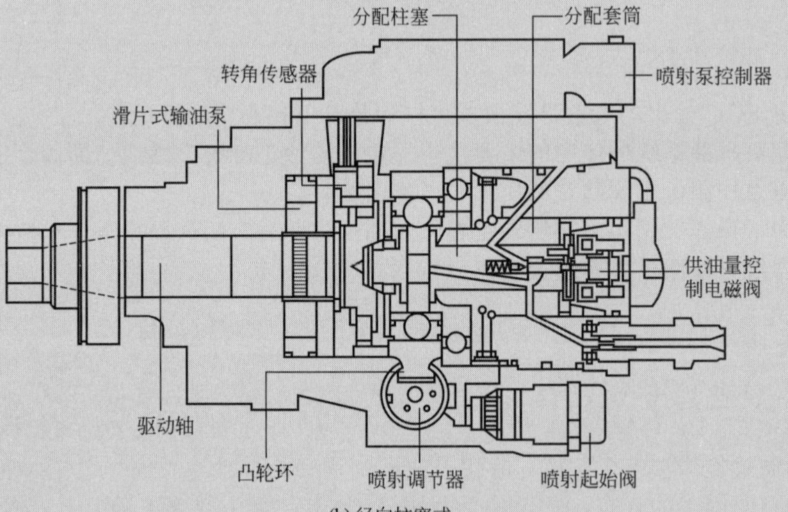

(b) 径向柱塞式

图 2-16　电控分配泵的结构

　　柴油发动机使用的电控分配泵类型较多，使用较广泛的为 COVEC-Ⅰ型喷油泵和日本五十铃公司生产的Ⅰ-TEC 型喷油泵，COVEC-Ⅰ型喷油泵及配套的电动调速器的结构如图 2-17 所示，Ⅰ-TEC 型喷油泵及配套的电动调速器的结构如图 2-18 所示。

三、电控分配泵燃油系统的工作原理

　　电控系统的输入信号由加速踏板位置传感器、转速传感器、燃油温度传感器、冷却液温度传感器、启动开关、控制套筒位置传感器（反馈信号）等组成。ECU 对输入的控制信号和反馈信号进行分析处理，计算出相应的喷油量及喷油提前角控制参数值，分别送往电动调

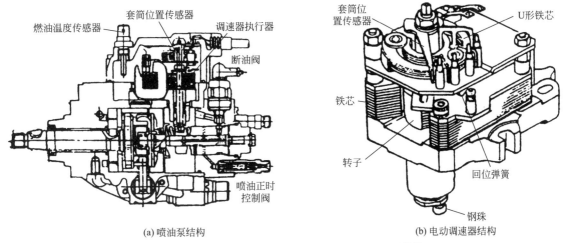

(a) 喷油泵结构　　　　　　　　(b) 电动调速器结构

图 2-17　COVEC-Ⅰ型喷油泵及配套的电动调速器结构

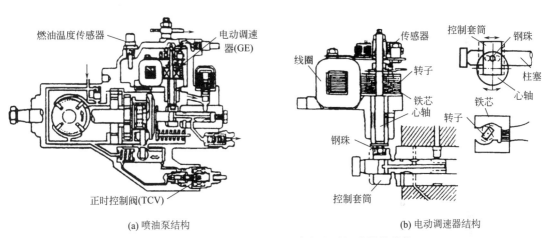

(a) 喷油泵结构　　　　　　　　(b) 电动调速器结构

图 2-18　Ⅰ-TEC 型喷油泵及配套的电动调速器的结构

速器和时间电控单元，使电动调速器和时间电控单元动作，从而对喷油量和喷油提前角进行精确控制。

1. 喷油量的控制

喷油量的控制是由 ECU 控制电动调速器中控制套筒的位置实现的。

ECU 根据发动机的状态计算出目标喷油量，并将结果输出到驱动回路；驱动回路根据 ECU 的指令一边反馈控制执行机构的位置，一边控制输出。这样，VE 分配泵的溢油环控制在目标位置，从而控制喷油量。

2. 喷油时间的控制

VE 分配泵的提前器活塞内设有连通高压腔和低压腔的通道，按占空比控制定时调节阀，使定时活塞两侧的压力差变化，从而控制喷油时间。由传感器检测出定时活塞的位置，从而进行反馈控制。

泵喷嘴，顾名思义就是喷油泵与喷油嘴组合在一起，将电控单体泵的高压油管取消，喷油泵和喷油器整合为一体，就变成了电控泵喷嘴。电控喷油嘴通常安装在气缸盖上，进、回油道均在气缸盖。每缸一组泵喷嘴，由顶置式喷油凸轮机构直接驱动喷油泵喷油。由于无高压油管，可以消除长的高压油管中压力波和燃油压缩的影响，高压容积大大减少，因此可产生所需的高喷射压力，最高可达200MPa。在电控泵喷油嘴中，喷油泵的泵油柱塞没有螺旋槽，只是一个单纯的压油柱塞。

泵喷嘴由安装在气缸体上的凸轮摇臂驱动或由安装在气缸盖上的凸轮轴摇臂驱动。电控泵喷嘴系统，其喷油量和喷油定时由ECM控制电磁阀的关闭时间决定，所以称作时间控制式电控燃油喷射系统。

电控泵喷嘴没有高压油管，没有机械式供油量调节齿条，喷油量和喷油正时由电控单元根据各种传感器输入的信号使电磁阀关闭，执行喷油；电磁阀打开，喷油结束。

电控泵喷嘴系统在国内部分柴油轿车（如宝来）、国外工程机械（如卡特彼勒）等均有实际应用，并可直接过渡到国四、国五产品中，当然其整机也一般都具备满足国四、国五排放升级的潜力。

一、电控泵喷嘴燃油系统的组成

电控泵喷嘴燃油系统主要由泵喷嘴燃油供给系统和电子控制系统两部分组成。

柴油机电控泵喷嘴燃油系统的组成如图2-19所示，主要由电控单元、同步传感器、泵喷嘴、凸轮轴、增压压力传感器等组成。

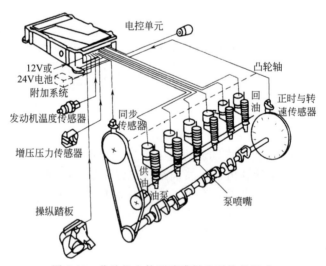

图 2-19　柴油机电控泵喷嘴燃油系统的组成

电子控制系统主要由信号输入装置与输入信号、电控单元（ECU）和执行器三个部分组成。

输入部分包括各种传感器与开关信号。其中传感器主要包括发动机转速传感器、冷却液温度传感器、霍尔传感器（或称气缸判别传感器）、进气温度传感器、燃油温度传感器、进气歧管压力传感器（或称增压压力传感器）；开关信号主要包括加速踏板开关信号、制动踏板开关信号等。

电控单元（ECU）是这个控制系统的核心，ECU接收各种传感器与开关提供的信号，然后经过计算、分析、处理后，输出相应的控制信号给执行器，来完成相应的动作。

执行器部分主要包括预热塞与继电器、泵喷嘴电磁阀、预热指示灯、EGR电磁阀、增压压力控制电磁阀、进气歧管翻板转换阀、燃油冷却泵与继电器等。

泵喷嘴燃油供给系统又分为低压部分和高压部分。

（1）泵喷嘴燃油供给系统的低压部分　低压部分主要由油箱、燃油滤清器、油水分离器（一般与柴油主滤清器安装在一起）、手动输油泵（用于在更换滤清器之后使滤清系统重新充满燃排除空气，通常集成于滤清器盖之中）、输油泵（有电动输油泵、齿轮式输油泵、带封闭叶片的叶片式输油泵、串联泵）等组成。电动输油泵仅用于轿车和轻型商用车，叶片式输油泵和串联泵用于轿车泵喷嘴系统中。

另外有的车还装备燃油冷却器和电控单元冷却器。

由于轿车泵喷嘴系统和一些共轨系统喷油器中一直存在高压，燃油的温度很快升高，为了降低燃油的温度，在回油管路中加装有燃油冷却器。从喷油器流回的燃油流过燃油冷却器，将热能通过燃油冷却器进行释放。宝来柴油发动机采用风冷式的燃油冷却器，位于发动机底板的中部右侧。

商用车泵喷嘴和单体泵控制系统的电控单元直接装在发动机上的时候，需要一个电控单元冷却器，此时燃油被当成冷却介质。燃油从电控单元的冷却通道旁边流过，将电子装置散发的热量带走。

（2）泵喷嘴燃油供给系统高压部分　高压部分主要由分配管、驱动装置和泵喷嘴组成。

① 泵喷嘴燃油供给系统的驱动装置。泵喷嘴一般直接安装在气缸盖上，低压燃油由低压输油泵先送入气缸盖上的油道中，然后再分别向固定在缸盖上的泵喷嘴供油。低压燃油送入泵喷嘴内，由泵喷嘴内的柱塞在凸轮轴、推杆、摇臂及回位弹簧的驱动下往复运动，将低压燃油升压，然后由泵喷嘴喷出。

每缸都有一个泵喷嘴，每个泵喷嘴上都有一个控制泵喷嘴的喷油提前角和喷油量的电磁阀，电磁阀由ECU控制其开启和关闭时刻。由此可知，ECU必须要有判缸信号和曲轴转速信号，以便准确掌握哪个气缸处于压缩行程，并判断活塞运动距上止点前的角度，然后才能控制该缸电磁阀的通断，以保证发动机工况对喷油正时和喷油量的要求。

② 泵喷嘴。泵喷嘴主要由喷油器和高速电磁阀组成，如图2-20所示。在喷油器内部由柱塞的移动实现燃油压缩，起到了油泵泵油作用，所以在泵喷嘴系统中不再设有高压油泵。喷油凸轮安装在凸轮轴上，凸轮通过摇臂驱动控制气门的打开和关闭。喷油凸轮的上升段是直线段，有利于缩短压力上升时间，即快速提高喷油压力；而凸轮的下降段又较平缓，有利于喷油结束后高压燃油腔缓慢进油。高速电磁阀安装在喷油器的中部，其针阀用于接通和切断高压腔及低压腔之间的通路。高压燃油的产生主要依靠泵油柱塞和回位弹簧；电磁阀主要用于控制喷油始点和喷油持续时间；喷油嘴的任务是雾化柴油，把燃油喷射到燃烧室中，喷油嘴用压缩螺母安装在泵喷嘴总成上。

电磁阀的结构如图2-21所示，主要由阀体和电磁铁两个部件组成，阀体由针阀、阀体和阀弹簧组成，而电磁铁由碟板、铁芯、线圈和相应的带电气接头的电气接触部分组成。碟板与针阀连成一体，在静止状态，铁芯和碟板之间存在初始气隙。

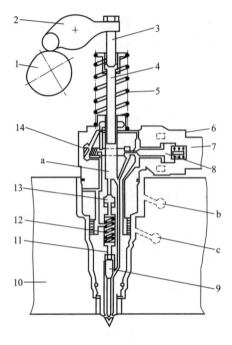

图 2-20 泵喷嘴的结构

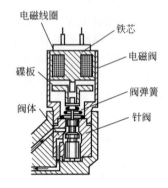

图 2-21 电磁阀的结构

1—喷油凸轮；2—摇臂；3—球头螺栓；4—泵油柱塞；5—泵油柱塞复位弹簧；
6—高速电磁阀；7—高速电磁阀体；8—电磁阀中的针阀；9—喷油针阀；
10—喷油器壳体；11—喷油针阀阻尼器；12—喷油针阀复位弹簧；
13—辅助柱塞；14—电磁阀中的针阀复位弹簧
a—高压油腔；b—回油道；c—低压油道

电磁阀有开启或关闭两个位置。当电磁线圈断电时，阀是开启的；当电磁线圈通电时，阀是关闭的。

二、电控泵喷嘴系统的工作原理

电控泵喷嘴系统主要由传感器、ECU、泵喷嘴电磁阀等组成。电控单元接收曲轴转速、凸轮轴转速、加速踏板位置、增压压力、进气温度、冷却液温度、燃油温度和车速等信号，并对车辆泵喷嘴电磁阀进行控制，进而精确地控制喷油量和喷油始点，同时可以对发动机实施开环和闭环控制，以确定最佳的车辆运行状态。

电控泵喷嘴的基本工作原理是，由低压输油泵经进油通道向喷油器供油，进油通道由高速电磁阀控制；高速电磁阀为常开阀（即断电时开启），当机械驱动的压油柱塞向上移动时，压油腔内产生真空，低压输油泵输送来的低压柴油被吸入压油腔；压油柱塞向下移动的压油初期，由于高速电磁阀仍保持开启，部分柴油被压回低压进油通道；当高速电磁阀接收ECU的指令通电时，电磁阀关闭喷油器进油道，随着压油柱塞压油行程的进行，使喷油器内油压迅速升高（喷油压力高达150MPa以上），油压作用在针阀中部的承压锥面上，使针阀升起，打开喷油孔，喷油器喷油开始；ECU控制高速电磁阀断电开启时，喷油器压油腔的柴油回流，使油压迅速下降，喷油器喷油结束。高速电磁阀关闭的时刻即是喷油开始时刻，高速电磁阀关闭的持续时间决定了喷油量。

电磁阀断电时刻决定喷油时刻，电磁阀通电时刻是停止喷油时刻，两者间隔的时间决定泵喷嘴的喷油量。所以电磁阀的通电时刻和断电时刻必须准确无误。从以上喷油过程可知，各缸泵喷嘴系统均由凸轮轴驱动，只要凸轮轴曲轴按记号装配，各泵喷嘴的喷油顺序便不会错乱，但 ECU 要想判断哪缸到压缩行程，以及活塞运动到压缩行程的什么位置，就一定要接收曲轴位置信号与凸轮轴位置信号，以便借此判断缸序和缸位。

<h1 style="text-align:center">第四节
电控单体泵燃油系统</h1>

电控单体泵燃油系统是在泵喷嘴的基础上衍生出来的，除了压力较泵喷嘴稍低一点外，其他功能基本和泵喷嘴相近。电控单体泵和电控泵喷嘴一样，燃油喷射所需要的高压燃油，仍然由在套筒内做往复运动的柱塞产生，喷油量和喷油正时则由 ECM 根据各种传感器输入的信号进行控制。单体泵总成安装在发动机缸体的右侧，由凸轮轴驱动单体泵上的滚轮，推动套筒内的柱塞向上运动，产生喷射所需要的高压燃油（最高能够达到 200～250MPa）。当 ECM 使电磁阀断电时，高压燃油顶开喷嘴针阀将燃油喷入气缸；当 ECM 发出通电指令，电磁阀打开时，喷油结束。电磁阀打开后，套筒内的柱塞在回位弹簧的作用下向下移动时，低压燃油开始溢流回油箱。单体泵喷油压力可达 180MPa 以上。

每个单体泵上都安装有一个电磁阀，ECM 控制电磁阀的关闭和打开时间长短，控制喷油量和喷油正时。所以电控单体泵仍属于时间控制式，是第二代电控燃油喷射系统。

电控单体泵有高压油管，和电控泵喷嘴一样，没有机械式供油量调节齿条。

电控单体泵系统已广泛应用在美国和欧洲各国的电控柴油机上，特别是在中、重型载货汽车柴油机上应用单体泵系统较为普遍。在欧洲，电控单体泵系统在重型柴油机上的应用约占 75％ 的份额，已具有绝对优势。电控单体泵系统的主要生产商为德国博世公司和美国德尔福公司。

电控单体泵柴油机在国内也有广泛的应用。以重型车用柴油发动机为主，也可用于轻型车、皮卡等。我国玉柴等柴油机公司引进美国德尔福公司生产的单体泵系统，研制和开发了多款不同排量的电控柴油机。如玉柴 YC6G、YC6L、YC4G 系列电控柴油机，采用的就是德尔福单体泵系统。我国成都威特公司生产的 P7100 电控单体泵已应用在国产电控柴油机上。

一、电控单体泵燃油系统的组成

电控单体泵燃油系统主要包括一个带有出油控制阀的高压油泵、机械喷油器，以及连接所需的燃油管路、滤清系统。其技术的主要特征是在柴油机机体上集成了喷油泵的功能，并通过在油泵上加装电磁阀控制其出油时间和油量，从而达到燃油喷射优化的目的。其油泵与柴油机凸轮轴共用一根凸轮轴，从而在结构上最大限度得到简化，并缩短了油泵出油口到喷油器的管路距离。电控单体泵系统的组成与电控泵喷嘴系统大致相同，主要由单体泵电控系统和单体泵燃油供给系统两部分组成。

1. 电控单体泵燃油供给系统

电控单体泵燃油供给系统由低压和高压两部分组成（图 2-22）。

（1）电控单体泵燃油供给系统低压部分　低压部分主要由油箱、油水分离器、手油泵、输油泵、柴油细滤器等组成。

（2）电控单体泵燃油供给系统高压部分　高压部分主要由高压油管、电控单体泵和喷油

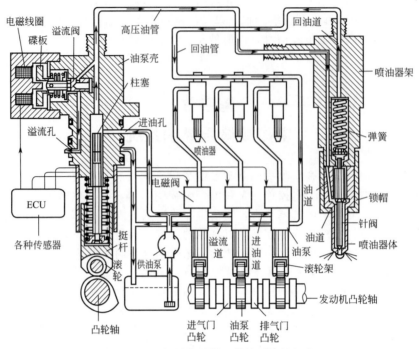

图 2-22　电控单体泵燃油供给系统的组成

器等组成。

① 高压油管。高压油管非常短，而且所有的气缸都采用同样长短的高压油管。高压油管必须能够长时间经受得住最大泵压力和在喷油间歇期产生的一定程度的高频的压力波动。所以高压油管用高延展性的无缝钢管制成。通常其外径为 6mm，内径为 1.8mm。

② 电控单体泵。电控单体泵系统的结构如图 2-23 所示，它主要由单体泵、电磁阀、柱塞、柱塞回位弹簧、凸轮轴和滚轮随动机构等组成。

③ 喷油器。喷油器总成的结构如图 2-24 所示。喷油器内的压力弹簧通过压力销压在喷油器针阀上。弹簧的预紧力决定了喷油器的开启压力。开启压力可以用调整垫片进行调整。

高压燃油通过进油孔中的燃油滤清器和油道进入喷油器体的阀座。在喷油过程中，针阀在喷油压力的作用下升起，燃油从喷油器喷孔中喷入燃烧室。而当喷油压力降低后，压力弹簧将喷油器座针阀压回到阀座上，则喷油结束。而喷油始点由压力控制，喷油量由喷油持续时间决定。

2. 电控单体泵系统

电控单体泵系统主要由传感器、电控单元（ECU）和执行器三大部分组成。

（1）传感器　电控单体泵系统使用的主要传感器有发动机冷却液温度传感器、空气温度传感器、机油温度传感器、燃油温度传感器、进气管压力传感器或增压压力传感器、大气压力传感器、机油压力和燃油压力传感器、曲轴转速传感器、凸轮轴位置传感器、加速踏板位置传感器和热膜式空气流量传感器。

（2）电控单元（ECU）　电控单元接收各种传感器信号和各种开关信号，并将它们进行处理，执行既定的程序，将运算结果作为控制指令输出到执行器；另外，它还有通信功能，ECM 和其他控制系统进行数据传输及交换，还可以根据实际情况修正燃油系统的执行指令，即修正喷油量、喷油提前角等。

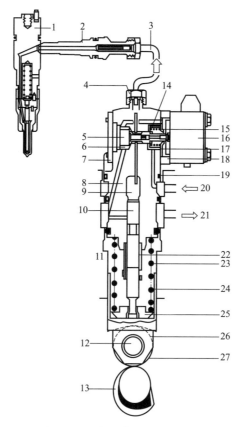

图 2-23　电控单体泵系统的结构

1—喷油器总成；2—高压油管接头；3—高压油管；4—接头；5—挡铁；6—电磁阀中的针阀；7—板；8—单体泵；9—高压油腔；10—柱塞；11—发动机缸体；12—销子；13—凸轮轴；14—弹簧盘；15—电磁阀弹簧；16—电磁阀；17—衔铁板；18—中间板；19—密封胶圈；20—低压燃油进口；21—燃油回流口；22—柱塞回位装置；23—柱塞回位弹簧；24—挺杆体；25—弹簧盘；26—挺杆；27—滚轮

电控单元的具体控制内容有启动油量调节、行驶油量调节、怠速调节、运转平稳性调节、巡航控制、限制油量调节、海拔校正、断缸控制、关闭发动机控制、电子防盗、空调控制、单体泵电磁触发等及其他附加控制，如自动变速器换挡控制、ABS 控制、TCS 控制、EGR 控制、电子稳定程序控制（ESP）、发动机闭环控制和车载计算机等。

（3）执行器　执行器接收 ECU 发出的控制指令，调节发动机的喷油量和喷油正时，从而调节发动机的运行状态。在电控柴油机上，执行器主要包括喷油器（喷油嘴）、电磁阀、电热塞继电器、电热塞、EGR 执行器、空调关闭执行装置、故障诊断插座和显示装置、节气控制器、涡流执行器以及用于制动的装置，如发动机制动装置、附加的发动机制动装置、缓速器、电磁离合器（风机）控制装置等。

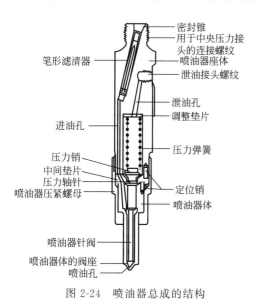

密封锥
用于中央压力接头的连接螺纹
喷油器座体
泄油接头螺纹

笔形滤清器

泄油孔
调整垫片

进油孔

压力弹簧

压力销
中间垫片
压力轴针
喷油器压紧螺母

定位销

喷油器体

喷油器针阀

喷油器体的阀座
喷油孔

图 2-24　喷油器总成的结构

二、电控单体泵燃油系统的分类

电控单体泵燃油系统在结构布置上可分为分体式电控单体泵系统和组合（集成）式电控单体泵系统（图 2-25）两大类。

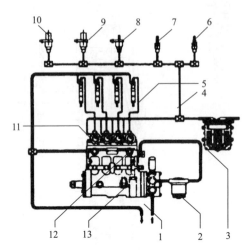

图 2-25 组合（集成）式电控单体泵燃油系统

1—电控组合单体泵总成；2—柴油滤清器；3—电控单元；4—线束总成；5—高压油管及喷油器；6—冷却水温传感器；7—燃油温度传感器；8—中冷后压力温度传感器；9—曲轴转速传感器；10—油泵凸轮轴转速传感器；11—电控喷射单元；12—泵端油温传感器接口；13—油泵转速传感器接口

1. 分体式电控单体泵系统

分体式电控单体泵与机械分体式单体泵一样，分体式电控单体泵柴油机的燃油系统一般采用电控单体泵＋机械喷油器的结构形式。分体式电控单体泵与喷油器由一根很短的高压油管连接，单体泵直接由凸轮轴驱动。传统柴油机的喷油器喷油时的动作是由凸轮轴来控制的，而在电控单体泵燃油系统中，凸轮轴仅提供了高压油泵的驱动力，其喷油时刻和喷油量均由电控单元（ECU）控制。

电控单体泵安装在柴油机机体上，由柴油机的配气凸轮轴上的喷射凸轮通过挺柱总成驱动柱塞，挺柱压缩柱塞弹簧。凸轮上行过程，压缩柱塞弹簧；凸轮下行过程，柱塞弹簧释放，凸轮连续旋转，使柱塞做往复直线运动，在不通电的情况下，电磁阀是打开的。

由 ECU 控制电控单体泵上的高速强力电磁阀的开启和关闭来准确地控制各缸燃油的喷射量和燃油的喷油正时。

2. 组合（集成）式电控单体泵系统

电控组合（集成）式单体泵是在传统直列泵的基础上，用电控分体式单体泵（EUP）替代原来的柱塞式供油部件而集成为一个自成体系的电控单体泵供油装置，电控组合式单体泵的安装、连接和驱动方式与传统的机械式喷油泵基本一致。也就是说，电控组合式单体泵具有与传统柴油机喷油系统直列式喷油泵的外形，但"大脑"（控制系统）是电子控制的。

ECU 实时捕捉外部输入的各种传感器信号，内部的柴油机管理系统（ECU）根据这些信号实时计算最优的喷油正时和喷油量。

三、电控单体泵燃油系统的工作原理

电控单体泵燃油系统的控制原理与电控泵喷嘴基本相同，均是一个由柱塞产生高压的独立体，每缸单独配备一个。所不同的是泵喷嘴是将高压形成部分和燃油喷射部分集成在一个壳体内，而单体泵则是高压形成部分和燃油喷射部分各自独立，各单体泵与各喷油器均用高压油管连接，即高压油泵泵出的燃油要通过一段高压油管送入喷油器，其他与泵喷嘴系统无区别。

① 在电控单体泵总成中，六缸发动机由 6 个单体泵组成一个直列泵，安装在发动机气缸体的侧面，并由发动机凸轮轴驱动单体泵总成，按发火顺序工作。燃油喷射所需的高压由单体泵套筒内做往复运动的柱塞产生，但油量控制和喷油正时则由 ECM 进行控制。在电控单体泵中，喷油器柱塞已没有螺旋槽，也没有机械式供油量调节齿节，其结构与工作原理与电控泵喷嘴系统很相似。

ECM 发出指令，只有电磁阀关闭、柱塞向上移动时才开始喷油，而当电磁阀打开（通电），柱塞在回位弹簧作用下向下移动时，低压燃油开始溢流流回油箱。

② 电控单体泵上的喷油控制电磁阀在整个过程中实际上担负着一个开关阀的作用，它一般处于常闭状态。通过其通电时刻来控制喷油正时，通过通电持续时间长短来计算喷油量，实现对喷油量的控制。

电控单体泵喷射系统的工作过程可分为以下几个阶段：高速电磁阀设在单体泵的出油端，电磁阀断电时，溢油孔打开，单体泵内的柱塞已开始泵油，也不能建立高压，只有当电磁阀通电，溢油孔关闭，即回油油道关闭，油压才迅速升高；高压燃油经过一段很短的高压油管进入喷油器使其喷油。电磁阀断电时，溢油孔与回油通道相连，迅速溢流卸压，喷油停止。电磁阀通电的持续时间决定了循环供油量。

注意：德尔福（Delphi）电控单体泵系统的电磁阀接插件上均有唯一的电控修正码，在应用前必须输入相应的控制器，以保证系统对各缸供油控制的精确性。电控单体泵及挺柱滚轮总成安装前要保持良好的清洁度。电控单体泵属于高技术的精密偶件总成构件，当发生故障时，请不要随意拆装。

知识拓展

电控单体泵修正码和喷油器 QR（或 ID）代码及相关说明如下。

（1）单体泵修正码（Trimcode）及相关说明　单体泵修正码如图 2-26 所示。Trimcode 说明查代码对应的时间补偿系数表，就可以得到它对应的补偿系数，每个代码对应两个参数，任选一个即可。输入后需关电保存数据。

（2）喷油器 QR（或 ID）代码　喷油器上面带有 ID 和 QR 代码，QR（快速响应）代码用于提高校正精度。需要更换喷油器时，必须首先将新喷油器代码写入 ECU，如图 2-27 所示。

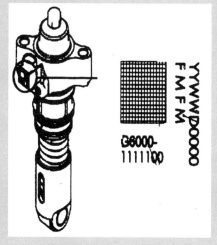

图 2-26　单体泵修正码

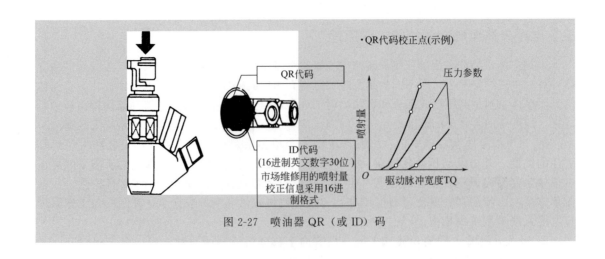

图 2-27 喷油器 QR（或 ID）码

第五节

电控共轨燃油系统

电控共轨式燃油系统是利用共轨管储存高压燃油，并借助于集成在每个喷油器上的高速电磁开关的开启与闭合，来实现对喷油量和喷油时刻的控制。从而保证柴油发动机达到最佳的空燃比和良好的雾化，以及最佳的点火时间、足够的点火能量和最少的污染排放。

电控共轨柴油机共轨喷射方式与汽油机缸内直喷方式结构有些相似，有所不同的是在高压共轨喷射系统中，油轨压力是随时变化的。ECU 根据发动机瞬间的工况设定一个理想的轨压，然后通过燃油计量单元把当前轨压调节到目标值。高压的建立由专用的油泵来完成。

电控共轨燃油系统的主要控制功能如下。

（1）自由调节喷油压力（共轨压力控制） 通过控制共轨压力而控制喷油压力。系统利用共轨压力传感器测量燃油压力，从而调整供油泵的供油量，调整共轨压力。此外，系统还可以根据柴油机转速、喷油量的大小与设定的最佳值（指令值）始终一致地进行反馈控制。

（2）自由调节喷油量 以柴油机的转速及油门开度信号为基础，计算机计算出最佳喷油量，并控制喷油器的通断电时间。

（3）自由调节喷油率形状 根据柴油机用途的需要，设置并控制喷油率形状，如预喷射、后喷射、多段喷射等。

（4）自由调节喷油时间 根据柴油机的转速和喷油量等参数，计算出最佳喷油时间，并控制电控喷油器在适当的时刻开启，在适当的时刻关闭等，从而准确控制喷油时间。

一、电控共轨燃油系统的组成与工作原理

1. 电控共轨燃油系统的组成

电控共轨燃油系统包括电控系统和燃油供给系统两大部分，其组成部件如图 2-28 所示。主要包括高压油泵、燃油切断阀、压力控制阀、柴油滤清器、油箱、电动输油泵、粗滤器、ECM、蓄电池、高压油轨、共轨压力传感器、燃油温度传感器、喷油器、冷却液温度传感器、曲轴位置传感器、加速踏板位置传感器、凸轮轴位置传感器、空气流量传感器、增压压力传感器、进气温度传感器和涡轮增压器等零部件。

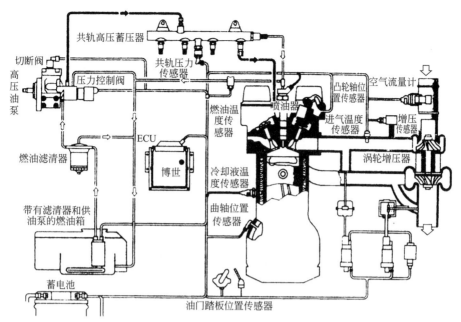

图 2-28　电控共轨燃油系统的组成

　　燃油供给系统主要由供油泵、共轨和喷油器等组成，如图 2-29 所示。供油泵将燃油加压成高压供入共轨内，储存在共轨内的燃油在适当的时刻通过喷油器喷入发动机气缸内。电控共轨系统中的喷油器是由电磁阀控制的喷油阀，电磁阀的开启和关闭由电控单元控制。

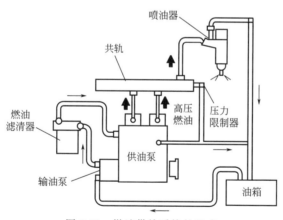

图 2-29　燃油供给系统的组成

　　共轨燃油系统主要部件包括预供油泵、燃油滤清器、高压油泵、高压共轨管和电控喷油器等。

　　（1）预供油泵　预供油泵的作用是负责向高压油泵提供充足的燃油。其类型有电动式供油泵和机械式供油泵两种。

　　① 电动式供油泵。电动式油泵主要由泵、电动机、端盖三个元件组成。它包括两种类型：在燃油箱外面，装在燃油箱和滤清器之间的输油管路上，并固定在汽车底板总成上；装在油箱里，电动机和液压元件都在油箱里，共用一个滤清器、油位传感器和储存油管。

　　② 机械式供油泵。机械式供油泵与高压油泵融为一体，且一同被驱动，或附着在发动

机上直接受发动机驱动。一般采用耦合驱动或用齿轮或齿轮形皮带驱动。齿轮泵由两个反向旋转的齿轮构成。

（2）燃油滤清器 为了使油泵、喷油器等元件保持清洁，在燃油系统中安装滤清器是必要的。除此之外，滤清器可以减少燃油中水对喷油器的腐蚀。滤清器中有一个储水室，调整放水螺钉，可以排除滤清器中的水。当需要排水时，警告装置将点亮警告灯。

（3）高压油泵 高压油泵是低压和高压部分的交接点。在车辆使用过程中，在各个工况下，它提供足够的高压油，包括快速启动所需的燃油和共轨管中的燃油。

高压油泵持续产生共轨高压蓄压器所需的压力。与传统相比，无须对每个独立的喷油器进行燃油专用压缩。

高压油泵在柴油机上的安装位置与以往的分配泵相同，高压油泵由发动机（发动机转速范围的一半，最大为 3000r/min）通过联轴节、齿轮、链条或齿形皮带进行驱动，并且通过自身泵出的柴油润滑。

高压油泵主要由泵体、切断阀、安全阀、压力控制阀等部件组成，如图 2-30 和图 2-31所示。

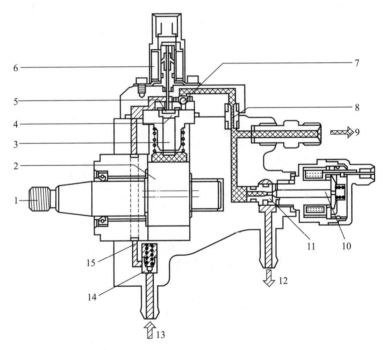

图 2-30 高压泵的组成（纵断面图）

1—驱动轴；2—偏心轮；3—带油泵柱塞的泵油组件；4—高压室；5—吸油阀；6—停油阀；7—出油阀；
8—密封件；9—通往轨道的高压接头；10—内压控制阀；11—球阀；12—回油口；
13—进油口；14—带节流孔的安全阀；15—通向泵油元件的低压槽

（4）高压共轨管 燃油共轨是存储高压燃油的管路，管路内的油压为所有气缸共有。轨道压力传感器负责将燃油压力这个重要的信息反馈给电控单元（ECU），以便 ECU 能对油压以及整个喷油过程进行有效的控制。

① 共轨管将供油泵提供的高压燃油分配到各喷油器中，起到蓄压器的作用。它的容积应能削减高压油泵的供油压力波动和每个喷油器由喷油过程引起的压力振荡，使高压油轨中的压力波动控制在 5MPa 之下。但其容积又不能太大，保证共轨有足够的压力响应速度以快

速跟踪柴油机工况的变化。

②高压共轨管上还安装了压力传感器、流量限制器和压力限制器。压力传感器向ECU提供高压油轨的压力信号；流量限制器可控制最大燃油流量，防止超供燃油，在喷油器出现燃油漏泄故障时切断向喷油器的供油，并可减小共轨和高压油管中的压力波动；压力限制器保证高压油轨在出现压力异常时，迅速将高压油轨中的压力进行放泄。

（5）电控喷油器　它的作用是根据ECU发出的控制信号，通过控制电磁阀的开启和关闭，将高压油轨中的燃油以最佳的喷油定时、喷油量和喷油率喷入柴油机的燃烧室。

喷油始点和喷油量由电控喷油器调节，这种喷油器取代了原来的喷油器和喷油座。共轨喷油器目前常见的工作形式主要有两种：一是电磁式；二是压电式。

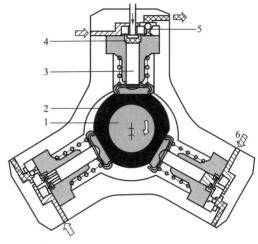

图 2-31　高压泵断面图
1—驱动轴；2—偏心凸块；3—带油泵
柱塞的泵油组件；4—吸油阀；
5—出油阀；6—进油

2. 电控共轨燃油系统的工作原理及类型

（1）电控共轨燃油系统的工作原理（图 2-32）　燃油由发动机凸轮轴驱动的齿轮泵经滤清器从油箱中抽出，通过一个电磁紧急关闭阀流入供油泵。此时的压力约为 0.2MPa，然后，油流分为两路：一路经过安全阀上的小孔作为冷却油通过供油泵的凸轮轴流入压力控制阀，然后流回油箱；另一路流入 3 缸供油泵。在供油泵内，燃油压力上升到 135MPa，供入共轨；共轨上有一个压力传感器和一个通过切断油路来控制流量的压力调节阀。用这种方法来调节控制单元设定共轨压力。

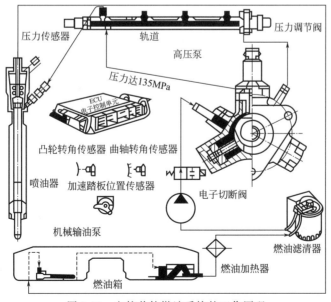

图 2-32　电控共轨燃油系统的工作原理

高压燃油从共轨流入喷油器后又分为两路：一路直接喷入燃烧室；另一路在喷油期间，与针阀导向部分和控制柱塞处泄漏出的燃油一起流回油箱。

在电控共轨系统中，由各种传感器（如发动机转速传感器、加速踏板位置传感器、各种温度传感器等）实时检测出发动机的实际运行状态，由电控单元根据预先设计的计算程序进行计算后，定出适合于该运转状态的喷油量、喷油时间、喷油率模型等参数，使发动机始终都能处于最佳工作状态。

在电控高压共轨系统中，供油压力与发动机的转速、负荷无关，是可以独立控制的。由共轨压力传感器测燃油压力，并与设定的目标喷油压力进行比较后进行反馈控制。

（2）电控共轨燃油系统喷射方式 电控共轨燃油系统喷射方式包括一段喷油法、两段喷油法和多段喷油法三种。

二、电控共轨燃油系统的分类

电控共轨燃油系统有高压共轨燃油系统和中压共轨燃油系统两种类型。

1. 高压共轨燃油系统

高压共轨是将柴油用油泵升压至 150MPa，然后将高压柴油送入一个共轨（均用 10～12mm 管径的锻造钢管）。

在高压油泵、压力传感器和 ECM 组成的闭环控制系统中，喷油压力大小与发动机转速无关。在共轨系统中，喷射压力的产生和喷射过程是完全彼此分开的。高压油泵把高压燃油输入蓄压器中，通过对蓄压器内油压调整实现精确控制，使最终高压油管压力大小与发动机的转速无关。ECM 控制喷油器的喷油量，而喷油量大小则由蓄压器中燃油压力和电磁阀开启时间的长短决定，即为时间控制式。

目前已投入使用的共轨喷油系统，大多数是高压共轨喷油系统。

2. 中压共轨燃油系统

中压共轨燃油系统是用油泵将燃油或机油泵至 10～20MPa 的中压，然后将其送入铸造在气缸盖上的共轨管内（也称蓄压器）。共轨管内的燃油或机油由 ECU 通过各缸喷油器上的电磁阀进行控制，按点火顺序和喷油提前角，将燃油或机油送入喷油器的高压柱塞腔，推动柱塞将喷油器内的柴油进行二次升压，高压柴油打开喷油器针阀，将高压柴油喷入各缸。

成熟的共轨系统有德国博世（Bosch）公司生产的 CR 系统、日本电装（Denso）公司生产的 ECD-U2 系统、意大利菲亚特（Fiat）公司生产的 Uni Jet 系统，英国鲁卡斯（Lucas）公司、美国德尔福柴油机集团（Delphi Diesel Systems）公司也有比较成熟的共轨系统。

EDC7 共轨喷射系统广泛应用于国内中、重型商用车，如潍柴、锡柴、玉柴公司的产品均有采用。

三、电控高压共轨燃油系统

电控高压共轨燃油系统主要由燃油供给系统和电控系统组成。基本组成如图 2-33 和图 2-34 所示。高压输油泵从油箱中吸出柴油并将油压提高到约 120MPa 后输入共轨，高压输油泵的供油量一般几倍于实际喷油量以保证供油的可靠性，多余的燃油经回油管流回油箱。高压输油泵的出口端装有一个用于调节共轨中油压的调压阀，ECU 根据柴油机的转速、负荷等控制调压阀的开度，从而增加或减少高压输油泵输送给共轨的油量，实现对共轨中油压的控制，以保证供油压力稳定在目标值，使喷油压差保持不变。此外，ECU 还根据燃油压力传感器信号对共轨中的油压进行闭环控制。

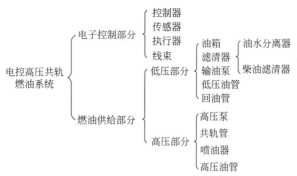

图 2-33 电控高压共轨燃油系统的组成（一）

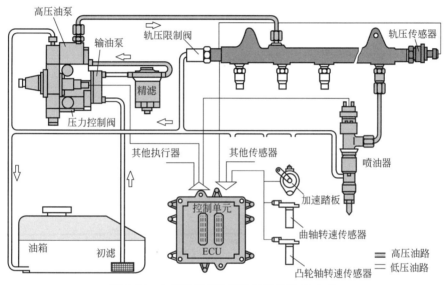

图 2-34 电控高压共轨燃油系统的组成（二）

对于不同的车辆，燃油系统在车辆上的布置也略有区别，主要区别在于输油泵的安装位置。一种是将输油泵安装于燃油箱里，由电控单元对其进行控制，这种结构比较适合轿车或部分轻型车辆；另一种是将输油泵与供油泵组装在一起，与供油泵同时由发动机凸轮轴驱动。这种结构大量应用于重型货车或大型客车等。

1. 电控高压共轨燃油供给系统的组成

（1）高压共轨供油系统的低压油路部分　共轨供油系统的低压油路部分如图 2-35 所示，其作用是向高压部分油路提供足够的燃油。低压油路部分包括燃油箱、输油泵、柴油滤清器以及低压输油管、回油管、燃油滤清器等。

（2）电控高压共轨供油系统的高压油路部分　电控高压共轨供油系统的高压油路部分除产生高压外，在高压级还进行燃油分配和燃油测量，如图 2-36 所示。其最重要的部件是带节流阀和内压的高压泵、高压蓄压器、轨道压力传感器、限制压力阀、流量限制器和电控喷油器。

① 高压泵。高压泵位于低压部分和高压部分之间，它的主要作用是将低压燃油加压成高压燃油，储存在共轨内，等待 ECU 的喷射指令。高压泵是低压和高压的交接点。高压泵持续产生燃油共轨内所需要的压力，供油量应远大于发动机所需要的最大供油量，以保证共

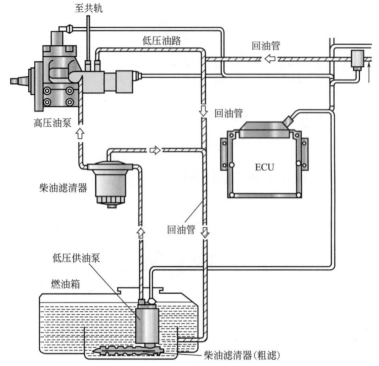

图 2-35　共轨供油系统的低压油路部分

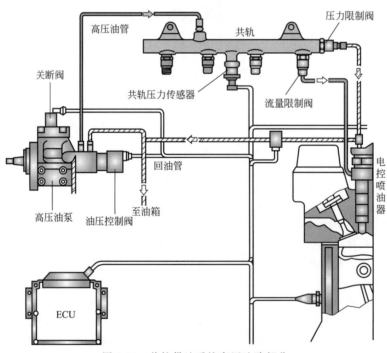

图 2-36　共轨供油系统高压油路部分

轨内的压力恒定。高压泵的安装位置与以往的分配泵相同，高压泵由发动机通过联轴节、齿轮、链条或齿形带进行驱动，并且通过自身泵出的柴油润滑。

博世公司采用由柴油机驱动的三缸径向柱塞泵来产生高达 135MPa 的压力。该高压泵在每个压油单元中采用了多个压油凸轮，使其峰值转矩降低为传统高压油泵的 1/9，负荷也比较均匀，降低了运行噪声。该系统中高压共轨腔中的压力的控制是通过对共轨腔中燃油的放泄来实现的，为了减小功率损耗，在喷油量较小的情况下，将关闭三缸径向柱塞泵中的一个压油单元使供油量减小。

日本电装公司的 ECD-U2 高压泵采用一个三作用凸轮的直列泵来产生高压。该高压泵对油量采用了控制低压燃油有效进油量的方法，该方法使高压泵不产生额外的功率消耗，但需要确定控制脉冲的宽度和控制脉冲与高压泵凸轮的相位关系，控制系统比较复杂。

高压泵的工作原理是，燃油通过带有油水分离器的燃油滤清器过滤，预供油泵通过进油管和安全阀泵将燃油输送至高压泵，使燃油强制通过安全阀处的节流孔，进入高压泵的润滑和冷却系统；带有偏心凸轮的驱动轴带动 3 个泵柱塞随着凸轮的形状上下运动。

压力达到安全阀开启压力（50～150kPa）时，油泵泵出的油将通过高压泵进油阀进入泵腔，此时泵腔中的活塞向下运动（吸油过程）。当活塞到达下止点时，进油阀关闭。当泵腔中的油压超过输送过程中正常压力时，压力再增加，将会打开出油阀，将油输送到高压油路。

泵活塞继续输送燃油，一直到上止点（压油过程），之后压力迅速下降，活塞回位，出油阀关闭，直到活塞再次向下运动。

泵腔中的压力降到油泵压力以下时，进油阀再次开启，开始下一个循环。

② 共轨高压蓄压器。共轨高压蓄压器（轨道）的组成如图 2-37 所示，共轨管将供油泵提供的高压燃油分配到各喷油器中，起到蓄压器的作用。高压共轨管上还安装了压力限压阀、流量限制器和压力限制器。压力传感器向 ECU 提供高压油轨的压力信号；流量限制器保证在喷油器出现燃油漏泄故障时切断向喷油器的供油，并可减小共轨和高压油管中的压力波动；压力限制器保证高压油轨在出现压力异常时，迅速将高压油轨中的压力进行放泄。

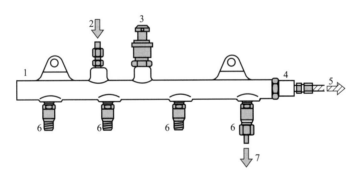

图 2-37　共轨高压蓄压器（轨道）的组成
1—轨道；2—高压泵端的进油口；3—轨道压力传感器；4—压力限制阀；
5—油箱端的出油口；6—流量限制器；7—喷油器端的油管

a. 压力限压阀。压力限压阀实质上是一个安全阀，其结构如图 2-38 所示。在超压情况下，限压阀打开回油通道来控制燃油共轨中的压力。限压阀允许短时最大轨中压力为 150MPa。

限压阀一般安装在燃油共轨上面，并通过回油管与油箱相连，阀体上有一个通道，一个圆锥形的柱塞与底座的表面接触，形成密封面。

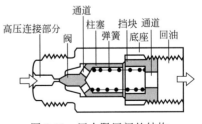

图 2-38　压力限压阀的结构

工作原理：在正常工况压力下（最大可达 135MPa），弹簧使柱塞紧压在密封座上，共轨保持关闭。一旦超过系统最大压力，由于轨中压力超过了弹簧力，柱塞就被顶起，这时高压燃油就溢出，燃油通过内部的通道流回油箱，从而使燃油共轨内的压力下降。

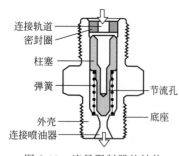

连接轨道
密封圈
柱塞
弹簧
节流孔
外壳
底座
连接喷油器

图 2-39　流量限制器的结构

b. 流量限制器。流量限制器的作用是控制最大燃油流量，防止超供燃油，在非正常情况下，阻止喷油器持续喷油。为达到这一目的，如果某一缸从轨道输出的油量超出规定值，流量限制器就关闭通往该缸喷油器的油路。流量限制器主要由柱塞、弹簧、底座、外壳等零件组成，如图 2-39 所示。

流量限制器内部有一个柱塞，通过弹簧直接与共轨高压蓄压器相连。柱塞的底座密封，通道贯穿进出口。通道的尾部直径减小，起节流作用。

流量限制器一侧通过螺纹拧到轨道上（高压），另一侧通过螺纹拧到喷油器路上。每个底座都带有一个通道，目的是与轨道进行液压连接，与喷油器进行油路连接。

喷油器总在打开位置，为了阻止燃油连续不断地喷入，流量限制器将关闭油路。

流量限制器的作用是在非常情况下阻止喷油器常开并持续喷油。为达到这一要求，一旦从轨道输出的油量超出规定的水平，流量限制器就关闭通往这一喷油器的油路。正常工作时，柱塞处在它的静止位置，也就是说，靠在共轨一侧的限位件上。当喷油时，喷油器端的压力下降，导致柱塞向喷油器方向移动。流量限制器通过由柱塞移动而产生的排油量来补偿喷油器从轨道中获得的油量，而不是通过节流孔。在喷油过程结束时，柱塞停止移动，但并没有靠在密封座面上关闭出油口，弹簧将它压回静止位置，燃油从节流孔内流出。弹簧和节流孔经计算选定，以便即使是在最大喷油量（加上安全储备）时，柱塞也能回到流量限制器轨道侧的限位件上，并直至下一次喷油。

c. 压力限制器。高压共轨供油系统压力限制器主要由电磁铁、弹簧、电枢、球阀等组成，如图 2-40 所示。压力限制器一般通过一个法兰盘装在高压油泵或共轨高压蓄压器上。

高压共轨供油系统的压力限制器的作用是保持共轨管中的压力正确和恒定。如果共轨压力过高，压力限制器打开，部分燃油通过回油管回到燃油箱；如果共轨压力过低，压力限制器关闭，将高压级与低压级隔开并密封，使低压升为高压。

高压共轨供油系统压力限制器的工作原理如下。

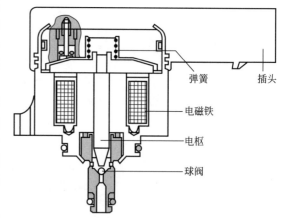

弹簧
插头
电磁铁
电枢
球阀

图 2-40　压力限制器的组成

压力限制器不通电时，共轨管中的高压油或高压油泵输出的油通过高压入口进入压力限制器，不通电时没有电磁铁的外力作用，过量的高压油的压力大于弹簧的弹力，顶开弹簧。压力限制器开启大小由油量决定。弹簧预先设计最大压力约为 10MPa。

压力限制器通电时，压力继续增加，电磁铁通电，弹簧的弹力增加，使压力限制器保持关闭状态，直到一边的高压压力与另一边弹簧的弹力加电磁铁的力达到平衡，阀门打开，燃油压力保持恒定。油泵油量的变化或过量高压油的排出通过控制阀门来实现。PWM 脉宽的励磁电流和电磁力是对称的。1kHz的脉冲频率提供足够的电磁力，可防止不必要的电磁铁移动或（和）共轨管压力的波动。

③ 燃油计量阀。燃油计量阀安装在高压油泵的进油管路上，它的主要任务是接收ECU的指令，改变高压油泵的进油量，从而改变高压油泵的输出压力，即共轨压力。燃油计量阀出现故障时，发动机将会限制在1500r/min的转速内运行。

④ 喷油器。喷油器是共轨式燃油系统中最关键和最复杂的部件，它的作用是根据ECU发出的控制信号，通过控制电磁阀的开启和关闭，将高压油轨中的燃油以最佳的喷油定时、喷油量和喷油率喷入柴油机的燃烧室。

喷油始点和喷油量由电控喷油器调节，这种喷油器取代了原来的喷油器和喷油座。共轨喷油器目前常见的工作形式主要有两种：一种是电磁式；另一种是压电式。

2. 电控高压共轨电控系统

高压共轨燃油系统的电控系统主要由传感器（含开关）、电控单元（ECU）和执行器三大部分组成。高压共轨电控系统的框图如图2-41所示。

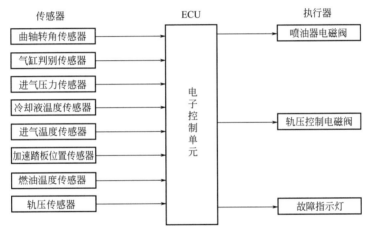

图2-41　高压共轨电控系统的框图

（1）传感器与信号开关　传感器与信号开关的功用是将发动机及车辆运行时的各种状态信息输入电控单元，是电控单元对执行器进行驱动控制的主要分析、判断的依据，它对系统的精确控制起着至关重要的作用。

信号开关主要有离合器开关、空挡开关、制动器开关、空调开关、巡航开关、排气制动开关、远程油门开关、诊断开关和省油开关等。

（2）电控单元　电控单元的作用是接收来自各种传感器的信息，按照预先设计的程序，经过快速的处理、运算、分析和判断后，把各个参数限制在允许的电压电平上，适时地输出控制指令，控制执行器执行各种预定的控制功能，对发动机实施开闭环控制。

（3）执行器　喷油始点和喷油量由电控喷油器调节，这种喷油器取代了原来的喷油器和喷油座。

① 电磁式喷油器。博世公司生产的高压共轨系统的电磁喷油器主要由控制柱塞、喷油嘴针阀和电磁阀等组成，如图2-42所示。

燃油从高压接头经进油通道送往喷油嘴，经进油节流孔送入控制室。控制室通过由电磁阀打开的回油节流孔与回油孔连接。

回油节流孔在关闭状态时，作用在控制活塞上的液压力大于作用在喷油嘴针阀承压面上

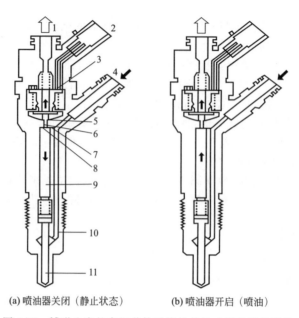

(a) 喷油器关闭（静止状态）　　　(b) 喷油器开启（喷油）

图 2-42　博世生产的高压共轨系统的共轨式喷油器的结构

1—回油管；2—电气接头；3—触发元件（电磁阀）；4—来自共轨的燃油进口（高压）；5—阀球；6—泄油孔；
7—供油孔；8—阀的控制腔；9—阀的控制柱塞；10—通向喷油嘴的供油通道；11—喷油嘴针阀

的力，因此喷油嘴针阀被压在座面上，从而没有燃油进入燃烧室。

电磁阀动作时，打开回油节流孔，控制室内的压力下降，当作用在控制活塞上的液压力低于作用在喷油嘴针阀承压面上的作用力时，喷油嘴针阀立即开启，燃油通过喷油孔喷入燃烧室。由于电磁阀不能直接产生迅速关闭针阀所需的力，因此，经过一个液力放大系统实现针阀的这种间接控制。在这个过程中，除喷入燃烧室的燃油量之外，还有附加的所谓控制油量经控制室的节流孔进入回油通道。

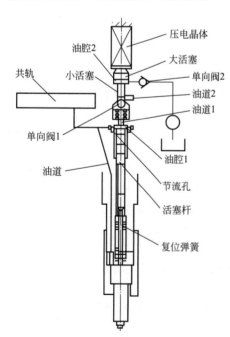

图 2-43　压电式喷油器的结构

除喷油量和控制油量外，还有针阀导向部分和活塞导向部分的泄漏油量。这种控制油量和泄漏油量经带有集油管（溢流阀、供油泵和调压阀也与集油管接通）的回油通道回流到油箱。

② 压电式喷油器。压电式喷油器主要由带弹簧的多孔油嘴、控制活塞、进出油节流孔、二位二通阀和压电晶体部件组成。用于喷油器的压电晶体的结构采用多层技术。多层压电晶体执行器由 $20\sim200\mu m$ 陶瓷层烧结而成，层与层之间有电极，生产技术与多层电容器相似。

压电式喷油器的结构如图 2-43 所示。

压电式喷油器的控制过程与电磁式喷油器相同，只是由于使用了压电晶体元件，其工作能力比电磁阀更好。可以应用在高压共轨和中压共轨中，通用性和替换性更好。

原来的喷油器通过控制共轨中的油压和喷油器的喷射时间来控制喷油量。压电元件喷油器通过控制针阀升程来改变喷油孔的流通截面，从而实现对喷油量的控制。

压电式喷油器工作原理：压电元件具有正向和反向压电效应，当压电元件受到外力变形时，会在压电元件两端产生电压，如压电式进气管绝对压力传感器、爆燃传感器即是利用这个原理来产生信号的；反之，当在压电元件两端施加电压时，压电元件就会发生形变，给压电元件施加正向电压时其体积膨胀，给压电元件施加反向电压时其体积收缩，压电式喷油器就是利用这个原理来使喷油器控制室油道通断或针阀升程改变，从而实现对喷油量和喷油正时的控制。此外，利用压电元件快速响应的能力，通过压电元件通断电多次切换，即可实现多次喷射，以满足最佳喷油规律的要求。

注意

a. 用压电元件控制油道的喷油器。该类喷油器的结构原理与高压共轨、中压共轨系统采用电磁阀控制的喷油器基本相同，只是用压电元件取代了电磁阀，所以高压共轨系统和中压共轨系统均可使用。博世公司生产的压电式共轨系统一般采用这种喷油器。

b. 用压电元件控制针阀升程的喷油器。此类喷油器在直喷式的汽油机和柴油机上均已得到应用。传统的柴油机喷油器，都是利用燃油压力作用在针阀中部的承压锥面上，来使针阀开启实现喷油，而用压电元件控制针阀升程的喷油器，则是利用压电元件直接控制针阀升程来实现喷油。因此，用压电元件控制针阀升程的喷油器，针阀中部无承压锥面和相应的压力室，称为无压力室喷油器（VCO 喷油器）。VCO 喷油器无增压功能，只适用高压柴油共轨系统。

3. 电控高压共轨燃油系统的工作原理

虽然不同厂家、不同车型所采用的电控高压共轨燃油系统有一定差异，但其喷油原理基本相同。在共轨式蓄压器喷射系统中，ECU 通过接收各传感器的信号，借助于喷油器上的电磁阀，实现对喷油量和喷油正时的控制，保证柴油机最佳的空燃比、雾化质量和点火时刻。它集成了计算机控制技术、现代传感检测技术以及先进的喷油结构于一身。它不仅能达到较高的喷射压力，实现喷射压力和喷油量的控制，而且能实现预喷射和后喷，从而优化喷油特性，降低柴油机噪声并大大减少废气的排放量。

四、电控中压共轨燃油系统

现以美国卡特匹勒公司开发的 HEUI 型电控喷油系统为例，介绍电控中压共轨燃油系统的组成及工作原理。

1. 电控中压共轨系统的组成

电控中压共轨系统主要由低中压机油供给系统、低压柴油供给系统和高压柴油供给系统三大部分组成，如图 2-44 所示。

（1）低中压机油供给系统 低中压机油供给系统主要由齿轮式机油泵、机油冷却器、机油滤清器、柱塞式中压机油泵和机油中压调节器等组成。装在发动机机油底壳内的机油泵将机油压力泵至 250～300kPa，经机油冷却器和机油滤清器送入柱塞式中压机油泵中，中压机油泵泵出的机油，经机油压力调节器调节到 10～20MPa，然后送入气缸盖上的共轨内，在共轨中有单向阀，使共轨内的机油压力即使在停机的状况下，仍然可以保证。共轨油压由机油压力传感器监测，传感器将监测到的机油压力信号反馈给电控单元，电控单元控制压力调节阀上的电磁阀，将共轨压力修正成目标压力，形成中压共轨机油压力的闭环控制，然后多余机油流回油底壳。

（2）低压柴油供给系统 电控共轨系统中的燃油是由装在油箱里的电动输油泵（包括转子式输油泵和叶片式输油泵）泵油的。输油泵泵出 200～250kPa 的燃油，经燃油滤清器滤

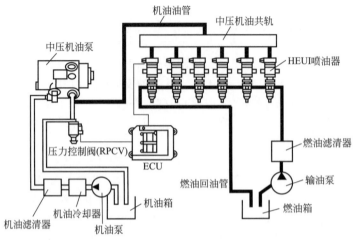

图 2-44　电控中压共轨系统的组成

清后直接送入喷油器的储油腔内，待二次加压后从喷油器中喷出。

（3）高压柴油供给系统　中压共轨系统中的高压燃油的形成及喷射，均在高压柴油供给系统的中压共轨喷油器总成内完成，如图 2-45 所示。

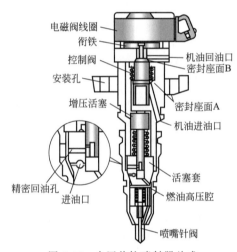

图 2-45　中压共轨喷射器总成

① 中压共轨喷油器的组成。中压共轨喷油器由中压机油电控系统和高压燃油系统两部分组成。

a. 中压机油电控系统。中压机油电控系统由电磁阀、衔铁、滑杆和弹簧等组成。滑杆和衔铁连成一体，当电磁阀不通电时，滑杆在弹簧作用下移动到下端，使滑杆落座，当电磁阀通电时，产生的电磁吸引力吸动衔铁，衔铁带动滑杆上移至上端面。

b. 高压燃油系统。它主要由柱塞、增压柱塞、喷油器体、针阀、弹簧及低压燃油进油道等组成。低压燃油通过进油孔进入柱塞的下腔，并且充满下腔后进入喷油器的油腔中，在油腔处待命。

② 中压共轨喷油器的工作原理。

a. 当喷油器的电磁阀不通电时，滑阀在弹簧力的作用下回位落座，在滑阀落座时，由于滑阀密封了阀座，此时由中压机油进油口作用在滑阀上的机油压力，即不对滑阀产生轴向力，滑阀靠弹簧的张力便可将滑阀压靠在阀的下座上，切断中压机油进入中压腔。同时，滑阀离开滑阀座上端的密封座孔，将中压机油从回油口泄掉，中压控制腔泄压，使柱塞在回位弹簧的作用下上移，使针阀内的油腔减压，与此同时，在针阀弹簧作用下，针阀落座，紧接着柱塞将进油口打开，低压燃油进入柱塞腔和油囊。

b. 当电控单元按喷油顺序向某缸电磁阀通电时，电磁阀产生吸力将衔铁吸动，克服弹簧的弹力将滑阀吸起时，滑阀受电磁力、弹簧力和阀打开后的油压的合力作用，所以滑阀很快上移压靠在上端阀座上，此时又增加了一个滑阀锥体承压面的液体压力。于是将低压泄油道封闭，切断泄油油路，使中压机油控制腔回油口被密封，与此同时，滑阀的上移，使中压机油进油口打开，中压的机油便将其油压加载在控制腔内的加压活塞上，于是加压活塞下行。由于控制腔内的加压活塞的直径远大于燃油加压柱塞的直径,通过两柱塞直径比的合理设计,可用中压机油油压,将燃油压力加压至标定的喷油压力,使喷油器油腔内的高压燃油对针阀承压面加压,使针阀克服针阀弹力升起,将高压燃油喷入气缸。当电磁阀断电时,由于电磁力消失,滑阀弹簧力大于滑阀锥体承压面的油压压力,于是滑阀下行,中压阀回油口打开,使中压控制腔泄压,使柱塞在回位弹簧的作用下上移,使控制腔、针阀油腔减压,针阀落座,停止喷油。

2. 电控中压共轨系统的工作原理

该系统是用共轨油道内的中压机油来驱动燃油增压机构的。中压机油泵将机油加压,然后将中压机油送入气缸盖上的各缸公用的油道(共轨)中,并由 ECU 控制送至喷油器,对喷油器中的增压柱塞加压,使燃油二次加压,可将喷射压力加至 100～150MPa。

喷油器何时喷油,是由电磁阀的通电时间决定的。电控单元控制各缸电磁阀的通电时刻,即可控制喷油器的喷油始点,即喷油提前角。电控单元控制喷油器通电时间的长短,即可控制喷油器的喷油量。

五、压电式共轨系统

第一代共轨系统中最高压力约为 140MPa,由于始终保持很高压力,导致系统密封难度大,燃油温度高,即使是预喷射和后喷射功能(包括主喷射在内 3 次喷射)也难以实现。第二代共轨系统中的压力较低,且可根据发动机需求而调节共轨中的压力,利用高速电磁阀的快速开闭可实现预喷射和后喷射功能,但受电磁阀工作特性的限制,也难以实现多次喷射功能。第三代共轨系统——压电式共轨系统具有喷射压力高、控制精度高、切换频率高、响应速度快、节能、寿命长等优点,可使喷油速率、喷射规律以及精确度达到最优。

高压共轨系统和中压共轨系统都属电磁阀式共轨系统。压电式共轨系统利用压电晶体作为执行元件,通过控制喷油器针阀的升程(或喷油开始与结束)来实现燃油喷射控制。

压电式共轨系统是指采用压电技术的共轨系统,主要是控制喷油器的执行元件用压电元件取代了电磁阀,用压电元件作为控制执行元件的喷油器称为压电式喷油器。

由于压电元件像一个在电压下立即就能充电的电容器,它在施加电压以后的 0.1ms 内就会发生形变,所以压电式共轨系统的响应速度快。也正是由于压电元件具有快速的响应性,才能实现高频率切换(切换频率为电磁阀的 5 倍)和高精度控制,压电式喷油器的每个工作循环喷射次数可达 5 次(电磁阀式喷油器为 3 次),最小喷射间隔时间可达 0.1ms,最小喷射量可控制在 $0.5mm^3$ 以下。此外,压电式共轨系统压力可在 20～200MPa 范围内弹性调节,最高喷射压力达到 180MPa。

第六节
电控柴油机燃油系统的维修

一、电控柴油机燃油系统维修注意事项

1. 燃油系统拆装注意事项

① 拆装作业前,必须先关闭点火开关和灯光开关后,再断开负极端子;断开负极端子

后，时钟、收音机和诊断功能等的记忆均被删除，应事先确认需要记忆的内容。

② 绝对不能在明火附近进行拆装作业，作业时必须禁烟。

③ 不要将橡胶制品或皮革制品放置在柴油附近。

④ 不要更换气缸内的喷油管和喷油器，也不要改变各总成的组合。

⑤ 完成燃油系统的拆装作业后，必须确认没有燃油泄漏。

⑥ 零件上不得沾上燃油，否则容易造成故障或引发火灾。如不慎沾上燃油，须马上用废布擦拭干净。

⑦ 不得在高压螺母底座上造成凹痕或使其附着异物，也不得使异物进入管道内，否则会导致燃油泄漏，严重影响喷油性能。

⑧ 安装喷油管、低压管和油液类接管时，必须按规定转矩拧紧。

⑨ 不允许在拎着启动泵的同时搬运输油泵，否则会造成启动泵松动，将输油泵安装到发动机上后会引起燃油泄漏或燃油抽吸不畅。

⑩ 拆卸发动机 ECU、传感器等电子元件时需谨慎操作。

注意：不要打开发动机 ECU 防护罩或外壳（触摸到 IC 端子后，IC 可能会因静电而受损）；避免使发动机 ECU、传感器和继电器等电子元件受到外力冲击，如不慎掉落，须及时更换；用蒸汽清洁发动机时，须注意不要使发动机 ECU、传感器和继电器等电子元件直接沾到水；不要使用冲击扳手拆装传感器等零件。

2. 燃油系统维修注意事项

进行柴油机燃油系统维修时，在普通柴油机和一般电子控制系统维修注意事项的基础上，应特别注意以下事项。

① 一定要加注符合国标的燃油。

② 定期放出油水分离器中的水分。

③ 严禁在发动机运转时拆卸高压油管，因为此时高压油管中的油压很高，一定要停机静置 15min 以上才能拆卸，以确保安全。

④ 必须使用柴油机生产厂家认可的柴油滤清器滤芯，否则容易造成喷油泵及高压共轨损坏。

⑤ 电控共轨系统对燃油的清洁度与含水量要求更高，因此对电控燃油系统进行维护保养时，要特别注意清洁。

⑥ 严格按照维修手册的要求定期更换燃油滤清器及油水分离器。更换柴油滤清器滤芯时，要注意以下问题。

a. 用专用工具将滤芯从座上拧下，用力要均匀，以免挤压变形。

b. 检查新滤芯的密封圈是否完好。

c. 不允许往新滤芯中灌注柴油。

d. 更换滤芯后要排出管路中的空气。

二、燃油系统吸入空气的原因与排空（气）方法

在拆装，或燃油箱油路中的燃油被抽空，或需更换燃油滤清器、预滤器，或油管有空气进入等情况时，必须将空气完全排出，否则会导致供油不畅，可能会出现启动困难的现象，或者会出现发动机启动不久后就会自行熄火的情况。当油路中混入的空气稍微多一些时，就会导致数缸断油或者喷油量显著减少，使柴油机根本无法启动。

1. 燃油系统吸入空气的原因

（1）电控柴油发动机低压油路中吸入空气

① 油箱中的柴油用完，油箱盖的通气孔堵塞，箱内形成了真空，空气被吸入而进入发动机的低压油路中。

② 输油泵上的手动油泵与泵体之间的密封圈破裂或安装不正确，空气由此窜入发动机的低压油路中。

③ 手动油泵活塞或皮碗严重磨损，空气从手动油泵上部通过活塞或者皮碗与泵体之间的间隙进入低压油路中。

④ 低压管路中油管接头密封垫圈不平损坏或空心螺钉未拧紧，空气由此窜入低压油路中。

⑤ 燃油供给系统的低压油管破裂，导致空气窜入。检查的方法是，将低压油管拆下，擦净接头，并用手指堵死油管一端，另一端用嘴抽气。如果油管没有破裂，油管内已基本形成真空而将舌尖吸住；如果总是吸不住舌尖，则说明油管已破裂，此时需要更换新的油管。

⑥ 机械杂质使回油阀关闭不严，柴油通过回油阀排出，造成喷油泵油道内压力过低，喷油量减少，油路内有排不尽的空气。

（2）柴油电控发动机高压油路中吸入空气

高压空气进入供油系统中的原因如下。

① 柴油机在压缩冲程结束后，在活塞上止点前一定角度时，喷油器向气缸中喷入柴油，在喷油器开启瞬间，气缸中的气体与油路形成通路（通路中气体随时间变化的压力差），当喷油器质量不良时，气缸中的高压气体便会从喷孔密封锥面，经过喷油器偶件针阀处的间隙、喷油器体内的挺杆孔、喷油器的回油管进入柴油滤清器直到油路中，就会产生柴油供给被气阻的故障。

② 在柱塞泵的供给系统中，高压油路不会有空气渗入，有漏点存在只会导致燃油的泄漏，只要查找并堵住漏点即可。

③ 对于回油管不直接与柴油滤清器相通的柴油机，高压空气可能从喷油器的喷孔通过密封锥面，经喷油器体的进油孔、高压油管、出油阀与座的间隙进入喷油泵盖，并且能通过泵盖上的回油阀孔返回至输油泵。

检查喷油器是否泄漏的方法是，将喷油器总回油管从柴油滤清器上卸下，使之与大气相通，随后将柴油滤清器的回油管孔堵住，排尽油路中的空气，然后启动发动机，若喷油泵内不再出现气体，便可以断定是喷油器漏气。此时，应将各个喷油器的回油管接头全部拆下，进一步判定是哪个喷油器漏气；若某喷油器的回油孔漏气，便可以判定该喷油器有漏气的故障。

对于喷油器回油管不与柴油机滤清器相通的柴油机，则可以先排除油管中的空气，之后在柴油机运转的情况下逐个拧松喷油泵上的高压油管接头，若某个接头拧松后连续冒气，便可说明该缸喷油器漏气。

2. 燃油系统排空（气）方法

（1）常规排气的步骤和注意事项

① 排气步骤如下。

a. 使发动机熄火，如图 2-46 所示，拆卸滤清器座上的放气螺塞。

b. 如图 2-47 所示，反复按压手油泵，当有油从放气螺塞排出时，不再有气泡为止，然后将放气螺塞拧紧即可。

c. 排空完成，将流在柴油机和车架上的燃油擦拭干净后才能启动柴油机。

② 注意事项。

a. 关闭柴油机电源后再排空，不允许拧松高压油管螺母进行排空，高压部分的排空是高压油泵运行时自动将空气排回油箱内。禁止以起动机拖动柴油机的方法来排空。

b. 在排空的过程中应避免燃油溅到排气管、启动电机、线束（特别是接插件）上，若不心溅到，则须将燃油擦拭干净。在排空操作的过程中必须保证燃油免受污染。

c. 严禁在柴油机运转时拆卸柴油机的高压油管，由于高压油管内的压力高达180MPa，同时高压油管内的压力有一个保压延时，因此要在停机30s后才能进行拆卸油管的操作，确保安全。

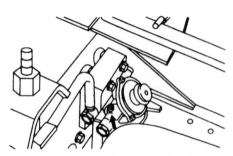

图 2-46　拆卸滤清器座上的放气螺塞

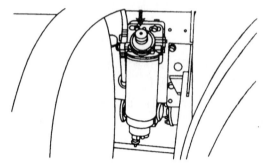

图 2-47　反复按压手油泵

（2）非常规放气方法

① 在行车途中，若身边没有打开喷油泵上放气螺钉的合适螺钉旋具或扳手，可先拧开手动油泵，然后松开从柴油滤清器至喷油泵之间的任何一个管接头，再反复压手动油泵至该接头中排出通畅无气泡的油流，一边压手动油泵一边紧固该接头，最后将手动油泵压回原位即可。

② 身边无松开管路接头的扳手时，可以通过反复按压手动油泵，至输油泵到喷油泵段间的低压油路油压足够高时，燃油从溢流阀中流入燃油回流管路中，油路中的气体就会从溢流阀中排出。

③ 在旅途中，若需要排出油路中的空气时，可以先松开喷油泵上的放气螺钉或松开柴油滤清器与喷油泵之间的任意一个接头，然后启动驱动机械输油泵，漏点就会喷出无气泡的燃油。这时拧紧松开的上述漏点排尽空气即可。

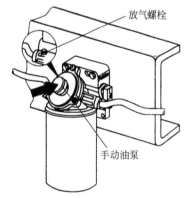

放气螺栓

手动油泵

图 2-48　燃油系统手动油泵及放气螺栓

（3）电控单体泵燃油系统排空（气）方法

① 将燃油滤清器顶部的放气螺栓拧松，用粗滤器上的手动油泵排空（图 2-48），直至燃油滤清器内充满燃油，放气螺栓流出的燃油不再带有气泡为止，然后上紧放气螺栓。

② 将单体泵泵室顶部的放气螺栓松开，用手动油泵排空，直到将单体泵泵室充满燃油，没有气泡冒出再上紧放气螺栓。

③ 将各缸高压油管连接喷油器的接头松开，以手动油泵将高压油管中的空气排出，直至燃油流出再上紧接头。

④ 排空完成，将流在柴油机和车架上的燃油擦拭干净后才能启动柴油机。

注意

① 禁止以起动机拖动柴油机的方法来排空。在排空的过程中应避免燃油溅到排气管、

起动机、线束（特别是接插件）上，若不小心溅到，则须将燃油擦拭干净。在排空操作的过程中必须保证燃油免受污染。

② 严禁在发动机运转时拆卸发动机的高压油管。由于高压油管内的压力高达 1800bar，同时高压油管内的压力有一个保压延时，因此要在停机半分钟后才能拆卸油管确保安全。

（4）共轨系统燃油系统排空（气）方法 将柴油精滤器的出口过油螺栓清洗干净，拧松该过油螺栓至有油流出（不要拧掉），按压手油泵，至拧松的精滤器出口过油螺栓处不再有气泡冒出为止，然后扭紧该过油螺栓即可。最后注意清理排空时流到柴油机和车架上的燃油。

注意：请关闭柴油机电源后再排空，不允许拧松高压油管螺母进行排空，高压部分的排空是指高压油泵运行时自动将空气排回油箱内。

专家指南

查找管路中的漏点并堵漏的方法如下。

方法一：将油路中的空气排干净，将发动机发动后，找出漏油之处，即为漏点所在。

方法二：将发动机喷油泵放气螺钉松开，用手动油泵泵油，若发现放气螺钉处开始排出含大量气泡的油流，并且在反复操作手动泵油后，气泡仍不消失，即可以确定在燃油箱至输油泵段负压油路有漏点存在。应取下该管路，然后通入压力气体，并置于水中，找出冒泡之处，即为漏点所在。

除了管路的问题外，在管路接头处的各种垫圈也会因安装不当、变形、老化破损等产生漏气而成为漏气点，在该管路进行详查之前，应首先对这些节点进行检查。

在经过上述检查仍找不出漏点时，可以检查在油箱外的一段硬质油管是否发生故障（一般较少）。

三、燃油系统泵类件的维修

电控柴油机燃油系统中使用的各种泵类件，主要有输油泵（又称供油泵）、喷油泵（又称为高压喷油泵或高压油泵）等。燃油系统泵类件的维修方法如下。

1. 输油泵

柴油机燃油喷射系使用的输油泵的主要作用是保证低压油路中燃油的正常流动，克服柴油滤清器和管道中的阻力，并以一定的压力向喷油泵输送足够的燃油。根据其结构的不同可分为活塞式、柱塞式、转子式、滑片式（在分配式喷油泵上使用）、膜片式、齿轮式等多种类型。中小功率柴油发动机一般都采用活塞式输油泵。输油泵的基本结构如图 2-49 所示。

输油泵上设置手动油泵的目的是在启动前使柴油充满低压油路和排除油路中的空气。

（1）输油泵的检查

① 手动油泵的检查。当完全旋松手动油泵的杆螺纹时，手动油泵杆应在弹簧的作用下弹起，如不能弹起，说明手动油泵活塞有卡滞现象。

② 柱塞式输油泵泵油能力试验。如图 2-50 所示，在输油泵进油口装上一根内径 10mm、长 2m 的吸油管，并使油管的另一端插入比输油泵低 1m 的柴油箱中，输出油路全开，以 80～100 次/min 的频率往复压动手动油泵，30s 内输油泵出油口应能出油。

（2）膜片式输油泵的维修 膜片式输油泵为整体式一次性使用输油泵，一般不将其分解。

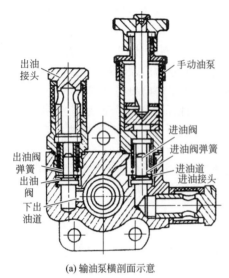

出油接头

手动油泵

进油阀

进油阀弹簧

出油阀弹簧

进油道

出油阀

进油接头

下出油道

(a) 输油泵横剖面示意

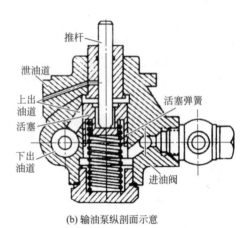

推杆

泄油道

上出油道

活塞弹簧

活塞

下出油道

进油阀

(b) 输油泵纵剖面示意

图 2-49　输油泵的基本结构

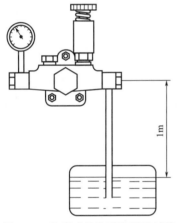

图 2-50　柱塞式输油泵的泵油试验

泵油试验：在输油泵进油口接上一根油管，并将其另一端插入燃油中，用手按动摇臂时，出油口泵出的油应急促有力为良好。如果发现泵体下部检视孔或泵体和泵盖的接合处漏油时，应更换输油泵总成。

2. 喷油泵

柴油机燃料供给系统的喷油泵主要用于提高燃油压力，并按照柴油发动机运行工况的不同要求，定时、定量地把高压柴油提供给喷油器进行喷油。

燃料供给系统常用的喷油泵类型主要有：转子式喷油泵，这类喷油泵仅有一对柱塞副，是通过转子的转动来实现喷油的增压和分配的；喷油泵-喷油器，这类喷油泵是把喷油泵和喷油器组合在一起而形成的，由于其可以直接安装在柴油发动机的气缸盖上，因此需要在发动机上另外设置驱动机构；柱塞式喷油泵，这类喷油泵虽然属于传统的结构，但由于其性能较好，工作可靠，现在的很多柴油发动机仍大量使用这种喷油泵。

（1）柱塞式喷油泵的维修

① 虽然柱塞式喷油泵的型号较多，但它们的整体结构却大同小异，并且工作原理也基本相同，其拆装方法也大同小异。柱塞式喷油泵主要由柱塞偶件（柱塞套与柱塞）、出油阀偶件（出油阀体与出油阀座）等构成。其工作原理是，通过柱塞在柱塞套内的往复运动来进行吸油与压油，每一个柱塞偶件向一个气缸供油。单缸柴油发动机由一套柱塞偶件组成单体泵；多缸柴油发动机由多套柱塞偶件在同一壳体内构成多缸泵，分别给各缸供油。

② 柱塞式喷油泵的传动机构属于机械结构，主要由凸轮、滚轮架、衬套与滚轮等构成。

喷油泵的往复运动是由凸轮与滚轮等来驱动的，凸轮轴是由柴油机的曲轴通过正时齿轮来驱动的，带有衬套的滚轮可以在滚轮销上转动，滚轮销则安装在滚轮架的座孔中。滚轮架外形类似于一圆柱体，可以在泵体的圆孔中进行相应的往复运动，其上安装有调整垫块，供支承喷油泵柱塞用。

③ 常用柱塞式喷油泵的拆装方法与应注意事项。

在拆卸喷油泵前，要用清洁的柴油对被拆卸的喷油泵以及所使用的拆装工具进行彻底清洗，以保证污垢不会被带进喷油泵内；对于有安装要求的零件，如齿条、调整螺钉等，应做相应的标记，标明应该装配的位置，以便安装时不会装错。

拆卸时应先拆下出油阀座，当拆下柱塞套定位螺钉、推杆体与导向螺钉后，就可从喷油泵体前后分别取出其他各种零件。对于出油阀垫圈长期受压变形，使出油阀座和柱塞套不能依靠自身的重力自由取出的情况，可采用直径大于柱塞套外径的清洁木棒，从喷油泵的泵体后部对柱塞套进行推压，直至取出出油阀座和柱塞套。

对于柱塞式喷油泵中的柱塞偶件和出油阀偶件，拆卸时不要碰伤或刮伤其工作面，拆下后要用干净的柴油进行彻底清洗，洗好后要成对地安装好放在一起。如需要更换则应成对一起换，在安装之前，还应检查是否有污物沾上。

注意：更换新的高压油泵后必须向油泵的机油进油口加入机油。

禁止对油泵进行敲击、碰撞及任何方式的校正和调整；高压油泵是高精度的部件，对洁度有严格要求，所有的高、低压油管接头保护套在运输、搬运、储存过程中必须完好损，只能在装配前及时拆封；禁止以任何液体或气体清洗或冲刷高压油泵部件。

④ 柱塞式喷油泵中柱塞偶件的维修。柱塞式喷油泵中的柱塞偶件属于易损件，柱塞偶件的直观检查、滑动平顺性检查方法如下。

a. 直观检查。当柱塞偶件被分解后，用眼睛直接观察柱塞表面是否有明显的磨损痕迹或扭曲现象，柱塞套内圆柱表面是否有锈蚀或明显的刻痕，柱塞头部斜槽、直槽和环槽边缘是否存在剥落或锈蚀等不良现象。

b. 滑动平顺性检查。在对柱塞偶件进行滑动平顺性检查前，先用干净的柴油对柱塞副进行彻底清洗，然后涂上干净的柴油进行检查。如图 2-51（a）所示，把柱塞套倾斜 60°左右，用手将柱塞拉出柱塞全行程的 1/3 左右；然后如图 2-51（b）所示，松开手后，观察柱塞应在自重的作用下平滑地自动进入柱塞套内。下一步就是转动柱塞。在其他位置重复上述过程，观察柱塞是否也平稳地滑入柱塞套。只要有一个位置不合格，则说明该柱塞偶件不良，应进行修理或更换。

c. 柱塞偶件密封性的检测。

ⓐ 手动试验检查。如图 2-52 所示，一只手握住柱塞套，用两个手指堵住柱塞套顶上和侧面的进油孔，使柱塞处于最大供油位置，另一只手拉出柱塞，应感觉到有明显的吸力，放松柱塞时，柱塞应能迅速回到原位。否则，就说明该柱塞偶件密封性不良，应更换新的柱塞偶件。

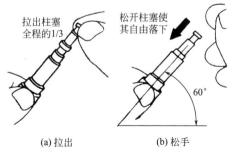

图 2-51　滑动平顺性检查

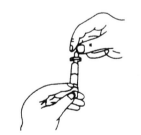

图 2-52　柱塞偶件密封性的检测

ⓑ 试验器检查。采用喷油器试验器对柱塞偶件的密封性进行检查时，先要拆除分泵机构的出油阀，使泵内的空气被放掉→把喷油器试验器的高压油管连接在出油阀接头上→移动

供油量调节机构的齿条或拉杆，使喷油泵处于最大供油位置→转动喷油泵凸轮轴，使被检查柱塞移动到行程的中间位置，柱塞顶面要完全盖住进油孔和出油孔→把喷油器试验器的压力调整到20MPa后停止泵油，测定压力下降到10MPa的时间。同一喷油泵的全部柱塞偶件的密封性误差要在5%范围内，如果发现误差较大，则应进行修理或更换。

（2）分配式喷油泵的维修　分配式喷油泵根据其结构特点的不同可分为单柱塞式与转子式（又称径向压缩式）两种，前者在轻型柴油汽车上被广泛应用。现介绍单柱塞分配式喷油泵易损件的维修方法。

① 从发动机上拆下单柱塞分配式喷油泵。

a. 确定1缸上止点位置。使用飞轮摇柄缓慢转动发动机，以便把正时销插入凸轮轴齿轮上的正时销孔内，为了防止正时销被切断，在找到1缸上止点位置后，还要及时将正时销从正时销孔中拔出。

b. 锁死泵轴。把喷油泵轴锁紧螺栓上的垫块拿下来，以便锁死泵轴，然后就可拆下孔盖与泵轴上的螺母。

c. 拆下喷油泵。采用齿轮拔出器把泵轴上的齿轮把下来，拆下喷油泵安装螺母后，就可从发动机上取下单柱塞分配式喷油泵。

② 单柱塞分配式喷油泵易损件的维修。

a. 油封的检查与更换。

ⓐ 采用油封拔出器拔出油封后，直观检查其密封面是否有毛刺或被划伤，如果有毛刺则应将其去除，但修整量不能过大，以防影响密封性。修整后的油封要进行清洗、烘干处理。

ⓑ 安装新油封时，应采用保护套筒把油封调节到位，应要采用和油封外圆（金属表面）接触的深套筒。

b. 停油电磁阀的检查与更换。停油电磁阀一旦出现问题，就会造成油泵始终处于停油位置而使发动机无法启动。

判断电磁阀是否有问题时，可直接在电磁阀线圈两端连接12V（指12V电系的车辆）或24V（指24V电系的车辆）的蓄电池电压，并在通电的瞬间，仔细听电磁阀是否会发出轻微的"咔嗒"声。如果没有声音，则说明该电磁阀有问题，应对其进行修理或更换。

更换新的电磁阀时，要先在新电磁阀上安装好O形圈，然后再把电磁阀拧在油泵分配头上，注意拧紧力矩要符合规定。

c. 出油阀总成的检查与更换。对于磨损严重的出油阀总成，例如出油阀密封面、出油阀与出油阀座表面等损坏，均应更换新件。在更换时，一定要注意出油阀总成和密封垫的拧紧力矩要符合规定，通常应控制在30N·m左右。

（3）共轨高压油泵的维修

① 高压油泵安装与拆卸注意事项。

a. 首先必须谨慎小心地从包装盒中取出高压油泵，不要握住高低压连接口的低强度部件，而只能握住高压油泵的泵体。

b. 安装过程中，非必要时，不能去除高压油泵上的各种防护套（罩）；在高压油泵已经装到柴油机上，且需要连接低压油管时才允许去掉油泵上的相关防护套。

c. 将高压油泵安装到柴油机上时，最好按拧紧力矩同时或多次均匀拧紧3根紧固螺栓。

d. 安装连接高压油管时才允许去掉高压出油口的防护套，并应立即安装好高压油管。

e. 高压油泵不允许"干转"，转动前必须注入60mL的柴油且排除泵内空气。

f. 完成机械安装后才可以进行电气接口的安装。

g. 拆除高压油泵上的相关油管时，必须立即用原有的防护套罩住已拆接口。

h. 拆卸高压油管时，注意用专用工具保持油泵高压油出口接头，防止该接头因拆卸高压油管时可能的松动。

② 高压油泵驱动齿轮的安装。与传统的柴油机高压油泵的安装要求不一样，电控共轨柴油机高压油泵的安装具有如下特点。

a. 高压油泵齿轮安装没有正时要求。

b. 通过齿轮室盖板，用三根螺栓将高压油泵固定到高压油泵连接盘上。

c. 高压油泵紧固螺栓拧紧力矩为 25～35N·m。

d. 高压油泵驱动齿轮拧紧力矩为 100～110N·m。

③ 高压油泵系统初始充油与排空。

a. 在对高压油泵初次充油时，由于其齿轮式输油泵内有空气而导致供油不足，之前应用附加的输油泵对其进行预先供油。

b. 附加输油泵可以是加装在车架上的一个启动辅助输油泵；加装在低压油路系统中的一个手油泵；其他形式的辅助输油泵。

c. 在所有的运行环境压力中，高压油泵（CP3/ZP）所需的最小供油压力为 0.2MPa，最大供油压力为 0.6MPa（CP3/ZP18.1 或 ZP18/3）或 0.4MPa（CP3/ZP18.4 或 ZP18.5 或 ZP20）。这是选择滤清器自带手动油泵的依据。

d. 车上排空建议方法。松开柴油滤清器出口油管，压动手动油泵直到柴油滤清器出油口流出没有气泡的燃油为止。

特别提示

电控高压共轨燃油系统严格禁止在柴油机运转过程中，用拧松高压油管的方法来排除油路系统中的空气。因为柴油机运转时，共轨内燃油的压力很高（达 130.0MPa 以上），此时，使用拧松高压油管的方法排空，将可能导致高压燃油喷出伤及操作者，造成不必要的人身事故。

④ 柴油机高压共轨燃油系统高压油泵的检测。高压油泵磨损、损坏会导致轨压不能有效建立。检查高压油泵时，首先要断开高压油泵的两根出油管。用起动机带动发动机运转，观察油泵出油情况，出油孔喷出的油柱可达 2～4cm 为正常，明显低于 2cm，说明泵已经损坏，应换新件。

四、喷油器的维修

柴油机喷油器的作用是将喷油泵供给的高压柴油以一定的压力呈雾状喷入燃烧室，以利于形成可燃混合气。喷油器的结构与燃烧室形状有关，闭式喷油器的形式很多，其基本类型有单孔式、多孔式、轴针式和冷却式喷油器。

孔式喷油器适用于统一式燃烧室，单孔式喷油器多用于采用分隔式燃烧室的小型柴油机；多孔式喷油器主要用于对喷油压力要求较高的燃烧室，如直接喷射式燃烧室；轴针式喷油器主要用于对喷油压力要求较低的燃烧室，如涡流室式燃烧室和预燃室式燃烧室——分隔式燃烧室；对于强化程度较高的中、低速柴油机，大都采用冷却式喷油器。

电控电磁阀式喷油器适用于电控高压共轨柴油机。其作用是根据 ECU 发出的控制信号，通过控制电磁阀的开启和关闭，将高压油轨中的燃油以最佳的喷油定时、喷油量和喷油率（喷油规律）喷入燃烧室。

1. 喷油器拆装注意事项

① 当拆卸喷油器时，必须使用专用工具，不能撬喷油器，更不允许松动电磁阀螺母，否则将损坏电磁阀。

② 操作方法如下。

a. 禁止手持、拆卸、碰撞喷油器顶部的电磁阀，拿喷油器时只能持喷油器体。只有在安装时才能将喷油器和高压油管接管从包装中取出。

b. 禁止以压缩空气或不清洁的燃油或其他液体清洁喷油器体及喷油器的各进、回油口。安装喷油器和高压油管接管时，喷油器（密封圈和压油管接管密封圈需适当涂抹凡士林，要特别小心，不要损坏 O 形圈。

c. 喷油器的 QR 码包含着喷油器的重要信息，喷油器或 ECU 更换后必须将 QR 码输入 ECU。

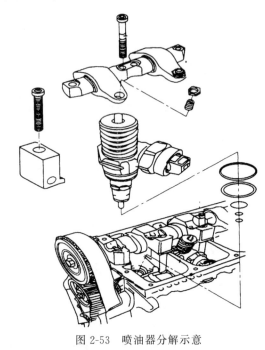

图 2-53　喷油器分解示意

d. 禁止拆卸、更换丢弃、损坏喷油器电磁阀顶部的 QR 码塑料板。

e. 禁止将喷油器线束的两接线头碰到一起。

③ 当喷油器重复使用时，必须更换所有的密封环。

④ 当安装密封环时，必须使用专用工具。

⑤ 为便于安装，应用润滑剂润滑密封环。

⑥ 喷油器必须正确安装到位，否则运转几小时后，可能造成松动或损坏。

⑦ 安装喷油器后，应按《维修手册》检查并调整安装尺寸。

⑧ 新喷油器内是空的，应先重新启动发动机 30～90s，使系统自动排气。安装原喷油器，则必须更换隔热垫和 O 形密封环，如图 2-53 所示。

注意：新的喷油器应带 O 形密封环和隔热垫。

2. 喷油器的安装

（1）普通喷油器的安装（以潍柴为例）　喷油器通过法兰紧固在气缸盖上。图 2-54 示出了两种喷油器压紧方式。高压油管可以直接连接到喷油器上（通过外部接头），或间接通过

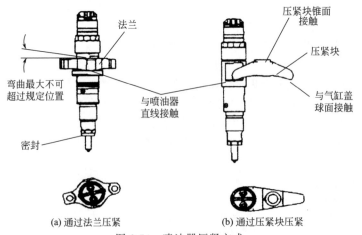

(a) 通过法兰压紧　　　　(b) 通过压紧块压紧

图 2-54　喷油器压紧方式

气缸盖内的内部高压接头连接。

喷油器压紧力必须作用在轴向上，否则喷油器体的变形会加剧内部针阀体的磨损，影响寿命。

喷油器 M8 的 2 个紧固螺栓的拧紧力矩为 10～12N·m，2 个紧固螺栓的拧紧力必须相等。法兰与喷油器成 90°，法兰两边必须同时夹紧。过高的压紧力会使喷油率变化。

在安装条件下，喷油器喷油嘴小外圆上不可有侧向作用力。在轴向力的作用下，密封圈应可在径向上发生变形而不接触到气缸盖内孔壁（图 2-55）。

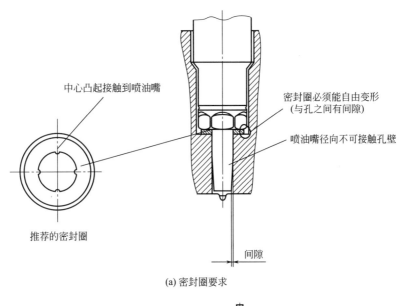

(a) 密封圈要求

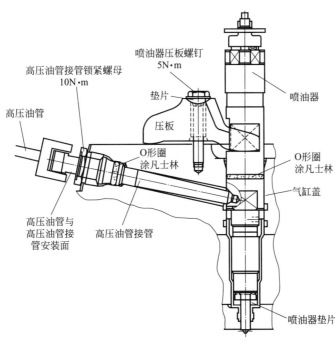

(b) 喷油器安装

图 2-55　喷油器的安装

每安装一个喷油器时，必须使用一个新的密封圈。使用过的密封圈会变硬，使用旧的密封圈很有可能造成泄漏并且导致喷油器压紧力异常。喷油器和喷油嘴也会受到附带影响。

拆卸喷油器时，必须采用与安装顺序相反的步骤。手工将喷油器从气缸盖上取下。如果手工取不下来，可以采用必要的工具将喷油器取下来。这个特殊要求的工具必须保证接触到整个喷油器，并且不能有滑落的可能。这个特殊工具不允许碰到电磁阀及电磁阀紧帽。不允许对喷油器体有任何伤害（图2-56）。如果部件有损伤，必须更换，否则会造成以后有漏油的可能。在将喷油器再次插入气缸盖之前，应清除气缸盖孔里的燃烧残渣，喷油嘴小外圆上的任何残渣都有可能产生一个侧向力。

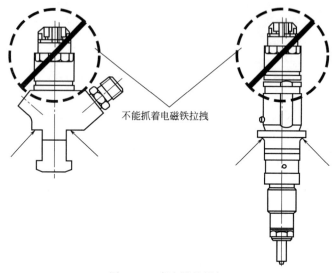

不能抓着电磁铁拉拽

图2-56 喷油器的拆卸

（2）电控喷油器（压电式、电磁阀式两种）的安装 电控喷油器的喷油始点和喷油量是由电子元件控制调整的，它替代了普通喷油系统中的喷油嘴和喷油器总成。与直喷式柴油机中的喷油器体相似，喷油器装在气缸盖中。喷油器在柴油机中的安装不需要气缸盖在结构上有很大改变。

① 电控喷油器拆装注意事项。

a. 拆卸或安装过程中，不能使电磁阀受力，以免损坏电磁阀。

b. 喷油器上的O形密封圈只能使用一次，且不能有任何损伤。

特别提示

在安装电控喷油器时，一定要使用一个15mm的开口扳手（或其他合适的工具）将喷油器上部卡住（电磁驱动线圈上部），再用一个17mm的扳手（或其他合适的工具）按规定力矩拧紧高压油管螺母，这样就不会给电控喷油器腰部过大的力矩，也就不会造成喷油器因安装不当而损坏。

② 电控喷油器安装要求。

a. 将喷油器装入气缸孔中，要求准确对中，无特别阻力；推荐导入力为1～2kN。

b. 将喷油器压板松开，使之不受力。

c. 将高压连接管装入，预紧至3.5～8N·m。

d. 拧紧喷油器，上紧至规定的压紧力；任何情况下的拧紧力不得超过15kN（压紧螺母的拧紧力矩为47～55N·m）。

e. 拧紧高压连接管，拧紧力矩为12～22N·m。

3. 电控喷油器故障维修的基本步骤

电控喷油器易损故障可分为机械故障和电路故障两类。机械故障一般可以采用断缸法或直接使用故障诊断仪做加速测试判断并获取故障码进行故障诊断与处理。电控喷油器的电路故障主要表现为线束故障或电磁阀故障。

电控喷油器较常见的故障为不喷油或喷油异常、喷油响应性能变差、喷油形状与雾化效果不能满足要求等。其原因通常多为电控喷油器的控制电磁阀线圈烧毁、电磁阀磨损、针阀卡滞、密封不良、喷油孔磨损或堵塞等。当然，电控喷油器的控制电路本身或其连接线路异常时，也会导致电控喷油器不能工作或工作异常。

在对柴油机高压共轨燃油系统电控喷油器故障进行维修时，应先进行系统油液压力的检测，使其处于正常状态。正常的系统油液压力通常为30～160MPa（具体值应根据实际车型要求确定）。维修柴油机高压共轨燃油系统电控喷油器故障的基本步骤如下。

① 检查柴油机高压共轨燃油系统油压是否正常，若不正常，则应对高压供油系统进行维修。

② 若高压共轨燃油系统油压正常，则应检查柴油机高压共轨燃油喷射控制系统数据流中控制喷油器脉宽是否正常。若不正常，则应对ECU、传感器及其相应的连接电路进行检查。

③ 若检查电路正常，则应检查柴油机高压共轨燃油喷射控制系统数据流中控制喷油器信号波形是否正常。若不正常，则应对ECU、传感器及其相应的连接电路进行检查。

④ 若连接电路检查正常，则应检测喷油器动作情况是否正常。若不正常，则应更换新的、同规格的喷油器。

⑤ 若喷油器动作情况正常，则应检测喷油器电磁阀圈的电阻值是否正常。若不正常，则应对ECU、传感器及其相应的连接电路进行检查。

⑥ 若检查正常，则应检测喷油响应、喷油率、喷油形状是否正常。若不正常，则应对ECU、传感器及其相应的连接电路进行检查。

⑦ 柴油机高压共轨燃油系统喷油器的回油量检测。正常情况下喷油器的回油量是很少的。检测喷油器的回油量是为了便于发现损坏的喷油器。其检测方法如下。

a. 检测时先断开各缸喷油器回油管。

b. 用起动机带动发动机运转，检查各缸回油量。

c. 如果发现某一缸回油量明显高于其他缸，说明该缸喷油器有故障，应重点检查高压接头与喷油器锥孔之间的密封情况，必要时更换高压接头。

d. 如果更换高压接头后回油量仍然高，说明喷油器内漏严重，应更换喷油器。

专家指南

如果怀疑喷油器存在喷油质量差的问题，可以采用直观检查的方法，根据观察到的实际情况，来判断故障的可能原因或部位。

① 启动发动机后熄火。用手指摸喷油器的喷油嘴处，发现被检测喷油器的喷嘴处有较多的柴油，这种情况多为被检测喷油器针阀关闭不严。

② 启动发动机后使其空转，然后拧松某缸喷油器的高压油管接头，观察发现流出的柴油含有少量或大量气泡。这种情况多为喷油器针阀密封不严或卡在不关闭位置。

③ 启动发动机后使其空转，然后拧松某缸喷油器的高压油管接头，观察发现流出的柴油清洁，没有气泡。而拧紧油管接头后，发动机转速不发生变化，且手摸油管脉动很强。这种情况多为喷油器针阀卡死，不能喷油所致。

五、电控泵喷嘴燃油系统的维修

下面以宝来 TDI 柴油机为例进行讲解。

柴油机泵喷嘴燃油系统中泵喷嘴整体安装系统零部件示意如图 2-57 所示。由于泵喷嘴燃油系统的特殊性，其拆卸和安装也有其特殊要求。现以某型柴油轿车用泵喷嘴柴油机为例，简要介绍其拆装方法如下。

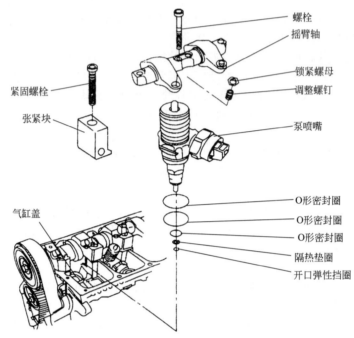

图 2-57 泵喷嘴整体安装系统零部件示意

（1）拆卸要点

① 拆卸柴油机的传动皮带护罩和气缸盖罩，转动曲轴，直至待拆卸泵喷嘴的凸轮朝上，松开调整螺钉的锁紧螺母，拧出螺钉直至相应摇臂顶住泵喷嘴的柱塞弹簧。

② 用插销拆卸摇臂紧固螺栓（由外向内），拆下摇臂轴，用插销拆下张紧块紧周螺栓，并拆下张紧块，用螺丝刀撬开泵喷嘴插头，用手指压住插头另一侧，以免倾斜。在原安装张紧块一侧的槽内装上拉拔器（图 2-58），轻敲打，将泵喷嘴从缸盖上拉出。

（2）安装要点 安装新泵喷嘴时，必须更换相应的调整螺钉，每次调整泵喷嘴，必须清洁调整螺钉及球销，并检查它们是否磨损。如磨损明显，则应更换调整螺钉及球销，并用专用机油（G000-100）润滑表面。

① 供货时新泵喷嘴配有 O 形密封圈和隔热垫，如仍用原泵喷嘴，则需更换隔热垫和 O 形密封圈，不得使用旧的 O 形密封圈或扭曲 O 形密封圈。

② 在 O 形密封圈上涂机油，然后小心将泵喷嘴装到缸盖上，将泵喷嘴均匀推进气缸盖，在泵喷嘴侧的槽内装入张紧块，如泵喷嘴与张紧块不垂直，则紧固螺栓可能松动，从而损坏泵喷嘴或气缸盖。

（3）泵喷嘴校正 将紧固螺栓拧到张紧块内，直至泵喷嘴仍可转动自如，将泵喷嘴校正至与凸轮轴轴承垂直，用游标卡尺（量程最小为 400mm）检查气缸盖外缘到泵喷嘴圆角边的尺寸 a（图 2-59）。如果是逐步采用新式电磁阀螺母的泵喷嘴，新旧电磁阀可混合安装，但必须符合表 2-2 所示尺寸。

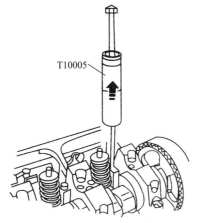

图 2-58　泵喷嘴的拉拔器结构示意

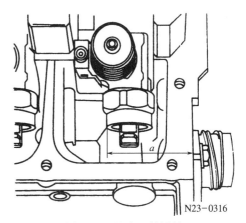

图 2-59　尺寸 a 的测量

表 2-2　新旧（泵喷嘴）电磁阀尺寸对照　　　　　　　　　　　　单位：mm

气缸号	旧电磁阀尺寸 a	新电磁阀尺寸 a
1	332.0 ± 0.8	333.0 ± 0.8
2	244.2 ± 0.8	245.0 ± 0.8
3	152.8 ± 0.8	153.6 ± 0.8
4	64.80 ± 0.80	65.60 ± 0.80

（4）泵喷嘴的紧固　拧紧紧固螺栓，拧紧力矩为 12N·m＋270°（3/4 圈，可分几步紧固）。安装摇臂轴并拧紧新的紧固螺栓：先拧紧内部螺栓，再拧紧两侧外部螺栓，按同样顺序将螺栓拧紧至 20N·m＋90°（1/4 圈），如图 2-60 所示。

（5）调整泵喷嘴　将千分表装在泵喷嘴调整螺钉上，沿柴油机旋转方向转动曲轴，直至摇臂滚轮位于凸轮最高点。

滚轮侧箭头 A 处于最高点。千分表侧箭头 B 处于最低点。拆下千分表，拧紧调整螺钉，直到感觉紧为止，如图 2-61 所示。

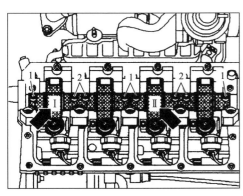

图 2-60　泵喷嘴紧固螺栓的拧紧
1,2—紧固螺栓；Ⅰ,Ⅱ—摇臂

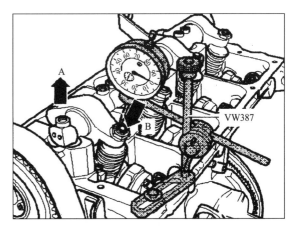

图 2-61　凸轮最高点的测量

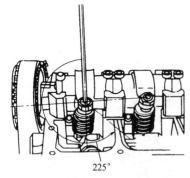

图 2-62　调整螺钉回拧 225°示意

将调整螺钉回拧 225°，如图 2-62 所示，调整螺钉保持在该位置，并以 30N·m 的力矩拧紧螺母，连接泵喷嘴插头，安装气缸盖罩和传动皮带护罩。

（6）泵喷嘴 O 形密封圈的安装　泵喷嘴外侧的三个 O 形密封圈是低压油路系统的重要密封措施，如有破损或安装不当，可能导致燃油进入油后壳导致机油油面升高。因此，安装泵喷嘴的 O 形密封圈时，应按下述要求进行。

① 旧 O 形密封圈的拆卸。小心仔细地撬下泵喷嘴上旧的密封圈。

② 新 O 形密封圈的安装。

a. 将隔热圈和紧固卡箍一起落下，然后仔细清洁泵喷嘴上的 O 形密封圈支承面。

b. 如图 2-63 所示，将 T10056/1 衬套滑套到泵喷嘴上。

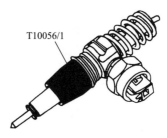

(a) 专用工具　　　　　　　　　　(b) 安装上部O形密封圈

图 2-63　专用工具与上部 O 形密封圈的安装

c. 将上部的 O 形密封圈套到装配衬套上，然后装到泵喷嘴上部 O 形密封圈位置上。

d. 拆下 T10056/1 衬套，如图 2-64 所示将 T10056/2 衬套滑套到泵喷嘴上。

e. 将中部 O 形密封圈套到装配衬套上，然后装到泵喷嘴中部 O 形密封圈位置上。

f. 拆下 T10056/2 衬套，如图 2-65 所示将 T10056/3 衬套滑套到泵喷嘴上。

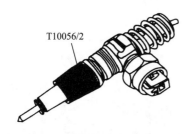

图 2-64　中部 O 形密封圈的安装　　　　图 2-65　下部 O 形密封圈的安装

g. 将下部 O 形密封圈套到装配衬套上，然后装到泵喷嘴下部 O 形密封圈位置上。

h. 拆下装配衬套，安装新的隔热垫和锁紧卡箍。

注意

a. 必须使用装配衬套安装 O 形密封圈。如果不使用安装衬套，安装时可能损坏 O 形密封圈。

b. 为防止安装时 O 形密封圈滚动，装配到泵喷嘴上时不得扭曲 O 形密封圈。

c. 现已逐渐采用无颜色标记的 O 形密封圈。

d. 为确保 O 形密封圈正确落座在槽内，O 形密封圈的厚度向喷油嘴端逐渐缩小。

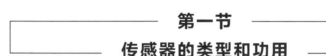

第三章
柴油机电控系统传感器的结构与维修

第一节
传感器的类型和功用

所谓传感器，就是一种能测量各种机械运动状态的物理量并把它们转变成电量的装置。传感器相当于人的感觉器官，通过传感器的感知来正确地检测出各种条件下的物理量。国际电工委员会的定义为"传感器是测量系统中的一种前置部件，它将输入变量转换成可供测量的信号"。

一、传感器的常用分类方法

传感器的分类方法有很多种。常用的分类方法包括有无外加能量分类、信号转换分类、工作原理分类、输出信号形式分类和检测控制参数分类五种。

（1）传感器按有无外加能量分类　传感器按能量关系可分为主动型和被动型两类。汽车上使用的大多是被动型传感器，这种传感器需要外加电源才能产生电信号，自身实际是一个能量控制器。外加电源因传感器的种类不同而不同，如温度传感器所需外加电源信号一般为5V，氧传感器所需外加电源信号一般为1V。

主动型传感器的工作不需要外界提供电源，由自身吸收其他能量，经变化后再输出电信号，实际上是一个能量变换装置。例如，太阳能电池和热电耦输出的电能分别来源于传感器吸收的光能和热能。采用压电效应、热电效应、磁致伸缩效应、光电效应等原理制成的传感器都属于主动型传感器。目前，被动型传感器发展很快，应用越来越广。

（2）传感器按信号转换分类　根据传感器信号变换方式的不同可分为由非电量转换为另一种非电量的传感器（如弹性敏感传感器和气动元件）、由非电量变换为电量的传感器（如进气温度传感器、进气压力传感器等）。

（3）传感器按工作原理分类　按传感器的工作原理分类可分为电阻式、电容式、应变式、电感式、光电式、光敏式、压电式及热电式。

（4）传感器按输出信号形式分类　按传感器输出信号形式分类，有模拟式和数字式两种。模拟信号不能直接送入 ECU，需要经过 A/D 转换后才能被 ECU 识别。

（5）传感器按检测控制参数分类　汽车传感器根据控制参数的不同分为温度传感器、压力传感器、位置与角度传感器、空气流量传感器、气体浓度传感器等。

二、柴油机电控系统中的传感器

各种电控柴油发动机主要采用的传感器有温度传感器、位置传感器、空气流量传感器、压力传感器和速度传感器。

其主要传感器的安装位置如图 3-1 所示。

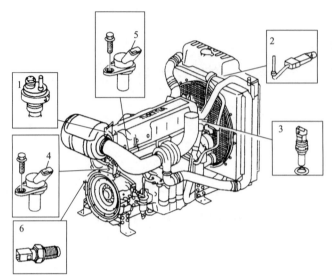

图 3-1 电控柴油机主要传感器的安装位置示意
1—空气流量计；2—进气压力传感器；3—冷却液温度传感器；4—凸轮轴位置（转速）传感器；
5—大气压力温度传感器；6—曲轴位置（转速）传感器

1. 温度传感器

温度传感器主要包括燃油温度传感器、冷却液温度传感器、进气温度传感器、机油温度传感器和排气温度传感器。

（1）燃油温度传感器 其作用是向 ECU 提供燃油温度信号，一般设置在第二级燃油滤清器盖内。ECU 将根据燃油的温度变化调节供给单体式喷油器的脉宽调制信号，因为燃油随着温度升高而膨胀，将会导致发动机功率降低。

（2）冷却液温度传感器 其作用是用于向 ECU 提供发动机冷却液温度信号，作为计算供油的修正值使用。冷机时对供油量进行加浓修正，使柴油机尽快暖机，热机时对供油量进行减少修正，防止柴油机温度过高。如果冷却液温度传感器失灵，ECU 会用存储的默认值进行计算。

该传感器还可以用于触发自动降低发动机率的保护功能，像机油压力和机油温度超限一样，当冷却液温度超限时也会使发动机停机。现在许多重型货车还利用该传感器对冷却风扇进行控制。

（3）进气温度传感器 其作用是向 ECU 指示进气管内的空气温度，ECU 将根据进气温度调节喷油脉宽调制信号，以控制排放。柴油机进气温度传感器的功能是对喷油量和喷油正时进行修正，同时对柴油机过热进行保护。当检测到进气温度有异常时，将限制柴油机的输出功率，防止柴油机过热。

（4）机油温度传感器 其作用是 ECU 始终指示发动机的机油温度。通常，ECU 及发动机保护功能可以提供像机油压力过低时同样的保护特性。当机油温度超过正常的安全限值时，首先会将仪表板上的黄色报警灯点亮，当机油温度进一步升高到预设的最高温度限值时，将会触发发动机停机功能，之后，发动机将像机油压力超限后一样停止运转。许多电控发动机在启动时，特别是在寒冷气温状态下，该传感器信号将使 ECU 进入快怠速控制，有些发动机的 ECU 在这种情况下是根据冷却液温度传感器的输入信号进行快怠速控制的。当机油温度或冷却液温度达到预设限值或发动机运转规定时间之后，发动机的怠速转速将自动恢复到正常。

（5）排气温度传感器　其作用是在催化转化器异常发热时，能够以排气温度警告灯点亮的方式快速地发出报警信号，以便保护催化转化器，防止高温引发故障。

2. 位置传感器

所谓位置传感器，主要是指测量某些部件位移量的传感器。位置传感器主要有加速踏板位置传感器、调节滑套位置传感器、针阀升程传感器、冷却液液位传感器、供（喷）油正时传感器、供（喷）油量传感器和曲轴、曲轴或凸轮轴位置传感器废气再循环阀开度传感器等。

（1）加速踏板位置传感器　电控柴油机中已普遍采用了加速踏板位置传感器，其功用是获取加速信号，然后传到电控单元，由电控单元操纵电控喷油泵或喷油器调节喷油量。在加速踏板下面安装一个电位计或变阻器，该传感器用于向 ECU 传送驾驶员所希望提供的油量。加速踏板位置传感器从 ECU 接收 5V 基准直流电压，当驾驶员踩下加速踏板时，加速踏板位置传感器向 ECU 反映加速踏板踩下的比例（%）。在加速踏板位置传感器上设有怠速确认开关，该开关可以保证即使在加速踏板位置传感器电路发生故障时发动机仍然能够保持怠速运转，在加速踏板处于怠速位置时，ECU 向加速踏板位置传感器电位供给 5V 电压，电位计滑臂所处的位置使输入电压通过整个线圈，通过滑臂向 ECU 返回的电压大约只有 0.5V，微处理器将加速踏板位置传感器的输入信号与储存的油门关闭时的电压值进行比较。在油门全开位置时，通过滑臂向 ECU 返回的电压大约只有 4.5V，将该电压与储存的代表油门全开的电压值进行比较。加速踏板位于怠速和全开之间的任何位置时，由电位计滑臂位置决定的输出信号电压值与驾驶员要求的供油量成正比例，因此，按照驾驶员要求的供油量，加速踏板位置传感器输出的电压信号在 0.5～4.5V 之间变化。

常见的形式有双电位计式、霍尔效应式、带怠速触点单电位计式等。

（2）调节滑套位置传感器　其作用是提供喷油定时的基准信号。

（3）针阀升程传感器　针阀升程传感器是柴油发动机控制系统中重要的传感器之一，其作用如下。

① 针阀升程传感器信号是用来确定喷油器喷油始点的，可以作为判缸信号。

② 感知喷油持续时间。

③ 喷油器针阀升程传感器是通过检测针阀升程来换算循环喷油量的，间接检测柴油机负荷。

它安装在喷油器内部，一般用于电控分配泵式燃油系统中，喷油器针阀升程传感器主要有差动式和霍尔式两大类型。

（4）冷却液液位传感器　用于监测散热器上水室或膨胀水箱中冷却液液位。通常该传感器信号与 ECU 的发动机保护系统联系，当冷却液液位过低时，会使发动机停止运转。此外，当该传感器测到冷却液液位过低时，发动机将不能启动，并使仪表板上的报警灯点亮。

（5）供（喷）油正时传感器　检测柴油机实际供（喷）油正时，向 ECU 提供供（喷）油正时闭环控制所需的反馈信号。供（喷）油正时影响柴油机的动力性、经济性、排放性和噪声，因此在电控柴油喷射系统中必须对供（喷）油正时进行闭环控制。

（6）供（喷）油量传感器　检测柴油机的实际供（喷）油量，产生的信号用于实现供（喷）油量的闭环控制。

（7）曲轴或凸轮轴位置传感器　曲轴或凸轮轴位置传感器是电控柴油机上非常重要的传

感器之一。凸轮轴位置传感器的安装位置视凸轮轴的位置而异，当凸轮轴下置或中置时，电控柴油机的凸轮轴位置传感器经常安装在高压油泵上或单体泵上，当凸轮轴置于缸盖上时，凸轮轴位置传感器信号波形中多出的一个数字脉冲为发动机 ECU 确定一缸上止点的辅助信号。

其作用主要有三个方面。

① 提供柴油机转速信号，以便使 ECU 结合柴油机负荷信号，精确计算循环喷油量。

② 向 ECU 提供一缸活塞上止点信号，以便使柴油机对喷油正时做出准确判断。

③ 提供气缸判别信号。

为了能起上述测速、正时和判缸三个作用，曲轴或凸轮轴转速与位置传感器通常要向 ECU 提供两组检测信号：一组称为 Ne 信号，用于检测曲轴位置和柴油机转速信号；另一组称为 G 信号，用于检测活塞上止点位置的信号，同时也用来作为 Ne 信号计算曲轴转角的基准信号。每隔 360°发出两个不同的 G_1 和 G_2 信号用来进行气缸的判别。

（8）废气再循环阀开度传感器　废气再循环阀（EGR 阀）是一种较新型的柴油机部件。它通过在排气与进气间形成短路通道，将少量废气引到进气道内，以实现减慢燃烧速度，最终减少 NO_x 排放量的目标。废气再循环阀开度对应废气再循环阀打开的升程。废气再循环阀的阀杆上部直接接触开度传感器的探测杆，探测杆被弹簧压在阀杆上，当阀杆移动时，探测杆会随之移动，从而带动内部的位移电位器。这里测量的只是直线移动量。

目前，废气再循环阀开度传感器内部的电位器一般多采用精密导电塑料制成。导电塑料电位器的电阻体是由塑料粉及导电材料粉混合经压塑成型的，其特点是线性精度较好、分辨率高、旋转力矩小且使用寿命长。目前，在电控柴油机车辆上这种电位器制成的传感器使用得较多。

3. 空气流量传感器

空气流量传感器有热膜式、热线式、卡门涡旋式和叶片式四种。其作用是发动机控制单元利用空气流量计测得的进气量来计算喷油量和废气再循环率。

4. 压力传感器

压力传感器有共轨压力传感器、燃油压力传感器、进气歧管压力传感器、机油压力传感器、冷却液压力传感器、大气压力传感器、曲轴箱压力传感器。

（1）共轨压力传感器　在高压共轨系统中，共轨压力传感器的作用是以足够的精度，在相应较短的时间内，测定共轨中的实时压力，并向 ECU 提供电信号。共轨压力传感器安装在油轨上。

（2）燃油压力传感器　一般监测第二级燃油滤清器出口处燃油压力，该传感器压力用于诊断目的。

（3）进气歧管压力传感器　进气歧管压力传感器又叫作进气增压压力传感器（增压压力传感器或涡轮增压传感器），该传感器一般与进气温度集成在一起。

它的作用是用于检测进气管内的绝对压力，ECU 根据此信号确定进气量，以便根据供（喷）油量对进气量进行控制，保证最佳的混合气浓度，测定的压力范围一般为 2~400kPa。

进气歧管压力传感器提供的电信号用于检查增压压力。发动机 ECU 将测量值与增压压力设定值进行比较。如果实际值与设定值不符，ECU 将通过电磁阀调整增压压力，实现增压压力控制。

（4）机油压力传感器　向 ECU 通报发动机机油主油道压力，当机油压力低于期限望值时，ECU 将启用降低发动机转速和功率的保护功能，来调节发动机的转速和功率。当感测到危险的机油压力时，ECU 将使仪表板上的红色报警灯闪亮，向驾驶员发出报警信号，有些发动机或汽车还可能伴有蜂鸣声。如果 ECU 设有停机保护功能，当机油压力低于限值 30s 后会使发动机自动停机。此系统可能还设有手动延时按钮，按下该按钮后，发动机的运转时间将延长 30s，以便驾驶员能够将汽车安全地停靠在路边。

（5）冷却液压力传感器　一般用于大排量发动机，严密地监测水泵和气缸体内冷却液的压力。

（6）大气压力传感器　大气压力传感器安装在发动机 ECU 内部。大气压力传感器的作用是向 ECU 传送大气压力信号，因为大气在不同压力下（如高山和平原）含氧量是不同的，ECU 利用该信号控制进气系统增压压力和废气再循环的大气压力修正值。

（7）曲轴箱压力传感器　通常用于矿山、电站和船舶的大排量发动机上，该传感器直接监测曲轴箱内的压力。在二冲程发动机上，该传感器用于监测发动机气缸体中曲轴箱的空气压力。

5. 速度传感器

速度传感器包括发动机转速传感器、气缸判别传感器和车速传感器。

（1）发动机转速传感器　发动机转速传感器产生的信号记录发动机转速和准确的曲轴位置，利用此信息，发动机控制单元计算出喷油始点和喷油量。

（2）气缸判别传感器　凸轮轴每转一圈向 ECU 提供一个信号，ECU 据此确定哪个气缸的活塞处于压缩冲程上止点（TDC）。

（3）车速传感器　该传感器一般安装在汽车变速器输出轴上，向 ECU 提供汽车车速信号。该信号用于进行巡航控制、车速限制和通过发动机压缩制动保持最高预设车速的自动控制，而且在发动机进行高强度压缩制动时，发动机冷却风扇离合器会自动进入接合状态，以实现发动机风扇制动，这可以使发动机增加 15～33.5kW 的减速制动，使车速降低。

第二节
传感器的万用表检测

一、万用表检测传感器的顺序

在检测传感器时，应该按照以下检测顺序进行。

（1）征兆判断　推断可能发生故障的部位。

（2）解码器检测　确认被怀疑的传感器在解码器中是否有故障码，并在数据流中加以强化判断。

（3）传感器周围的检查　为防止不是因为传感器本身故障而导致的传感器误判，要首先对怀疑的传感器部位进行外部检查，看是否有短路、断路、脏污、脱开、连线、水泡、腐蚀、氧化、接触不良、传感器变形等情况。

（4）外部电压、搭铁及线束导通的检查　为防止有源传感器由于没有供给电源而导致不能正常工作，要首先对外部电源进行检查。如霍尔式曲轴位置传感器若没有 12V 或 5V 电压的供给，传感器是不会有信号输出的。如果电源和搭铁不正常，则应检查线路。

（5）本体检查　主要是外观检查和电阻检查，不用连接外部电路。针对能够进行电阻测量的传感器，如可变电阻式传感器、磁电式传感器，可以直接进行电阻的测量。如轮速传感器电阻检查可以关闭点火开关，拔下传感器连接器，检查前后轮的轮速传感器端子电阻，应均为 $1.0 \sim 13 \mathrm{k}\Omega$。同样，节气门位置传感器、磁电式曲轴位置传感器的电阻和电阻变化的平稳性，可以用万用表的电阻挡直接测量，从而判断传感器是否正常。

（6）输出信号检查　输出信号检查主要是将传感器连接到外部经检查已经是正常的线路中，或是额外提高传感器工作条件，来对传感器输出信号进行检查的过程。输出信号检查，应该是检测结果比电阻检查更前进了一步。这是因为控制单元要接收的就是输出的信号，而不是传感器本身的电阻。传感器本身电阻正常，输出的信号不一定正常。

因此，无论是有源传感器，还是无源传感器，都可以在模拟工作状况下，进行输出信号检查。需要说明的是，无源传感器必须在正确供给工作电源的情况下，才可以对传感器输出信号进行检查。输出信号的检查可以使用万用表的电压挡或电流挡进行，但使用汽车专用万用表对输出信号只是做简单的判断，可以使用示波器更精确地判断出信号。

输出信号有下列三种。

① 模拟直流信号。如节气门位置传感器，用汽车专用万用表直流电压量程检测即可满足要求。

② 模拟交流信号。ABS 轮速传感器、磁电式曲轴位置传感器，用汽车专用万用表交流电压量程检测即可满足要求。

③ 脉冲脉宽调制信号/频率调制信号的电子信号。虽然可以使用万用表，但结果不够准确，要想看清具体的变化过程，必须使用示波器。

例如，三菱汽车用的卡门涡流式空气流量传感器，在怠速时，输出信号为 $2.2 \sim 3.2 \mathrm{V}$，此电压为频率调制信号的平均电压，但示波器就可以很方便地看出空气流量传感器信号的频率和幅值是否符合规定。

（7）维修与更换　对传感器进行以上检查后，可以基本确定传感器的好坏。更换传感器时，要严格按照操作规程操作，切忌蛮干。要关闭点火开关，且不可带电操作，否则容易损坏其他电子部件。安装时要轻拿轻放。

注意：维修与更换传感器后，要切记用解码器清除故障码并重新试车，模拟故障出现状况，如果在试车过程中故障现象没有重复出现，检查故障码也没有重新出现，说明判断准确，安装正确，传感器检修操作完成。

二、传感器检测时的注意事项

① 除在测试过程中特殊指明外，不能用指针式万用表测试 ECU 及传感器，应使用高阻抗数字式万用表或车用专用万用表进行测试。禁止使用"划火法"检查晶体管电路的通、断状况。不要用普通试灯去测试任何与 ECU 相连接的电气装置，以防止晶体管损坏，脉冲电路应采用 LED 灯或示波器检查。

② 在拆卸或安装电感性传感器时，应将点火开关断开（OFF），以防止其自感电动势损伤 ECU 和产生新的故障。

③ 在车身上进行电弧焊时，应先断开 ECU 电源。在靠近 ECU 或传感器的地方进行车身修理作业时，更应特别注意。

④ ECU 和传感器必须防止受潮。不允许将微机或传感器的密封装置损坏，更不允许用水冲洗。ECU 必须防止受剧烈振动。

⑤ 电控系统中，故障多的不是 ECU、传感器和执行部件，而是连接器。连接器常会因松旷、脱焊、烧蚀、锈蚀和脏污而接触不良或瞬时短路，因此当出现故障时不要轻易地更换电子器件，而应首先检查连接器的状况。

⑥ 当断开蓄电池时需注意以下几点：一是必须关闭点火开关，如果在点火开关接通的状态下断开蓄电池连接，电路中的自感电动势会对电子元器件有击穿的危险；二是检查自诊断故障码是否存在，若有故障码，应记下代码后再断开蓄电池；三是断开蓄电池前，应牢记带防盗码的音响设备的编码，否则在下次使用中，音响系统自锁会影响使用。

⑦ 蓄电池搭铁极性切不可接错，必须负极搭铁。严禁在发动机高速转动时将蓄电池从电路中断开，以防产生瞬时过电压将 ECU 和传感器损坏。

⑧ 跨接启动其他车辆或用其他车辆跨接本车时，需先关闭点火开关，才能拆装跨接线。

⑨ 在点火开关接通的情况下，不要进行断开任何电气设备的操作，以免电路中产生的感应电动势损坏电子元件。

⑩ ECU 有学习功能，但 ECU 的电源电路一旦被切断（如拆下蓄电池）后，它在发动机运行过程中存储的数据就会消失，因此，蓄电池断开后要装复。如果出现发动机工作状况不如以前时，先不要随便更换零部件，因为这种情况可能是蓄电池断开后 ECU 中的学习修正记忆消除的缘故。因为 ECU 根据系统实际情况进行的学习修正与根据厂家存储在只读存储器（ROM）中的数据进行控制，相比起来发动机工作状况会有差异。如果是此种原因，待发动机运行一段时间后，ECU 会自动建立修正记忆。如果想让 ECU 完全"恢复记忆"，则需通过在不同工况下的路试让 ECU 重新学习，发动机工作的不良状况会自动消失。

⑪ 注意检查搭铁线的状况，其电阻值一般不应大于 1.5Ω。

⑫ 带有安全气囊系统的汽车，对安全气囊进行检修时，如果操作不当将会使安全气囊意外胀开，因此必须严格按操作程序进行。对安全气囊进行检修作业时，将点火开关置于关闭位置，先断开蓄电池负极，等待 90s 再进行操作，以免发生意外。

⑬ 检修氧传感器时，要注意不要让氧传感器跌落碰撞到其他物体，不要用水冷却。更换氧传感器时，一定要用专用的防粘胶液刷涂螺纹，以免下次拆卸困难。

⑭ 某些故障报警灯的功率不得随意改变，否则会出现异常情况。

⑮ 注意屏蔽线。对于电磁式凸轮轴位置传感器输出信号情况，只通过测量电压或电阻的方法来确定其是好是坏是不全面的。有很多电磁式传感器测量电阻和电压都正常，但线路屏蔽不好也会导致故障。

当 ECU 判断出某一电路发生故障时，只是提供了故障的性质和范围，最终确定是传感器还是执行器，或是相应的配线的故障，需要进一步检查配线、插头、ECU 和相关部件，才能准确找到故障原因。

发动机电控系统中各种传感器正常工作时，其输入 ECU 的信号电压是在一定范围内变化的。当某一传感器电路出现超出规定范围的信号时，ECU 判断为该电路信号发生了故障。如果 ECU 在一段时间内收不到某一传感器的输入信号，ECU 也判断发生了故障。发动机在工作中，如果偶然出现一些不正常的信号，ECU 不判断为故障。只有不正常的信号持续一定时间或多次出现时，才判断为故障。

三、传感器的检测方法

当汽车电子控制系统产生故障时，通过自诊断测试，指明某传感器有故障或怀疑某传感器有故障时，应用示波器、万用表等对传感器进行测试。测试前要明确测试数据、测试方法和测试条件，具体可参考该车型维修手册。

万用表检测传感器的方法，通常是测量传感器线束插接器相关端子间电压或电阻，若检测结果不符合规定，则应修理或更换传感器。

由于传感器的结构原理不同，其检测的方法和检测的内容也会有所不同。霍尔式传感器与热敏电阻式传感器、电磁式传感器不同，对传感器本身一般不做静态检查，只重点检查传感器与 ECU 之间的线路连接、传感器的工作电源和输出信号。

（1）传感器电阻值的检测　用万用表测量传感器电阻的方法如图 3-2 所示。测量时，将万用表旋钮转到电阻（Ω）挡，并选择合适的量程。如果无法确定电阻量程，应该先选择低位电阻挡进行试验。测量电阻的目的主要是检查电阻值是否符合标准或导通性（有无断路、短路故障）。

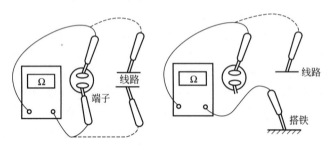

(a) 测量端子间或线路间电阻　　　　(b) 测量某端子或某线路电阻

图 3-2　用万用表测量传感器电阻的方法

（2）传感器的线路检查　主要是检查传感器线束插头与 ECU 线束插头之间线路的导通情况，检查时将点火开关关闭，拔下传感器与 ECU 的线束插头，用万用表的电阻挡对传感器与 ECU 之间的连接线路分别进行导通检查，正常情况下传感器侧与 ECU 侧的导线电阻值应显示为 0 或接近 0，否则表明相关线路连接有故障，检查方法如图 3-3 所示。

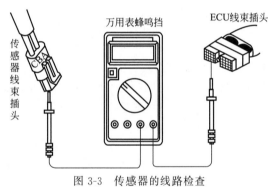

图 3-3　传感器的线路检查

（3）传感器工作电源的检查　关闭点火开关，拔下传感器线束插头，接通点火开关，用万用表直流电压挡在传感器线束插头（标注＋、－的插孔）上测量其工作电源，正常时应符合规定的工作电源电压等级。

（4）传感器输出信号电压的检查　指发动机工作或曲轴转动时在传感器信号线上的电压变化，检查时将万用表旋钮转到直流电压（V）挡，并选择合适的量程；测量两端子间或两线路间的电压时，应将万用表的两个表笔分别与被测量的两个端子或两根导线接触［图 3-4 (a)］；测量某个端子或某条线路的电压时，应将万用表的正表笔与被测的端子或线路接触，而将万用表的负表笔搭铁［图 3-4 (b)］。

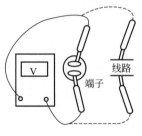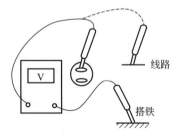

(a) 测量端子间或线路间电压　　　　(b) 测量某端子或某线路电压

图 3-4　用万用表测量电压

若是曲轴转动得慢一些，可在电压表上看到 0～5V 的脉冲信号（即在 0～5V 之间变化）；若是曲轴转动得快一些，电压表显示为 0～5V 的平均值。

第三节
温度传感器的结构与维修

在柴油机电控燃油系统中，需要对多种温度变化做出反应，以应对不同的控制策略。温度传感器适用于柴油机冷却系统、机油系统、燃油系统和进气系统的温度测量，其量程虽略有不同，但均为 $-40～170℃$。所有的温度传感器都由敏感元件加封装组成。其中封装的作用一是保护敏感元件不受破坏；二是为传感器在柴油机机体上的安装提供结构条件。

一、进气温度传感器

进气温度传感器一般与进气压力传感器制成一体，如图 3-5 所示。它安装在柴油机的进气总管中间靠后的位置，可以反映进气的状态。对于非增压柴油机，进气温度传感器反映的这一温度值还在一定程度上反映了当前的环境空气温度。即使对于增压柴油机，这一温度值也与环境温度有关。

进气温度传感器一般采用负温度系数的热敏电阻作为检测元件，其结构如图 3-6 所示。热敏电阻式温度传感器是根据热敏电阻效应制成的，热敏电阻效应指物质的电阻率随其本身温度的变化而变化。

工作原理：热敏电阻是用陶瓷半导体材料与其他的金属氧化物按适当的比例混合后

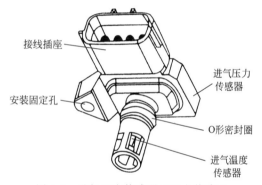

图 3-5　进气温度传感器和压力传感器

高温烧结而制成的温度系数很大的电阻体，按照温度系数不同分为正温度系数和负温度系数。正温度系数热敏电阻随温度上升元件阻值增大，负温度系数热敏电阻随温度上升元件阻值降低。

进气温度传感器与 ECU 的连接关系如图 3-7 所示，图中 THA 端子是 ECU 向传感器提供参考电压端子，E_2 端子是传感器向 ECU 输送进气温度信号，$+B$ 端子与 E_1 端子分别是 ECU 的正极和负极。

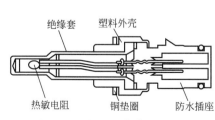

图 3-6　进气温度传感器的结构

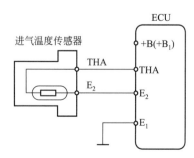

图 3-7　进气温度传感器与 ECU 的连接关系

环境气温传感器

环境气温传感器（也称为大气温度传感器）的作用是对环境温度做基本的探测，以决定一些相关的控制策略。主要反映了柴油机运行时吸入空气的温度，这一温度会影响到进气温度、压缩终点温度。特别是在高寒环境下，环境温度不仅会影响到启动的顺利完成，还会对整个运行过程带来相关的特殊影响。有时作为 ECU 的配件装在 ECU 的电路板上，也可以单独布置在与外界环境较接近的合适位置。

当环境温度太低时，会造成压缩终点的温度太低，影响到可燃混合气的生成和点火过程顺利完成。有时必须根据环境温度的取值采取特殊的控制策略。如果进气温度太低，则减小中冷器的热交换量等。

目前，在普通环境中使用的柴油机一般可以不设置环境气温传感器。但针对特别为高寒地区或高温地区设计制造的柴油机，则可根据需求设置环境气温传感器，同时根据工作环境要求设置与环境温度对应的控制策略。

注意： 使用环境气温传感器时，传感器所在位置应能够提供可靠的环境数据。大体上说，应与环境相交互但又不能太剧烈。如果是在车辆上使用，则不要将环境气温传感器暴露在行驶气流中。

二、冷却液温度传感器

1. 冷却液温度传感器识别

冷却液温度传感器一般采用负温度系数热敏电阻，一般设置在柴油机缸盖水套上。冷却液温度传感器一般要安装两个：一个给 ECU 提供冷却液温度信号；另外一个反映到仪表板上。冷却液温度传感器信号电压与冷却液温度之间的关系见表 3-1。冷却液温度传感器主要由热敏电阻、金属引线、接线插座和壳体组成，其外形及结构如图 3-8 所示。

表 3-1　冷却液温度传感器信号电压与冷却液温度之间的关系

冷却液温度/℃	-10	0	20	40	60	80	100	120
信号电压/V	4.62	4.45	3.78	3.09	2.25	1.99	1.56	0.70

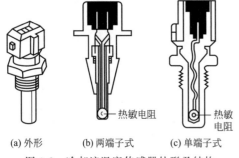
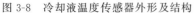

(a) 外形　　(b) 两端子式　　(c) 单端子式

图 3-8　冷却液温度传感器外形及结构

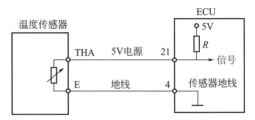

图 3-9　冷却液温度传感器的工作电路

传感器的壳体上制作有螺纹，便于安装和拆卸。接线插座分为单端子式和两端子式两种，中、高档轿车燃油喷射系统一般采用两端子式冷却液温度传感器，低档轿车燃油喷射系统以及汽车仪表一般采用单端子式冷却液温度传感器。如传感器插座上只有一个接线端子，则壳体为传感器的一个电极。目前电控系统使用的冷却液温度传感器大多数有两个接线端子，分别与 ECU 插座上的相应端子连接，以便可靠传递信号。

工作原理：当冷却液的温度升高时，传感器阻值减小，热敏电阻上的分压值降低；反之，当冷却液的温度降低时，传感器阻值增大，热敏电阻上的分压值升高。ECU 根据接收到的信号电压值，便可计算求得对应的冷却液温度值，从而进行实时控制。

冷却液温度传感器的工作电路如图 3-9 所示，传感器的两个电极用导线与 ECU 插座连接，ECU 内部串联一个分压电阻，ECU 向热敏电阻和分压电阻组成的分压电路提供一个稳定的电压（一般为 5V），传感器输入 ECU 的信号等于热敏电阻上的分压值。

2. 冷却液温度传感器检测

冷却液温度传感器的常见故障是短路、断路，或其输出信号的电压不符合标准要求，使 ECM 获得的温度值与实际温度之间出现偏差，影响 ECM 对电控柴油机的控制。此外，当温度传感器出现短路、断路故障时，ECM 的故障自诊断电路会检测到这一故障，使柴油机故障警告灯点亮，同时 ECM 将启动失效保护功能。因此，当温度传感器出现故障时，应进行检测，以判定故障的原因。

各种温度传感器的检测方法基本相同，冷却液温度与进气温度传感器的电路如图 3-10 所示。下面以冷却液温度传感器为例加以说明。

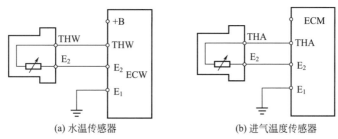

(a) 水温传感器　　　(b) 进气温度传感器

图 3-10　冷却液温度与进气温度传感器电路图

（1）冷却液温度控制电路的检测方法

① 关闭启动开关，拔下冷却液温度传感器的线束连接器。

② 打开启动开关，用数字式万用表分别测量冷却液温度传感器线束连接器各端子。

a. 使用万用表检测连接器上 THW 端子与 E_2 之间的电压，应为 5V。如电压值不符，说明控制电路或 ECM 有故障，应进一步检测。

b. 测量冷却液温度传感器搭铁端子与蓄电池负极间的电阻，应为 0。如有异常，应检修搭铁线路。

也可插回连接器，启动柴油机，检测传感器 THW 端子与 E_2 之间在不同温度下的电压，检测值范围应为 0.5～4.5V，温度越低，电压越高；温度越高，电压越低。当柴油机冷却液温度低时，则怠速转速必须增加，喷油量增加和喷射时间（着火正时）提前，以改善预热性。

（2）冷却液温度传感器性能的检测方法

① 拔下冷却液温度传感器线束连接器，拆下冷却液温度传感器，清洁表面水垢和异物。

② 将冷却液温度传感器置于烧杯的水中，加热烧杯中的水，同时测量在不同温度下冷却液温度传感器两接线端之间的电阻，其操作方法如图 3-11 所示。

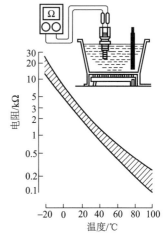

图 3-11　冷却液温度传感器的检测方法

③ 将测得的电阻值与标准相比较。如果不符合标准，应更换温度传感器。

冷却液温度传感器电压与电阻的测量，检修时检测结果应比照维修手册传感器参数，见表 3-2。

表 3-2　冷却液温度传感器电压与电阻测量及常用热敏电阻标准

某机型水温传感器参数值标准				常用热敏电阻标准阻值					
端子名称	测量条件	标准电压/V	标准电阻/kΩ	型号	用途	标准阻值(25℃)/kΩ	型号	用途	标准阻值(25℃)/kΩ
THW 端子与负极 E_2	启动开关"NO"	5	∞	MF-11	温度补偿	0.01~15	RRC2	测控温度	6.8~1000
	水温 20℃	1~3	2.2	MF-13	温度补偿	0.82~300	RRC7B	测控温度	3~100
	水温 80℃	0.2~1.0	0.25	MF-16	温度补偿	10~1000	RRP7~8	作为可变电阻器	30~60

（3）失效模式及失效产生的原因

① 冷却液温度无信号输出。原因是电路断路或传感器损坏。

② 输出冷却液温度信号与实际冷却液温度相差较大。原因是电路虚接或搭铁不良。

（4）失效模式分析　当冷却液温度传感器失效时，因控制系统不同，失效模式有所区别，常见的失效模式有以下两种。

① 功率不足、转速所限、高寒工况下难启动。北汽福田的 BJ493z93 高压共轨柴油机采用该模式。当冷却液温度传感器失效，ECU 检测不到冷却液温度信号时，ECU 会输出相关故障码 P0116、P0117、P0118 等，故障指示灯亮，并且 ECU 进入减转矩控制模式，使最大转速受限、最大功率不足。

② 电子风扇常转（部分机型）。长城汽车 GW2.8TC 型博世共轨柴油机采用该模式。当 ECU 接收不到冷却液温度信号时会出现此故障现象。冷却液温度信号是在各个工况下 ECU 调整喷油量的一个主要参考数据，在 ECU 无法采集到冷却液温度信号时，会采取一个替代值（−4℃），系统按照设定的冷却液温度来工作，启动跛行回家功能。同时，为防止冷却液温度过高导致发动机损坏，系统会控制电子风扇常转。

三、燃油温度传感器

某些电控燃油系统，燃油温度会对每次供油量造成影响。当燃油温度发生变化时燃油的黏度也发生变化，造成在同样的压力和时间条件下，供油量发生改变。这就要求控制系统必须根据温度的改变量适时、适量地改变供油控制。

例如，当燃油温度升高、燃油黏度下降时，对于柱塞式油泵，会造成在同样的供油行程内实际供油量下降。而控制系统会根据燃油温度的升高，增加供油时间，从而使柴油机每次供油量不会因燃油温度的变化而改变。

燃油温度传感器的安装位置因柴油机不同而有所不同。某些电控柴油机燃油温度传感器安装在柴油机滤清器上，而某些电控柴油机的燃油温度传感器则安装在高压油泵上。

不同的燃油控制系统，其燃油温度传感器的安装位置是不同的，一般安装在燃油箱内。燃油温度传感器是以负温度系数热敏电阻（NTC）作为检测元件，燃油温度升高时，传感器电阻值下降。燃油温度传感器与 ECU 的连接关系如图 3-12 所示，图中 ECU 35 号端子是燃油温度信号端子。

燃油温度传感器的输出电压是随温度升高而逐渐降低的，两者成线性关系，见表 3-3。

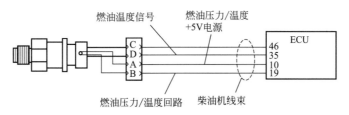

图 3-12　燃油温度传感器与 ECU 的连接关系

表 3-3　燃油温度传感器在不同温度下的电压值

燃油温度/℃	-20	-10	0	10	20	30	40
电阻值/Ω	15000	9000	6000	3500	2300	1620	1200
输出电压/V	4.72	4.62	4.45	4.14	3.77	3.42	3.09

四、机油温度传感器

机油（润滑油）温度传感器用于感知柴油机机油的温度。不同的机油，允许工作温度范围也不同，只有当柴油机机油温度在其允许的正常工作范围内时，柴油机才能长时间正常运行。一般选用利用热敏电阻原理制成的元件来充当机油温度传感器。机油温度的高低很大程度上可以通过冷却液温度来反映，所以较简单的电控柴油机系统一般只安装冷却液温度传感器而不安装机油温度传感器，通过冷却液温度来间接判断机油的温度。

一般情况下机油温度传感器直接安装在油底壳上，与机油液位传感器一起放置，采用正温度系数热敏电阻作为检测元件。机油温度传感器与 ECU 连接关系同进气温度传感器。

五、排气温度传感器

由于柴油机排气温度较高，故用于测量排气温度的热敏电阻式传感器一般为高温型的器件，常用的有锆固体电解质型传感器和电子传导型传感器。热电偶式温度传感器的用途非常广泛，使用历史也很长。较常用的有镍铝-镍镉合金热电偶元件。热电偶在使用时不需要外电源，而是由两种合金的焊接部分感受温度产生电动势。但是这种电动势并不与温度的高低直接相关，而与被探测温度和环境温度的差值相关，这一点要在使用时注意。对于中小型柴油机电控系统，一般不配置这种传感器。

排气温度传感器安装在排气管上，也可安装在三元催化转化器内，排气温度传感器类型多样，有热电耦式、熔丝式、热敏电阻式。

1. 热电耦式温度传感器

热电耦式温度传感器是利用热电效应制成的温度传感器，如图 3-13 所示。热电耦又称温差电阻，由端点彼此紧密接触的两种不同材料的金属丝组成。当两种不同材料金属丝的两个接点处于不同温度时，在回路中就有直流电动势产生，该电动势称为温差电动势或热电动势。当组成热电耦的材料一定时，温差电动势与两接点处的温度有关。

构成热电耦的金属材料可以耐受的温度不同，传感器适用的温度范围也不同，如采用钨铼热电耦能够在 2000℃ 以上的高温条件下工作。此外，热电耦温度传感器的灵敏度与材料的粗细无关，所以一般采用非常细的金属材料制作热电耦作为测温元件，具有很高的响应速度。热电耦式温度传感器的主要缺点是灵敏度比较低，抗干扰能力差，不适合测量微小的温度变化。

2. 熔丝式温度传感器

熔丝式温度传感器如图 3-14 所示，它利用金属材料受热熔解的特性，当温度达到一定值时，传感器内的熔丝熔断，使电路断路或短路。熔丝式温度传感器通常用于控制高温报警装置，一旦熔丝熔断，传感器便不能继续使用。

图 3-13　热电耦式温度传感器　　　　图 3-14　熔丝式温度传感器

第四节
位置传感器的结构与维修

一、加速踏板位置传感器

加速踏板位置传感器又称柴油机负荷传感器，常用的有电位器式加速踏板位置传感器、电涡流式加速踏板位置传感器和霍尔式加速踏板位置传感器三种类型。加速踏板位置传感器安装在加速踏板上。

1. 电位器式加速踏板位置传感器

（1）电位器式加速踏板位置传感器识别　电位器式加速踏板位置传感器的工作原理如图 3-15 所示。电位器的滑动臂由加速踏板轴或拉索驱动，电位器可以连续测量加速踏板位置及怠速触点。点火开关接通后，ECU 通过 V_c 端子送给传感器 5V 参考电压，电位器电阻恒定，因此流过电位器的电流保持不变。当驾驶员踩下加速踏板时，电位器滑动臂滑动，使 V_a 和搭铁端子 E_1 之间的电阻变大，从而使输出电动势变大且与加速踏板位置成正比。ECU 根据这个电压信号确定加速踏板位置变化。怠速触点为一个动合触点，只有当加速踏板在放松状态时，怠速触点才闭合，怠速触点开关向 ECU 输送加速踏板处于完全松开位置的信号。

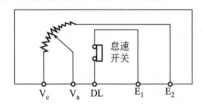

图 3-15　电位器式加速踏板位置传感器的工作原理
V_c—电源电压；V_a—信号端子；DL—怠速触点；E_1—怠速触点搭铁；E_2—ECU 内部搭铁

（2）电位器式加速踏板位置传感器检测　加速踏板位置传感器、直列柱塞泵供油齿条位置传感器、分配泵油量控制滑套位置传感器等，均可采用电位器式。电位器式位置传感器通常有 3 个端子，通过 3 根线与 ECU 相连，分别为 5V 标准电源线、信号线和搭铁线。

现以宝来柴油机加速踏板位置传感器为例，其电路如图 3-16 所示。该传感器内带有怠速开关和强制降挡开关，安装在加速踏板上部，共有 6 个端子，其中端子 4、2、3 分别为电位器的信号端子、电源端子和搭铁端子，端子 1、5、6 分别为强制降挡开关信号端子、开关信号端子和两个开关共用的搭铁端子。

用万用表检测宝来柴油机加速踏板位置传感器的方法如下。

① 拆开传感器的线束连接器，在传感器侧分别测量怠速开关信号端子、强制降挡开关信号端子与开关搭铁端子之间的导通情况。加速踏板完全放松时，怠速开关信号端子与开关搭

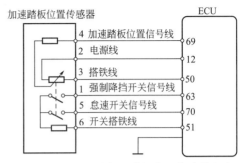

图 3-16　电位器式加速踏板位置传感器电路

铁端子之间应导通，踩下加速踏板时应不导通；加速踏板踩到底时，强制降挡开关信号端子与开关搭铁端子之间应导通，加速踏板踩下深度小于 95% 时，应不导通。

② 缓慢踩加速踏板，测量加速踏板位置信号端子与电源端子（或搭铁端子）之间的电阻，应随踩加速踏板而平稳地变化。

③ 打开点火开关，在线束侧测量电源端子与搭铁端子之间的电压，应约为 5V。若没有电压，则检查 ECU 上相应端子的电压；若 ECU 上相应端子的电压正常，则说明 ECU 至传感器之间线路有故障；若 ECU 上相应端子没有电压，则说明 ECU 有故障。

④ 插接好线束连接器，打开点火开关，用万用表测量加速踏板位置信号端子与搭铁端子之间的电压，其电压值应随加速踏板开度变化在 0.5~4.5V 之间变化。

注意：对于使用霍尔原理的加速踏板位置传感器，由于在其内部存在处理与放大电路，所以不能使用测量电阻的方法判别其好坏。需要使用测量信号电压的方式来判别其工作情况。其测量方式与其他需测量信号电压的传感器的方法相似。

2. 电涡流式加速踏板位置传感器

加速踏板位置传感器利用了磁通量变化在导体内产生涡电流的原理，由检测线圈、E 字形铁芯和两个短路环组成，一个短路环安装在油门调节齿杆的尾部，沿 E 字形铁芯以非接触式方式移动。当检测线圈通过交流电时，短路环便产生涡电流，并产生与激励方向相反的磁通量。检测线圈内交流电的变化幅度随短路环的位置而变化，由此信号判断油门调节齿杆的位置。通过选择合适的铁芯形状，可以获得良好的线性响应特性。铁芯上的固定短路环用来补偿温度影响，以提高传感器检测精度。

3. 霍尔式加速踏板位置传感器

霍尔式加速踏板位置传感器利用霍尔效应原理来检测加速踏板位置，该传感器主要由永久磁铁、霍尔元件以及线束连接器组成。永久磁铁安装在与加速踏板联动的轴上，霍尔元件则是固定的，如图 3-17 所示。当加速踏板位置发生变化时，与加速踏板同轴的永久磁铁转动，从而使永久磁铁与霍尔元件之间的相对位置发生改变，使永久磁铁作用在霍尔元件上的磁场强度发生变化，导致霍尔元件输出的电压发生变化，ECU 接收霍尔元件输出的电压信号以确定加速踏板位置及位置变化。

新型电子加速踏板总成集成了怠速确认开关或传感器，它将加速踏板位置和怠速开关两

个电信号发生器组合在一个壳体中，如图 3-18 所示，两个元件的电路是独立的，但与加速踏板通过机械联系被一同操纵。两个信号发生器在制造厂被校准设定，并在其整个寿命期内的维护过程中被调整。怠速开关对油门电位器所指示的踏板是否处于怠速位置的信号提供独立保证，该组合可以使 ECM 发现油门总成的潜在问题，怠速开关可以是独立机构，也可以与电位器集成在一起的开关。

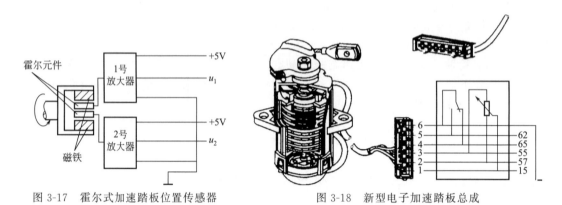

图 3-17　霍尔式加速踏板位置传感器　　　　图 3-18　新型电子加速踏板总成

二、供（喷）油正时传感器

　　在柴油机电控系统中，根据检测供油正时的方法可选择不同传感器。

　　① 在直列柱塞泵电控系统中，通过检测泵凸轮轴的基准位置和转角来确定实际供油正时，工作原理同凸轮轴位置传感器。

　　② 在分配泵"位置控制"方式的电控燃油喷射系统中，通过检测正时调节器活塞的位置来确定供油正时，这种正时活塞位置传感器中最简单的就是用一个能提供液压活塞实际位移信号的线性电位器作为反馈信号传感器。

　　③ 在分配泵"时间控制"式和共轨式电控系统中，通过检测喷油器针阀开启始点、高速电磁阀关闭始点、燃烧室着机始点来确定实际供（喷）油正时。

　　a. 高速电磁阀关闭始点传感器。高速电磁阀应用在分配泵"时间控制"系统和共轨系统中，利用其关闭回油通道的方法控制分配泵供油始点或喷油器喷油始点，因此可通过检测高速电磁阀开关状态确定供（喷）油始点。其结构原理与触点式针阀升程传感器相似，高速电磁阀关闭，ECU 接收到零电压信号；反之，ECU 接收到的电压信号不为零。

　　b. 着机始点传感器工作原理。理想的供油正时应该是在实际着机开始时，这样就必须检测着机的开始时间。在有些"位置控制"的电控分配泵系统中采用了以检测燃烧闪光开始点的着机始点光电传感器。该传感器通过石英晶体把燃烧闪光传至光敏晶体管，通过脉冲电信号输出。输出波形上升曲线段很陡峭，因而可准确检测出实际着机开始时间，由此确定供油始点。

　　c. 喷油器针阀开启始点传感器。喷油器针阀开启始点即为喷油始点，该传感器直接安装在喷油器内，传感器输出信号的始点可用于确定实际的喷油正时，也可检测针阀行程用于确定喷油量的大小，因此该传感器也可作为检测喷油器实际供油量的传感器。根据检测原理不同，可分为霍尔式、电磁感应式和触点式三种。

三、供（喷）油量传感器

　　供（喷）油量传感器主要包括以下部分。

1. 供油齿条和滑套位置传感器

供油齿条和滑套位置传感器通常采用差动电感式位置传感器。差动电感式位置传感器主要用于位移检测，它利用电磁感应原理，将被测对象的位移变化量转换成线圈自感电动势或互感电动势的变化，进而由测量电路转换为电压信号。在柴油机电控系统中，常用的差动电感式传感器分为差动自感式和差动变压器式。

（1）差动自感式传感器 差动自感式传感器根据结构可分为变间隙型、变面积型和螺线管型三种类型，其主要组成部分相同，主要包括线圈、铁芯、衔接和连接杆。在自感传感器的基础上，增加一个与原线圈完全相同的线圈，且两个线圈反向串接，以差动方式输出，即构成差动自感式传感器。与只有一个线圈的自感传感器相比，差动自感式传感器灵敏度高，测量误差小。

（2）差动变压器式传感器 差动变压器式传感器的工作原理类似变压器，二次绕组反向串接，以差动方式输出，所以称为差动变压器式传感器。主要由衔铁、一次绕组、二次绕组和线圈框架等组成，其结构同样有变间隙型、变面积型和螺线管型三种。

2. 喷油器针阀升程传感器

（1）喷油器针阀升程传感器识别 喷油器针阀升程传感器主要用于电控分配泵柴油机中，用来确定喷油阀喷油始点，使喷油阀喷油始点进行闭环控制（根据柴油机转速、柴油机负荷和温度），检测针阀升程与转角之间的位置关系相关变化规律。

（2）喷油器针阀升程传感器分类 喷油器针阀升程传感器主要有差动式和霍尔式两大类型。

① 差动式喷油器针阀升程传感器。差动式喷油器针阀升程传感器主要由电磁线圈、传动杆等组成，如图 3-19 所示。

当喷油器有高压燃油时，喷油器针阀传动杆上升，改变电磁线圈的磁阻，输出信号电压，从而反馈喷油器的喷油始点给 ECU。差动式喷油器针阀升程传感器与 ECU 的电路连接如图 3-20 所示。

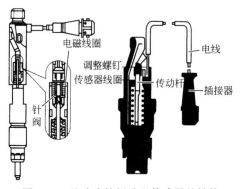
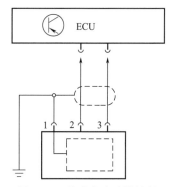

图 3-19 差动式针阀升程传感器的结构　　　图 3-20 差动式喷油器针阀升程传感器与 ECU 的电路连接

② 霍尔式喷油器针阀升程传感器。在采用压电共轨系统的燃油供给系统中，ECU 通过控制喷油孔流通截面即针阀升程来控制喷油量，利用针阀升程传感器实现喷油量的闭环控制。霍尔式针阀升程传感器主要由针阀弹簧座、永久磁铁和霍尔元件组成，霍尔元件装在针阀弹簧座上方，弹簧座上固定一块永久磁铁如图 3-21 所示。霍尔元件通电后，当与针阀弹

簧座制成一体的永久磁铁移动时，使通过霍尔元件的磁场强度发生变化，霍尔元件输出一个与针阀升程呈正比的霍尔电压，ECU 根据此电压信号即可确定针阀升程，信号始点作为喷油正时信号，如图 3-22 所示。

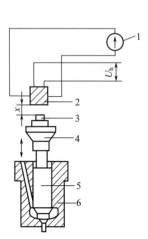

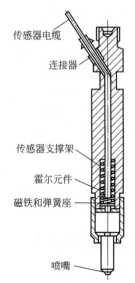

图 3-21　霍尔式针阀升程传感器的工作原理

1—直流电源；2—霍尔元件；3—永久磁铁；
4—弹簧座；5—针阀；6—针阀座；x—间隙

图 3-22　霍尔式喷油器针阀
升程传感器的结构

（3）喷油器针阀升程传感器的检测　针阀升程传感器信号用于确定喷油器喷油始点信号。如果传感器失效，喷油器喷油始点信号转换到开环控制（根据发动机转速与发动机负荷）。在正常操作过程中，喷油器喷油始点信号由闭环功能控制（根据发动机转速和发动机负荷温度）。

现以捷达柴油汽车针阀升程位置传感器的检测（差动式喷油器针阀升程传感器）为例，说明针阀升程位置传感器的检测方法。

检测时，关闭点火开关，拔下针阀升程传感器插头，如图 3-23（a）所示。测插头两端子间电阻值，标定值为 80～120Ω。若达不到标定值，则更换带针阀升程传感器的 3 缸喷油器。若达到标定值，则连接接线盒 VAG1598/31 到控制单元线束，按电路图检查接线盒与插座间导线是否断路。检测点为，端子 1 与插口 109，端子 2 与插口 101。导线电阻最大为 1.5Ω［图 3-23（b）］。另外，检测导线间是否彼此短路，对地短路或正极短路。若未发现故障，更

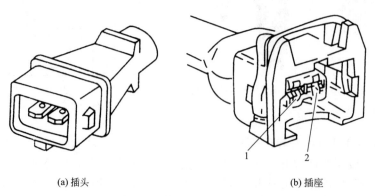

(a) 插头　　　　　　　　　　　　(b) 插座

图 3-23　捷达柴油轿车针阀升程位置传感器的插头与插座

换柴油发动机电控单元。

四、曲轴、凸轮轴位置传感器

曲轴、凸轮轴位置传感器一般安装在曲轴前端或飞轮上，也可安装在配气凸轮轴或喷油泵凸轮轴的前端。根据检测原理，曲轴位置传感器主要有电磁脉冲式、光电式和霍尔式三种。

1. 电磁脉冲式曲轴位置传感器

（1）电磁脉冲式传感器识别　电磁脉冲式曲轴位置传感器由一个永久磁铁的铁芯和铁芯外部的线圈构成，其结构如图 3-24 所示。传感器的转子与永久磁铁和支架之间存在间隙，磁力线由磁铁 N 极发出，经过磁铁与转子之间的间隙、转子凸齿与定子磁头间的空气间隙、磁头、永久磁铁 S 极，形成闭合回路。曲轴转动带动信号转子转动，当转子转动时，会引起转子与永久磁铁之间的空气间隙发生变化，导致信号线圈内磁通量发生变化。根据法拉第电磁感应定律，磁通量的变化会在线圈的两端产生感应电动势。转子的旋转导致空气间隙交替变大变小，线圈内磁通量的变化也是交替进行的，因为感应电压的方向总是试图阻止磁通量的变化，因此转子凸齿在接近和离开铁铁时，会产生相反的交流电压信号。电磁脉冲信号产生过程如图 3-25 所示。

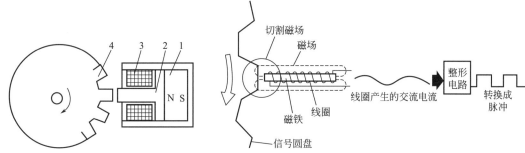

图 3-24　电磁脉冲式曲轴位置传感器的结构
1—永久磁铁；2—铁芯；3—感应线圈；4—齿轮

图 3-25　电磁脉冲信号产生过程

（2）电磁脉冲式传感器检测　电磁脉冲式传感器主要用于测量运动件的位置变化，如凸轮轴/曲轴位置传感器、加速踏板位置传感器、分配泵正时活塞位置传感器、针阀升程传感器等。电磁脉冲式传感器的感应线圈与 ECU 间用两根线连接，一根是搭铁线，另一根是信号线，如果有多个感应线圈，可共用一根搭铁线。

现以长城 2.8TC 曲轴位置传感器的检测为例，说明磁脉冲式曲轴位置传感器的检测方法。该传感器采用磁脉冲式曲轴位置传感器，主要由信号盘（有两个空齿）与传感头组成。

当信号盘旋转时，将会产生一个交变的磁场，从而使得传感头中的电磁线圈产生一个正弦感应电压，经 ECU 滤波后形成方波，当飞轮转动到缺两个齿的位置时，电压便会发生一个突变，系统由此可判断出当前的曲轴位置及发动机转速。

当曲轴位置传感器出现故障时，发动机一般无法启动，或者运转不够平稳，当使用解码器读取故障码时，会产生与曲轴位置传感器相关的故障码。

① 可能的失效原因。

a. 传感器上吸附了铁屑影响了磁通量，导致信号不准。

b. 信号线的屏蔽线破损，与整车电气产生电磁干扰，影响传递信号的准确性，线路插头氧化、锈蚀，传感器端子锈蚀、氧化。

c. 传感器安装位置不当，间隙超差，导致信号不准确。

d. 飞轮齿圈节距不等，在某一个转速点时测得的转速不准确，导致发动机抖动。

e. 线路断路、飞轮安装错误或其他原因导致飞轮将转速传感器打坏。

② 检测方法。

a. 外观检查。检查屏蔽线外观是否完好，是否破损、搭铁，影响屏蔽，如有则应更换。检查传感器安装状态是否符合要求，传感器支架是否变形（气隙间隙为 0.8~1mm），如有则应进行相应的调整及更换。拆下传感器，检查永久磁铁部位是否吸附有铁屑，如不能吸附铁屑，应更换传感头。检查飞轮齿圈上是否存在金属杂质，如有则应及时进行清理。

b. 单件检测。拆下转速传感器测量电阻，20℃情况下，两端子间的电阻应为 770~950Ω。

c. 线路检查。根据电路图，使用万用表对相应的线路导通性进行检测（图 3-26）。

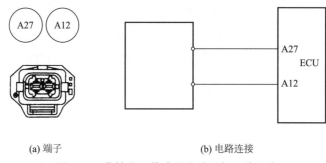

(a) 端子　　　　　　　　　　　(b) 电路连接

图 3-26　曲轴位置传感器的端子与电路连接

2. 光电式曲轴位置传感器

（1）光电式传感器识别　光电式曲轴位置传感器由信号盘、发光二极管、光敏装置组成，其信号盘的结构如图 3-27 所示。光电式曲轴位置传感器信号盘外围有 360 条缝隙，产生 1°曲轴转角信号，外围稍靠内侧分布着 6 个光孔（间隙 60°），产生 120°信号，其中有一个较宽的光孔是产生对应第 1 缸上止点的 120°信号。

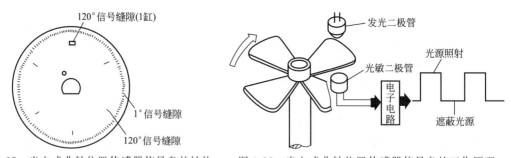

图 3-27　光电式曲轴位置传感器信号盘的结构　　图 3-28　光电式曲轴位置传感器信号盘的工作原理

光电式曲轴位置传感器利用光电效应原理将光量的变化转化为电量的变化，其工作原理如图 3-28 所示。当曲轴转动时，带动信号盘一块转动，因为信号盘上弧形槽（缝隙）的缘故，发光二极管发出的光线时而能照射到光敏二极管上，时而不能照射到光敏二极管上。由于光敏二极管上的光量不断发生变化，从而使二极管导通与截止，产生脉冲电压信号，再经过传感器的信号检测电路将杂波滤除，这时的脉冲信号就可以作为传感器的输出信号。当信号发生器的发光二极管发出的光线经过信号盘的小孔照射到光敏二极管时，光敏二极管感光导通，产生一个高压；当光线被信号盘挡住时，光敏二极管截止，感应电动势为零的传感器的信号盘边缘均匀分布着 360 个缝隙，信号盘每转一周将产生 360 个脉冲。每个脉冲由一个高电压信号和零电压信号组成。由于分电器每转一周，曲轴转两周，所以一个脉冲信号代表 2° 曲轴转角，一个脉冲信号的高电压和零电压分别代表 1° 曲轴转角。光敏二极管产生的脉冲电压信号经电子电路放大后，便向 ECU 输入曲轴转角的 1° 信号和 120° 信号。由于安装位置的缘故，120° 信号并不是活塞到达了上止点，而是在活塞上止前 70° 曲轴位置。

（2）光电式传感器检测　光电式凸轮轴/曲轴位置传感器电路如图 3-29 所示。该传感器共有 4 个端子，分别为电源端子、搭铁端子、G 信号端子和 Ne 信号端子。

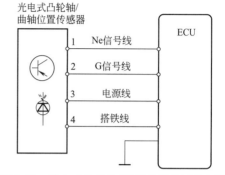

图 3-29　光电式凸轮轴/曲轴位置传感器电路

用万用表检测光电式凸轮轴/曲轴位置传感器的方法如下。

① 拆开连接器，打开点火开关，测量线束侧电源端子与搭铁端子之间的电压，应为 12V；在线束侧分别测量 G 信号端子、Ne 信号端子与搭铁端子之间的电压，均应为 4.8～5.2V；在线束侧测量搭铁端子与气缸体（搭铁）之间电阻应为 0（导通）。

② 插接好线束连接器，在启动发动机时，测量 G 信号端子与搭铁端子之间电压，正常电压应为 0.2～1.2V；发动机启动后怠速运转时，测量 Ne 信号端子与搭铁端子之间电压，正常电压应为 1.8～2.5V。

3. 霍尔式曲轴位置传感器

（1）霍尔式传感器识别　霍尔式曲轴位置传感器是利用霍尔效应原理制成的。置于磁场中的静止载流导体，当它的电流方向与磁场方向不一致时，载流导体上平行于电流和磁场方向的两平面之间产生霍尔电动势。根据触发结构的不同，可分为触发叶片式和触发轮齿式两种。

① 触发叶片式霍尔曲轴位置传感器。触发叶片式霍尔曲轴位置传感器的主要元件包括带导板的永久磁铁、触发叶轮、霍尔元件及集成电路，磁铁和霍尔元件置于触发叶轮的两侧，触发叶轮安装在转子轴上，能够随转子一起转动。触发叶轮上有叶片，当曲轴带动转子转动时，触发叶轮也随之转动，触发叶轮上的叶片便在霍尔元件和永久磁铁之间转动。集成电路主要由放大电路、稳压电路、温度补偿电阻、信号变换电路和输出电路组成。

当曲轴带动触发叶轮转动时，触发叶轮上的叶片会依次通过永久磁铁与霍尔元件之间的间隙，霍尔元件用导线连接在电路中，其上通有电流。当触发叶轮的叶片停在永久磁铁和霍尔元件之间时，霍尔集成电路的磁通被阻挡，此时霍尔电动势为零，集成电路的输出端晶体管截止，传感器输出一个高电平信号；当叶片不在磁铁和集成电路之间时，磁力线磁通构成回路，产生霍尔电动势，此时输出端晶体管导通，传感器输出一个低电平信号。

② 触发轮齿式霍尔曲轴位置传感器。触发轮齿式霍尔曲轴位置传感器安装有两个霍尔元件，因此又称双霍尔式曲轴位置传感器。其结构与电磁脉冲式曲轴位置传感器相似，由带凸齿的信号转子和霍尔信号发生器组成。

触发轮齿式霍尔曲轴位置传感器的工作原理与触发叶片式霍尔曲轴位置传感器的工作原理相同。该传感器的信号转子装在柴油机曲轴上。当曲轴旋转时，传感器的信号转子随之一起旋转。信号转子上有凸齿，在信号转子转动过程中，信号转子上的凸齿和齿缺依次交替经过传感器探头的位置，使探头和信号转子之间的空气间隙发生变化，从而导致磁路中的磁场强度发生变化。根据霍尔效应原理，传感器的霍尔元件中产生交变电压，其输出电压值为两个霍尔电压的和。由于输入信号强度增强，所以信号转子凸齿与信号发生器之间的间隙可以增大到1.5mm，而普通霍尔式传感器间隙仅为0.2～0.4mm，这样可以将信号转子设计成电磁脉冲式的齿盘式信号盘结构，便于安装。

（2）霍尔式传感器检测　与电磁感应式传感器相同，霍尔式传感器也是主要用于测量运动件的位置变化，如凸轮轴/曲轴位置传感器、针阀升程传感器等。霍尔式传感器通常有3根线与ECU相连，分别为电源线、信号线和搭铁线。也有些霍尔式传感器的电源线不与ECU相连，即不是由ECU提供电源，而通过电源继电器供电。

第五节
空气流量传感器的结构与维修

空气流量传感器一般安装在进气总管上，根据检测原理可分为体积流量检测型空气流量传感器和质量流量检测型空气流量传感器。体积流量检测型空气流量传感器又分为叶片式空气流量传感器和卡尔曼涡流式空气流量传感器，质量流量检测型空气流量传感器又分为热线式空气流量传感器和热膜式空气流量传感器。

一、热线式空气流量传感器

1. 热线式空气流量传感器的结构

热线式空气流量传感器主要由防护网、取样管、热线电阻、温度补偿电阻和控制电路板等组成。热线电阻和温度补偿电阻安装在主进气道中，控制电路板安装在流量传感器下方。进气管连接侧的防护网用于防止回火和脏物进入空气流量传感器，如图3-30所示。采样管置于空气流量传感器主空气道中央，两端有金属防护网，防护网通过卡箍固定在壳体上，采样管由两个塑料护套和一个热线支撑环构成。热线支撑环上有一根直径很小的铂丝，其阻值随温度变化而变化。

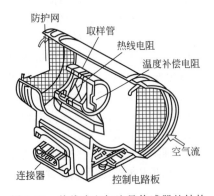

图3-30　热线式空气流量传感器的结构

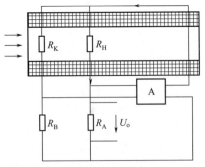

图3-31　热线式空气流量传感器的工作原理
A—混合集成电路；R_H—热线电阻；R_K—温度
补偿电阻；R_A—精密电阻；R_B—电桥电阻

2. 热线式空气流量传感器的工作原理

热线式空气流量传感器的工作原理如图3-31所示。在进气道上放置一个热线电阻 R_H，当空气流经热线时，热线电阻的热量被空气带走，使其冷却。热线电阻周围流过的空气量越大，被带走的热量越多。热线式空气流量传感器就是利用热线与空气之间的热传递现象，进行空气质量流量测定的。铂金丝由控制电路提供的电流加热到120℃左右，为解决进气温度变化使热线温度发生变化而影响进气量的测量精度，所以在热线附近安置一个温度补偿电阻。该电阻被安置在进气口一侧，所以又称为冷线，它的电阻也随温度变化而变化。当传感器工作时，控制电路向冷线提供的电流使冷线温度始终低于热线温度100℃。这样冷线温度起到参考标准作用，使进气温度的变化不会影响热线测量进气量的精度。

当空气量增大时，由于空气带走的热量增多，为保持热线电阻的温度，集成电路应使热线电阻的 R_H 通过的电流增大；反之，则应减小。这样，使通过热线电阻 R_H 的电流随空气流量的增大而增大；反之，随空气流量的减小而减小。热线电流 I_H 在 $50\sim120mA$ 之间变化，大小取决于空气的质量流量。热线加热电流给出输出信号，大小为通过惠斯登电桥电路中精密电阻 R_A 上的电压降。在惠斯登电桥的另一端有温度补偿电阻 R_K 和电桥电阻 R_B，为了减少电能消耗，它的电阻值较高，通过的电流仅有几毫安。补偿电阻 R_K 用于测量进气温度。

热线式空气流量传感器还有自洁功能，当发动机停火时，电路会把热线式空气流量传感器自动加热至1000℃，以清洁流量计。

二、热膜式空气流量传感器

1. 热膜式空气流量传感器的结构

热膜式空气流量传感器是热线式空气流量传感器的改进型，其结构基本相同，只是它的发热体是热膜而不是热线，如图3-32所示。热膜是由发热金属铂固定在树脂膜上制成的。热膜式空气流量传感器的发热体不直接承受空气流动所产生的作用力，从而增加了发热体的强度，提高了传感器的使用可靠性。同时与热线式空气流量传感器相比，热膜式空气流量传感器的热膜电阻阻值较大，消耗的电流小，使用寿命也较长。但是由于其发热元件表面的一层保护膜存在辐射热传导作用，因此相应性较差。

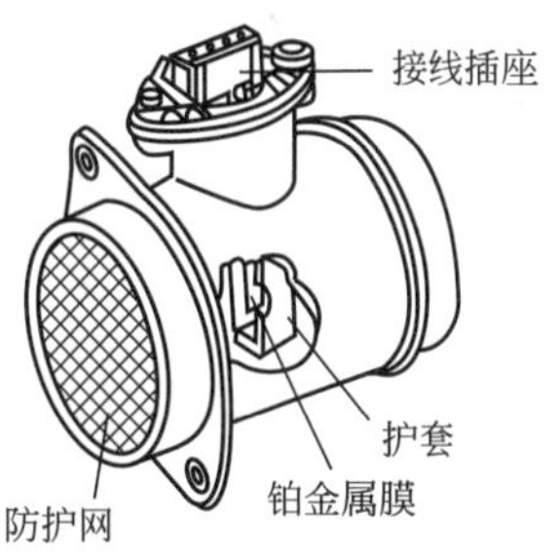

图3-32　热膜式空气流量
传感器的结构

2. 热膜式空气流量传感器的工作原理

热膜式空气流量传感器与热线式空气流量传感器的工作原理大致一样。

当空气气流流经发热元件并使其受到冷却时，发热元件温度降低，阻值减小，电桥电压失去平衡，控制电路将增大供给发热元件的电流，使其温度保持高于补偿电阻温度120℃。电流增量的大小，取决于发热元件受到冷却的程度，即取决于流过传感器的空气量。当电桥电流增大时，取样电阻 R_S 上的电压就会升高，从而将空气流量的变化转化为电压信号 U_S 的变化。信号电压输入ECU后，ECU可根据信号电压的高低计算出空气质量流量的大小。

3. 热膜式空气流量传感器检测

当空气流量传感器出现故障时，电控单元无法准确地测量进气的空气质量，从而产生发动机排放超标、加速无力、最高转速下降等故障现象。空气流量传感器出现故障时，一般会产生相应的故障码，通过解码器可以读取相应的故障码。

热膜式空气流量传感器主要由空气流量传感器感应元件、加热元件和附加进气温度传感器等组成。在判别其工作状况时，加热元件可以通过测量其电阻来判别，进气温度传感器的判断方法与温度传感器的判断方法相似，传感器电路的测量方法也可以参考温度传感器电路的测量。而空气流量传感器感应元件部分由于在传感器内部具有放大电路，需要使用测量信号电压的方式来判别其工作情况，传感器的电路测量参考增压压力传感器的电路测量。

现以长城 2.8TC 空气流量计的检测为例，说明空气流量计的检测方法。

（1）失效模式

① 空气流量传感器中传感器膜片过脏。

② 空气流量传感器线路断路、短路，插头锈蚀、氧化，传感器端子锈蚀、氧化。

③ 各种错误操作方法导致传感器失效。

④ 测量电阻导致内部元件过载失效（该传感器不得测量电阻）。

⑤ 使用高压空气吹传感器部分导致内部损坏。

⑥ 空气流量传感器装反，逆向空气流量过大，会导致传感器内部电路逆向电流过大，超出传感器检测范围导致传感器损坏。

（2）读取故障码与数据流　使用解码器进行读码操作，如果有故障码，需根据故障码的提示进行相应的检测。也可以读取数据流，并与标准值进行对比，如偏差较大，请首先排除废气再循环系统故障，然后再进行空气流量传感器的故障排查。

三、卡尔曼涡流式空气流量传感器

卡尔曼涡流式空气流量传感器是利用气流通过障碍物时在障碍物下游产生一种自然振荡分离型漩涡的原理来测量气体的流速的，通过气流流速计算进气流量。卡尔曼涡流式空气流量传感器结构如图 3-33 所示。

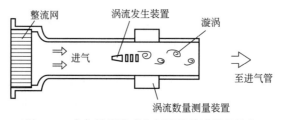

图 3-33　卡尔曼涡流式空气流量传感器的结构

卡尔曼涡流式空气流量传感器的特点是进气量越大，输出的脉冲频率越高；输出的脉冲信号 ECU 可直接接收。

根据检测卡尔曼涡流频率 f 的方式不同，卡尔曼涡流式空气流量传感器可分为光电式和超声波式两种。

1. 光电式卡尔曼涡流式空气流量传感器

光电式卡尔曼涡流式空气流量传感器主要由涡流发生器、发光二极管、反光镜、张紧带和进气温度传感器等组成，如图 3-34 所示。

在传感器气流入口处设有蜂窝状整流网栅，其作用是使吸入的空气在涡流发生器上游形成比较稳定的气流，从而保证涡流发生器产生与流速成正比的涡流。涡流发生器用合成树脂与厚膜集成控制电路封装成一体，其内部结构如图 3-35 所示。

光电式卡尔曼涡流式空气流量传感器工作原理：当进气气流流过涡流发生器时，发生器两侧就会交替产生涡流，两侧的压力就会交替发生变化。进气量越大，涡流数量越多，压力变化频率就越高。导压孔将变化的压力引导到导压腔中，反光镜和张紧带就会随着压力变化而产生振动，振动频率与单位时间内产生的涡流数量（即涡流频率 f）成正比。反光镜将 LED 的光束反射到光敏三极管上，因为光敏三极管受到光束照射时导通，不受光束照射时截止，所以光敏三极管导通与截止的频率与涡流频率成正比。信号处理电路将频率信号转换成方波信号输入 ECU 后，ECU 根据进气频率信号计算出进气流量的大小。

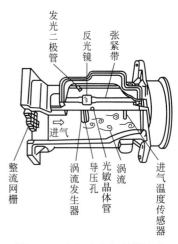

图 3-34　光电式卡尔曼涡流式
空气流量传感器的结构

2. 超声波式卡尔曼涡流式空气流量传感器

超声波式卡尔曼涡流式空气流量传感器主要由涡流发生器、超声波发生器和超声波接收器组成，如图 3-36 所示。

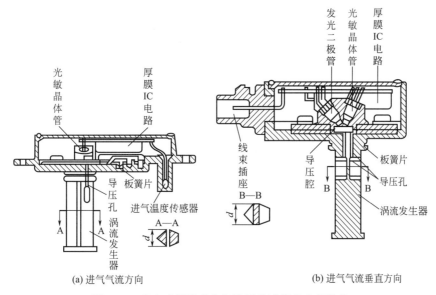

(a) 进气气流方向　　　　　　　(b) 进气气流垂直方向

图 3-35　光电式涡流式空气流量传感器的内部结构

超声波式卡尔曼涡流式空气流量传感器设有两个空气道，涡流发生器设在空气道上。设置旁通空气道的目的是调节主空气道的流量。因此，对于排气量不同的发动机，通过改变旁通空气道截面积大小，就可使用同一规格的流量传感器来满足流量检测的要求。

超声波式卡尔曼涡流式空气流量传感器的电路原理如图 3-37 所示。

超声波是频率超过 20kHz 的机械波，当发动机运转时，超声波发生器发出的超声波通过发射器不断向接收器发出一定频率（40kHz）的超声波。当超声波通过进气气流到达接收器时，由于受到气流移动速度及压力变化的影响，因此，接收到的超声波信号的相位（时间间隔）以及相位差（时间间隔之差）就会发生变化，控制电路根据相位或相位差的变化就可计量出涡流的频率。涡流频率信号输入 ECU 后，ECU 就可计算出进气量。

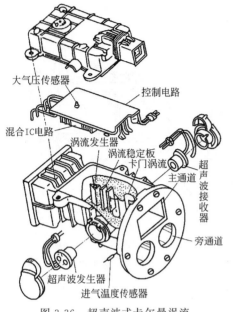

大气压传感器

控制电路

混合IC电路

涡流发生器

涡流稳定板

卡门涡流

主通道

超声波接收器

旁通道

超声波发生器

进气温度传感器

图 3-36　超声波式卡尔曼涡流
式空气流量传感器的结构

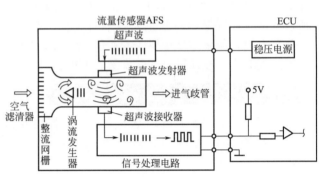

图 3-37　超声波式卡尔曼涡流式
空气流量传感器的电路原理

卡尔曼涡流式空气流量传感器的电路如图 3-38 所示。该传感器与 ECU 之间有 3 根连线（带进气温度传感器的 4 根），ECU 通过电源线给空气流量传感器提供标准 5V 电压，空气流量信号经信号线输送给 ECU。

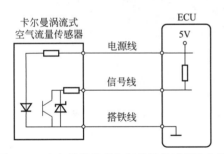

图 3-38　卡尔曼涡流式空气流量传感器的电路

卡尔曼涡流式空气流量传感器检测方法如下。

① 拆开空气流量传感器的线束连接器，打开点火开关，在线束侧测量电源端子与搭铁端子之间的电压，正常应为 5V。

② 重新连好线束连接器，柴油机工作时，测量信号端子与搭铁端子之间的电压，正常应为 2~4V。

第六节
浓度传感器的结构与维修

浓度传感器主要有氧传感器和排烟传感器两种。

一、氧传感器

氧传感器用于检测排气中氧的浓度，并将其转换成电信号，向 ECM 发出反馈信号，再由 ECM 控制喷油器喷油量的增减，从而将混合气的空燃比进行精确的控制，改善燃烧过程，达到降低排放污染、减少油耗的目的。

电控柴油喷射系统中一般设置两个氧传感器：一个放置在三元催化转化器之前，用于检测排气中氧的浓度，对喷油器喷油量进行修正；另一个放置在三元催化转化器之后，测量三元催化转化器的还原效果是否达标。

氧传感器安装在排气管上，目前汽车上采用的氧传感器有二氧化锆型和二氧化钛型两种。二氧化锆型氧传感器又分为加热型氧传感器和非加热型氧传感器两种，二氧化钛型氧传感器本身带有一个电加热器，两者都为加热型氧传感器。

1. 二氧化锆型氧传感器

（1）二氧化锆型氧传感器识别　二氧化锆型氧传感器是目前使用最广泛的氧传感器，其内部构造如图 3-39 所示。二氧化锆元件为一个试管状多孔陶瓷体，俗称锆管，管的内外表面覆盖着一层多孔铂膜作为电极。传感器安装于排气管中，二氧化锆的外侧与废气接触，内侧导入大气。为了防止废气对铂膜的冲刷和腐蚀，在铂膜上又覆盖了一层多孔性陶瓷层，并加装了防护外罩。

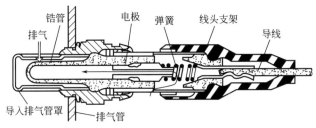

图 3-39　二氧化锆型氧传感器的内部构造

二氧化锆型氧传感器工作原理：二氧化锆为一种固体电解质，在高温下，二氧化锆的氧电离成氧离子，它的性能与电解液相似，具有氧离子传导性。当二氧化锆管的内外侧表面分别接触到不同密度的氧时（即存在氧浓度差），电解质内的氧离子便从内向外扩散，离子运动产生电动势，使二氧化锆管成为微电池，管内外的铂电极产生电压。也就是说，排气氧浓度与大气氧浓度的差值产生电动势，把该电动势在输入回路的比较器中与基准电压比对，以 0.45V 以上为 1（表示为浓信号），以 0.45V 以下为 0（表示为稀信号），输入 ECU，ECU 根据此电压信号修正喷油器的供油量，再通过氧传感器的反馈信号进行监测。

二氧化锆型氧传感器的最佳工作温度为 300～400℃，因而在传感器内设有电加热丝，用于暖机或轻负荷下的内部加热，使其能迅速达到正常工作温度，电加热丝的加热由 ECU 进行控制。

（2）二氧化锆型氧传感器检测　二氧化锆型氧传感器电路如图 3-40 所示。传感器共有 4 个端子，分别是由电源继电器或燃油泵继电器给加热线圈供电的电源端子、加热线圈搭铁端子、传感器信号端子和搭铁端子。有些二氧化锆型氧传感器的加热线圈直接搭铁，不受 ECU 控制。也有些二氧化锆型氧传感器只有 3 个端子，它是将加热线圈或传感器直接通过壳体搭铁，所以少 1 个端子。

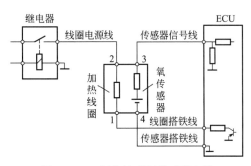

图 3-40　二氧化锆型氧传感器电路

二氧化锆型氧传感器的检测方法如下。

① 关闭点火开关，拆开二氧化锆型氧传感器线束连接器，在传感器侧测量加热线圈电源端子与搭铁端子之间的电阻值，一般为 4～40Ω，具体车型查阅相关维修资料，以标准为准。电阻值若为无穷大，说明加热线圈烧断，应更换氧传感器。

② 重新打开点火开关，在线束侧测量加热线圈电源端子与搭铁端子之间的电压，正常应为蓄电池标准电压。

③ 插接好传感器线束连接器，启动柴油机并使其达到正常工作温度，反复踩下、松开加速踏板，同时测量传感器信号端子与搭铁端子之间的电压，正常应在 0～1V 之间变化。

2. 二氧化钛型氧传感器

二氧化钛型氧传感器采用 TiO_2 半导体元件制成。TiO_2 半导体元件为一个圆板状电极，与之串联的是 TiO_2 热敏电阻。从两元件的首尾与两元件的中点共引出三根导线至外接端子，分别是基准电源、传感器输出端与搭铁端，如图 3-41 所示。同时，在绝缘体的表面缠绕着钨丝加热圈，从中又引出两根导线。

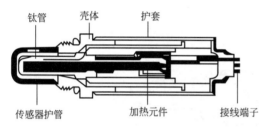

图 3-41 二氧化钛型氧传感器的内部构造

当传感器周围气体介质中的氧元素多时（表示混合气稀），二氧化钛的电阻值增大；反之电阻值降低。电阻值变化导致输出电压值变化，ECU 根据电压信号修正喷油器供油量，再通过氧传感器的反馈信号进行监测。

由于二氧化钛的电阻随温度变化，故串联热敏电阻后具有温度补偿作用。在低温状态下，二氧化钛电阻值增大，影响其正常的性能。为使其快速升温以激活其性能，传感器中装有电加热丝，加热功能由 ECU 控制。

3. 宽域空燃比（宽量程）氧传感器

（1）宽域空燃比氧传感器的识别

① 用于柴油机的宽域空燃比氧传感器的结构如图 3-42 所示。主要双层保护管、密封环、密封填料、外壳、防护套、接线柱、特氟纶套管等零件组成。

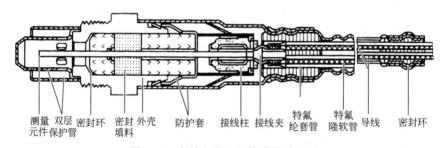

图 3-42 宽域空燃比氧传感器的结构

② 宽域空燃比氧传感器的工作原理。宽域空燃比氧传感器的工作原理如图 3-43 所示，测量元件由能检测出燃气空燃比的氧传感器膜片和检测临界电流的泵氧膜片组成。通入检测室的是柴油机排气，通入基准室的是外界空气，氧传感器膜片的作用是提供一个被测气体含氧量 $\phi_a = 1$ 时的排气含氧量是否相等的判断，由于氧化锆的特性只有当被测气体的氧浓度接近 $\phi_a = 1$ 时，才能提供相对准确的数据。另外，泵氧膜片也是由氧化锆材料制成的，但

其功能正好与氧传感器膜片相反，即当有电流通过时，就会有氧分子顺差与电流相反的方向由膜片的一侧移向另一侧，完成"泵氧"功能。这样，只要利用氧传感膜片的输出电压对泵氧膜片的功能进行控制，就能使检测室内的排气浓度由原来状态迅速变为 $\phi_a = 1$ 的水平，而根据达到上述目的所需电流方向与大小，即能间接确定柴油机排气中的氧浓度并进一步推算出缸内混合气的空燃比。

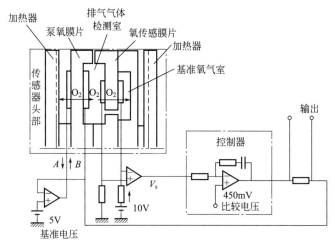

图 3-43　宽域空燃比氧传感器的工作原理

宽域空燃比氧传感器的输出特性如图 3-44 所示，表征泵氧电流随混合气浓度的变化关系。由图 3-44 可见，当 $\phi_a = 1$ 时泵氧电流为零；在稀混合气区域（$\phi_a > 1$），泵氧电流为正；在浓混合气区域（$\phi_a < 1$），泵氧电流为负，但特性曲线在两个区域内的斜率明显不同，而柴油机基本上是在稀混合气区域内运行，这时的输出特性比较理想。因此，这种宽域空燃比氧传感器适用于在电控柴油机上对喷油量进行闭环控制，即以实测排气中的氧浓度和进气流量确定的实际喷油量作为反馈信号对程序预设的喷油量进行校正，以达到优化燃烧、降低排放的目的。

（2）宽域空燃比氧传感器检测　宽域空燃比氧传感器一般有 6 个端子，包括加热线圈电源端子、加热线圈搭铁端子、2 个 5V 电源端子、信号端子和泵电流输入端子，其电路如图 3-45 所示。有些宽域空燃比氧传感器只有 5 个端子，它是在传感器内部将 2 个 5V 电源端子合并。

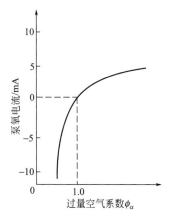

图 3-44　宽域空燃比氧传感器的输出特性

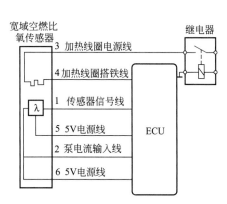

图 3-45　宽域空燃比氧传感器电路

用万用表检测宽域空燃比氧传感器的方法如下。

① 关闭点火开关，拆开传感器线束连接器，在传感器侧测量加热线圈电源端子与搭铁端子间的电阻值，一般为 4~40Ω（具体值查阅车型维修资料）。电阻值若为无穷大，说明加热线圈烧断，应更换氧传感器。

② 打开点火开关，在线束侧测量加热线圈电源端子与搭铁端子间的电压，正常应为蓄电池电压。

③ 宽域空燃比氧传感器的电流信号只能由 ECU 转化为电压值显示出来，并通过读取数据块检测其信号电压。宽域空燃比氧传感器的电压规定值为 1.0~2.0V，电压值大于 1.5V 时说明混合气过稀，电压值小于 1.5V 时说明混合气过浓，电压值为 0、1.5V、4.9V 的恒定值时都说明氧传感器线路有故障。

二、排烟传感器

排烟传感器的作用是检测柴油机排气中形成的炭烟或未燃炭粒，并提供一种能表示炭烟存在的输出信号，通过 ECU 来自动调节空气和燃油的供给，以达到完全燃烧和避免形成过多炭烟的目的。

连续测量柴油机排烟的传感器感应头是由绝缘材料和两个金属电极所组成的，暴露在烟气中的电极周围涂有强催化剂材料，使得沉积在电极上的炭能迅速氧化掉，保持电极始终干净，满足连续测量的要求。如图 3-46 所示是该传感器的结构，传感器的整体类似于汽油机的火花塞，感应头装在金属体中，通过中间体与接线盒相连，金属体的下端有螺纹，可以方便地安装在排气管上。传感器感应头的本体一般采用三氧化二铝做成陶瓷体，暴露在烟气中的电极由贵金属铂或铂合金材料等做成。

排烟传感器的工作原理如图 3-47 所示。传感器的感应头由绝缘体、电极和催化剂所组成。绝缘体中埋有两个电极，电极下端伸出绝缘体，两电极之间保持很小的缝隙，并涂有基本上是绝缘的强催化剂，电极上端接在直流电源 B 中，一般可采用 12V 或 24V 直流电源，A 为电流表（表盘上标有对应的烟度值），在电控系统中，A_1、A_2 与 ECU 相连。

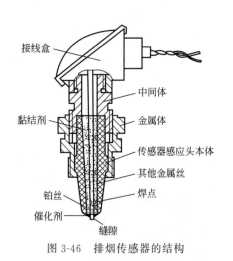

图 3-46 排烟传感器的结构

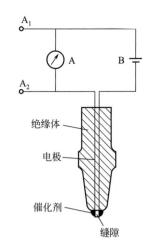

图 3-47 排烟传感器的工作原理

当感应接头接入电路中时，由于电极之间的电阻很大，电流表 A 无电流指示或只指示极微小的电流，当感应头插入烟气中时，缝隙中充满了炭烟，形成炭桥，电极之间的电阻就发生变化，炭烟少电阻大，炭烟多电阻小，电流表 A 的读数就随着炭烟的多少相应变化。同理，在电控系统中，供给 ECU 的信号也随炭烟的多少做相应的变化。

柴油机排气温度、烟度和传感器电流值随负荷变化的关系见表 3-4。

表 3-4　柴油机排气温度、烟度和传感器电流值随负荷变化的关系

功率 /kW	排气温度 /℃	烟度 (BSU)	传感器电流 /μA	功率 /kW	排气温度 /℃	烟度 (BSU)	传感器电流 /μA
0	0	0	1.0	9.71	325	1.8	15
5.00	190	0.3	2.5	10.29	350	2.0	19
5.74	200	0.5	3	11.47	390	2.7	33
7.79	240	0.8	5.5	11.84	405	3.0	42
8.75	260	1.1	7	12.13	420	3.4	50
9.04	290	1.3	10	12.35	430	4.3	65
9.41	300	1.5	12	12.57	440	5.0	80

第七节
压力传感器的结构与维修

柴油机电控系统使用的压力传感器很多，主要有进气压力传感器、增压压力传感器、大气压力传感器、共轨压力传感器、排气压力传感器、燃烧压力传感器等。

一、进气压力传感器

进气压力传感器又称为进气增压压力传感器，或增压压力传感器，或涡轮增压传感器。进气压力传感器提供的信号用于检查增压压力。柴油机控制模块将实际测量值与增压压力图谱上的设定值进行比较，若实际值偏离设定值，柴油机控制模块将通过电磁阀调整增压压力，实现对增压压力的控制。

进气压力传感器常与进气歧管温度传感器集成一体，安装在进气总管上。进气压力传感器种类较多，按其产生信号原理可分为半导体压敏电阻式、电容式、压电式和膜盒传动可变电感式。其中，半导体压敏电阻式和电容式应用较多，膜盒传动可变电感式由于抗振动性和紧凑性差，现已很少使用。

1. 半导体压敏电阻式进气歧管压力传感器

如图 3-48 所示，半导体压敏电阻式进气歧管压力传感器主要由硅膜片、真空室、硅杯、底座等组成。

硅膜片是压力转换元件，用单晶硅制成。硅膜片的长和宽约为 3mm，厚度约为 160μm，在硅膜片的中央部位采用腐蚀方法制作一个直径约为 2mm、厚度约为 50μm 的薄膜片。在薄膜片表面的圆周上，采用集成电路加工技术和台面扩散技术（扩散硼）制作 4 个阻值相等的压敏电阻，简称固态电阻，如图 3-48(b) 所示，并利用低阻扩散层（P 型扩散层）将 4 个电阻连接成惠斯顿电桥电路，如图 3-48(c) 所示，然后再与传感器内部的温度补偿电阻和信号放大电路等混合集成电路连接。

在真空管的进气口，一般设有滤清器，用于过滤进气中的尘埃和杂质，以免膜片受到腐蚀和脏污而导致传感器失效。

半导体压敏电阻式进气歧管压力传感器的工作原理如图 3-49 所示，硅膜片一面通真空

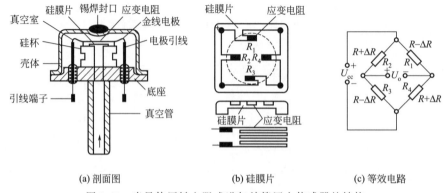

(a) 剖面图　　　　　(b) 硅膜片　　　　　(c) 等效电路

图 3-48　半导体压敏电阻式进气歧管压力传感器的结构

室，另一面导入进气歧管压力。当发动机工作时，进气歧管内的部分空气经传感器进气口和滤清器作用在硅膜片上，硅膜片就会产生应力，压敏电阻的阻值就会发生变化，电桥输出电压随之变化。当电桥的输入端输入一定的电压或电流时，在电桥的输出端就可得到变化的信号电压或信号电流。

因为进气压力随进气流量的变化而变化，当节气门开度增大（即进气流量增大）时，空气流通截面增大，气流速度降低，进气压力升高，膜片的应力增大，压敏电阻的变化率增大，电桥输出的电压升高，经集成电路进行比例放大后，传感器输入电控单元（ECU）的信号电压升高；反之，当节气门开度由大变小（即进气流量减小）时，进气流通截面减小，气流速度升高，进气压力降低，膜片的应力减小，力敏电阻的变化率减小，电桥输出电压降低，经过比例放大后，传感器输入 ECU 的信号电压降低。

由于压阻效应式歧管压力传感器的功能部件是硅膜片和应变电阻，其工作参数取决于作用在膜片上的压力大小，因此传感器的取样压力应从压力波动较小的部位选取。

2. 压电式压力传感器

压电式压力传感器主要组成元件有压电元件和电极引线等，如图 3-50 所示。当压电元件受压变形时，会在压电元件的两端产生电压，此电压与压电元件承受的压力成正比，ECU 根据这个电压信号确定被检测压力。压电式压力传感器利用石英晶体的压电效应制成，但石英晶体的压电效应在一定温度范围内有效，超过这个范围压电效应则消失，所以石英已被其他压电晶体取代。现在人造晶体磷酸二氢铵由于具有良好的高温承受力，已得到广泛应用。

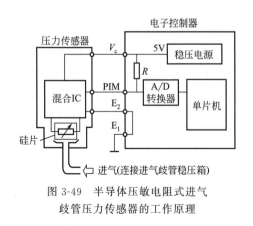

图 3-49　半导体压敏电阻式进气
歧管压力传感器的工作原理

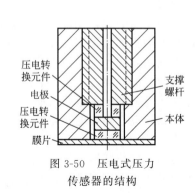

图 3-50　压电式压力
传感器的结构

3. 进气压力传感器的维修

（1）进气压力传感器的常见故障

① 传感器内部线路断路或短路。

② 传感器输出信号不能随进气管真空度的变化而变化。

③ 传感器输出信号的电压过大或过小，输出信号值偏离正常值。

此外，进气压力传感器和ECM的连接线路断路或短路、传感器和进气管之间的真空软管堵塞或漏气、进气管真空孔堵塞等也会使传感器的输出信号不正常。

进气压力传感器出现上述故障后，会使柴油机ECM的燃油喷射功能失常，出现柴油机怠速运转不正常或加速不良、柴油机排气管冒黑烟等现象。由于进气管压力传感器在结构上可靠性很好，一般不会损坏，因此在出现上述故障现象而对其进行检测时，要特别注意检查它的真空软管连接是否良好、控制电路是否正常。

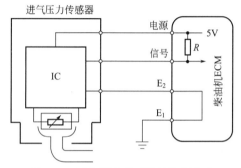

图 3-51　进气压力传感器的控制电路

进气压力传感器的控制电路见图 3-51。进气压力传感器有三个接线端子，分别为电源（VC）、进气管压力信号（PIM）、搭铁（E_2）。进气压力传感器的电源线接至 ECM，由 ECM 为其提供 5V 基准电压作为工作电源。进气压力信号是一个大于 0、小于 5V 的电压，并随着进气绝对压力值的增大而增大。该信号送入 ECM，作为 ECM 计算并判定进气量的依据。搭铁线通常先接入 ECM，再由 ECM 的搭铁端子搭铁，以保证搭铁电路的可靠性。

（2）进气压力传感器的外观检查　检查进气压力传感器线束连接器是否连接有效、牢固可靠。检查进气压力传感器的真空软管有无松动或脱落。从进气压力传感器上拔下真空软管，检查它与进气管是否相通，管内有无杂物堵塞，如有堵塞应清洁并疏通。

（3）进气压力传感器控制电路的检测　进气压力传感器控制电路的检测方法如下。

① 关闭启动开关，拔下进气压力传感器的线束连接器。

② 打开启动开关，用数字式万用表分别测量进气压力传感器线束连接器各端子。

a. 测量进气压力传感器电源端子如图 3-52(a) 所示，应为 5V 基准电压。如电压值不符，说明控制电路或 ECM 有故障，应进一步检测。

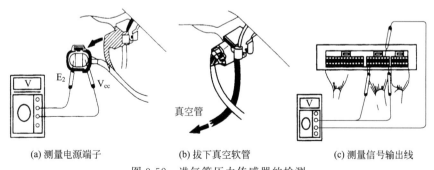

(a) 测量电源端子　　　　(b) 拔下真空软管　　　　(c) 测量信号输出线

图 3-52　进气管压力传感器的检测

b. 测量进气压力传感器搭铁端子，其与蓄电池负极间的电阻应为 0。如有异常，应检修搭铁线路。

③ 进气压力传感器工作性能的检测。进气压力传感器可以在工作状态下或模拟工作状

态下通过测量其输出信号电压来检测其工作性能。其检测方法如下。

　　a. 打开启动开关，但不要启动柴油机。

　　b. 拔下连接进气压力传感器与进气管的真空软管，如图 3-52(b) 所示。

　　c. 用万用表在进气压力传感器线束中的信号输出线上测量输出信号电压，如图 3-52(c) 所示，并记下在大气压力状态下的输出信号电压。

　　d. 通过真空软管向进气管压力传感器内施加真空，如某柴油机进气压力传感器从 13.3kPa（100mmHg）开始，一直增加到 667kPa（500mmHg，具体参数查阅故障机型维修手册）为止。测量在不同的真空度下进气管压力传感器的输出信号电压。该电压应能随真空度的增大而不断下降。将不同真空度下的输出信号电压与所修机型的维修手册中的标准相比较，参见表 3-5（具体参数查阅维修手册）。如不相符，说明进气压力传感器有故障。

表 3-5　某车用柴油机进气管压力传感器的检测标准值

真空度/kPa	13.3	26.7	40.0	53.5	66.7
电压降/V	0.3～0.5	0.7～0.9	1.1～1.3	1.5～1.7	1.9～2.1
带涡轮增压器的进气温度和压力传感器相关参数					
供电电压/V	5.0±2.5				
检测压力范围/MPa	0.0448～0.35				
检测温度范围/℃	−30～130				
热敏电阻/Ω	86～47492				

　　对于带涡轮增压器的进气温度和压力集成传感器相关参数的检测方法，与上述类似，只不过不带真空轮管。

二、增压压力传感器

　　增压压力传感器的作用是检测涡轮增压器的实际增压压力，ECU 根据此信号对增压压力进行控制。测定的压力范围一般是 2～400kPa。

　　工作原理：涡轮增压压力传感器一般安装在增压器气机出口侧的进气管中，采用硅膜片作为检测元件。在怠速、冷却液温度超过 115℃或冷却液温度传感器异常时，增压电磁阀不通电（切断），阀控制器的膜片承受实际增压压力，增加排气的旁通量，增压压力下降；相反，当增压控制电磁阀通电时，排气旁通量降低，使增压压力升高。此外，如果增压压力异常升高，增压压力传感器的输出电压超出一定数值时，系统燃油被切断。

三、大气压力传感器

　　大气压力传感器的作用是检测实际环境的大气压力，向发动机控制单元（ECU）传送一个瞬时环境空气压力信号，此值取决于海拔高度。ECU 根据此信号计算出一个控制增压压力和废气再循环的大气压力修正值。校正与大气压力有关的、用于闭环控制回路的设定值，如废气再循环闭环控制、增压压力闭环控制。测定的压力范围一般为 60～150kPa。

　　大气压力传感器一般安装在空气流量传感器上，也有安装在前保险杠内的。大气压力传感器的结构原理与进气管压力传感器相似，有三根引线，一根线是电源线，另一根是信号线，第三根是搭铁线。

四、共轨压力传感器

　　共轨压力传感器又称燃油压力传感器，适用于电控共轨燃油供给系统，ECU 根据此信号对共轨压力进行闭环控制，测定的压力范围一般为 0～200MPa。它主要由压力敏感元件（焊接在压力接头上）、带求值电路的电路板和带电气插头的传感器外壳等组成。如图 3-53 所示是博世公司生产的共轨压力传感器的结构。

如图 3-54 所示是日本电装公司 ECD-U2 型电控共轨压力传感器的结构和特性曲线。

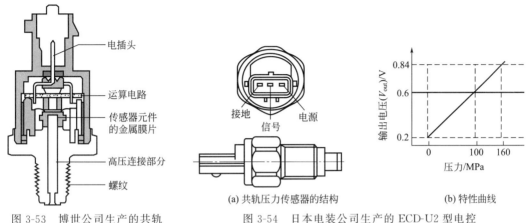

图 3-53　博世公司生产的共轨
压力传感器的结构

(a) 共轨压力传感器的结构

(b) 特性曲线

图 3-54　日本电装公司生产的 ECD-U2 型电控
共轨压力传感器的结构和输出特性曲线

工作原理：共轨压力传感器一般安装在共轨上，如图 3-55 所示。有些柴油机的低压燃油泵和滤清器之间也装有压力传感器，利用它来监测柴油滤清器的堵塞情况。高压共轨电喷技术是指在高压油泵、压力传感器和 ECU 组成的闭环系统中，将喷射压力的产生和喷射过程彼此安全分开的一种供油方式。它是由高压油泵将高压燃油输送到公共供油管，通过公共供油管内的油压实现精确控制，使高压油管压力大小与柴油机的转速无关，可以大幅度减小柴油机供油压力随柴油机转速变化的程度。

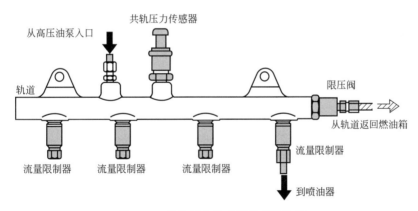

图 3-55　共轨压力传感器的安装位置

燃油经一个小孔流向共轨压力传感器，传感器的膜片将孔的末端封住。高压燃油经压力室的小孔流向膜片。膜片上装有半导体型敏感元件，可将压力转换为电信号。通过连接导线将产生的电信号传送到一个向 ECU 提供测量信号的求值电路。

五、排气压力传感器

柴油机为了达到排放标准的要求，通常是在汽车尾气排放部分放置捕集器，捕集尾气中的微小颗粒。颗粒过滤器不同于催化转化器，只是一种物理降低排气微粒的方法。随着过滤下来的微粒积累，造成排气背压增加，使柴油机动力性和经济性恶化。因此必须要及时除去颗粒过滤器中的微粒，以便使柴油机能继续正常工作。除去颗粒过滤器中积存的微粒称为再生，这是颗粒过滤器使用中的关键技术。再生过程中有一个问题，再生间隔时间会降低柴油机性能，频繁再生会增加柴油机耗油量。因而，选择合理的再生触发时刻显得非常重要。

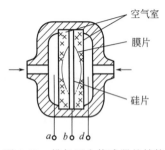

图 3-56　排气压力传感器的结构

排气压力传感器的作用主要是检测排气管微粒捕集器（DPF）两侧的压力差。压力传感器将压力差信号送入 ECU，ECU 根据该压力差判断微粒捕集器中颗粒的积聚程度，决定"再生"触发时刻及额外燃料注入量。同时，ECU 还可以通过控制 EGR 阀调节尾气的温度。

工作原理：排气压力传感器的结构原理与压差传感器基本相同，只是压差传感器的硅片两侧均为压力气室，一侧为低压气室，一侧为高压气室。排气压力传感器的结构如图 3-56 所示。压力传感器也可以看作压差传感器，只是检测的压力为相对于绝对压力为零的压差。

六、燃烧压力传感器

燃烧压力传感器是柴油机上的一种新型传感器，它的作用是实时测量气缸内的燃烧压力，作为闭环调节回路一个精确的反馈信号，进一步优化燃烧过程，将燃料的喷射压力控制在最佳状态，以提高燃烧效率，降低柴油机的原始排放，满足日益严格的排放要求。

德国大众和奥迪已经在柴油机上安装燃烧压力传感器，对燃料喷射压力进行闭环控制。一般柴油机气缸内最大压力为 10MPa，燃烧压力传感器最大量程可达 25MPa，能够满足柴油机正常的工作要求。

由于成本和安装工艺的制约，一般只是在对柴油机做性能分析时才使用燃烧压力传感器。用于燃烧压力测量的一般有半导体应变片式燃烧压力传感器和压电陶瓷式燃烧压力传感器两种。

七、机油压力传感器

机油压力传感器向 ECM 发送柴油机机油主油道的压力信号，当机油压力低于期望值时，ECM 将启用降低柴油机转速和功率的保护功能，来调节柴油机的转速和功率。当检测到危险的机油压力时，ECM 将使仪表板上的红色报警灯闪亮，向驾驶员发出报警信号，有些柴油机还可能伴有蜂鸣声。如果 ECM 设有停机保护功能，当机油压力低于限值 30s 后会使柴油机自动停机。有些系统可能还设有手动延时按钮，按下该按钮后，柴油机的运转时间将延长 30s，以便驾驶员能够安全停机。

机油压力传感器通常通过螺纹拧入缸体的油道内，它的内部有一个可变电阻，一端输出信号，另一端和搭铁的滑动臂连接。当油压增高时，压力通过机油道接口推动膜片弯曲，膜片推动滑动臂移动到低电阻位置，输出电流增大；油压降低时，情况正好相反，如图 3-57 所示。

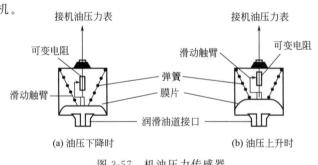

图 3-57　机油压力传感器

八、压力传感器的维修

压力传感器多数以惠斯登电桥原理工作，由于惠斯登电桥输出信号微弱（0~70mV），故传感器内部具有放大电路，所以该传感器在测量时不能通过使用万用表测量电阻的方式来判别其是否有故障。在测量这种传感器时，可使用测量电压的方式来判别其工作情况。如无信号电压，则必须对传感器电路进行检查。

检查时需拔下传感器，在点火开关打开的情况下，测量传感器连接插座的两端子之间 ECU 供给的参考电压，其电压值就为 5V。如电压值为 0，则需测量传感器到 ECU 导线的导通情况（测量时拔下与 ECU 连接的插座和与传感器连接的插座，测量两个插座对应端子间的电阻）。如导线导通，则检查插座的松紧情况。如果插座正常，再检查 ECU 电源。如 ECU 电源供给正常，则说明 ECU 损坏。如果这些检查都正常，则说明传感器损坏。

共轨压力传感器一般安装在共轨上，如图 3-58 所示。其合理的信号范围为 0.6~4.5V。增压压力传感器安装在进气管上，依据实际的增压压力其合理的电压信号为 0.60~3.50V。

进气管绝对压力传感器和燃油压力传感器一般采用压敏电阻式。压敏电阻式压力传感器通常有 3 个端子，分别为 5V 标准电源端子、信号端子和搭铁端子。

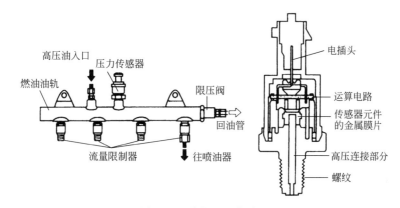

图 3-58 共轨压力传感器

现以长城 GW2.8TC 电控共轨柴油机的轨压传感器为例，说明共轨压力传感器的检修方法。如图 3-59 所示，共轨压力传感器为压敏效应式，有三个接线端子，端子 1 为搭铁、端子 2 为信号、端子 3 为电源（5V）。

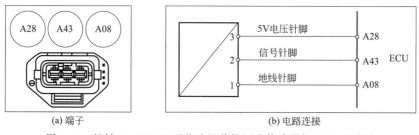

(a) 端子   (b) 电路连接

图 3-59 长城 Gw2.8TC 型柴油机共轨压力传感器与 ECU 的连接

（1）电阻测量 用万用表的电阻挡，分别测量端子 1 与 A08、端子 2 与 A43、端子 3 与 A28 之间的电阻值，来判断外线路是否存在短路及断路故障。

（2）传感器电压值测量 关闭点火开关，拔下共轨压力传感器插头，点火开关"ON"，测量传感器侧插头端子 3 与搭铁间的电压应为 5V，端子 2 与搭铁间的电压应为 0.5V 左右，端子 1 与搭铁间的电压为 0。

（3）数据流检测　用专用故障诊断仪（如 X-431）读取柴油机系统数据流，涉及共轨压力的数据流共有四个：燃油系统轨压、轨压设定值、实际轨压最大值、轨压传感器输出电压。

当柴油机水温达到 80℃、怠速运转时，轨压传感器输出电压应为 1V 左右，燃油系统轨压及轨压设定值均为 25.00MPa 左右，轨压设定值与燃油系统轨压数值十分接近。

当逐渐踩加速踏板，提高柴油机转速时，上述四个数据流逐渐增加，燃油系统轨压、轨压设定值、实际轨压最大值等最大数值为 145.00MPa，轨压传感器输出电压的最大值为 4.5V。实测共轨压力及共轨压力传感器输出电压数据流（部分）见表 3-6。

表 3-6　实测共轨压力及共轨压力传感器输出电压数据流

数据流状态	点火开关"ON"	怠速	加速 1	加速 2
燃油系统轨压/MPa	0.65	25	33.6	70.3
轨压传感器输出电压/V	0.45	1.06	1.24	2.06

（4）失效模式分析　当共轨压力传感器失效（如拔掉 CRPS 插头）时，柴油机能否打着火，不能一概而定，应视具体机型而考虑，即使采用同一个电控系统（如博世的 CRS2.0），有的车型可以启动，有的车型则不能，主要取决于系统的控制策略。下面举例说明。

① 对于使用博世 CRS2.0 共轨系统的长城 GW2.8TC 增压共轨柴油机而言，当共轨压力传感器失效时，柴油机无法启动及运行。具体分析如下。

启动时，ECU 以共轨的压力为参量来控制喷油器的动作，在共轨压力已知的前提下，ECU 通过控制喷油器的开启、关闭时刻来控制进入气缸的喷油量，如果失去了共轨压力信号，ECU 便失去了燃油喷射控制的重要参量，此时，ECU 便控制柴油机不能启动。同理，如果在柴油机运转时突然失去了共轨压力信号，柴油机会立即熄火。

② 对于使用博世 CRS2.0 共轨系统的玉柴及潍柴电控共轨柴油机而言，当共轨压力传感器失效时，柴油机可以正常启动及运行（跛行回家）。

当 ECU 判断轨压传感器信号失效、轨压传感器本身损坏、信号线损坏（开路或短路）等故障时，ECU 采取下列措施：点亮故障灯，产生故障码 P0193、P0192；电控单元将加大高压泵的供油量；燃油压力超高、限压阀被冲开；实际轨压维持在 70.0～76.0MPa 范围内（诊断仪读数 72.0MPa 左右）；限制柴油机转速（小于 1700r/min，通过控制喷油量实现），在限制范围内，油门仍起作用。

③ 对于使用德尔福共轨系统的玉柴 4F 及 4W 电控共轨柴油机而言，当共轨压力传感器失效（丢失）时，柴油机无法启动及运行。系统将会产生下列相关的故障码：P0192、P0193。当共轨压力传感器失效（漂移）时，柴油机功率不足（减转矩模式）。会产生下列相关的故障码：P1912、P1192、P1193，并伴有蜂鸣声。如果 ECU 设有停机保护功能，当机油压力低于限值 30s 后会使发动机自动停机，有些系统可能还设有手动延时按钮，按下该按钮后，发动机的运转时间将延长 30s，以便驾驶员能够将汽车安全地停靠到路边。

拔下机油压力传感器的插头，在发动机熄灭时，用万用表检测机油压力传感器接头与搭铁线之间的电阻值，在发动机启动后，油压升至 20kPa 以上时，再测上述电阻值，后者应小于前者，否则应更换机油压力传感器。

第八节

转速传感器的结构与维修

车速传感器一般安置在汽车变速器输出轴上，向 ECU 提供汽车速度信号。该信号用于进行巡航控制、车速限制和通过发动机压缩制动保持最高预设车速的自动控制，而且在发动机进行高强度压缩制动时，发动机冷却风扇离合器会自动进入接合状态，以实现发动机风扇制动，这可以使发动机增加 15～33.5kW 的减速制动，使车速降低。

车速传感器的类型主要有可变磁阻式、光电式、电磁感应式、笛簧开关式、霍尔式等。

一、可变磁阻式车速传感器

可变磁阻式车速传感器的安装位置及结构如图 3-60 所示，它安装在变速器壳体上，直接由变速器齿轮驱动。其主要由磁阻元件、转子、印制电路板和磁环等构成。如图 3-61 所示为可变磁阻式车速传感器的工作原理与电路，当齿轮驱动传感器轴旋转时，与轴连在一起的多极磁环也同时旋转，磁环旋转引起磁通变化，使集成电路内的磁阻元件的阻值发生变化。如图 3-62 所示，当流向磁阻元件（MRE）的电流方向与磁力线方向平行时，其电阻值最大；电流方向与磁力线方向垂直时，其电阻值最小。在磁环上，N 极与 S 极交替排列，随着磁环的回转使其磁力线方向不断地变化，伴随其每一回转，在内置磁阻元件的集成电路中发生 20 个脉冲信号，该信号即作为车速信号送入速度表。磁通量的变化与磁环速度成正比，这样利用磁阻元件的阻值变化就可以检测出磁环旋转引起的磁通变化，将电压的变化输入比较器中进行比较，再由比较器输出信号控制晶体管的导通和截止，这样就可以检测出车速。

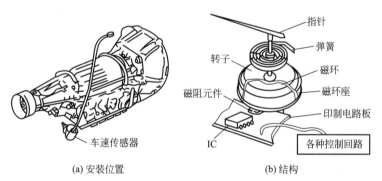

(a) 安装位置　　　　　　　　　　　　　　(b) 结构

图 3-60　可变磁阻式车速传感器的安装位置及结构

二、光电式车速传感器

光电式车速传感器的结构如图 3-63 所示，它用于数字式速度表上，由发光二极管（LED）、光敏三极管以及装在速度表驱动轴上的遮光板构成。如图 3-64 所示为光电式车速传感器的工作原理，当遮光板不能遮断光束时，发光二极管的光射到光敏三极管上，光敏三极管的集成极中有电流通过，该管导通，这时三极管 VT_1 也导通，因此在 S_i 端子上就有 5V 电压输出。脉冲频率取决于车速，在车速为 60km/h 时，仪表挠性驱动轴的转速为 637r/min，仪表软轴每转一圈，传感器就有 20 个脉冲输出。

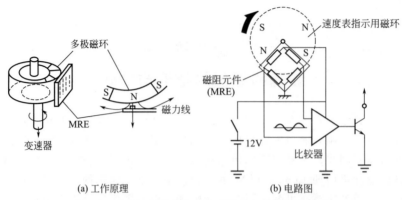

(a) 工作原理   (b) 电路图

图 3-61 可变磁阻式车速传感器的工作原理与电路

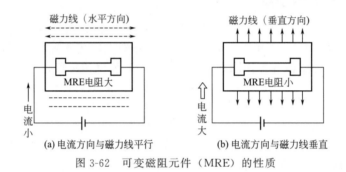

(a) 电流方向与磁力线平行   (b) 电流方向与磁力线垂直

图 3-62 可变磁阻元件（MRE）的性质

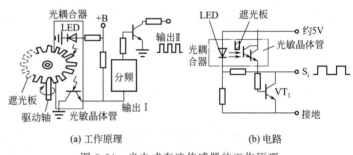

图 3-63 光电式车速传感器的结构   (a) 工作原理   (b) 电路

                                          图 3-64 光电式车速传感器的工作原理

三、电磁感应式车速传感器

1. 转速传感器识别

    电磁感应式车速传感器由永久磁铁和电磁感应线圈组成［图3-65(a)］。它固定在自动变速器输出轴附近的壳体上，靠近输出轴上的停车锁止齿轮或感应转子安装。当输出轴转动时，停车锁止齿轮或感应转子的凸齿不断地靠近或离开车速传感器，使感应线圈内的磁通量发生改变，从而产生交流感应电压［图3-65(b)］。车速越快，输出轴的转速越快，感应电压的脉冲频率也越大。ECU根据感应电压脉冲频率的大小计算出车速。

2. 转速传感器检测

    转速传感器多利用电磁感应原理进行工作，使用性能好坏的判别包括两个方面：测量线

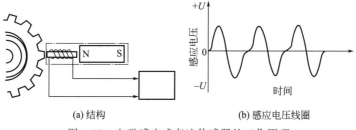

(a) 结构   (b) 感应电压线圈

图 3-65 电磁感应式车速传感器的工作原理

圈电阻和使用示波器测量其波形。

转速传感器线圈电阻值通常为 $800\sim1000\Omega$，在启动时通常要求其波形的上下峰值差异大于 2.5V。如峰值差异小于 2.5V，则检查传感器与触发轮之间的间隙，其间隙值通常为 $0.8\sim1.0mm$，如间隙正常则需要更换传感器。

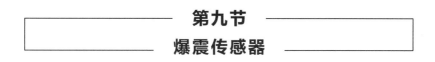

第九节
爆震传感器

爆震传感器用于检测柴油机气缸内混合气燃烧过程中有无爆震产生，为 ECM 控制喷油正时反馈提供依据。爆震传感器安装在缸体或缸盖上。

1. 爆震传感器的识别

目前，电控柴油机上使用的爆震传感器基本上都是利用压电效应的原理制成的。所谓压电效应是指，压电材料（如某些晶体或压电陶瓷等）受到某固定方向外力的作用时，内部就产生电极化现象，同时在它的两个相对表面上产生正负相反的电荷，出现电位差；当外力撤去后，晶体又恢复到不带电的状态。当外力作用方向改变时，电荷的极性也随之改变；压电材料受力所产生的电荷量或电位差的大小与外力的大小成正比。

爆震传感器的结构如图 3-66(a) 所示。其内部是一个由压电陶瓷片制成的压电元件，在它的上下两个表面镀有电极，并引出接线。一个惯性配重通过螺钉和弹簧垫片紧压在压电陶瓷片上，使之产生一定的预压力。当柴油机出现爆震时，会产生 $1\sim10kHz$ 的压力波，这个压力波通过缸体传给爆震传感器，又通过惯性配重，使作用在压电陶瓷片上的压力发生变化，产生电动势，其输出信号如图 3-66(b) 所示。这个信号传输给 ECM，ECM 根据信号波形峰值的大小判断柴油机是否产生爆震。

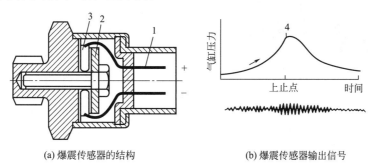

(a) 爆震传感器的结构   (b) 爆震传感器输出信号

图 3-66 爆震传感器的结构和输出信号
1—输出接线；2—惯性配重；3—压电陶瓷片；4—爆震压力波形

大部分爆震传感器有两条接线，其中一条为信号端子，另一条为搭铁端子，两条线都与ECM连接。由于爆震传感器的信号电压较小，为防止电磁波的干扰，常在其线束外面套上屏蔽线，并将其搭铁。

2. 爆震传感器的维修

（1）爆震传感器控制电路　如图 3-67 所示，其内部带有一个检测电阻，与压电元件并联，其作用是让 ECM 能够对爆震传感器的电路是否存在短路或断路进行监测。ECM 内的5V 电压经过一个电阻后施加在爆震传感器的信号端子上。

与检测电阻串联后经搭铁端子接地，在爆震传感器的信号端子上生成约 2.5V 的电压。如果在爆震传感器和 ECM 之间的电路发生短路或断路，其信号端子上的电压会发生变化，ECM 据此即可判定电路的故障。

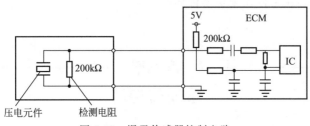

图 3-67　爆震传感器控制电路

（2）爆震传感器的检修　爆震传感器通常十分耐用，当爆震传感器失效或其电路有故障时，会使柴油机的故障警告灯亮起。此时应对爆震传感器的电路及其性能进行检测，以判断是爆震传感器失效故障还是电路故障。

① 爆震传感器控制电路的检测。爆震传感器只有信号和搭铁 2 条接线，检测时，应关闭启动开关，拔下爆震传感器的线束连接器，对照维修手册和电路图，分别检测信号线与ECM 端子之间、搭铁线与蓄电池负极（或 ECM 端子）之间有无断路、短路。如有异常，应进行检修。

② 爆震传感器工作性能的检测。爆震传感器的工作性能可以使用示波器来检测，通过信号波形来判定其工作性能是否正常。其检测方法如下。

a. 将示波器连接器和爆震传感器的信号输出导线连接。

b. 启动柴油机，同时检查传感器的信号波形，其输出信号波形如图 3-68 所示。在柴油机每个气缸着火燃烧的同时，信号波形有明显的增大。如果信号呈现针刺或成一直线，说明传感器有故障。

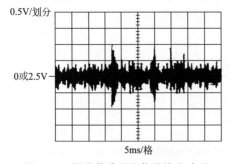

图 3-68　爆震传感器的信号输出波形

c. 打开启动开关到"ON"位置，不启动柴油机，用橡胶锤敲击传感器附近的柴油机机体。如果传感器正常，则在敲击柴油机机体的同时，在示波器显示屏上应有信号显示，敲击越重，信号波形的振动幅度就越大。如果在敲击时没有出现信号波形，说明传感器有故障，应予更换。

爆震传感器的工作性能也可以使用万用表进行检测，其方法如下。

断开爆震传感器的线束连接器，用橡胶锤在爆震传感器附件的缸体上轻敲，同时使用数字式万用表的毫伏电压挡测量传感器的信号输出端子和搭铁端子之间的电压，如果在敲击时有电压产生，说明传感器良好，否则说明已损坏，应予以更换。

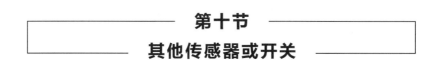

第十节
其他传感器或开关

对于电控柴油机，除了上述的传感器之外，某些机型还配有其他一些传感器或开关。

一、开关量发生器

开关量发生器也就是开关量传感器，它在工作逻辑上极为简单，只是提供一个简单的无关电平。当电平为高时，认为是逻辑 1；当电平为低时，认为是逻辑 0。当然，逻上的认定也可以完全相反。这个电平被送入 ECU，作为开关控制量影响后续的控制动作。

在电控柴油机工作时，特别是当电控柴油机被配装在车辆上时，有多种开关量可对柴油机的工作造成制约。而且随着电控车辆技术的发展，这些开关量的数量越来越多，也意味着与发动机有关的车辆控制项目越来越多。

如在柴油机安装到载人车辆上后，要求车门锁定开关能够影响柴油机的工作，当此开关没有提供有效信号时（车门未关），则加速踏板的操作会完全无效，这就使柴油机只能工作在怠速状态。有时，希望对柴油机针对不同的环境温度条件设置"高怠速"和"低怠速"，也需要利用开关量通知 ECU 执行选择。

二、扳动式开关

此类开关是常用的控制部件。如点火钥匙，它不但可以接通 ECU 的电源，而且通过专用的开关量输入口，向 ECU 提供特定的开关量信息。它能将一个信号电平输入 ECU，常用于通知 ECU 一些特殊的信息。

如有的 ECU 设定，当电源开关连续开闭 3 次后，会自动进入内部检测诊断程序，并利用闪码输出的方式，将系统的故障表示出来。普通的电源开关也用于提供开关信号。如驱动车辆的柴油机都要带动用于车厢调温的空调机。由于这是与车辆行驶阻力无关的额外载荷，所以它的加入会造成柴油机的载荷突然增加。

实际控制时，打开空调的开关会先给 ECU 的特定开关量输入通道输入一个开关电平，ECU 会在随后增加每次供油量并同时接通空调启动主电路。这样，额外增加的载荷将不会对转速造成明显的影响。

三、外部开关量发生器

柴油机之外的许多车辆设备都会提供对柴油机操纵有相关影响的一些控制用开关量。如已经有广泛应用的车辆倒车测距雷达，能够对靠近车辆行进方向的障碍物产生报告。当这些障碍的距离已经达到危险时，会输出一个控制信号电平。这个电平被引入 ECU 后，能够控制车辆不再向危险方向移动。

这类外部开关量发生器还在不断发展，有的甚至已经很有些"后现代"的效果。如"远程车辆锁定"技术，可以通过公共无线通信网发出控制信号，经车载接收设备接收后产生简单的开关信号输入 ECU，能够使 ECU 立即停止工作，柴油机熄火，车辆制动也被锁死。而且不经有权限人员处理，柴油机就无法重新启动，运行这种装置目前几乎没有技术实现上的障碍，成本也不高。随着电控柴油机技术的深入应用，将会很快得到普及，通常认为这种技术在柴油机上广汉乏的应用会完全杜绝车辆被盗抢的事情发生。

四、含水率传感器

含水率传感器安装在油水分离器的下方，其作用是探测燃油滤清器中油的含水情况的，燃油中的含水情况信息被该传感器传送给 ECU，使含水率过高时打开警告灯，并使系统降级。含水率传感器能够在发动机启动后立即向 ECU 触发一个约 1s 的高电平，否则需考虑该传感器是否损坏。当含水率传感器探测到燃油滤清器中含水超高时，警告灯会点亮以提示驾驶人放水。

柴油机含水率传感器出现故障，一般会出现警告灯闪烁、不熄等现象。

1. 失效模式

① 传感器内部故障。
② 传感器端子断裂、锈蚀、氧化，线束插头脱落、氧化。

2. 检测方法

传感器一般有 3 个端子，1#端子接电源，2#端子接 ECU 信号端子，3#端子接铁。

（1）外观检查　检查传感器线路连接情况，检查有无脱落、虚接、氧化情况，如存在上述现象则对线束进行修复。

（2）单件检测　检测各端子之间电阻情况，与 ECU 的连接电路如图 3-69 所示。

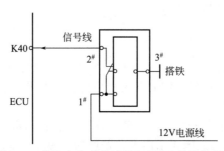

图 3-69　燃油含水率传感器与 ECU 的连接电路

1#端子至 2#端子之间电阻无限大。

2#端子至 3#端子之间方向电阻值为 4MΩ（万用表黑色表笔接 3#端子）。

1#端子至 3#端子之间方向电阻值为 1.5～2.5MΩ（万用表黑色表笔接 3#端子）。

如经检测电阻异常，可判定为燃油含水率传感器故障。

（3）线路检测

① 打开点火开关，不启动发动机，拧下传感器，将线束插头插上，此时测量电压。电极 1 处电压为 0；电极 2 处电压为 5～6V。

② 短接两电极，测量电压。测量信号线端子电压约为 10V；电极处电压约为 0。

如经测量，存在异常，应排查线路。如线路无异常，可判定为燃油含水率传感器故障。

第四章
柴油机电控单元与执行器的检测与维修

第一节
柴油机电控单元的检测与维修

一、电控单元的基本组成

电控单元（ECU）是一个由内部电路板加金属外壳及若干个接线器组成的部件，通过线束与相关的传感器和执行器连接，如图 4-1 所示，电路板上安装有若干个电子元器件。目前 ECU 通常采用贴片（SMT）元器件制作，整个 ECU 组件尺寸很小且非常薄。电控单元的基本组成如图 4-2 所示。它主要由输入回路、微型计算机、输出回路、A/D 转换器等组成。

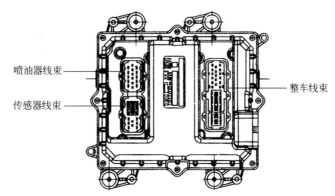

喷油器线束

传感器线束

整车线束

图 4-1　电控单元的外部形状

1. 输入回路

从传感器来的信号，首先入输入回路。在输入回路里，对传感器信号进行预处理，包括检波或滤波、限幅、波形变换等。

2. A/D 转换器（模拟/数字转换器）

在汽车电控系统中，传感器采集的信号有两种：一种是模拟信号，例如进气压力、进气温度、冷却水温度、节气门位置等输入信号；另一种是数字信号，如曲轴位置传感器的输入信号。信号形态不同，输入微机的处理方法也不同。

对于数字信号可直接输入微机，而对于连续变化的模拟信号，则必须经 A/D 转换器

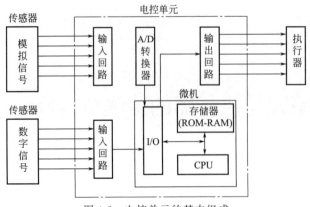

图 4-2 电控单元的基本组成

（模拟/数字转换器）转换成微机能够识别的数字信号后才能输入微机。A/D 转换器的功能就是将模拟信号转换成数字信号。

3. 微型计算机

微型计算机（简称微机）是汽车电子控制系统的"神经中枢"。它能根据需要，把各种传感器送来的信号用内存的程序和数据进行运算处理，并把运算结果（如喷油信号、点火信号等）送往输出回路。

微机是电控单元的核心部件，它主要由中央处理器、存储器［包括只读存储器（ROM）和随机存储器（RAM）］和输入/输出口（I/O）等部分组成。

存储器用于存储程序和各种数据，又可分为以下几类。

（1）只读存储器（ROM）　用于存放微机的监控程序，即微机本身运行所必需的一些程序。

（2）可编程只读存储器（EPROM 或 EEPROM）　用于存储执行装置或其他控制装置动作的控制程序。例如，燃油喷射的控制，点火提前角的控制，怠速控制和自我诊断的程序。

（3）随机存储器（RAM）　用于暂存来自各种传感器的数据，供中央处理器使用，也可存储系统的故障码，随机存储器内的内容在断电后就会消失。

（4）自适应存储器（属于随机存储器的一种）　用于微机的"自我学习"和根据车况变化自关参数，如"怠速学习"等。

4. 输出回路

输出回路是微机与执行器之间的中继站，其功用是根据微机发出的指令、控制执行器动作。由于微机输出的控制信号是数字量（如喷油信号、点火信号），电压一般为 5V，不能直接驱动执行器，因此需要输出回路进行放大。如果执行器需要模拟量驱动，那么还需要经过数模（D/A）转换器转换之后，才能控制执行器动作。

软件是相对硬件而言的，它主要包括 ECU 运行所需的各种程序、基本数据以及一些工况修正系数的数据储存等。

二、电控单元故障的类型及故障原因

1. 电控单元故障的类型

电控单元的故障依据电控单元故障发生的部位可分为 ECU 外围电路故障和 ECU 内部

故障。ECU 外围电路包括电源电路、传感器信号电路和执行器驱动电路。ECU 外围电路故障主要是指 ECU 电源电路故障，一旦电源电路不正常，ECU 便无法正常工作。ECU 内部故障又可分为电源电路故障、输出动力模块故障、存储器故障、ECU 进水和受潮故障。

（1）电源电路故障　由于浪涌电压的存在，许多元器件易出故障，最常见的是贴片电容、贴片电阻、贴片二极管甚至某些重要芯片的周边外围保护电路连同印制电路板上的铜布线一起烧坏，此种情况是最常见的 ECU 故障。

（2）输出动力模块故障　由于输出动力模块上较大的驱动电流极易导致功率板发热，这是 ECU 中最易发生故障的部分。某些汽车喷油器不喷油，突然熄火，其终极原因往往是功率驱动电路发生击穿。

（3）存储器故障　由于在运行过程中浪涌电压的冲击，程序存储器中出现某些字节丢失的现象，导致汽车发动机或其他被控制对象出现运转失常；或者由于事故发生后，EEP-ROM 中的内容被改写为异常状态，导致系统暂时故障。

如可编程存储器（EPROM 或 EEPROM）出现问题，可进行更换。更换时，利用写入器（又称为烧录器），先从带有程序的良好芯片中读出程序，然后写入一个同型号的空白芯片。最后将复制芯片装入 ECU。

注意：有的汽车厂家规定了芯片的复制次数（3～7 次），超过规定的次数便不能使用，也有的厂家通过加密手段使芯片无法复制。

2. 电控单元的故障原因

电控单元的损坏主要是由环境因素、电压超载和不规范的操作等因素造成的。

（1）环境因素　由于 ECU 安装在汽车上，经常受到热、潮湿、振动、水淋、浪涌电压等环境的影响，易引发 ECU 故障。特别是由于温度突变而引起结露现象，结露后的水会侵蚀电路板；另外，ECU 进水，将造成短路和不可恢复的腐蚀。

（2）电压超载　通常是因为电磁阀或执行器电路内的短路引起的。如果短路的电磁阀或执行器未被发现和修复就更换 ECU，所造成的超载电压还可能会损坏新换的 ECU。因此，在更换新的 ECU 之前，一定要彻底查清原 ECU 损坏的原因。

（3）不规范的操作　如在拆装过程中未采取静电防护措施，安装 ECU 之前未断开蓄电池电源，用内阻较小的电阻表测量其端子等，这些不规范的操作均易造成 ECU 损坏。

三、电控单元故障的检测程序

当电控单元工作不正常时，首先检测 ECU 的外围电路是否正常，然后按照静态检测和动态检测程序进行检测。

1. 外围电路的检查

在怀疑 ECU 本身有故障之前，应当先检查并确认 ECU 的外围电路特别是电源电路是否正常。电源电路检测方法：通过熔断器与蓄电池正极直接连接的端子称为 ECU 的常电源，通过点火开关或继电器与蓄电池正极连接的端子为 ECU 的条件电源，用万用表检测这些端子的电压，其正常值应为蓄电池电压。另外，还需检测 ECU 的搭铁端子搭铁是否良好。

2. 静态检测

静态检测是指利用诊断仪对电控系统进行通信功能检测的一种方法。如果通信连接正常，则表明 ECU 供电、搭铁线、芯片组及基本功能正常；如果通信连接失败或无法通信，应改用万用表检查 ECU 的电源电压、基准电压（+5V）与搭铁线等线路。若检查时发现电源电压及搭铁线正常而基准电压过低，则说明 ECU 电源电路存在故障或外电路基准电源线短路；若检查时发现基准电压过高，也说明 ECU 电源电路存在故障或电源地线内部开路。如果静态检测一切正常，则应转向动态数据流检测。

3. 动态检测

动态检测是指在启动系统处于工作状态时，利用诊断仪读取数据流观察传感器信号是否正确的一种方法。如果丢失某一信号，可通过断开传感器，利用信号模拟器（信号发生器）根据信号性质模拟发送信号（最好将信号传送至 ECU 输入口）再次进行检测。如果检测结果正常，说明是外部线路或传感器本身故障；如果仍然没有数据显示，则应检查接口电路焊接情况。若焊接良好，则是 ECU 发生了输入信号处理电路故障。若属于输入数据流检测正常而输出功能不良的情况，则可通过静态检测元件功能逐一试验输出功能，同时可用万用表和试灯监测试验结果（万用表接在驱动电路前，试灯接在驱动电路后）。如果万用表监测结果正确而试灯无动作，说明 ECU 驱动电路存在故障（可以更换相同或同类元件）；如果万用表监测结果不正确，则说明 ECU 输出信号处理电路存在故障。

4. ECU 内部检查

在经过静态检测和动态检测能确认 ECU 基本工作正常后，接下来应进行各项参数的信号分析。如果参数相差甚远或输入信号和输出电路正常而 ECU 工作不正常时，应检查或更换 ECU。

四、电控单元的检测方法

1. 直观检查观察

首先了解 ECU 的一些基本信息，比如 ECU 型号、应用车型、外部连接端子情况。有些问题在不开盖的情况下就能看出来，比如 ECU 端子因进水而腐蚀，这样通过观察，就可找到问题根源，同时观察的过程也可以对不同车型所装备的 ECU 有一个很直观的认识。当然，大部分 ECU 的损坏从外表是看不出来的，这个时候则需进行开盖检查。由于比较严重的外部引线短路引起的故障一般多会引起 ECU 内部相关元件烧蚀，因此，这种故障一般是可以直接看到的。

直观检查法适用于各种故障的基本检查，尤其是对于一些硬性故障，如 ECU 内部引线腐蚀、元件冒烟等故障立竿见影。很多时候直观检查法单独使用效果并不理想，与其他方法配合使用往往会事半功倍。同时，对于直观检查的结果有怀疑时，要及时采用其他检查方法进行核实，不要放过疑点。

2. 电控单元触摸检查法

应用触摸检测法具有一定的局限性，因其检测过程中，要求 ECU 必须在工作的状态下进行。可以通过触摸去寻找故障点。在对可疑元件触摸的过程中，感知其温度，再与正常情况下进行比较，以判定其工作是否正常。这其中也包含嗅觉，部分 ECU 因元件表面覆盖的保护胶质材料，可能直接看不到，但是一般打开 ECU 盖板时就可以闻到那种烧蚀的焦糊味。

触摸检查法主要适用于发热元件（指一些负载电流较大的器件），如电磁喷油器、各种电磁阀和电动机的驱动元件等。在检查的过程中要注意以下几点。

① 触摸检查法要靠平时维修中积累的经验，也可通过与正常运行的系统相关元件进行比较。

② 进行触摸检查时，由于 ECU 一般处于工作状态，应特别小心，避免手直接触摸到元件的引脚部分。以免引起新的故障，扩大故障范围。同时，因 ECU 在车内的引线一般不是很长，而且多安置在一些较低的位置，检查过程中，ECU 要放置平稳，注意线路板或电子元件与其他部分（尤其是车身底盘金属）保持安全距离，以免线路搭铁，造成不可维修的故障。

3. 电控单元故障再生检查法

故障再生检查法是有意识地让故障重复发生，并力图使故障的发生、发展、转化过程变得比较缓慢，以便提供充足的观察机会，如次数、时间和过程，在观察中发现影响故障的因素，从而查出故障原因。此方法应与其他方法配合运用。

对于汽车 ECU 来说，有些间歇性的故障是在一些特定的环境下出现的，因此，为了让故障再现，可以采取一些必要的措施。如有的故障是在频繁、剧烈的振动情况下出现的，此时就可以人为地模拟这种环境，拍打、敲击 ECU 壳体，拉动 ECU 连接处的线束插头，当然要掌握一定的力度，不要将其"打"坏了；再如，有些故障是在高温情况下产生的，此时需要打开 ECU 的盖板，可以采用电吹风或热风枪对可疑部位进行加热，以求故障再现。这个过程同样要注意，温度不能调整得太高，风口与 ECU 电路板要保持一定的安全距离，一般为 20cm 左右，以免因为温度过高而使半导体元件损坏。

此方法主要适用于一些间歇性出现的问题，即 ECU 时好时坏，对于一直处于"坏"状态的则不起作用。

4. 电控单元参照检查法

参照检查法是一种利用比较手段来寻找故障部位的检查方法。通常用一个工作正常的 ECU 测量其关键部位参数，包括电压、电阻等。运用移植、比较、借鉴、引申、参照等手段，查出不同之处，找出故障部位和原因。理论上讲，大部分故障都可以采用此方法检测出来，因为只要有标准物，将有故障的系统与之进行仔细对比，必能发现不同之处，找出故障原因。

参照分为实物参照和图纸参照。实物参照即需要找到同型号的车辆，对其两块 ECU 进行工作对比，但实现起来困难较大，没有哪个人会把自己开得好端端的车辆用于拆开研究。另一种就是图纸参照，出于技术上的原因，ECU 的原理图一般很难找到，但不是说这样就无法参照了。

当通过检查已经将故障缩小到某一个集成电路中，此时可按其型号查找其技术文档，了解其典型应用电路、各引脚功能。通常典型应用电路与实际应用电路是相同的或十分相近的，这样就可以用典型电路来指导维修。

但实际维修中通常的情况是，ECU 内的元件统一编号，或是为"定制"产品，没有资料可查，这也是一个切实存在的问题。只能平时多加收集资料。加强理论知识学习，善于根据电路连接形式，逆向分析其结构，配合其他方法，进一步深入检测。

5. 电控单元替换比较检查法

替换比较检查法的基本思路是用一个质量可靠的元器件（或工作正常的电路）去替换一个所怀疑的元器件（或电路），如果替换后工作正常，说明怀疑正确，故障可排除。如果替换代后故障现象不变，也会消除原先的怀疑，可缩小故障范围。

替换比较检查法适用于各种故障，但在有选择的情况下采用，成功率会高得多。在运用替换比较检查法的过程中，要注意以下几点。

① 在个别情况下，一个故障是由两个元件造成的（两个故障点），此时若只替换了其中一个元件则无收效，反而认为被替换的元器件是正常的，容易错过故障点。

② 替换比较检查法通常是在一个小范围内用于针对某一个具体元件的检查方法，所以它是在其他方法已基本证实某个元件有问题后才采用。盲目地替换往往会对线路板、元器件造成伤害。

③ 对于集成电路这样的多引脚元件，采用替换比较检查法更要慎重，通常是在有较明确的结论后才进行替换检查。同时，在替换操作过程中，焊接元件时要在断电的情况下进行。

6. 电控单元电压检查法

电压检查法主要是对 ECU 内关键点的电压进行实时测量，以找出故障部位。这些关键点主要是各集成电路的供应电源、线路中连接蓄电池的主电源、受点火开关控制的电源，内部经过集成稳压器或三极管输出的稳压电源。一般来讲，电路中的数字电路、微处理器等均工作在 5V 或更低的工作电压下，24V（或 12V）的蓄电池电压是无法直接加到这些元件的电源引脚上的，必须由稳压电路为其工作提供合适的工作电压。稳压电路在降低电压的同时可滤掉脉冲类干扰信号，以避免对数字电路的工作带来影响。

对于这些关键电路的供应电源来讲，工作期间是固定不变的，但是最好在静态下进行测量（点火开关接通但不启动发动机）。采用数字式万用表对 ECU 内的集成电路的供电进行检查，当相关电源电路工作失常时，往往会影响较大面积内的元器件，导致其不能工作。采用此种方法简便易行，除万用表外，不需要什么专用仪器。

7. 电控单元电阻检查法

电阻检测法是利用万用表的欧姆挡，通过检测线路的通与断、阻值的大与小，以及通过对元器件的检测，来判别故障原因和故障部位。此种方法主要用于元器件和铜布线路的检测。

（1）检测元器件　除了常规的电阻、二极管、晶体管等外，一些集成电路也可以采用测量电阻的方法进行检测。对于集成电路来讲，如引脚功能结构相同、外电路结构相似，那么正常情况下，其对搭铁电阻是十分接近的，因此可以使用数字万用表对其进行正、反向（调换表笔方向）测量，然后将测量值进行比较，找出故障点。这种测试方法对于一些找不到芯片资料，而元器件外部连线结构形式相同的集成电路来说是很好的方式。

（2）检测铜布线路　铜布线路很长，弯弯曲曲，为了证实其两端焊点是相连的，可用万用表 $R \times 1$ 挡对其两端点进行电阻值的测量，零欧姆说明铜布线路良好，无穷大说明是铜布线路发生断路故障。

铜布线路开裂、因腐蚀而造成的断路是经常发生的故障。开裂的原因可能是因为受外力的影响而造成的，而 ECU 进水是造成铜布腐蚀断路的主要原因。很多车辆的 ECU 安装于驾驶室的地板下或侧面踢脚板的旁边，在一些特殊情况下，ECU 内很容易进水，如不及时处理，铜布线在水汽的作用下会逐渐腐蚀，直至故障完全出现。

8. 电控单元波形检查法

波形检查法是采用汽车专用或通用示波器，对 ECU 的相关引脚或 ECU 内的关键点的波形进行测量，确认其是否正常运行。例如，对于 89C51 来说，石英晶体振荡器输入端正负状态为标准正弦波，其 ALE 端为 1/6 时钟频率的脉冲波。其他微处理器也有类似功能引线。

9. 电控单元信号注入波形检查法

电控单元信号注入法是采用函数发生器（信号发生器）给电路输入信号，在输出端观察执行器的动作情况，或在输出端连接示波器或万用表，根据示波器指示的波形和万用表显示的信号电平大小来判断故障范围。采用该方法一般应对电路的结构有了比较深层次的了解，对相应的功能电路的输入/输出信号的正常波形要有所了解，这样在车辆不工作的状态下，人为地模拟相关的信号，才能对车辆相关电路进行故障判断。另外，该方法需要用专门的仪器设备，引线较多，操作麻烦，但对于解决一些疑难问题来说，是一种很好的方法。

五、电控单元的维修

从原则上讲，电控单元只能更换，不能修理。但有些 ECU 的故障是可以通过更换元器件的方法进行修复的，这类故障主要包括以下几种情况。

1. 电源故障

ECU 电源故障有两种情况：一是主电源故障；二是基准电压故障（如 5V）。

（1）主电源故障　一是保护二极管短路（电池接反后造成），这种故障可以通过去掉或用同一规格的二极管代替的方法解决；二是电源主地线开路（烧断），这种故障可用焊接及导线连接的方法解决。

（2）基准电压故障　如果基准电压过低，应切断外界相关线路，若电压能恢复到 $(5.0 \pm 0.1)V$，说明外电路传感器负荷过大，此时要逐一查找进行排除；如果基准电压不能达到 $(5.0 \pm 0.1)V$，则应更换电压调整模块；如果基准电压过高（大于 5V），则应检查电源模块地线及线路板地线（搭铁线），找到具体故障点后，应修复地线或更换模块。

2. 输出动力模块故障

可找到相对应的动力模块，检测其输入及输出信号电压，确认模块损坏后，可更换相同或基本参数相同的模块，如点火模块、空调控制模块、喷油控制模块及风扇控制模块等。

3. 电容器和电阻损坏

有些电容器采用的是电解电容，当 ECU 使用过久后，很容易造成电容器失效，此时可用相同容量、耐压 16～25V 的电容进行更换。更换电阻的原则也是如此。

4. ECU 进水和受潮故障

ECU 在进水或受潮后可进行干燥处理。干燥方法是先用无水乙醇（工业用酒精）进行冲洗，然后再将 ECU 装入一个大密封袋内用真空机（空调用真空机也可以）进行抽真空，保持 24h 干燥后装车试用。

被水浸过的车辆，电路板会出现腐蚀，造成元件引脚断路、粘连或元件损坏，可逐个检查修复或更换元件。

六、万用表检测电控单元的方法

柴油机电控单元本身及线路不良，都会造成柴油机启动困难或不能启动、急速不稳甚至熄火、加速不良、排气管冒黑烟等故障。其主要原因是电控单元线路接触不良、接头氧化或脱落、外来水分进入电控单元内部等造成电控单元损坏或维修时操作不当而烧坏电控单元等。

电控单元及其控制线路的故障，可用该车型的电控单元检测仪或通用于各车型的汽车解码器来检查。如果没有这些检测设备，也可利用万用表测量电控单元一侧插座上各端子的电压或电阻，以判断电控单元及其控制线路有无故障。用这种方法检测电控单元及控制线路的故障必须以被测车型的详细资料为依据。这些资料包括该柴油机的 ECU 接线图或电路图；电控单元线束插头中各接插端口与控制系统中的哪些传感器、执行器相连接；各接插端口在柴油机不同工作状态下的标准电压值。

检测时如发现异常则表明有故障：与执行器连接部分异常，则表明电控单元有故障；与传感器连连接部分异常，则可能是传感器线路故障，应修复或更换元件。

汽车的电控单元一般很少出现故障。如果怀疑其有故障，通常采用测量其线束连接器相关引端子间电压和电阻的方法来进行检查。但在测量之前，应首先检查电控单元外观有无明显的损坏，外围元件是否脱焊或变质，若一切完好，再对 ECU 进行测量。

1. 用万用表检测电控单元时的注意事项

① 在检测之前，应先检查控制系统及其他电气系统各熔断器、熔丝及有关的线束插头（连接器）是否良好。

② 在点火开关处于接通（ON）位置时，蓄电池电压应不低于 11V。

③ 必须使用高阻抗的万用表（阻抗应大于 $10M\Omega/V$），最好使用汽车专用数字式万用表。

④ 当需要拆下 ECU 线束连接器测量控制线路时，应先拆下蓄电池负极搭铁线，否则会损坏 ECU。不可在蓄电池连接完好的状态下拆下电控单元的线束连接器，否则可能损坏电控单元。

⑤ 在对 ECU 进行维修之前，必须认真检查外电路，排除外电路故障，确认外电路正常之后方可对 ECU 进行维修。

⑥ ECU 的检测诊断方法有直观检查法、接触检查法、故障再现法、参照检查法、替代检查法、电压检查法、电阻检查法、波形检查法、信号输入检测法九种（如前所述）。

⑦ 各种检测诊断方法都有一定的使用特点和范围，同一故障可能交叉采用几种方法，也可能几种方法都能采用，应结合柴油机型号或车辆型号、ECU 的特点和故障特征来选择合理的方法，以便检测诊断安全、快速、准确。

⑧ 在检测时，应先将电控单元连同线束一同拆下，在线束连接器处于连接的状态下，按检测数据表中的顺序，分别在点火开关关闭（OFF）、打开（ON）及发动机运转状态下，测量电控单元各端子与搭铁端之间的电压。也可以拆下电控单元线束连接器，测量各控制线路的电阻，从而确定控制线路是否正常。

2. 用万用表检测电控单元的方法

（1）检测电控单元各端子间的电压　测量时必须在电控单元和线束连接器（插头）处于连接的状态下测量微机各端子的电压，并且万用表的测笔应从线束插头的导线一侧插入，测量各端子的电压（图 4-3）。

（2）检测电控单元各端子间的电阻　若 ECU 内部某些元件断路或击穿，可通过测量 ECU 线束上各端子对地间的电阻来判定。测量 ECU 各端子电阻时，应在关闭（OFF）点火开关、不拆下 ECU 的线束连接器时进行，否则会损坏 ECU，如图 4-4 所示。

① 从车上拆下 ECU 并拆下导线连接器。

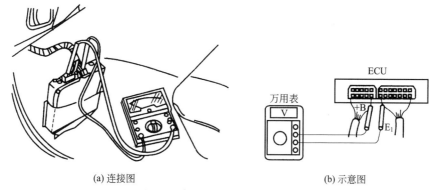

(a) 连接图

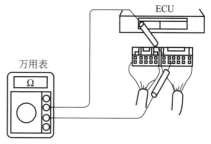

(b) 示意图

图 4-3　检测 ECU 端子对地电压

② 用万用表测量导线连接器各端子间的电阻值。

注意：不要触碰电控单元的接线端子，应将测笔从导线侧插入导线连接器中测量。

③ 测量电阻值与标准值比较，以便确定 ECU 控制线路工作是否正常。

该电阻值分开路和在路电阻。显然，由于外围元件的影响这两种阻值绝对不同。每个端子的电阻又包含正向电阻和反向电阻。在确定各引端子电阻时，都须指明是红笔搭铁还是黑笔搭铁。

图 4-4　检测 ECU 端子间的电阻

在测电阻时，还应注意所用万用表的型号及电阻的挡位，因为不同的万用表精度不同，测同一电阻时所得数值亦存在误差，同一块万用表用不同的电阻挡测得的数值亦不相同。因此，实测出的各端子对地电阻都要指明用什么型号的万用表，置于电阻的哪个挡，红笔搭铁还是黑笔搭铁，是在路还是开路。

第二节

执行器的检测与维修

一、执行器检测程序

当汽车电子控制系统产生故障时，通过自诊断测试，指明某执行器有故障或怀疑某执行器有故障时，应用示波器、万用表等对执行器进行测试。测试前要明确测试数据、测试方法和测试条件，具体可参考该车型维修手册。检测执行器时，应该按照以下程序进行。

（1）自诊断测试　利用故障诊断仪确认被怀疑的执行器是否有故障码，并在数据流中加以强化判断

（2）外部检查　为防止不是因为执行器本身故障而导致误判，要首先对怀疑的执行器部位进行外部检查，查看执行器的导线和连接的管路是否脱开，执行器是否有脏污、水泡、腐蚀、氧化、接触不良、变形等情况。

（3）线束检测　检测执行器与 ECU 之间的线束有无短路、断路和搭铁故障。

（4）电源电压的检测　为防止执行器由于没有供给电源而导致不能正常工作，应对外部电源进行检查。

（5）本体检查　主要是外观检查和电阻检查，不用连接外部电路。针对能够进行电阻测量的执行器，如电动机、电磁阀等执行器，可以用万用表的电阻挡直接测量，从而判断执行器是否正常。

（6）控制信号检测　控制信号检测可以使用万用表的电压挡或电流挡进行，但使用汽车专用万用表对输出信号只是做简单的判断，更精确地判断输出信号可以使用示波器来进行。

（7）工作状态的检查　按照执行器的工作条件，提供相应的电源电压，查看执行器的工作情况是否正常。

（8）维修与更换　对执行器进行以上检测后，可以基本确定执行器的好坏。更换执行器时，要严格按照操作规程操作，切忌蛮干。要关闭点火开关，且不可带电操作，否则容易损坏其他电子部件。安装时要轻拿轻放。

（9）检验　维修与更换执行器后，要切记用故障诊断仪消除故障码并重新试车，模拟故障出现状况，如果在试车过程中故障现象没有重复出现，检查故障码也没有重新出现，说明判断准确，安装正确，执行器维修操作完成。

二、用万用表检测执行器

用万用表检测执行器通常是采用测量执行器线束连接器相关引端子间的电压、电阻和工作状态的方法来进行；若检测结果不符合规定，则应修理或更换执行器。

执行器的万用表检测方法与传感器的检测方法相同。

三、几种执行器的检测

1. 检测电动燃油泵

检测电动燃油泵前，先检查蓄电池电压，应不低于11.5V，关闭其他用电设备。检测方法如下。

① 拧开油箱盖，打开点火开关，间断操作起动机（或用蓄电池直接给燃油泵通电），应能听到燃油泵工作的声音，或用手捏供油软管应有压力感。

② 关闭点火开关，拆开电动燃油泵的线束连接器，在线束侧端子1和端子4（端子2和端子3为油量表传感器端子）之间连接二极管灯，如图4-5所示。打开点火开关后，二极管灯应点亮。也可用万用表测量线束侧端子1和端子4之间的电压，应为蓄电池电压。若不符合上述要求，应检查电动燃油泵电源电路。

③ 关闭点火开关，用万用表（20A电流挡）和专用短接线连接线束与燃油泵之间的相应端子，如图4-6所示；然后打开点火开关，观察万用表读数，正常应为3.5～4.5A。也可用万用表在燃油泵侧测量端子1与端子4之间的电阻，一般为2～3Ω。

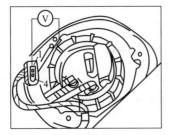 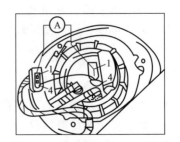

图4-5　电动燃油泵的电源电压检测　　　　图4-6　电动燃油泵的电流检测

注意：从油箱中拆出燃油泵后，用蓄电池直接给燃油泵通电，检查其工作情况，通电时间不能过长，否则会烧坏油泵电动机。

2. 检测电控分配泵

现以捷达柴油机为例，介绍电控分配泵的检测方法。

捷达柴油机电控分配泵电路图如图4-7所示，其线束连接器如图4-8所示。检测方法如下。

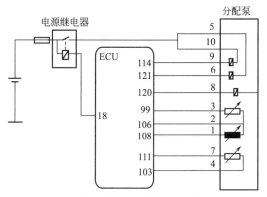

图4-7　捷达柴油机电控分配泵电路图

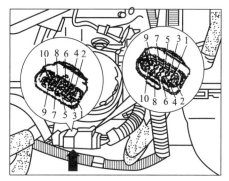

图4-8　捷达柴油机电控分配泵线束连接器
1～10—端子

① 关闭点火开关，拆开电控分配泵线束连接器，在分配泵一侧用万用表测量各端子之间的电阻。30℃时端子4与端子7之间（燃油温度传感器）的电阻应为1500～2000Ω，80℃时应为275～375Ω；端子1与端子2、端子3与端子2之间（油量控制滑套位置传感器）的电阻，正常为4.9～7.5Ω；端子5与端子6之间（电子调速器）的电阻，正常为0.5～2.5Ω；端子9与端子10之间（正时控制电磁阀）的电阻，正常为12～20Ω。

② 打开点火开关，在线束侧用万用表测量电压。端子1与搭铁、端子3与搭铁之间的电压应约为2.5V，端子5与搭铁、端子10与搭铁之间的电压应约为12V（蓄电池电压）。

3. 检测喷油电磁阀

无论是汽油机，还是柴油机，电控系统执行元件应用最多的是各种电磁阀（包括螺线管等），如分配泵供油电磁阀、喷油器电磁阀、EGR控制电磁阀、进气节流控制电磁阀和增压控制电磁阀等。对各类电磁阀的检测主要是两项内容，即电阻及电源电压。电阻不符合标准，说明电磁阀有故障；电源电压不符合标准，说明供电线路有故障。

当喷油器电磁阀失效后，根据不同品牌的柴油机，其失效模式也有所不同。几种喷油器电磁阀失效模式分析如下。

① 对于采用博世共轨系统的长城GW2.8TC共轨柴油机而言，喷油器的电磁阀失效后柴油机将出现下列现象。

a. 柴油机无法启动。当燃油中的杂质过多，若有两个及以上的喷油器堵塞时，喷油器回油量过大，导致柴油机轨压在建立后出现回落现象，引起柴油机无法启动。

b. 柴油机抖动。若有一个喷油器堵塞，或者喷油器电磁阀线路与柴油机金属磨损搭铁，或者某缸喷油器电磁阀与ECU连接断路，会造成柴油机抖动且出现"N缸喷油器无效应信号"故障码。

c. 柴油机飞车（极少）。若燃油中杂质过多导致喷孔堵塞，柴油机高速运转时，燃油压力将喷头压掉，大量燃油进入燃烧室。

② 对于采用博世共轨系统的玉柴电控共轨柴油机而言，喷油器的电磁阀失效后（当某缸喷油器出现驱动模块、驱动线路或电磁阀本身故障时）会出现下列现象：故障灯亮；某缸不工作，柴油机功率下降，转矩不足。出现相应的故障码 P1203、P1204、P1209、P120B、P120C、P1211、P0261、P0262、P0264、P0265、P0267、P0268、P0201、P0202、P0203、P0204 等。

③ 对于采用德尔福共轨系统的玉柴电控共轨柴油机而言，喷油器的电磁阀失效或出现故障后，将出现下列现象：故障灯亮；某缸不工作，柴油机功率下降，转矩不足。出现相应的故障码 P1201、P1202、P1203、P1204、P1618、P1619、P1611、P1612、P0201、P0202、P0203、P0204 等。

④ 对于采用德尔福电控单体泵系统的玉柴电控柴油机而言，当单体泵上的电磁阀出现故障或失效后，将出现下列现象。

a. 某缸驱动线路开路。

b. 某缸驱动线路短路。

c. 某缸驱动线路高端对地短路。

d. 某缸驱动线路高端对电源短路。

e. 某缸驱动线路低端对地短路。

f. 某缸驱动线路低端对电源短路。

ECU 将采取下列处理措施。

a. 故障灯闪烁，产生相应故障码。

b. 油门仍然起作用。

c. 针对上述 a、b、e 现象进入条件，仅该缸停止喷油。

d. 针对上述 c、d、f 现象进入条件，该缸所属高端驱动模块的相关单体泵全部停喷（如当第 1 缸出现上述 c 现象时，则第 1、3、5 单体泵全部停喷；当第 6 缸出现上述 d 现象时，则第 2、4、6 单体泵全部停喷）；这种故障模式导致运行及启动非常困难。

e. 针对上述 f 现象进入条件，该缸所属高端及低端驱动模块的相关单体泵全部停喷（如第 1 缸出现上述 f 现象时，则第 1、2、3、5 单体泵全部停喷）；这种故障模式通常导致柴油机无法运行及启动。

现以长城车 GW2.8TC 型柴油机博世共轨系统为例，介绍喷油器电磁阀的检修方法。该车每个喷油器电磁阀有两个接线端子，每个端子与 ECU 的对应端子相连，每个喷油器有唯一的 IQA（Injector Quantity Adjustment）码。

a. 外线路检查。如图 4-9 所示，用万用表的电阻挡，分别测量各喷油器电磁阀与 ECU 对应端子之间的电阻值，来判断外线路是否存在短路及断路故障。

b. 电磁阀电阻值测量。关闭点火开关，分别拔下各喷油器电磁阀插头，测量各电磁阀侧端子 1 与端子 2 间的电阻值，正常情况下，两端子之间的电阻值应为 0.2～0.4Ω。

c. 电磁阀工作电流检查。柴油机工作时喷油器的峰值电流为 18A 左右，保持电流为 12A 左右。

d. 电磁阀工作电压检查。在启动柴油机的情况下，喷油器电磁阀端子处应有 5V 脉冲电压输入；或用试灯（需串联 300Ω 左右的电阻）连接喷油器电磁阀两个端子，启动时试灯应时亮时灭。

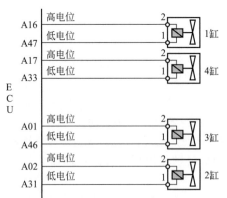

图 4-9　喷油器电磁阀与 ECU 的电路连接

e. 数据流检测。用 X-431 故障诊断仪可以读取"当前系统喷油量""当前系统喷油占空比"和"主喷修正量" 3 个参数的数据流。

⑤ 电控泵喷嘴电磁阀的维修。泵喷嘴电磁阀的功能类似于电控喷油器中的电磁阀。泵喷嘴系统的电控单元精确控制各缸泵喷嘴电磁阀激活时刻和时间，从而精确调节各缸泵喷嘴的喷射始点和喷射量。若泵喷嘴电磁阀失效，柴油机将不能平稳运转，功率也将下降。严重时将自动熄火。泵喷嘴电磁阀的电路如图 4-10 所示。

泵喷嘴电阻的检测方法如下。

a. 断开气缸盖处的泵喷嘴的电线插头。

b. 检查气缸盖处插头触点之间的电阻（图 4-11）。1 缸，触点 7 和 5。2 缸，触点 7 和 3。3 缸，触点 7 和 2。4 缸，触点 7 和 6。电阻规定值约为 0.5Ω。

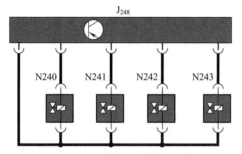

图 4-10　泵喷嘴电磁阀的电路

图 4-11　泵喷嘴接插头

c. 检查电路间及对地是否短路，规定值为 8Ω。如果达到规定值，则检查控制单元的电路。如果未达到规定值，则先拆下上部齿形皮带和气缸盖罩，然后用螺丝刀（图 4-12 中箭头）撬开泵喷嘴插头，支住插头的另一侧，防止其倾斜。

d. 再次检查泵喷嘴阀 1、2 触点间的电阻（图 4-13），规定值约为 0.5Ω。如果未达到规定值，则更换泵喷嘴。如果达到规定值，先检查泵喷嘴与 4 个插头的触点 2 的电路是否断路。1 缸，触点 2（灰）+触点 5。2 缸，触点 2（红）+触点 3。3 缸，触点 2（黄）+触点 2。4 缸，触点 2（白）+触点 6。线路电阻的最大值为 1.52Ω。再检查泵喷嘴与所有 4 个插头间电路是否短路，触点 1（棕）+触点 7。线路电阻的最大值为 1.5Ω。对线路短路进行附加检查，规定值为 0。

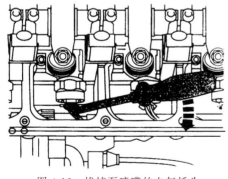

图 4-12　拔掉泵喷嘴的电气插头

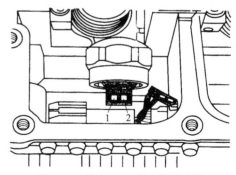

图 4-13　检查 1、2 触点间的电阻

e. 检查控制单元电路。先将测试盒 VAG1598/31 连接到柴油机控制单元线束上，但不要连接柴油机的控制单元。然后按电路图检查测试盒与插头间的线路是否正常（图 4-14），触点 2+插口 118、触点 3+插口 117、触点 5+插口 116、触点 6+插口 121、触点 7+插口

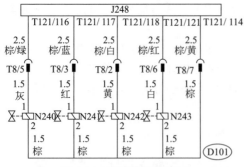

图 4-14　泵喷嘴的电路图

114。线路电阻最大值为 1.5Ω。

f. 检查线路间、对地及对蓄电池正极是否短路，规定值为 8Ω。

如果在线路中未检测到故障，则更换电控系统的控制单元。

4. 检修 EGR 电磁阀

检修 EGR 电磁阀的方法如下。

① 将点火开关置于"OFF"位置，拔下 EGR 电磁阀线束连接器，用万用表电阻挡测量电磁阀电磁线圈的电阻，其阻值应符合规定（一般为 20～500Ω），否则，应更换 EGR 电磁阀。

② 拔下与 EGR 电磁阀相连的各真空软管，从柴油机上拆下 EGR 电磁阀。

③ 在 EGR 电磁阀的电磁线圈不接电源时检查各管口之间是否通气。此时，EGR 电磁阀上的管接口 A 与 B、A 与 C 之间应不通气，但管接口 B 与 C 之间应通气，如图 4-15 所示。否则，应更换 EGR 电磁阀。

④ EGR 电磁阀线圈接电源，如图 4-15(b) 所示。此时，EGR 电磁阀管接口 A 与 B 之间应通气，而管接口 A 与 C、B 与 C 之间应不通气。否则表明 EGR 电磁阀损坏，应更换。

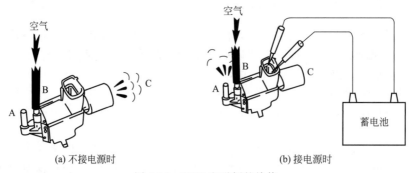

(a) 不接电源时　　　　　　　(b) 接电源时

图 4-15　EGR 电磁阀的检修

5. 检测预热传感器

现以宝来柴油机为例，介绍预热传感器检测方法。启动预热控制系统电路如图 4-16 所示。ECU 通过电源继电器和热继电器控制预热塞工作。点火开关接通后，ECU 的端子 18 经内部搭铁使电源继电器内线圈的电路连通，电源继电器的开关闭合；当冷却液温度或进气

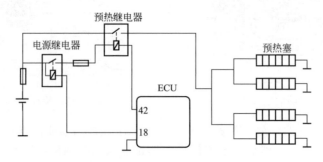

图 4-16　启动预热控制系统电路

温度低于设定值时，ECU 的端子 42 经内部搭铁使预热继电器内线圈的电路连通，预热继电器的开关闭合，蓄电池经熔丝和预热继电器向预热塞供电，以对进气进行预热。

除电磁阀（电磁线圈）外，继电器是电控系统应用最多的执行元件。在发动机电控系统中，ECU 主要通过控制继电器来实现对执行元件电路通断的控制，进而控制执行元件是否工作。继电器实际就是一个由 ECU（或其他装置）控制的电路开关，发动机电控系统中，常用的继电器主要有电源继电器（主继电器）、燃油泵继电器、冷却风扇继电器、预热继电器等，其结构原理和检测方法基本相同。继电器通常有四个端子，其检测方法如下。

① 拆下继电器，用万用表检测继电器线圈的两个端子之间电阻，应不为∞（无断路）。

② 用万用表检测继电器开关的两个端子之间电阻，应不为 0（无短路）。

③ 用蓄电池或稳压电源给继电器线圈施加 12V 电压，用万用表检测继电器开关的两个端子之间的电阻，应为 0（导通）。

6. 检测预热塞

预热塞的检测方法如下。

① 关闭点火开关，拆开预热塞线束连接器线圈，施加 12V 电压。

② 将二极管灯的一端连接到蓄电池正极上，用二极管灯的另一端分别触试预热塞（图 4-17），二极管灯应点亮。如果用二极管灯的另一端触试预热塞时，二极管灯不亮，说明预热塞有故障。

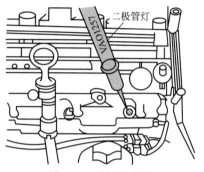

图 4-17　检测预热塞

7. 检测燃油计量电磁阀

博世共轨系统的燃油计量电磁阀安装在高压油泵的进油位置，用于调整燃油供给量和燃油压力值，其调整要求受 ECU 控制。

在控制线圈没有通电时，燃油计量比例阀是导通的，可以提供最大流量的燃油。ECU 通过脉冲信号改变高压油泵进油截面积而增大或减小油量。

① 对于采用博世电控系统的长城 GW2.8TC 增压共轨柴油机，当燃油计量电磁阀失效时，柴油机无法启动及运行。

若燃油计量比例电磁阀失效，如卡滞、无法打开、高压燃油无法进入油轨，导致此类故障现象出现多为燃油中含有杂质造成的，可对燃油计量比例电磁阀进行清洗；燃油计量比例电磁阀与 ECU 连接线路断路，导致 ECU 无法对燃油计量比例电磁阀进行控制，因此柴油机熄火或无法启动。

说明：该车采用的燃油计量电磁阀为常闭式。

② 对于采用博世共轨系统的玉柴及潍柴电控共轨柴油机，采用常开式的燃油计量电磁阀（缺省状态为全开）。当燃油计量电磁阀失效时，柴油机可以正常启动及运行（跛行回家）。

当 ECU 判断燃油计量电磁阀的驱动失效（计量阀损坏、驱动线路开路及短路）时，ECU 采取的系列处理措施如下：点亮故障灯；产生故障码 P0251、P0252、P0253、P0254、P025C、P025D；燃油压力超高、限压阀被冲开（用手分别放在回油管及共轨上，能明显感觉到 50℃ 左右的温度差）；诊断仪显示轨压在 70.0～76.0MPa 范围内，随转速升高而增大；限制柴油机转速（1700r/min 左右，通过控制喷油量实现），在限制范围内，油门仍然起作用；关闭点火开关后，燃油压力泄放阀关闭，恢复正常。

③ 对于采用德尔福共轨系统的玉柴电控共轨柴油机，当燃油计量电磁阀失效时，柴油

机无法启动及运行。

当 ECU 判断燃油计量阀驱动失效（如燃油计量阀损坏、驱动线路的开路及短路）时，ECU 采取系列处理措施如下：停机或无法启动；产生故障码 P0251、P0253、P0255。

现以长城 GW2.8TC 电控共轨柴油机为例，说明燃油计量电磁阀的检修方法。该车燃油计量电磁阀有两个接线端子（图 4-18）：端子 1 接 ECU 的 A49（低电位）；端子 2 接 ECU 的 A19（高电位）。

图 4-18　燃油计量电磁阀电路

a. 检查外线路。参考图 4-18，用万用表的电阻挡，分别测量端子 1 与 A49、端子 2 与 A19 之间的电阻值，来判断外线路是否存在短路及断路故障。

b. 测量传感器电阻值。关闭点火开关，拔下燃油计量比例电磁阀插头，测量传感器侧 1 与 2 两端子间的电阻，20℃情况下，两端子间的电阻值应在 3Ω 左右。

c. 听声音判断工作是否异常。燃油计量比例电磁阀在断电时关闭，切断低压油路与高压油路的联系，在通电时则打开。因此，点火开关置于"ON"位置时，应听到燃油计量比例电磁阀发出连续不断的嗡鸣声，且把手放上应能够感到明显振动。

d. 数据流检测。用 X-431 故障诊断仪可以读取油量计量单元供油设定值、油量计量单元输出占空比和轨压电控单元供油预控值三个参数的数据流。

燃油计量电磁阀失效时故障的诊断与处理，见表 4-1。

表 4-1　燃油计量电磁阀失效时故障的诊断与处理

故障现象	故障原因及提示	相关维修建议
功率不足，转速限在 1700r/min 以内	①燃油计量阀故障；驱动线路故障 ②诊断仪中记录相关故障码 P0251、P0252、P0253、P0254、P025C、P025D ③相应故障灯闪码是 354、355、356、353	①检查燃油计量阀的驱动线路，是否有开路或短路情况；正常情况下驱动线路上的电压应是 24V ②检查燃油计量阀线路电阻是否符合物理特性（2.6～3.15Ω），判断是否损坏

注：1. 燃油计量电磁阀失效后，必须更换整个高压油泵，不允许自行更换燃油计量阀。

2. 更换新的计量电磁阀后，有时感觉柴油机没有以前有动力。主要原因是，由于柴油里的硬质颗粒太多，这一方面使喷油器的阀组件座面磨损，另一方面也使计量电磁阀活塞的燃油通道磨损，通道磨损后使得通道相对变大，此时燃油的流量就会相应地变大。

流量变大后，油泵的供油能力也相应加强，所以柴油机显得更有动力。因此，换上新的计量电磁阀后，油量恢复正常，感觉自然会有所反差。

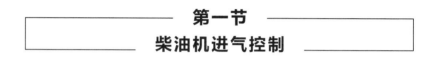

第五章
柴油机进气控制系统结构与维修

第一节
柴油机进气控制

现代电控柴油机车上，根据柴油机不同工况的需要，利用进气管进气节流控制系统实现对进气量和进气管压力的调节，一方面能保证混合气质量分数符合不同负荷时的要求，另一方面可保证低转速时能够正常进行废气再循环。

在发动机低转速和低负荷下，进气歧管内压力下降不足，无法保证废气再循环系统的功能。因此，用进气歧管翻板控制装置关闭节气门，以增加发动机启动时及发动机在部分负荷条件下运行时的进气歧管内压力降，改善 EGR 系统的功能，不会影响废气再循环系统的功能。

一、进气翻板控制

柴油机进气节流控制的方法就是在进气道中安装一个油门，并由电控执行元件根据ECU的指令控制油门的开度，以控制进气量和进气管压力。进气管节流控制系统一般只在低速、小负荷工况时才工作，油门的开度一般利用直流电动机或电控气动装置来实现控制。

1. 电控柴油机的进气管节流方法

电控柴油机的进气管节流方法有直流电动机型进气节流控制系统和电控气动型进气节流控制系统两种。

（1）直流电动机型进气节流控制系统　直流电动机型进气节流控制系统如图 5-1 所示。ECU根据加速踏板位置传感器和柴油机转速传感器信号，通过直流电动机直接开启或关闭油门。一汽大众捷达轿车电控柴油机即采用此类型进气节流控制系统，其控制原理如图 5-2 所示。

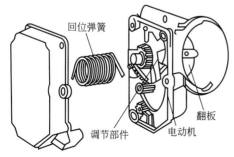

图 5-1　直流电动机型进气节流控制系统结构

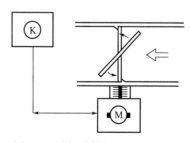

图 5-2　进气歧管翻板的控制原理

（2）电控气动型进气节流控制系统　电控气动型进气节流控制系统如图5-3所示。通常情况下，进气控制电磁阀不通电，真空膜片气室的真空通道被电磁阀关闭，油门处于开启状态。当进气控制电磁阀通电时，电磁阀开启真空膜片气室的真空通道，真空膜片气室通过拉杆驱动油门关闭。一汽大众公司宝来轿车电控柴油机即采用此类型进气节流控制系统，油门只在柴油机熄火时关闭约3s，然后再开启，目的是停止空气供给，使柴油机熄火更柔和。

2. 涡轮增压柴油机的电控进气管节流控制系统

涡轮增压柴油机的电控进气管节流控制系统如图5-4所示。在分隔成两半的进气总管中，各设有一个节流阀，即主阀和副阀。主阀由加速踏板直接驱动，而副阀则由一个真空弹簧膜片阀驱动。分别与真空弹簧膜片阀两侧相通的两个真空开关阀按ECU的指令改变真空回路，在真空弹簧膜片阀的驱动下，使副阀处于全开、半开或全闭的位置，使副阀的开度得到控制。

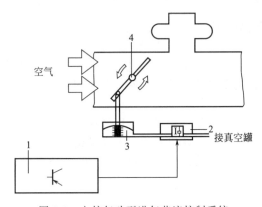

图5-3　电控气动型进气节流控制系统
1—ECU；2—进气控制电磁阀；
3—真空膜片气室；4—油门

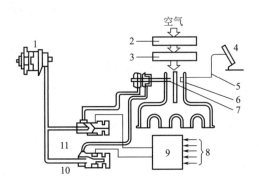

图5-4　涡轮增压柴油机的电控进气管节流控制系统
1—真空泵；2—空气滤清器；3—涡轮增压器；4—加速踏板；5—电缆；6—主阀；7—副阀；8—各种传感器；9—ECU；10—真空开关阀2；11—真空开关阀1

在低速或怠速工况下，主阀关闭或开度很小，而受到ECU控制的副阀开度，除了可使处于小流量状态下的进气流速增大、气流惯性增大、充量增多、涡流强度增强、为怠速或低速工况下提供较好的工作环境外，还因为进气管中节流所产生的真空度可使气缸压力下降，而有效降低怠速或低速时的噪声和振动。此外，当燃油系统突发故障，造成柴油机转速突然增高时，除了将加速踏板松开、使主阀关闭外，ECU得到来自柴油机转速传感器的超速信号后，也会迅速关闭副阀，防止柴油机"飞车"。

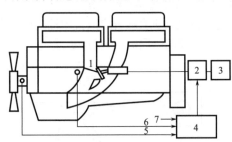

图5-5　自然吸气柴油机的电控进气管节流控制系统
1—进气控制阀；2—电磁阀；3—空气罐；4—ECU；5—转速信号；6—负荷信号；7—电源

3. 自然吸气柴油机的电控进气管节流控制系统

自然吸气柴油机的电控进气管节流控制系统如图5-5所示。ECU根据柴油机转速和负荷信号，控制压缩空气罐电磁阀的开启和关闭，进而控制气缸动作，开启或关闭进气控制阀。负荷较大时，进气控制阀关闭，惯性增压效果好，进气量增加；负荷减小时，进气控制阀开启，惯性增压效果差，进气量减少，可达到节能的效果。

二、可变气门驱动系统

汽车发动机采用可变气门驱动系统，可使气门开启及关闭时间、气门升程随发动机工况变化，改善怠速稳定性，增加低速下外特性转矩，改善部分负荷燃油经济性和降低有害排放。可变气门驱动机构用于批量生产的汽车发动机上，取代传统气门驱动的无凸轮轴气门驱动机构。

目前，气门驱动系统按方式不同可分为凸轮和无凸轮两大类。凸轮驱动可变配气正时系统的结构相对简单、可靠，在汽车上已有很多应用。无凸轮驱动可变配气正时系统是近年来研究的新领域，其结构相对复杂，目前只在大型低速柴油机上应用。气门驱动控制系统对柴油机和汽油机均可使用。

凸轮驱动可变配气正时系统的可变气门机构往往在凸轮、凸轮轴和传动元件上做些改进和变化。例如采用多维凸轮、双凸轮、可变凸轮相位、可变摇臂及可变挺杆等。这种可变气门机构所提供的气门定时变化范围不大，可用于改善发动机转矩特性等场合。

无凸轮驱动可变配气正时系统的直接气门控制式的驱动机构，取消了发动机中传统气门机构中的凸轮轴及其从动件，而以电磁、电液、电气或其他驱动方式驱动气门。采用无凸轮轴直接气门驱动方式，除了和其他可变气门机构一样外，还能使发动机在燃油经济性、动力性和降低排放等方面得到改善。

1. 无凸轮轴的直接气门控制系统

无凸轮轴的直接气门控制系统独有的优点如下。

① 能灵活、单独地控制排气门开启与闭合定时中的任意定时和气门开启延续时间，使发动机每个工况的这些参数都符合最佳性能要求。有凸轮轴的可变气门正时机构实现的气门定时和气门开启延续时间，一般只能按驱动机构的运动学关系同时变化，而不能独立变化。因此，采用无凸轮轴气门驱动机构，在改善发动机性能方面可获得更好的效果。

② 简化了发动机的结构，降低了发动机的加工成本和重量。气门可根据燃烧室的形式进行布置，不必布置在与凸轮轴中心线垂直的平面上。气门布置的灵活性，可能导致设计出新的更有利于发动机工作的燃烧室形式。

③ 每个气门单独驱动，因此容易实现部分气缸停止工作，使发动机处于较低燃油消耗率的工作状态，降低使用油耗。

④ 可通过实现改变进气晚关角的方式来改变多种燃料发动机的有效压缩比，以适应不同燃料的要求。

2. 可变进气相位控制系统

德国大众公司可变进气相位控制系统的作用是根据柴油机运行工况的变化，使进气凸轮轴相对曲轴转动，来实现对进气相位的控制。

德国大众公司可变进气相位控制机构如图5-6所示。在柴油机每列气缸的气缸盖上，排气凸轮轴安装在外侧，进气凸轮轴安装在内侧。曲轴通过同步带驱动排气凸轮轴，排气凸轮轴通过传动链驱动进气凸轮轴。柴油机工作时，ECU根据柴油机转速信号控制

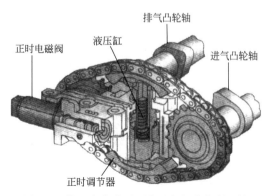

图 5-6　德国大众公司可变进气相位控制机构

正时电磁阀动作,以此改变通向液压缸的油路,而液压缸则带动正时调节器向上或向下移动。当正时调节器向上或向下移动时,进气凸轮轴与排气凸轮轴间传动链紧边的位置随之改变。由于排气凸轮轴与曲轴间采用同步带传动,排气门的配气相位不变,所以进气凸轮轴与排气凸轮轴间传动链紧边的变化,会改变进气凸轮轴与曲轴间的相对位置,从而调节进气门的配气相位。柴油机转速较低时,进气相位提前;柴油机转速较高时,进气相位推迟。

3. VTEC(可变配气正时及气门升程电控机构)系统

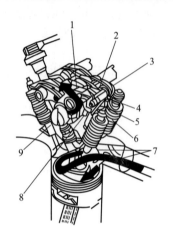

图 5-7 日本本田公司 VTEC 的组成
1—正时片;2—中间摇臂;3—次摇臂;
4—同步活塞 B;5—同步活塞 A;
6—正时活塞;7—进气门;
8—主摇臂;9—凸轮轴

日本本田公司 VTEC 系统的作用是根据柴油机运行工况的变化,通过变换驱动进气门工作的凸轮,来实现对进气相位及进气门升程的控制,并完成单进气门工作和双进气门工作的切换。

日本本田公司 VTEC 的组成如图 5-7 所示。同一缸的两个进气门有主、次之分,即主进气门和次进气门。每个进气门通过单独的摇臂驱动,驱动主进气门的摇臂称为主摇臂,驱动次进气门的摇臂称为次摇臂,在主摇臂和次摇臂之间装有一个中间摇臂,中间摇臂不与任何气门直接接触,三个摇臂并列在一起组成进气摇臂总成。凸轮轴上相应有三个不同升程的凸轮分别驱动主摇臂、中间摇臂和次摇臂,凸轮轴上的凸轮也相应分为主凸轮、中间凸轮和次凸轮。在凸轮轴形状设计上,中间凸轮的升程最大,次凸轮的升程最小,主凸轮的形状适合柴油机低速时主进气门单独工作时的配气相位要求,中间凸轮的形状适合柴油机高速运转的情况下主、次双进气门工作时的配气相位要求。正时片是在正时活塞处于初始位置和工作位置时,靠复位弹簧使其插入正时活塞相应的槽中,使正时活塞定位。

4. 可变摇臂机构

可变摇臂机构的结构如图 5-8 所示。这种机构通过改变摇臂铰接点的位置来改变摇臂比,仅可改变气门升程,而不能改变气门正时和开启持续时间。

5. 可变液压顶杆机构

可变液压顶杆机构通过改变液压顶杆的容积来改变气门的正时和行程,有机械控制式和电控式两种。如图 5-9 所示为现代/西门子公司的电控可变气门正时系统的示意。这种机构已经在现代 2.0L DOHC 柴油机上应用。该机构包括一个凸轮从动件、一个与一定容积的油腔连在一起的驱动器和一个由计算机控制的大流量电磁阀。油腔容积的改变使气门升程和正时在凸轮线型决定的轮廓线内变化。由于保留了凸轮,因此其调节范围仍受到凸轮线型的限制,其气门升程曲线只能在原凸轮驱动的气门升程曲线轮廓线内。

6. 无凸轮驱动可变气门系统

无凸轮驱动可变气门系统取消了凸轮,由电磁驱动或液压驱动。系统设有 ECU,以检测柴油机的工况,接受、处理传感器的信号并根据 MAP 图发出控制信号,控制气门的开启与关闭。由于系统调节不受凸轮线型的制约,因此气门参数调节更加灵活。

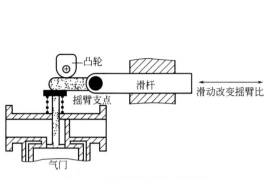

图 5-8　可变摇臂机构的结构

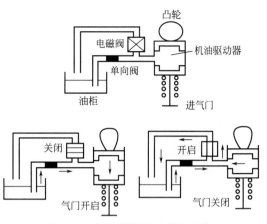

图 5-9　现代/西门子公司的电控
可变气门正时系统的示意

无凸轮的气门驱动控制系统的类型有利用电磁线圈直接控制气门的电磁式气门驱动系统、利用电控液压装置驱动气门的电液式气门驱动系统等。还有气动气门机构，其原理与电液式气门驱动机构相似，只是将工作介质换为压缩空气，另外还有电动机-凸轮驱动机构等其他一些驱动方式。

（1）电磁铁驱动可变气门系统　这种系统由电磁线圈直接驱动气门，通过改变线圈的通电和断电时刻控制气门的开启始点及开启持续时间。气门动作调节灵活，响应迅速，调节能力强。如图 5-10 所示为通用公司推出的电磁铁直接控制的可变气门正时系统的原理。永久磁铁提供的锁紧力使气门锁定在全开或关闭位置；通过励磁线圈使气隙磁通减小而使气门开始运动，气门运动的动力由弹簧提供。这种系统取消了凸轮，气门开启和关闭点较自由；开启和关闭动作迅速。气门行程为 8mm，开启时间为 9ms，关闭时间为 6ms，但气门的冲击与噪声较大，磨损较快；为了防止线圈过热，需要另外的冷却和润滑机构。

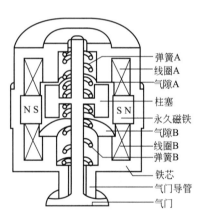

图 5-10　通用公司推出的电磁铁直接
控制的可变气门正时系统的原理

（2）电动机直接控制凸轮的可变气门驱动系统　这种系统虽有凸轮，但已不再是传统意义上的凸轮，通用公司研发的电动机驱动凸轮的可变气门系统如图 5-11 所示。这种系统中，每个气门都由一套永磁无刷直流电动机带动凸轮驱动，通过增大或减小电动机的角速度来改变气门开启和关闭的动作时间，通过使凸轮在气门开启或关闭点附近摆动来实现部分升程的运行。该机构样机台架试验转速达 3225r/min，相对应柴油机转速为 6450r/min。它适应的转速范围很大，在可变定时和部分升程运行方面具有较好的灵活性，但将柴油机的运转过程与电动机协调一致比较困难；在控制过程中频繁改变电动机的转速和转向，控制相当复杂；在高转速下，消耗的电功率太大；气门落座速度较快。

（3）液压驱动可变气门系统　液压驱动可变气门系统有电控无弹簧双作用和电控弹簧单作用液压活塞可变气门驱动系统两种。

① 电控无弹簧双作用液压活塞可变气门驱动系统。这种系统取消了凸轮及复位弹簧。如图 5-12 所示为福特公司生产的电控无弹簧双作用液压活塞可变气门驱动系统的原理。该

系统有高压和低压油源各一个，气门顶部装有一个双作用的液压活塞，活塞上部油腔分别与高压和低压油源相通；活塞下部油腔始终与高压油源连通。活塞上部的面积明显大于下腔的面积。高压电磁阀在气门开启的加速过程中开启，减速过程中关闭。低压电磁阀的开启和关闭控制气门的关闭过程。系统还包括一个高压单向阀和一个低压单向阀，以保证气门在开启到最大行程时活塞上部压力不会太低，气门在落座之前活塞上部油腔压力不至于太高。

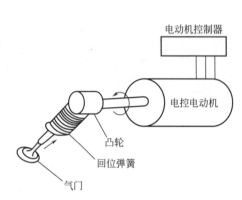

图 5-11 通用公司研发的电动机
驱动凸轮的可变气门系统

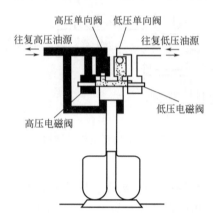

图 5-12 福特公司生产的电控无弹簧双作用
液压活塞可变气门驱动系统的原理

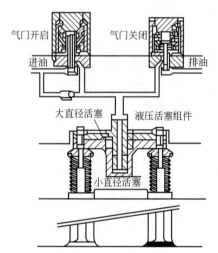

图 5-13 鲁卡斯（Lucas）公司电控
弹簧单作用液压活塞可变
气门驱动系统的原理

② 电控弹簧单作用液压活塞可变气门驱动系统。这种系统也取消了凸轮轴，保留了气门复位弹簧。如图 5-13 所示为鲁卡斯（Lucas）公司电控弹簧单作用液压活塞可变气门驱动系统的原理。该系统由一个动断型和一个动合型两位两通电磁阀共同作用，控制气门的开启和关闭，通过复位弹簧回位，液压系统的压力为 10～35MPa。这种系统中，气门的开启和关闭点以及气门的开启速度和气门升程由 ECU 控制。ECU能根据柴油机转速和负荷等信息化柴油机性能。该系统能实现气门正时、气门升程以及气门开启速度的灵活调节。

三、可变进气涡流控制系统

直喷柴油机在大负荷运转工况时，发动机的循环供油量大，喷油压力高，燃油雾化好，需要的进气量大，要求进气流动损失小，进气涡流可以弱一些。而在中低负荷运转工况时，循环供油量小，燃油喷射压力低，燃油雾化差，需要的进气量少，所以要求有较强的进气涡流，以促进燃油雾化后与空气的混合，改善柴油的燃烧过程，提高燃烧效率。

为弥补螺旋进气道设计的不足，需要对进气涡流进行可变控制。可变进气涡流控制系统的运用不但要使发动机产生进气涡流，而且要使涡流的强度随不同的发动机工况可调。

现代柴油机的进气涡流控制系统，利用电控装置来改变进气道结构或干扰进气道中的气流运动，实现进气涡流控制。进气涡流的控制方法有许多种，但无论采用哪一种方法，都应保证在不降低进气流量的前提下，能在较大范围内调节进气涡流强度，并尽量减少对进气系统结构的改变。

可变进气涡流控制系统的控制方法主要有双气道式、导气屏式、喷孔式、气道分隔式、可调涡流式、带涡流控制阀的进气涡流控制装置等几种。

1. 双气道式可变涡流进气系统

双气道式可变涡流进气系统是在原进气道的基础上，设置了一个可以降低涡流的副气道。副气道在转换阀的控制下，从主气道上方以一定的角度把进气引入主气道。该可变涡流进气系统只能用于原来涡流较强的进气系统，降低涡流强度。由于副气道的角度要求非常严格，使进气系统结构改动大，加工工艺非常复杂。

双气道式进气涡流控制装置的结构如图 5-14 所示，设有主、副两个进气道，副气道以一定的角度与主气道相连，主气道能够产生低速时所需的强进气涡流，副气道用于控制主气道的进气涡流。当柴油机低速运转时，利用转化阀关闭副气道，利用主气道产生强大的主涡流。而当柴油机高速运转时，利用转换阀开启副气道，主副两个气道同时进气，既能保证较高的充气效率，又能利用副气道产生的反向涡流降低主气道进气涡流的强度。

2. 导气屏式可变涡流进气系统

导气屏可使进气在气缸内绕其轴线旋转，这种旋转运动是由进气门上导气屏的阻流和导流作用、气缸壁的导流作用以及进气道方向与导流屏方位角密切配合而综合形成的。

导气屏实际就是导向叶片，它安装在进气门上，并可绕气门旋转，如图 5-15 所示。当气缸进气时，利用导向叶片对进气流的导向作用，在气缸内产生绕气缸轴线旋转的进气涡流，进气涡流的强度取决于导向叶片的包角和方位角，改变导向叶片的包角或方位角，均可达到调节进气涡流强度的目的。

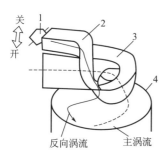

图 5-14　双气道式进气涡流控制装置的结构
1—转换阀；2—副进气道；3—主进气道；4—气缸

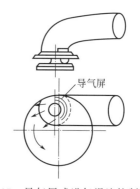

图 5-15　导气屏式进气涡流控制系统

3. 喷孔式变涡流控制系统

喷孔式变涡流控制系统如图 5-16 所示。它是将喷孔布置在进气道下方，喷孔关闭时，就是原机的螺旋气道，能产生较好的涡流比；喷孔打开时，通过该孔的空气与螺旋气道的空气相撞，降低了涡流强度。涡流比的变化范围与喷孔相对于进气道的位置有很大的关系。从理论上讲，通过进气道的空气流向喷孔出口处，与喷孔位于同一直线上时，涡流比的变化范围最大。有人通过试

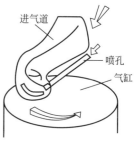

图 5-16　喷孔式变涡流
控制系统

验证明这种涡流机构没有流量损失。

当柴油机低转速工作时，喷气孔关闭，原有进气道可以产生较强的进气涡流。柴油机高速工作时，喷气孔开启并向进气道喷入空气，喷入的空气与进气道的空气相撞，使进气涡流强度降低。通过改变由喷气孔向进气道喷气的角度或速度，可增大控制涡流强度的变化范围。通过喷气孔向进气道喷入的空气，一般来源于储气筒。

此种方法通过向进气道喷入空气对进气流进行干扰来降低进气涡流强度，采用此方法对进气系统结构改动小，对充气效率影响小，控制系统简单，容易实现。

4. 气道分隔式进气涡流控制装置

气道分隔式进气涡流控制是在进气道内部布置水平隔板，把进气道分为上下两层。如果关闭上层气道，空气只由下层气道进入，流速较快，在气缸内形成较强的涡流。若打开上层气道，则可在气缸内形成较弱的涡流。此种结构类似于汽油机的动力阀控制系统，通过改变进气道流通截面的方法，来调节进气流的速度，从而改变进气涡流的强度。这种方法虽然简单，但在较强的充气涡流时，充气面积减小，空气流速提高，会造成充气系数的降低。

气道分隔式进气涡流控制装置如图5-17所示，在进气道内布置有水平隔板，关闭上层气道进口的板式阀，只有下层气道开启，进气速度提高，产生强涡流；若打开板式阀，则恢复到弱涡流状态。柴油机低速运转时，控制阀关闭上层进气道，进气道流通面积变小，进气流速度提高，进气涡流增强。柴油机高速运转时，控制阀开启上层进气道，两层进气道进气使进气道流通截面增大，进气流速度降低，进气涡流减弱。这种方式产生强涡流时流量系数大幅度降低。

5. 可调涡流式进气涡流控制装置

可调涡流式进气涡流控制装置是在不同柴油机转速下，通过不同的进气道进气实现进气涡流控制的，它的结构如图5-18所示。

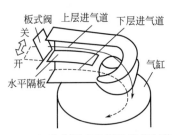

图5-17 气道分隔式进气涡流控制装置

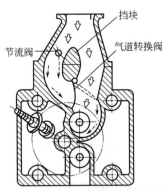

图5-18 可调涡流式进气涡流控制装置的结构

进气道内设有挡块，将进气道分为螺旋气道和直气道，在两个气道下部会合处设有气道转换阀，在螺旋气道内装有一个节流阀。柴油机以高速运转时，利用转换阀关闭功能能产生较强涡流的螺旋气道，由直气道进气，进气涡流较弱；柴油机以中等速度运转时，利用转换阀关闭直气道，由此产生较强涡流的螺旋气道进气，节流阀也部分关闭，由于节流阀使进气流通截面变小，且由此产生较强涡流的旋转气道进气，所以能产生很强的进气涡流，低负荷时使用节流阀。

6. 带涡流控制阀的进气涡流控制装置

带涡流控制阀的进气涡流控制装置如图 5-19 所示。在进气道内安装一个隔板，从气道上部凸出到下部，将气道分为螺旋气道和旁通气道。当部分负荷要求较高的涡流比时，旁通气道关闭；当全负荷要求较高的充量系数时，旁通气道打开。这种形式气道的缺点是气道内隔板固定困难，而且由于旁通阀的存在，降低了流量系数和充气系数。

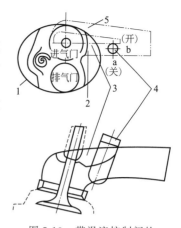

图 5-19　带涡流控制阀的
进气涡流控制装置
1—气缸；2—旁通气道；3—隔板；
4—旁通阀；5—螺旋气道

旁通气道式进气涡流控制与气道分隔式基本相同，它是利用从气道上部突出到下部的隔板将气道分为螺旋气道和旁通气道，并利用旁通阀关闭或开启旁通气道来改变进气流通截面的大小，从而实现对进气涡流的控制。采用此方法控制进气涡流，缺点是气道内隔板固定困难，而且由于隔板和旁通阀的存在，会影响充气效率。

进气可调涡流机构大多可以采用电控方式。电控单元根据发动机转速和负荷所确定的工况，驱动各种执行机构来调节进气涡流的强度。

首先电控单元要检测发动机的转速和负荷，也就是加速踏板的位置；然后根据已存储在电控单元中的最佳涡流比 MAP 图，向执行机构发出控制信号，执行机构驱动有关的调节机构，将发动机涡流比调节到最佳值。由于上述的各种可变机构中，大多是调节有关的转换阀的开度或位置，因此，一般可按位置伺服控制系统来处理。执行机构可采用各种电磁机构，如用伺服电动机驱动，也可采用气动机构。

现以日本五十铃 6SDI-TC 柴油机为例，介绍进气涡流控制系统的组成。

该系统采用喷孔式进气涡流控制方法，如图 5-20 所示，由 ECU 根据柴油机转速加速和踏板位置信号，通过一个电磁阀和一个气动膜片阀来控制喷气孔的开闭，调节由储气筒经喷气孔喷入进气道的压缩空气量，实现对进气涡流强度的控制。柴油机转速较低、进气涡流较弱时，ECU 发出控制指令，电磁阀断电使气动膜片阀的气压通道阻断，气动膜片阀关闭喷气孔，停止向进气道喷气，以增强进气涡流强度；反之，当柴油机转速较高、进气涡流过强时，ECU 发出指令，电磁阀通电，接通气动膜片阀的气压通道，使气动膜片阀开启喷气孔，同时来自储气筒的压缩空气经喷气孔喷入进气道，以抑制进气涡流强度。

当 ECU 根据冷却液温度传感器信号确定柴油机的温度低于正常工作温度时，即使柴油

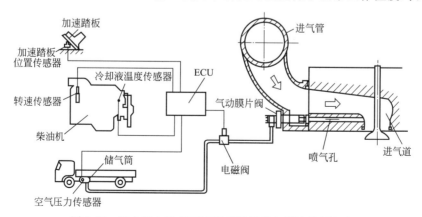

图 5-20　日本五十铃 6SDI-TC 柴油机进气涡流控制方法

机处于启动或怠速的低速工况，进气涡流控制系统也保持向进气道喷气，以降低进气涡流强度的工作状态，这样可减少由于气缸内气流运动引起的散热损失，从而改善柴油机冷启动性能和缩短暖机时间，也有利于减轻柴油机低温时冒白烟的现象。

日本五十铃 6SDI-TC 柴油机进气涡流控制系统中，采用的是二位二通开关型电磁阀，只有开或关两种状态，这使其对进气涡流的控制也只有强、弱两个变化，若采用占空比控制型电磁阀或步进电动机控制，即可实现气动膜片阀开度由最小到最大开度的连续变化，从而实现对进气涡流强度的连续控制。

第二节
柴油机空气预热系统

柴油机的空气预热系统按照预热方式不同进行分类，可以分为进气预热系统、燃烧室预热系统和辅助预热系统三种。按照预热装置的不同可以分为预热塞式和预热器式两种。

柴油机预热系统是柴油发动机所特有的。与汽油机相比，柴油机燃料蒸发性差、运动惯性大、无强制点火装置，发动机冷态启动时，即使压缩充分，由于温度低，喷入的燃油并未升温至自燃温度。因此，为改善柴油机的低温启动性能，必须用预热系统来改善点火性能。

启动预热系统在发动机冷态启动前，通过电子装置加热压缩空气，提高了发动机的启动性，即使在启动后，依据冷却液温度，将对空气继续加热一定时间，从而可以减少柴油发动机的爆燃和冒白烟现象。

一、空气预热系统的分类

1. 按预热方式的不同分类

（1）进气预热系统　通过预热塞（或预热器）将进气预热系统安装在进气管内，直接对进入气缸前的空气进行预热，如图 5-21 所示。

（2）燃烧室预热系统　燃烧室预热装置安装在燃烧室内，用预热塞直接加热燃烧室的空气，如图 5-22 所示。

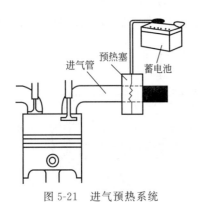

图 5-21　进气预热系统

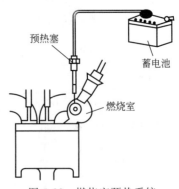

图 5-22　燃烧室预热系统

（3）辅助预热系统（冷却液预热装置）　将预热装置安装在冷却系统中，对冷却液进行预热。

目前，柴油机应用最广泛的预热装置是进气预热系统和燃烧室预热系统，其次是辅助预热系统（冷却液预热）。三者不同的只是预热装置的安装位置和加热对象。

2. 按预热的装置不同分类

按照预热装置的不同进行分类，可以分为火焰预热器和电预热式两种，电预热式又可分为预热塞式和预热器式两种。

（1）火焰预热器　火焰预热器只适用于进气预热中，它安装在发动机的进气管中，燃油在进气歧管内燃烧，由此来加热空气，使车辆在寒冷情况下的启动更为容易。

（2）电预热式　按照预热装置的结构原理不同，可以分为预热塞式预热装置和预热器式预热装置两种。

预热塞式预热装置是利用电池发热的预热塞向各个气缸的燃烧室内的压缩空气直接供热，同时通过喷射燃油与发热部接触来提高着机性能。以前使用的普通型预热塞式预热装置预热时间需要几十秒，而最近采用在预热塞式预热装置中施加超电压大幅缩短预热时间，并通过电子电路控制通电时间的急速型预热方式正在逐渐增多。预热塞式预热装置安装在燃烧室内，前端突出，通过前端 800～900℃ 的高温来辅助着机，使柴油机能够容易启动。预热塞式预热装置一般安装在分隔式的燃烧室中，也有安装在直喷式燃烧室内的情况。

预热器式预热装置是加热吸入歧管内空气的方式，包括用燃油装置中取出的燃油来加热吸入空气的燃烧式和使用电气预热器来加热直接吸入空气的电热式两种。

在重型柴油机上，除了在进气道中安装有电热塞进行预热之外，在燃油滤清器座上还安装有电加热器，对燃油进行加热。加热柴油的目的是防止结蜡。如康明斯 ISBe 高压共轨柴油机就安装有燃油电加热器。燃油电加热器由电控单元监测燃油温度并控制燃油加热器继电器，当燃油温度低于设定温度时，加热器打开，开始预热；燃油温度高于设定温度时，加热器关闭，停止加热。柴油加热控制温度为 5～6℃。

二、进气预热系统的控制

预热系统的运行，当发动机冷却液温度低时，在点火开关接通后，预热定时器或 ECU 内部的定时器接通预热塞继电器，使预热塞产生热量。

① 在以依据冷却液温度确定的时间内，定时器接通，然后断开。当定时器断开时，预热指示灯也断开。

② 当点火开关旋至启动位置时，预热定时器或 ECU 将预热塞继电器接通，防止预热塞温度在启动时下降，从而改善启动性能。

三、预热系统的组成与工作原理

1. 预热塞预热系统

（1）预热塞的结构与工作原理　由于火焰预热器在工作时消耗柴油机进气管中的氧气并产生废气，其预热效果必然受到限制。因此，既适用进气预热，又适用燃烧室预热的电热塞式预热装置应用越来越广泛。普通型预热塞又称封装型，具有向管中设置的热线圈通电后，管前端部分红热的结构。内部的空间使用绝缘粉末填满，与热线圈保持绝缘，如图 5-23 所示。最近，自我温度控制型和陶瓷型等急速预热方式的预热塞被广泛使用。

预热塞内安装有加热电阻，其特性是随着温度的升高，线圈电阻增加，从而降低流往与控制相串联的热线圈的电流量，使预热塞的上升温度不会过高，一般预热塞温度可升高到 900℃。

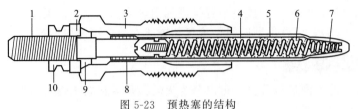

图 5-23 预热塞的结构

1—线束连接器；2—绝缘垫片；3—壳体；4—散热钢套；5—控制线圈；
6—填料；7—加热线圈；8—绝缘垫；9—密封垫；10—固定螺母

预热塞预热系统工作的原理如图 5-24 所示。当发动机冷却液温度低时，在点火开关接通后，定时器 1 和 2 都接通。定时器 1 使预热指示灯点亮，定时器 2 接通预热塞继电器，使预热塞开始加热。在以冷却液温度确定的时间内，定时器 1 和 2 都接通，然后同时断开，预热指示灯也熄灭。而点火开关转到启动挡时，预热定时器或排放控制 ECM 将预热塞继电器接通，以防止预热塞温度在启动时下降，防止发动机爆燃和冒白烟，从而改善发动机的启动性能。当定时器 3 接通运行时，在以冷却液温度确定的时间内，将预热继电器接通，使预热塞预热，点火开关从启动（START）挡转到点火（ON）挡，为发动机的启动发挥作用。

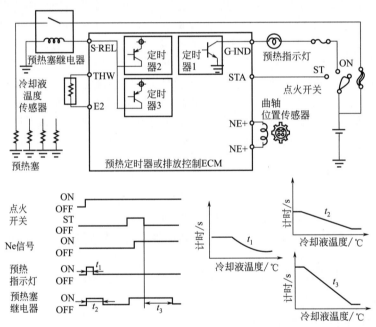

图 5-24 预热塞预热系统的工作原理

（2）预热系统电路 预热系统的电路有固定延时电路、可变延时电路和电控单元控制电路三种。

① 固定延时电路。如图 5-25 所示，在固定延时预热系统中，预热定时器控制预热指示灯发光时间和预热塞继电器接通的时间（预热时间）。指示灯发光时间约为 5s，预热时间约为 18s，两者都按固定时间控制。

② 可变延时电路。如图 5-26 所示，在可变延时型预热系统中，预热定时器控制预热指示灯发光时间，并根据发动机冷却液温度及交流发电机电压（可用作发动机运转信号）确定预热塞继电器接通时间（预热时间），指示灯发光时间为 2~28s，预热时间为 2~55s，两者都根据冷却液而变化。

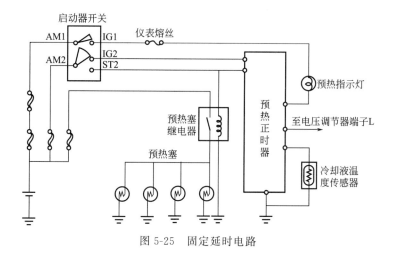

图 5-25　固定延时电路

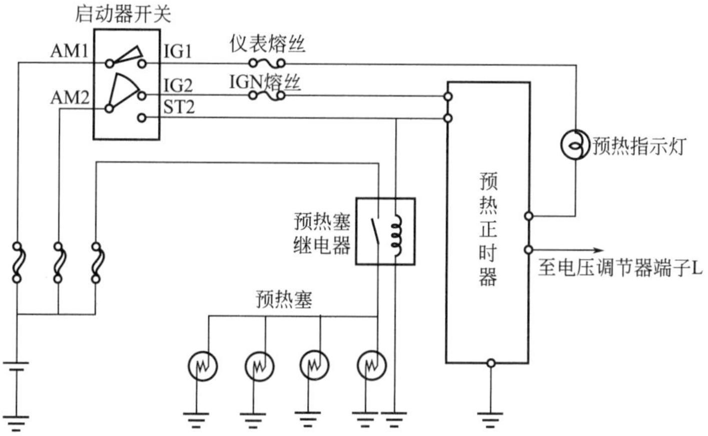

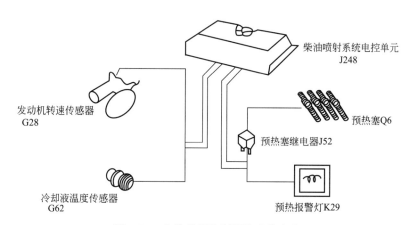

图 5-26　可变延时电路

③ 电控单元控制电路　一汽大众宝来柴油机启动预热系统为电控单元控制电路（图 5-27）。电控单元控制预热塞继电器和预热塞的工作，当冷却液温度低于 9℃时，发动机电控单元启动预热塞系统电路，进行预热。

图 5-27　电控单元控制预热系统电路

预热器预热系统有燃烧式预热器和电热式预热器两种类型。

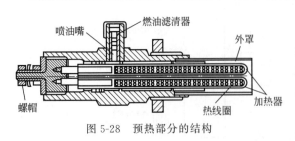

图 5-28　预热部分的结构

（1）燃烧式预热器的结构与工作原理 燃烧式预热器通常称为火焰预热器，其结构如图 5-28 所示。预热器所需的燃油通道由燃油喷射系统中的低压输油泵供给，并用电磁阀控制向火焰预热器供油的油路，电磁阀电路则由 ECU 或温控开关控制，燃油路径和电路如图 5-29 所示。在预热器进口中装有滤网和计量孔，滤网可防止燃油中的杂质进入预热器，计量孔用来限制供给预热器的油量。炽热塞位于火焰预热器的中部，通电 60～90s，炽热塞头部的温度就可达到 1000℃以上。蒸发管围绕在炽热管外部，供给预热塞的燃油经计量孔流入蒸发管，进气管中的部分空气则经蒸发管滤网进入蒸发管，燃油与空气在蒸发管中混合，并在炽热管头部被点燃，燃烧放出的热量对进气管中的空气加热。

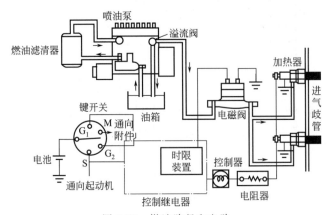

图 5-29　燃油路径和电路

柴油机低温启动后或启动时的温度较高时，由温控开关或 ECU 切断火焰预热器供油油路中的电磁阀电路及炽热管电路。

（2）电热式预热器的结构与工作原理 电热式预热器的结构如图 5-30 所示，向吸气通

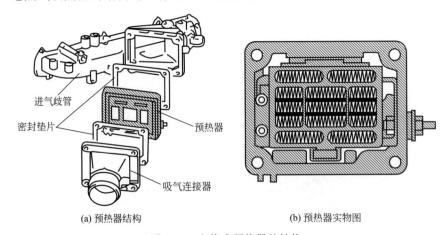

(a) 预热器结构　　　　　　　　　(b) 预热器实物图

图 5-30　电热式预热器的结构

路中设置的空气加热器通电，用红热的空气加热器来加热吸入的空气，从而提高直喷式柴油机低温时的启动性能。并且，启动后也会持续一段时间继续加热吸入的空气（后期预热），来降低冷启动后的柴油机爆燃和白烟的排出。

3. 辅助预热系统

辅助预热系统指的是冷却液预热系统，它根据进气温度传感器、冷却液温度传感器和发动机负荷等信息，控制预热塞的工作。目的是提高燃烧质量，提高发动机的动力性、经济性及排放水平。

现以捷达电喷汽车为例介绍辅助预热系统控制过程。如图 5-31 所示，捷达电喷汽车辅助预热系统控制过程分两个阶段：预热阶段和后预热阶段。

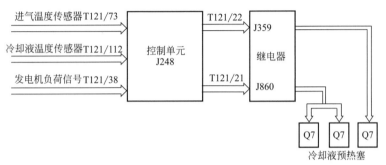

图 5-31　辅助预热系统电路

（1）预热阶段　点火钥匙打开后，当冷却液温度低于 9℃ 时预热塞被接通，预热期间报警灯亮。预热循环结束时报警熄灭，发动机可以启动。

（2）后预热阶段　发动机启动后即为后预热阶段，时间不超过 4min，当发动机转速超过 2500r/min 后，后预热阶段终止。这将降低燃烧噪声，提高怠速质量和降低烃类化合物的排放水平。

四、预热系统的维修

1. 预热系统的检查

预热系统在使用过程中，预热指示灯不亮或不起预热作用，说明预热电路有故障，这时可用以下方法进行检查。

① 有条件的，可用试验器检查每一个预热塞，凡符合规定，说明是合格的。如果电阻接近于 0，说明内部有短路；若电阻无限大，说明内部有断路。

② 没有试验器时，可在冷启动发动机时先向电热塞通电 2min，用手摸一摸每个电热塞的电极，如电热塞的加热元件断开，则表明电极是冷的。也可将电热塞连接线拆掉，将每个电热塞分别进行搭铁试验，观察搭铁火花。若火花为灰蓝色，说明正常；若火花发红，说明搭铁；若无火，说明断路。

对于进气预热电路的电热塞，检查方法是一样的。

2. 启动预热装置的维修

在拆装预热塞时，一定要掌握正确的拧紧力矩，以丰田车系 2L 或 3L 柴油发动机为例，要采用深度为 12mm 的套筒扳手拆卸和安装 4 个预热塞，其拧紧力矩为 13N·m。

（1）清理　在清理预热塞时，应避免沾上机油或柴油，可用干净布把预热塞的端子和胶木垫上的油污擦干净。

（2）检测　检测时，若预热塞已经烧红，应断开电源，切记通电时间过长，否则容易烧坏预热塞。

（3）更换　更换预热塞时，需要小心操作，不要损坏预热塞的套管和稳焰罩，否则将造成断路，或者缩短预热塞的使用寿命。

3. 电热丝式预热器的常见故障

接通预热开关，指示电阻达到红热的时间若为 20～30s，则表示线路工作正常，否则说明电热丝式预热器有故障。电热丝式预热器常见故障现象、故障原因及处理方法。

（1）指示电阻不红热

① 指示电阻开路，更换新件或重新接通断路处。

② 连接线断开，重新接通断路处。

（2）指示电阻达到红热的时间过长

① 蓄电池电量不足，对蓄电池进行充电或更换新的、同规格的蓄电池。

② 连接线的线头松动，重新拧紧松动的接线头。

③ 电热丝有故障，重新更换新的配件。

（3）指示电阻过快红热或烧坏

① 连接线有短路处，查找出短路点后进行绝缘处理。

② 电热塞短路，对电热塞进行修理或更换新的、同规格的配件。

4. 电热丝式预热器的检测方法

（1）电阻的测量　检测电热塞的电阻，看是否符合规定。阻值的误差应在规定值的 10% 以内。

① 一般双极外露阻丝式电热塞的电阻只有百分之几欧姆，工作电流达 2～6A。

② 一般内装阻丝式电热塞的电阻为 2～450Ω，工作电流达 2～6A（型号不同也不一样）。

如果检测到的电阻值过小说明其内部短路；如果测得的电阻值为 ∞，说明其内部断路。

（2）断路的检测　发动机冷态时，向电热塞通电约 2min，然后用手触摸每一个电热塞的中心螺杆，如果中心螺杆是冷的，则表明该电热塞断路。

注意

a. 通电时间。通电时间按发动机制造厂规定，一般应不超过 60s。发动机启动后应立即将电热塞的电源切断，否则会影响电热塞的使用寿命。

b. 连接方式。单极型连接的电热塞应将电源线接在电热塞组的中部，以防止线路电压降造成电阻丝发热时间有差异。

5. 柴油机预热系统的维修

现以捷达 1.9L 柴油机预热系统的维修为例进行讲解。

维修时蓄电池的电压不低于 11.5V，点火开关关闭，柴油直接喷射系统控制单元 J248 正常、预热塞熔丝 S163 正常。具体检测方法如下。

① 拔下冷却液温度传感器插头。

② 拔下预热塞插头。

③ 接好万用表，测量预热塞插头对地电压。接通点火开关约 20s，预热塞插头对地电压应约等于蓄电池电压。如果检测到没有电压，需对其控制电路进行检测。

④ 预热塞的检查。用万用表电阻挡测量预热器的电阻，正常值为 0.2～2Ω。否则，应更换预热塞。

第三节

柴油机废气涡轮增压控制系统

柴油发动机与汽油发动机相比具有燃油消耗率低，经济性高，并且通过增压可以达到提高输出功率的特点。如果汽油发动机进行增压，会容易引起爆燃，但在柴油发动机中进行增压，会使压缩压力上升，同时也会提高压缩时的空气温度，所以能够缩短喷射燃油的着火延迟，并达到良好的燃烧状态。为此，增压系统多用于柴油发动机。按原理不同可以分为废气涡轮增压系统和气波式增压系统。

① 废气涡轮增压系统的功用是利用废气的能量，通过增压器将发动机的进气先进行压缩，使增压后的空气密度增大，实际充入的空气量增加。这样，可以向气缸内喷入更多的燃料并能获得充分燃烧，因此提高了柴油机的输出功率。

② 气波式增压系统安装在发动机的进气管路与排气管路之间，发动机的曲轴经传动带驱动气波增压器转子，气波增压器利用排气压力波使进入进气管路中的空气受到压缩，以提高进气压力。气波式增压系统的不足之处是体积大，噪声水平高，安装位置受到一定的限制。

在高原地区，由于气压低，空气稀薄、缺氧，自然吸气的发动机功率会有所下降，采用废气涡轮增压的发动机，海拔的升高对功率的影响较小，因为涡轮增压器在高原运行时随着海拔的升高，其转速也会上升，提高了增压压力，可以补偿因海拔升高而引起进气密度下降的影响，从而可以减少发动机功率下降的幅度。因此，采用废气涡轮增压技术也是恢复发动机高原功率的有效措施。

一、废气涡轮增压器的类型

轿车柴油机上的废气涡轮增压系统采用的是可调增压器，这与载货汽车柴油机完全不一样。载货汽车柴油机一般采用固定截面的增压器，能实现发动机与增压器的良好匹配。虽然此时增压压力随转速降低而下降，但由于发动机的转速变化范围不大，一般在 2500r/min 以下，且强化程度不高，即使不采用增压器的调节措施，发动机与增压器仍能实现良好的匹配。

废气涡轮增压器的类型主要有普通自由浮动增压器、旁通式涡轮增压器、可变截面涡轮增压器和电动涡轮增压器四种。

（1）普通自由浮动增压器 增压发动机在大负荷、高转速运转时，具有输出功率大、经济性好的特点，但车用发动机经常在低速、大转矩的工况下运行，需要较高的转矩储备系数。而普通增压柴油机的转矩特性较平坦，随增压度的提高，其转矩特性变差，不能满足车辆的要求。涡轮增压发动机在宽广的转速范围内运行，而固定流通截面的高压与废气涡轮增压器在发动机低速时相比，其压比将明显下降，不能和发动机在整个运转工况保持良好的匹配。

（2）旁通式涡轮增压器 增压器按低速、大转矩工况匹配。在高转速工况时，利用放气阀旁带有旁通阀的涡轮增压器叫做旁通涡轮增压器。它的工作原理是柴油机在高速、高负荷运转时，排气量大，因而排气能量也大，会导致涡轮增压器的转速高，增压后压力也高。柴油机在低速、小负荷运转时，废气流量也不大，会出现增压压力低、发动机转矩增量过小的现象。为改善这种状况，一般采用放气阀，在涡轮前放走一部分废气。涡轮前的放气阀由增压压力自动控制，当发动机转速超过一定值时，增压压力会克服弹簧阻力使旁通阀打开，开始放气。

该方法由于放气阀的开启，会造成较大的损失，使发动机高速运转时的经济性变差，不适于高速、大功率工况较多的发动机。

（3）可变截面涡流增压器　可变截面涡流增压器通过改变涡轮的流通截面来实现与柴油机在各个车速工况下的最佳匹配。所有的工况点与发动机都有良好的匹配，使发动机的性能都能达到最佳。

（4）电动涡轮增压器　电动涡轮增压器是采用电动机驱动增压机的叶轮工作的增压器，原理与废气涡轮增压器是相同的。所不同的是，带动压气机叶轮旋转的涡轮及涡轮室被一个高速的电动机取代。电动机的控制由发动机控制单元执行。因此，电动涡轮的转速以及工作时刻将由发动机控制单元决定。

此类增压器将被应用于奥迪的 SQ7 高性能豪华 SUV 轿车上。但目前而言，推动电动增压技术普及的障碍在于相对涡轮增压需要额外消耗较多的电力，并且制造成本较高。

二、废气涡轮增压系统的组成

柴油机的增压系统包括进气系统和排气系统，柴油机进气增压系统最为常用的有机械增压系统、废气涡轮增压系统和混合增压（机械增压与涡轮增压）系统，在车用柴油机上应用较为广泛的是废气涡轮增压系统。

废气涡轮增压系统通过废气驱动涡轮机并带动压气机旋转而提高进入气缸的空气密度和压力，进而可以增加喷油量来提高柴油机的功率并改善经济性能。

废气涡轮增压系统主要由空气滤清器、涡轮增压器、中冷器等构件组成，如图 5-32 所示。

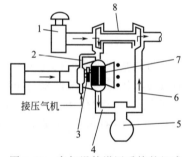

图 5-32　废气涡轮增压系统的组成
1—空气滤清器；2—抽气管；3—中冷器
风扇；4—进气管；5—柴油机；
6—排气管；7—中冷器；
8—涡轮增压器

（1）空气滤清器　空气滤清器的作用是清除空气中的灰尘和杂质，将干净的空气送入气缸内。空气滤清器在去除空气中的灰尘等异物的同时，也具有降低吸气噪声的作用。柴油机空气滤清器有滤纸式和离心分离式两种。

① 滤纸式空气滤清器。滤纸式空气滤清器多用在小型柴油机中。为了提高滤纸的过滤能力，滤纸一般做成褶皱状，来提高清洁效率。

② 离心分离式空气过滤器。一般用于大中型柴油机中，也称为旋风分离器滤纸式空气过滤器。这种空气过滤器中设置有叶片，通过叶片的旋转作用使吸入的空气进行旋转，利用离心力作用使空气中的灰尘和杂质被分离出来，一部分细小的杂质通过过滤材料进行过滤，具有较高的清洁效率。

（2）涡轮增压器　涡轮增压器一般由涡轮部分、中间壳体、压气机部分三大部分组成。

为了进一步改善涡轮增压器柴油机加速、爬坡能力，满足配套动力的使用要求，有的废气涡轮增压器带有排气旁通阀。

① 涡轮与压气机的叶轮安装在同一轴上，涡轮的进气口与柴油机的排气管相连，出气口与排气消声器相连。

② 压气机的进气口前端装有空气滤清器，出气口则经中冷器与进气管相连，其结构如图 5-33 所示。涡轮部分的作用是利用废气能量产生驱动压气机的动力。压气机的作用是在

废气涡轮驱动下，利用离心原理压缩即将进入气缸的空气。中间壳体是支承转子总成及固定涡轮壳、压气机壳的中间支承体，也是润滑和冷却浮动轴转子的润滑箱。

③ 增压器采用压力润滑，其作用是保证转子和轴承在正常运转下获得足够的润滑强度及冷却强度。

a. 小型涡轮增压器一般与柴油机共用一个润滑系统。为了保证供给增压器清洁的机油，在通向增压器的润滑油管路上装有专门的机油滤清器。有时为了在冷启动时预先润滑轴承以及在大负荷下柴油机突然熄火时仍有足够的机油供给增压器轴承润滑，防止增压器轴承因断油而烧坏，在通向增压器的机油管路中设有专门的蓄压式油罐供油系统。

b. 废气涡轮增压器所需要的润滑油来自发动机的主油道，并通过精滤器再次滤清后，进入增压器的中间壳，经由下部的出油口流回发动机油底壳。为防止润滑油窜入涡

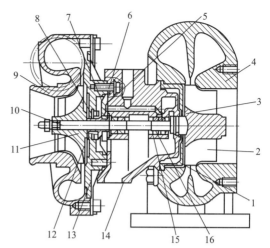

图 5-33　空冷式废气涡轮增压器的结构

1—隔热板；2—涡轮；3,12—密封环；4—涡轮壳；5—推力轴承；6—O 形密封圈；7—膜片弹簧；8—密封套；9—压气机壳；10—转子轴；11—压气机叶轮；13—压气机后盖板；14—中间壳；15—卡环；16—浮动轴承

轮和压气机叶轮，在转子轴两端安装有密封环和密封套。在中间壳和涡轮壳之间安装有隔热板，用于减少高温废气对润滑油的冲刷。

c. 柴油机增压后本身热负荷较高，供给机油的热量也相应增加。同时机油通过增压器润滑和冷却轴承后温度也急剧增高，为了使机油不致过热，还应加装机油散热器，并最好同时采用抗高温氧化机油。

注意：轿车与货车用的废气涡轮增压器的区别。

轿车柴油机使用可调增压器，与货车柴油机完全不一样。载货车柴油机一般采用固定截面增压器，能实现与发动机的良好匹配。

a. 因为货车柴油机转速变化范围不大，一般在 2500r/min 以下，并且强化程度不高，不采用增压器调节方法也能与发动机良好匹配。废气涡轮增压器调节的目的在于保证在低速时有较高的转矩输出，而又能保证发动机在标定点附近增压压力不致过高，以免除发动机过高的机械负荷和增压器超速。可调增压器采用电控技术，可实现全工况范围内发动机与增压器的最佳匹配，使发动机性能达到全面优化。

b. 可变截面涡轮增压器（VGT）主要用于轿车柴油机上，因为轿车柴油机转速变化范围宽（最高达 5000r/min），因此要求增压器在宽广的工况范围内有良好的流通特性和较高的效率。

（3）中冷器　涡轮增压柴油机中经过增压后的充气温度达 120～150℃，在增压比较高的柴油机增压系统中，一般都设置有中冷器，以便对从涡轮增压器压气机出来的温度升高的空气进行冷却，以提高空气的密度和发动机的充气效率。

中冷器一般布置于发动机的前端，如图 5-34 所示，利用迎面的外界空气对流增压后的空气进行冷却降温，温度下降后，增压空气的密度增大，抵消了体积膨胀，改善了充气效率。

① 中冷器的组成。中冷器一般由铝合金材料制成。按照冷却介质的不同，常见的中冷器有水冷式和风冷式两种结构形式，见表 5-1。中冷器实质上就是一种热交换器。增压空气

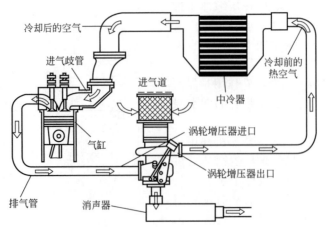

图 5-34　中冷器与涡轮增压装置的连接及布置示意

中冷效果取决于热交换器的大小、冷却介质的温度以及冷却介质的流量等因素。

表 5-1　中冷器的冷却形式

冷却形式	类　　型
水冷式	①用柴油机的冷却液,即所谓水套水冷却 ②用与水套无关、独立的冷却水系冷却(双循环式)
风冷式	①由柴油机冷却用散热器前面安装的冷却器冷却 ②由与柴油机冷却无关的独立冷却器冷却

　　a. 水冷式中冷器。水冷式中冷器的结构有单线式和回线式两种,如图 5-35 所示。在水冷却器中,冷却液通过热交换器的水管把增压空气的热量带走,达到冷却增压空气的目的。热水再通过散热器散热,在汽车上中冷器散热器多与柴油机散热器合用,此时需要加大柴油机散热器的尺寸以获得足够的散热。但柴油机冷却液的温度一般为 80～100℃。因此这种冷却增压空气的方式冷却效果较差,冷却后的增压空气温度在 90℃左右,往往不能满足散热要求。在汽车增压系统中,如果独立采用散热器的散热系统,虽可以提高中冷效果,但结构趋于复杂。

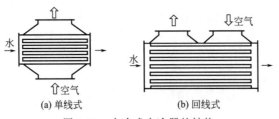

图 5-35　水冷式中冷器的结构

　　b. 风冷式中冷器。风冷式中冷器是利用外界空气直接带走增压空气的热量来达到冷却目的。冷却空气的流通分自然流通和强制流通两种形式。目前大多采用强制流通形式,强制流通形式是利用柴油机冷却风扇或者另外设置专门风扇来加强冷却空气流通的,如图 5-36所示,这是强制流通方案中一种较新的结构形式。这种结构以增压空气作为动力源,一部分增压空气经取气管路,驱动中冷器系统中的空气涡轮风扇,使外界冷却空气流动加速,冷却空气通过热交换器把增压空气的热量带走。

　　② 中冷器的工作原理。如图 5-37 所示。

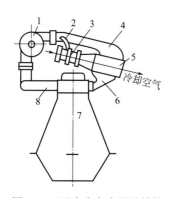

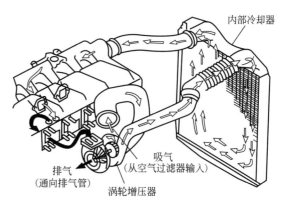

图 5-36　风冷式中冷器的结构
1—增压器；2—取气管；3—涡轮风扇；4—进气管；
5—中冷器；6—进气歧管；7—柴油机；8—排气歧管

图 5-37　中冷器的工作原理

三、废气涡轮增压系统的工作原理

① 废气涡轮增压器主要由涡轮机和压气机构成。将发动机排出的废气引入涡轮机，利用废气所包含的能量推动涡轮机叶轮旋转，并带动与其同轴安装的压气机叶轮工作，新鲜空气在压气机内增压后进入气缸，其工作原理如图 5-38 所示。

柴油机工作时，由排气管排出的高温、高压废气流经增压器的涡轮壳，在废气进入涡轮壳时利用废气通道截面的变化来提高废气的流速，使调整流动的废气按一定方向冲击涡轮，并带动压气机叶轮一起旋转。同时，经空气滤清器后的空气被吸入压气机壳，旋转的压气机叶轮将进入压气机壳的空气甩向叶轮边缘出气口，使空气的压力和流速升高，并利用压气机出气口处通道截面的变化进一步提高空气压力，增压后的空气经中冷器和进气管进入气缸。

涡轮叶轮直接接触排出气体，温度会达到很高，并且调整旋转，所以要求具有较好的耐热性和耐久性，因此选择耐热合金材料做成。但是，增压器在工作过程中，压缩机叶轮没有接触到高温，所以使用轻质合金或者树脂做成。

增压后的车用发动机功率可以与排量大 40％的发动机功率相媲美。

② 排气旁通阀涡轮增压器。采用排气旁通阀是为了保证发动机在低、中速范围内与涡轮增压器具有最佳的匹配效果，

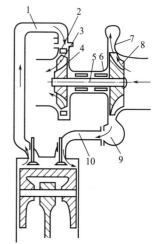

图 5-38　涡轮增压器的工作原理
1—排气管；2—喷嘴环；3—涡轮；
4—涡轮壳；5—转子轴；6—轴承；
7—增压器；8—压气机叶轮；
9—压气机壳；10—进气管

以便发动机能够得到较充足的空气量，并与随之加大的燃油供给量相适应，增大低速转矩，改善燃油消耗，在高速范围通过排气和放气（即部分废气不经过涡轮而直接进入排气管）以避免增压器转子超速或增压压力过高而引起气缸内燃烧压力过大，加剧发动机的机械负荷等。也就是说，涡轮增压器采用排气旁通阀，重点是改善发动机的低速转矩特征，同时兼顾发动机在高速运行时的性能指标及使用可靠性。排气旁通阀的启闭由增压压力自动控制，将压气机出口的增压压力引入膜片式电控单元的密闭压力室内，当增压压力达到或超过规定值时，其膜片将克服左边的弹簧力，与连动推杆一起向左移动，推动摇臂绕销轴旋转，使排气

旁通阀开启，实现排气旁通放气，控制增压器转速的上升。

注意：排气旁通阀的开启压力规定值由厂家设定，用户不得进行任何调整，即联动推杆上的调节螺母不得拧动，否则将会严重损害发动机的动力性、经济性和使用可靠性。

旁通式涡轮增压器的工作原理如图 5-39 所示。柴油机在高速、高负荷运转时，排气量大，因而排气能量也大，会导致涡轮增压器的转速高，增压后压力也高。柴油机在低速、小负荷运转时，废气流量也不大，会出现增压压力低、发动机转矩增量过小的缺点。为改善这种状况，一般采用放气阀，在涡轮前放走一部分废气。涡轮前的放气阀由增压压力自动控制，当发动机转速超过一定大小时，增压压力会克服弹簧阻力使旁通阀打开开始放气。

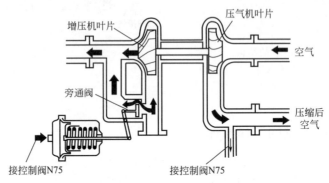

图 5-39　旁通式涡轮增压器的工作原理

该方法由于放气阀的开启，会造成较大的损失，使发动机高速运转时的经济性变差，不适于高速、大功率工况较多的发动机。

四、废气涡轮增压器的使用和保养与维修

1. 废气涡轮增压器的使用

① 普通废气涡轮增压器使用注意事项。

a. 安装时进、排气管路系统中应无杂物。

b. 废气涡轮增压器的机油由发动机的主油道直接供给，机油进油管内径为 8～12mm，回油管内径为 20～25mm，油管不能缩颈，以保证机油进、回油畅通。

c. 空气滤清器应有足够大的容量，并应按保养周期及时清洁元件。

d. 凡是更换机油和机油滤清器、长期停放（超过一周）、环境温度过低时，启动发动机前必须松开增压器进油口接头，注入干净的机油，使增压器润滑系统中充满机油，保证转子组件得到充足的润滑后再启动发动机。

e. 发动机冷车启动后，应怠速运转 3～5min，使机油压力、机油温度正常后再加载。

f. 避免发动机长时间怠速运转。

g. 发动机在高速、满负荷运转或持续大负荷运转中不可立即停车熄火，应怠速运转 3～5min 后再熄火。

h. 运转中应注意增压器有无异响或振动，若有应立即停车检查并排除。

② 带旁通阀的废气涡轮增压器使用时注意事项。带旁通阀的废气涡轮增压器使用时，除应注意普通增压器的要求外，还应注意以下几个方面。

a. 调节器不能互换。若调节器损坏，整个涡轮壳部件必须更换（因每台增压器预紧力不同）。

b. 装有旁通阀的增压器，其支架、调节器不能随便拆卸，防止改变弹簧预紧力，导致

柴严重损坏，装拆增压器时应将涡轮壳、调节器、支架作为一个整体。

c. 不要松动固定支架上的螺钉，否则会影响弹簧预紧力。

d. 定时检查调节杆、摇臂等零件是否运动灵活，旁通阀和阀座是否腐蚀、有裂纹。如有问题，则更换涡轮壳部件。

e. 检查调节器是否漏气时，所用空气压力不超过 300kPa，否则会损坏调节器。

f. 凡影响弹簧预紧力的零件均不能随便更换。

专家指南

① 柴油机启动后或停车前，均应空转 3～5min，以保证柴油机热车或冷却均匀进行，一般情况下，不宜突然改变转速和负荷，怠速运转时间不得超过 10min，严禁空负荷大油门运行。

② 凡是新机使用前或更换机油、机油滤芯，以及长期停放后（约一周以上），必须松开增压器上面的进油口接头，注入洁净的机油，使涡轮转子轴承得到充足的初期润滑。加油时注意所用器皿、工具、相关零件及周围环境要洁净，否则得不偿失。

③ 必须采用 CD 级增压柴油机机油，按使用环境温度选择牌号，按规定定期更换，加入机油前要经过沉淀和过滤。

④ 冷却液必须是软水，否则容易引起冷却水路的堵塞。

⑤ 进入柴油机的空气的洁净程度，对柴油机的使用寿命有极大影响。严禁柴油机在不装空气滤清器或空气滤清器失效，以及进气系统漏气的情况下工作。

⑥ 空气滤清器阻塞将造成增压器端渗漏机油，因此必须定期保养或更换空气滤芯。

⑦ 更换一次性的机油滤清器时，应先将新的机油滤清器内部加满洁净的机油，安装前用少许机油涂在密封圈的表面，用手拧紧后，再用专用工具拧紧 3/4 圈。

2. 延长废气涡轮增压器使用寿命的措施

① 重视柴油机的早期使用管理，强调走合期保养的重要性，注意随时清除涡轮增压器壳体上的油污和尘垢。

② 柴油机每工作 100～150h 应清洗一次空气滤清器、压气机叶轮以及压气机壳流道表面的污物，以免磨粒进入柴油机气缸，加剧增压器的磨损；同时注意及时对涡轮叶轮及壳体中积炭、灰尘和其他污物的清洗，如果环境灰尘较多，应缩短清洗周期。

在使用过程中，时刻注意空气滤清器保养指示器的状态，并严格按照保养要求检查和更换空气滤清器滤芯。

③ 柴油机工作 1000h 后，应拆下涡轮增压器进行技术规范测量。压气机叶轮与机壳之间的最小间隙应大于 0.1mm，否则应拆检轴承，必要时应更换；同样，其转子最大的轴向游动量不得超过 0.3mm，否则应检查止推轴承和游动轴承止推端面的磨损情况。通过间隙测量可以准确地判定涡轮增压器是否需要维护或更换。

④ 按照使用说明书经常检查外部各接头的紧固情况，防止漏气、漏油。

⑤ 增压柴油机的机油容易变质，应经常检查机油的品质，观察有无机械杂质和黏度变化；一般柴油机每工作 150～200h 或行驶 5000km 则更换机油。

⑥ 柴油机每工作 100～150h 应清洗或更换机油滤清器滤芯，保持机油的清洁。对于维修好的增压器，在启动前应先从进油管接头处注入一定量的机油，以免因润滑不良烧坏轴承。

⑦ 定期清洗涡轮和压气机，一般用普通淡水，必要时可加入少量清洗液。清洗压气机

在全速全负荷下进行，而清洗涡轮则必须在低负荷下进行。

⑧ 注意正确拆装涡轮增压器。增压器涡轮壳与压气机壳一般都是薄壁铸件，拆装时要用木锤轻敲，不可使用铁锤击打，以防碰撞、击破；各组件装配时必须按原记号就位，以免影响平衡；保持与增压器相连的进、排气系统的正确连接，保证密封可靠，切忌错装或者漏装。

3. 废气涡轮增压器的保养与维修

(1) 废气涡轮增压器工作性能的判断方法

① 手感法。采用手感法判断废气涡轮增压器的工作性能是否正常时，需要两个人配合进行，一个人踩住加速踏板，将发动机加速到 3000r/min 以上，使废气涡轮增压器起作用。另一个人用手握住节气门之前的进气软管，进气软管应有膨胀感觉，此时软管内的气体压力激增（为 160~180kPa）。如果手感进气管柔软甚至收缩，表明该涡轮增压器工作异常或没有工作。

② 测压法。这种方法的实质就是检测发动机进气管压力。可用涡轮增压器压力表在涡轮增压器起作用时，检测进气管的压力应＞102kPa，在发动机熄火后，进气管的压力应等于大气压力。

(2) 增压器的保养　为了保证废气涡轮增压柴油机能有效可靠地工作，除了正确使用和操作外，还必须对增压器进行定期维护保养。但应注意，废气涡轮增压器属于精密、高速旋转机械，其最高转速为 120000r/min 甚至更高，正常也在 80000~90000r/min，因此除非必要情况，不得随意对增压器总成进行解体，当因脏污或积炭过多造成转子转动不灵活或柴油机性能变差时，可在不全部解体增压器的情况下进行简单的清理与清洗，具体方法如下。

① 把废气涡轮增压器从柴油机上拆下，注意不得以联动推杆为把手拿起废气涡轮增压器。应先拆下引气管，然后拆下放气阀调节器装置。拆下压气机壳、涡轮壳及进回油法兰。

② 清理和清洗压气机壳、涡轮壳以及两个叶轮表面。

③ 从进油口处注入适量的干净清洗剂，同时用手转动叶轮，反复进行直接转动，保证运转灵活。

④ 组装废气涡轮增压器并安装到柴油机上。

注意：在拆装和清洗过程中不得碰撞叶轮，如有碰撞，不得将变形的叶片校正后继续使用。清洗剂可用煤油、汽油或质量较好的柴油。

(3) 废气涡轮增压器的维修方法

① 外观检查。观察涡轮与泵轮以外排、进气连接法兰和接头有无裂纹、漏气等现象，特别要观察废气涡轮增压器"排油"现象是否严重。这点在压气机至进气管之间的橡胶管接头上最为明显。若该接头处仅表现为轻微地渗油，仍属正常现象。若此处漏油严重，表明增压器已不能再使用。此外发动机停机后，用听诊器可以听到增压器转子依靠惯性转动的声音，声音若持续 1min 以上的时间，表明废气涡轮增压器的性能良好。

② 废气涡轮增压器转子组件的维修。若检查涡轮与泵轮没有明显损坏，用手迅速转动增压器转子，应该旋转自如，无明显的研磨噪声和阻滞现象，否则表明轴已烧损。应检查转子轴轴向间隙以及涡轮端和泵轮端的径向间隙，其值不得超过标准范围。具体检测方法如下。

a. 转子组件轴向间隙的检查。将百分表的磁性表座固定在涡轮壳出口法兰上，使百分表指针顶住涡轮叶轮端面，沿转子组件轴向方向将轴推到底，然后再拉到最外端，两次测得百分表读数的差值即为轴向间隙。新增压器的间隙值≤0.10mm，使用极限≤0.25mm。最大轴向间隙不得大于 0.20mm，否则应进行总成解体，更换磨损零件或更换废气涡轮增压器总成。

b. 叶轮端径向间隙的检查。检查时用手沿径向将叶轮向下压，并用厚薄规测得叶轮与壳之间的最小间隙。此间隙应小于 0.10mm，若大于此值，应调换浮动轴承或更换废气涡轮增压器总成。

分解拆装旋转组件时，必须做好压气机叶轮、转子轴锁紧螺母的相对位置记号。更换压气机叶轮时要做动平衡试验。安装涡轮端和泵轮端的两个密封环时，开口互成 180°，相对中间壳进油口成 90°。压气机叶轮锁紧螺母要按规定扭矩拧紧。

③ 涡轮机涡轮部分维修。从涡轮机出气口将排气管道拆除，检查涡轮叶片以及壳体摩擦情况、漏油情况和叶片损坏情况。若发现叶片与壳体有摩擦，而壳体上的附着物坚硬而牢固，可能是涡轮内有损坏，此时必须拆卸修理。若发现积油严重，则应观察该油是从排气系统带来的，还是从涡轮中心排出的。若积油来自轴心且较严重，表明涡轮轴的密封环失效，应对增压器进行拆检维修。若积油来自排气系统，而叶轮上积油较多，可将涡轮进行拆卸清洗。

④ 压气机泵轮部分维修。断开压气机与进气管道的连接，观察压气机叶轮和泵壳的摩擦情况、漏油情况以及叶片的损坏情况。若发现叶轮与泵壳有摩擦，而泵壳摩擦部位附着物较坚固，表明泵轮内有损坏；如果发现是外来物损伤了泵轮，或者泵轮轴漏油现象严重，均应对增压器进行维修。

专家指南

正确更换涡轮增压器应注意的事项如下。

(1) 确保油、气道干净　在安装新的涡轮增压器之前，一定要确保油、气道的干净。要确保增压器进、回油管路的清洁畅通，布置合理适当，不能出现扭曲、阻塞现象，增压器与进、排气道内也不能有任何异物存在。新增压器使用之前，需要进行预润滑，但加入的机油不能浸没增压器。

(2) 安装方面

① 增压器的废气阀、调节阀及与其相连接的零件不可随便拆装或更换，以防调节阀内的弹簧预紧力被改变而无法复原，从而对增压器的正常工作压力产生影响。

② 在安装新的增压器时，应轻拿轻放，不能将废气阀的推杆当把手用，以防废气阀执行机构的灵敏度与可靠性受到影响。

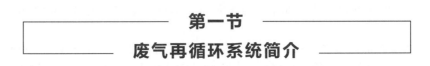

第六章
柴油机排气净化系统结构与维修

Chapter 06

第一节
废气再循环系统简介

废气再循环（EGR）是指在保证柴油机动力性不降低的前提下，将一部分废气引入进气系统，并与新鲜的空气混合后吸入气缸内再次进行燃烧的过程。废气再循环（EGR）系统是一种广泛应用于汽油机和柴油机的排放控制装置。当 EGR 系统工作时，将一部分废气引入，与新鲜的燃油混合气混合，使混合气变稀，从而降低燃烧速度，燃烧温度随之下降，从而有效地减少了 NO_x 的生成。EGR 的控制量用 EGR 率表示，其定义为再循环废气的量占整个进气量的比例（%）。

一、废气再循环系统的分类

1. 按有无中冷器分类

按有无中冷器进行分类，可以分为无冷却器的废气再循环系统和有冷却器的废气再循环系统。

在增压控制柴油机废气再循环系统中，一般采用有冷却器的废气再循环系统。使用冷却器以降低进气温度，因为进气温度过高，导致缸内的燃烧温度大幅度升高，抵消了 EGR 降低 NO_x 的作用。因此，在增压控制柴油机废气再循环系统中，一般要加装冷却器。

2. 按冷却的方式不同分类

在废气再循环系统中，按冷却的方式不同可以分为水冷却 EGR 系统和空气冷却 EGR 系统。例如，奥迪的 3.0TDI 发动机上，就加装有水冷却 EGR 系统。为了能有效地减少废气中的颗粒和氮氧化合物（NO_x），在发动机暖机时，废气由一个中冷器来冷却，该冷却器内部充满流动的水且可由开关控制。

当发动机在冷机状态时，冷却器内的旁通阀打开，废气不需要进入冷却通道，而是从旁通的管道经过，进入进气管，以便以最快的速度使发动机暖机，加热催化净化器。

当发动机暖机，进入正常的工作状态时，其排气温度较高，冷却器内的旁通阀关闭，废气被强制通过用水冷却的废气再循环冷却器。

3. 根据排出的废气与新鲜混合气混合在一起的位置不同分类

根据发动机排出的废气与新鲜混合气混合在一起的位置不同，EGR 系统又可分为内部

EGR 方式和外部 EGR 方式。

（1）内部 EGR 方式　指通过改变发动机的配气相位，在发动机进气行程时，不但进气门开启，同时使排气门也开启一定的时间，让一部分已燃烧完的废气滞留在发动机气缸内，与新鲜空气在气缸内混合后再次燃烧的方式。

为了实现内部 EGR 方式，在排气凸轮中除了控制排气所需的凸轮外，又增设了内部 EGR 专用凸轮，通过专用凸轮控制排气门在进气过程中再次适度开启，使部分排出的废气回流到气缸内部，实现内部 EGR。

（2）外部 EGR 方式　指发动机的废气排出气缸后，一部分废气经过 EGR 控制阀进入进气道内，在进气道内与新鲜混合气混合再次燃烧的方式。

外部 EGR 方式根据进、排气管的连接位置不同，又可分为低压回路 EGR 方式和高压回路 EGR 方式。

低压回路 EGR 方式是将废气直接引入增压器的进气接口，发动机排出的废气在新鲜空气未增压前进入进气道而实现的 EGR 方式。高压回路 EGR 方式是将废气直接引入经过增压、冷却后的新鲜空气中来实现的 EGR 方式。

二、废气再循环系统的工作原理与控制

1. EGR 系统的工作原理

废气再循环系统如图 6-1 所示。EGR 系统的任务就是使废气的再循环量在每一个工作点都达到最佳状况，从而使燃烧过程始终处于最理想的情况，最终保证排放物中的污染成分最低。EGR 阀通常在柴油机暖机运转或转速超过怠速时开启。尽管提高废气再循环率对减少 NO_x 的排放有积极的影响，但同时也会对颗粒物和其他污染成分的减少产生消极的影响。

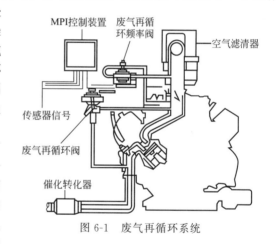

图 6-1　废气再循环系统

增压中冷柴油机实现废气再循环一般有两种方式。一种是将涡轮前的排气引入中冷器之后，称为高压废气反向。采用可变截面涡轮增压器，可以扩大废气再循环有效工作范围，降低 NO_x 和 PM 排放，燃油消耗也不升高，这是将高压废气再循环系统用于增压中冷柴油机的最好方法。另一种是将涡轮后的排气引入压气机之前，称为低压废气再循环系统。它可有效降低氮氧化合物，而废气循环工作范围较大，与柴油机匹配能有效地发挥其功能。

2. 增压柴油机 EGR 的控制过程

（1）控制方式　增压柴油机的 EGR 系统一般采用电控，其控制方式为开环控制或闭环控制。

① 开环控制。电控单元根据柴油机转速、负荷以及进气和排气中氧气浓度、温度等传感器的信号，按标定的 EGR 脉谱对 EGR 阀、节流阀、旁通阀等执行机构进行控制。这种开环控制考虑到混合气的成分，根据不同转速、负荷条件，由进气和排气中的氧气浓度来确定最优 EGR 率。

② 闭环控制。闭环控制可以选择排气背压的闭环控制，也可选择排气氧气传感器的闭环控制。可以用 EGR 阀开度作为反馈信号，也可以用 EGR 率作为反馈信号，对进气中的氧气浓度进行检测，将检测结果反馈给电控单元，从而不断调整 EGR 率，使其始终保持在最佳状态。

（2）控制时间　汽油发动机在中小负荷时将一定量的废气引入燃烧室参与燃烧，急速、全负荷时不起作用。柴油发动机在急速、中小负荷时将一定量的废气引入燃烧室参与燃烧，全负荷时不起作用。

3. 电控 EGR 系统

电控 EGR 系统如图 6-2 所示。电控单元根据发动机转速信号、供油量和冷却液温度等信号，为了提高废气再循环量，在柴油机的进气管上加上进气节气门，以便在低负荷时通过进气节流方法增大排气管与进气管之间的压力差。

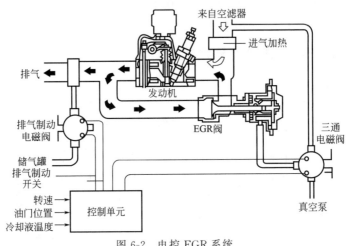

图 6-2　电控 EGR 系统

在增压柴油机中，会出现增压压力大于排气压力的现象。为了保证排气再循环，在废气再循环阀前应增加一个单向阀，以利用废气脉冲进行废气再循环。

三、废气再循环系统的维修

如果废气再循环（EGR）系统工作不良，例如 EGR 系统工作提前、推迟或过量运行，不仅会使发动机排气污染增加，而且会使发动机产生回火、急速不稳、失速、加速瞬间减速等现象，因此应特别注意对 EGR 系统的维修。

（1）废气再循环系统诊断的注意事项

① 在诊断 EGR 系统之前，发动机必须处于正常工作温度。

② 如果发动机已持续运转一段时间，则 EGR 阀会很热，在诊断或维修 EGR 阀时要戴防护手套。

③ 不要将 EGR 阀放在任何溶剂里清洗。

EGR 系统的诊断步骤随汽车生产厂及车型年度的不同而异。应按照具体车型的维修手册中的诊断步骤进行诊断。一般诊断 EGR 系统时，首先要检查系统中所有真空软管、EGR 阀和接头。很多 EGR 系统中，发动机控制单元是根据冷却液温度传感器、加速踏板位置传感器及进气压力传感器等信号来控制 EGR 阀的，所以 EGR 系统若工作不正常，有可能是这些传感器的故障所致，因此还要检查相关传感器及其线路。

（2）废气再循环系统故障的维修

① 一般检查。怠速时，拆下 EGR 阀上的真空软管，发动机转速应无变化，用手触摸真空管口应无吸力；转速达 2500r/min 以上，同样拆下此真空软管，发动机转速应明显升高（中断了废气再循环）。

② EGR 阀的检查。给 EGR 阀施加 15kPa 的真空，EGR 阀应能开启；不施加真空时，EGR 阀应能完全关闭。

③ EGR 电磁阀的检查。测量电阻值，应为 $33\sim39\Omega$。不通电时，从通进气管侧接头吹入空气应畅通，从通大气的滤网处吹入空气应不通。通电时，与上述刚好相反。

④ 柴油机 EGR 系统检测。柴油机 EGR 系统检测涉及对真空、电磁阀、控制单元以及工作信号的检测。下面以长城汽车 GW28TC 型共轨柴油机为例，简要介绍柴油机 EGR 系统的检测过程。

长城汽车 GW2.8TC 型共轨柴油机 EGR 系统的控制过程是，由发电机后部真空泵产生真空，通过真空气管作用到 EGR 阀的膜片上方，形成 EGR 阀动作的动力。在真空泵与 EGR 阀之间的真空管路中串联一个 EGR 电磁阀，该电磁阀打开，即可把真空吸力引入 EGR 阀。发动机控制单元在综合分析传感器信号后做出是否给 EGR 电磁阀通电的判断。

a. 真空管路的检查。在发动机运行状态下，拔下 EGR 电磁阀的真空管，用手堵住来自真空泵的真空管，应该能够感受到吸力。否则，表明真空泵或真空管有漏气或工作不良。

插回真空管，在确保 EGR 电磁阀良好的情况下，给该电磁阀通电，应该能观察到 EGR 阀膜片动作及阀芯上移的动作。拔下 EGR 阀的真空管，应该能感受到吸力。否则，表明 EGR 电磁阀至 EGR 阀之间的真空管有漏气。

b. EGR 电磁阀的检测。如果 EGR 电磁阀出现了故障，则表明 EGR 系统停止工作。发动机控制单元可以监测相应的故障信息。可用诊断仪读取故障码和状态数据流信息进行判断。

注意：EGR 阀是机械阀，如果出现故障，无故障记忆，只能通过常规方法进行检验。

进一步确定 EGR 电磁阀故障，可给该电磁阀提供 12V 电压，感受其内部是否有阀芯动作的声响，判断电磁阀线圈是否正常，可用万用表欧姆挡测量其内阻，应该为 $14\sim20\Omega$。若电阻为无穷大，说明其内部断路；若电阻只有几欧姆甚至零点几欧姆，则表明线圈已经出现了断路。

对电磁阀的真空管接头吹入压缩空气，观察压缩空气是否能贯通该电磁阀。若不能，说明电磁阀内部有堵塞。

（3）其他方面的检查

① 再循环量的检查。51kPa 的真空，将出现怠速不稳或熄火。

② 检查机械阀。检查隔膜运动、破损情况及隔膜的清洁情况，检查 EGR 孔及真空软管。

③ 检查机械阀底座，此处容易产生积炭，使再循环通道受阻或泄漏，清洗时需更换垫圈并涂锂基润滑脂。

（4）EGR 系统失效模式与处理方法　EGR 系统不工作原因与处理方法见表 6-1。

表 6-1　EGR 系统不工作原因与处理方法

故障原因	故障处理方法
后处理器堵塞	清洗或更换
传感器未接、损坏或不匹配	重新安装或更换传感器
线束故障	线束修复或更换

故障原因	故障处理方法
环境温度超过系统正常工作范围	查看尾气管路是否合理
OBD 检测到系统内部出错	错误消除
	检查错误信息,相应修复
EGR 阀工作不正常	阀门发卡,相应修复
	检查插接件接触不良,重新插拔
	检查线路不正常,进行修理
	检查节气门是否正常工作
	检查进气管路是否漏气

第二节
排气后处理系统

电控柴油机尾气中氧含量较高,烃类化合物和 CO 的含量比汽油机低得多,其主要有害物是 NO_x 和微粒,因此柴油机尾气净化的重点是降低 NO_x 和减少微粒。仅依靠柴油机内技术的改进,还达不到控制污染物的要求,因此需要结合排放后处理。目前针对柴油机的排放后处理措施主要是,采用选择性还原催化(SCR)技术,通过优化燃烧降低 PM 排放,依靠 SCR 处理降低 NO_x 排放;采用 EGR 技术,通过 EGR 来降低 NO_x 排放,依靠微粒捕集器(DPF)或微粒氧化催化转化器(DOC)等后处理装置降低 PM 排放。

柴油发动机的排气处理系统由独立的氧化催化转化器、选择性还原催化转化器和微粒捕捉器等组成。

目前,后处理技术所需的电控系统生产厂家主要为德国的博世公司(CR 系统)、美国德尔福公司(MultecDCR 系统)和日本电装公司(ECDU2 系统),具体车型使用情况见表 6-2。

表 6-2　后处理电控系统具体车型使用情况

生产厂家	车型
博世公司	CA4DC2 系列发动机
	朝柴 CY4100CY4102 系列,襄樊客车、襄樊工程车、少林客车、聊城中通客车;杨动 485、490 柴油机,北京轻卡、长安厢式货车、长安面包车
	长城汽车
	江铃驭胜
	玉柴 6A、6G、6J、6K 系列发动机,中通客车、宇通客车
	东风御风
美国德尔福公司	起亚汽车
	东风标致
	玉柴 4G、6L、6M 系列发动机,东风柳汽、北汽福田
	雷诺汽车
	宝马汽车

生产厂家	车型
日本电装公司	威驰汽车

一、氧化催化转化器

柴油发动机工作时，其燃油/空气混合气中的氧是有剩余的（即过量供给），因此无法通过氧传感器来调节氧含量，氧化催化转化器通过多余的氧气来进行催化净化，即将柴油机排气中的 CO、烃类化合物以及颗粒中的可溶性有机成分（SOF）转换成 CO_2 和 H_2O。

催化转化器的组成如图 6-3 所示。催化剂涂层决定催化转化器催化转化性能，根据不同的发动机、不同的车辆有不同的配方和加工工艺。

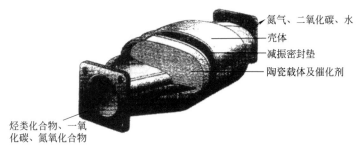

图 6-3　催化转化器的组成

氧化催化转化器的工作原理如图 6-4 所示，没有完全燃烧的烃类化合物、CO 以及部分微粒进入氧化催化转化器后，与氧进行氧化反应，产生的热使催化剂催化化学反应，生成二氧化碳（CO_2）和水（H_2O）。为加速催化剂尽快起催化作用，有些车型采用电加热的办法，在冷启动时对催化器加热。在 150℃ 以上的排气温度时，催化剂对微粒转化的效率才有催化的效果，而当温度高于 350℃ 时，会生成大量硫酸盐，使排入微粒剧增，所以采用加热方法对催化转化器加热时，要严格控制温度。大众轿车电控柴油机催化转化器结构如图 6-5 所示。

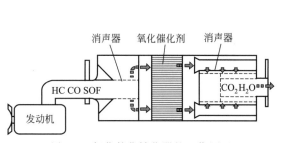

图 6-4　氧化催化转化器的工作原理

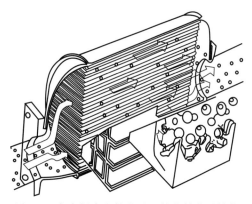

图 6-5　大众轿车电控柴油机催化转化器结构

二、选择性催化还原转化器

选择性催化还原（SCR）转化器是柴油机最新的排气后处理装置之一，是使柴油机的排放指标满足国五排放要求的必要的排气后处理装置之一。SCR 是 Selective（选择性）、Catalytic（催化）、Reduction（还原）的英文首字母，全称为"选择性催化还原"技术。"选择性"，是指在催化还原转化过程中，利用还原剂的特性优先选择 NO_x 在催化剂作用下一起被氧化，而不是按自然规律先使比较容易氧化的 HC 和 CO 被氧化，从而大大提高 NO_x 的转化效率（可达 99%），它是近年来比较成功的 NO_x 催化还原技术（可称为尿素喷射系统）。催化器的入口和出口处各安装一个温度传感器，用于检测催化器是否达到要求的温度，以保证催化还原反应的正常进行，并据此确定需要喷入的尿素量。它是使柴油机的排放指标满足国四和国五排放要求的必要的排气后处理装置之一。

催化还原反应所要求的最低排气温度为 200℃。催化器上还安装一个氮氧化物传感器，用于监测经过催化器处理后的尾气中氮氧化合物的排放是否达到了预期效果。

在国六阶段，由于提出更多的低温控制要求，因此当温度达不到要求时，需采用主动升温技术手段如 HC 喷射技术，以保证催化反应的顺利进行。

其作用是去除柴油机排气中的 NO_x。系统采用尿素作还原剂（又名添蓝），在选择性催化剂的还原作用下，NO_x 被还原为氮气和水。

选择性催化还原（SCR）转化器是在排气管中加入还原剂，主要有氨、尿素及烃类化物（如柴油等），并在催化剂的作用下对排气中的 NO_x 进行还原。氨是一种有毒物质，气态氨的储存和运输都不方便。烃类化合物比较容易获得，但还原催化能力并不是很强，尿素水溶性好，储存和运输很方便，而且价格低廉，使用安全。所以一般都采用尿素作为还原剂，即向转化器内喷入尿素，尿素由喷雾电磁阀完成，尿素的喷射量由电控单元根据宽带氧传感器提供的空燃比信号决定。

潍柴国四柴油机是潍柴动力欧洲研发中心与奥地利 AVL 联合研发的，可靠性、经济性指标都得到了较大提高，在国三基础上成功升级为国四、国五。

潍柴 WP12 国四柴油机与 WP12 国三柴油机相比，两者的机械部分和燃油系统基本相同；电控系统由博世 EDC7 升级为博世 EDC17，ECU 端子进行了重新定义和布置；增设了 SCR 系统控制发动机排放，以满足国四排放要求。

1. SCR 系统的组成

SCR 系统由储存尿素的尿素箱、为尿素建压的尿素泵、负责将尿素喷入排气管的喷嘴、对进行 NO_x 还原反应的后处理器总成等组成（图 6-6）。在尿素箱上有检测尿素液位和温度的传感器，当尿素箱温度低于一定值时，ECU 会控制接通加热水路，为尿素箱加热，以防

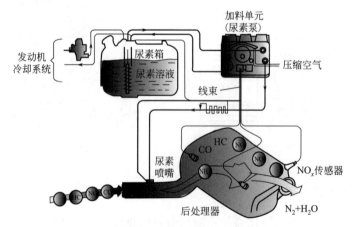

图 6-6　SCR 系统的组成

止尿素水溶液冻结（尿素水溶液冰点为−11.5℃）。安装在后处理器总成上的 NO_x 传感器，负责监测排气中的 NO_x 浓度。

2. SCR 的类别

SCR 的类别主要有独立控制与集中控制、气助式 SCR 与非气助式 SCR 等几种。

（1）独立控制与集中控制　独立控制方式的 SCR 系统，尿素喷射控制由单独的控制单元 DCU（康明斯 ISF3.3 发动机）或智能尿素泵（康明斯 ISM 发动机）完成，发动机 ECU 只负责为 DCU 或智能尿素泵提供发动机工况信息。

集中控制方式的 SCR 系统，没有单独的尿素喷射控制模块，发动机 ECU 负责尿素喷射控制。潍柴 WP12E4 共轨柴油机所采用的 EDC17 电控系统就是这种类型。

（2）气助式 SCR 与非气助式 SCR　气助式 SCR 系统，有压缩空气参与，尿素喷嘴喷出的是尿素与空气的混合物。这种 SCR 系统关闭时（如关闭点火开关），利用压缩空气很容易将残留在管路和尿素泵内的尿素排空。

非气助式 SCR 系统，没有压缩空气参与，系统排空时，用尿素泵将残留在喷嘴管路中的尿素倒吸回尿素箱。

3. SCR 系统的工作原理与工作过程

（1）SCR 系统的工作原理　SCR 系统的控制原理如图 6-7 所示，当 SCR 系统工作时，ECU 接收柴油机的转速和转矩信号、排气管中的排气温度信号后，查找存储的尿素喷射脉谱图，计算出此时的尿素喷射量。当排气温度达到 180℃ 时，ECU 控制尿素泵动作，进行预注过程。如果预注过程顺利完成，排气温度达到 200℃ 以上时，ECU 驱动尿素喷嘴动作，将一定量的尿素喷入 SCR 催化器入口前端。

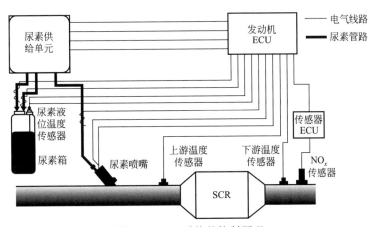

图 6-7　SCR 系统的控制原理

在排气管的混合区，尿素遇高温分解成 NH_3 和 CO_2，与排气充分混合后进入 SCR 反应装置。在催化反应区，NH_3 和 NO_x 反应生成 N_2 和 H_2O 排到大气中。整个处理过程的反应式如下。

尿素水解为氨气（尿素喷射系统）。

$$(NH_2)_2CO + H_2O \longrightarrow 2NH_3 + CO_2 \text{（温度达到 200℃ 以上）}$$

SCR 后处理反应（SCR 催化转化器）。

$$NO + NO_2 + 2NH_3 \longrightarrow 2N_2 + 3H_2O$$
$$4NO + O_2 + 4NH_3 \longrightarrow 4N_2 + 6H_2O$$

$$2NO_2 + O_2 + 4NH_3 \longrightarrow 3N_2 + 6H_2O$$

（2）SCR 系统的工作过程 当车辆的钥匙开关打到 ON 挡的时候，电控单元（ECU）开始通电，与此同时尿素计量泵开始转动，从尿素储存罐中抽吸尿素溶液。前期计量泵以最大工作压力进行工作，目的是快速建立压力，当泵腔中的压力达到 0.5MPa 后，计量泵将由 ECU 进行闭环控制，保持泵腔的压力，用于尿素喷嘴的冷却和喷射。

当转速和排气温度达到预先标定好的条件后，尿素喷嘴才会喷射尿素溶液。尿素溶液的喷射量由 ECU 根据柴油机的工况、催化器温度和环境状态来精确计量。

尿素溶液被喷射到排气管中，与柴油机排气进行均匀混合并进行化学反应，净化排气。由于尿素溶液在气温低于 $-11\,^\circ\!C$ 的时候会结冰，为了保证系统在低温时候的正常使用，系统配置有化冰功能，化冰的热源来源于柴油机的冷却水。

当电控单元通过尿素温度传感器感应到尿素溶液温度较低，可能会出现结冰的情况时，ECU 将打开加热水电磁阀。热的柴油机冷却液就会顺着管道流向尿素储存罐和尿素计量泵内置的换热器，这些地方的冰就会迅速融化。由于冷却液管道和尿素胶管扎在一起，外套保温管，所以尿素管道内部的冰也会同时融化。

注意：加入尿素的条件如下。

① 排气处理器进口排气温度超过 $200\,^\circ\!C$。

② 没有某些现行的与 SCR 系统相关的故障码。

③ 回路压力为 $775\sim1050kPa$，喷射阀开闭正常化。

④ 尿素罐液位高于 3%。

⑤ 尿素罐内尿素溶液温度上限为 $80\,^\circ\!C$，下限为 $-3\,^\circ\!C$。

4. 尿素 SCR 系统控制技术

尿素 SCR 系统的关键技术是尿素水喷射控制系统，即如何控制尿素水溶液的喷射量和喷射质量是决定尿素 SCR 系统质量优劣的关键因素。

首先，尿素溶液喷射量直接影响 SCR 系统的反应效率和 NH_3 的逸散问题。

尿素溶液喷射量不足将导致系统反应效率降低；反之，尿素溶液喷入过多，可能导致过多的 NH_3 不参与反应，而直接排入大气，造成二次污染。

尿素 SCR 系统中尿素溶液的控制模式有以下两种。

（1）开环控制 开环控制的控制逻辑是，尿素水定量模块（Dosing Module）接收控制命令，将尿素溶液喷入排气管中与排气进行反应，随即结束，并没有任何反馈信息返回到尿素水控制单元中对下一步控制指令进行修正。这是开环控制的标准方式，最大的好处是设计简单，但是控制精准度不佳，有可能造成排气处理效果不好，但这并不会造成任何危害。另外，若是造成尿素溶液喷入过量，则可能产生 NH_3 泄漏到后端部分，如果不采取措施进行处理（例如，后端布置氧化催化剂），则将造成二次污染。

（2）闭环控制 在 SCR 系统中，通过快速且实时的 NO_x 与 NH_3 检测，并将检测到的信息反馈到 ECU 中，控制程序对尿素溶液的喷射量进行修正，然后喷入适量的尿素溶液，这样就避免了 NH_3 的泄漏。

例如，潍柴 WP12 国四柴油机 SCR 电控喷射系统中的 $DeNO_x$ 2.2 系统为非气助式喷射系统（图 6-8）。SCR 系统的控制单元与发动机的控制单元（ECU）集成在一起，用于执行 SCR 控制策略，并根据环境温度、排气温度、尿素液位、尿素温度、尿素压力等传感器信号控制供给单元和尿素喷嘴，根据需求定时定量地将尿素溶液喷射到排气气流中。

① 上游温度传感器。上游温度传感器（图 6-9）用于检测排气管中废气温度，将温度信号送给 ECU。排气温度传感器固定在催化转化器的上游连接管的温度传感器座上。上游温

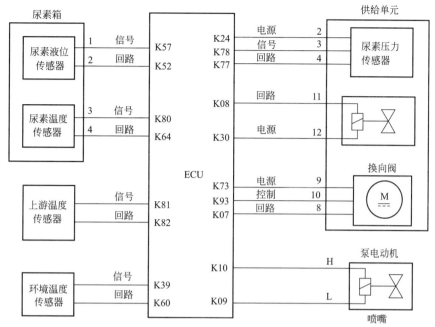

图 6-8 DeNO$_x$ 2.2 系统

度传感器信号电压范围为 0.3~4.7V,额定电阻为 200Ω(0℃)。

② 环境温度传感器。环境温度传感器(图 6-10)的主要作用是为 DeNO$_x$ 2.2 系统提供外界温度信号,ECU 依此对系统加热进行控制。环境温度传感器信号电压范围为 0.2~4.9V;环境温度传感器为负温度系数热敏电阻,电阻值随温度上升而降低。环境温度传感器失效时,以冷却液温度传感器信号替代。EDC17 电控系统中冷却液温度传感器和环境温度传感器相同,可以互换。

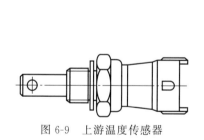

图 6-9 上游温度传感器

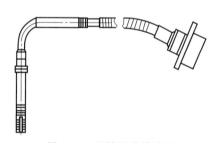

图 6-10 环境温度传感器

③ 尿素液位传感器。尿素液位传感器由舌簧开关控制,随着液位的变化,磁性浮子随之上下移动,靠近磁性浮子的舌簧开关在磁性浮子作用下吸合,尿素液位传感器的电阻值随之变化。电阻变化是阶梯性的,尿素液位信号电压在 0.3~4.3V 时呈阶梯性变化。

④ 尿素温度传感器。尿素温度信号在 0.3~4.3V 范围内变化。尿素温度是 ECU 对尿素箱加热电磁阀控制的依据,也是尿素喷射的条件之一。

⑤ NO$_x$ 传感器和传感器 ECU。NO$_x$ 传感器为发动机 ECU 提供 NO$_x$ 浓度信号。NO$_x$ 传感器首先将废气中的 NO$_x$ 浓度信号送给 NO$_x$ 传感器 ECU,传感器 ECU 对信号进行处理后,通过 CAN 总线将信号最终送给 ECU。当 NO$_x$ 的浓度超标时,ECU 会记录故障,并在一定时间后实施限制转矩。

NO_x 传感器和传感器 ECU 是一个不可拆分的整体。NO_x 传感器通过 CAN 总线将 NO_x 浓度信号传递给发动机 ECU。

⑥ WP12 国 IV 柴油机 SCR 加热系统。ECU 通过环境温度传感器和尿素温度传感器信号来控制加热系统工作。如果环境温度过低或尿素箱温度过低，ECU 会先为系统加热，要等到系统解冻完成后（尿素泵、尿素箱和尿素管），才会发出预注命令。解冻完成后，如果环境温度一直较低，系统会保持加热，防止尿素再次冻结。

a. 电加热。尿素管的解冻是根据环境温度进行开环控制的。钥匙开关通电时，如果环境温度低于限值，ECU 将先开始加热。

$DeNO_x$ 2.2 系统对尿素泵和尿素管路采用电加热方式。尿素泵内置电加热装置，尿素管路由加热电阻元件包裹。ECU 根据环境温度传感器的信号判断是否需要开启电加热，需要电加热时 ECU 使加热继电器吸合，由 24V 电源对需要加热部分的加热元件供电，从而实现对尿素泵和尿素管路的加热。尿素泵及管路加热控制电路如图 6-11 所示。

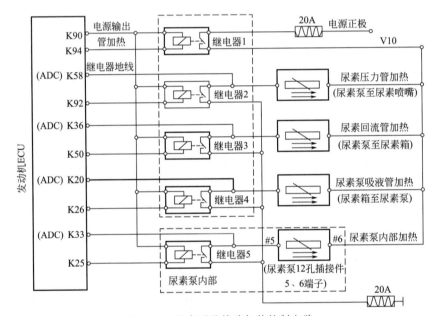

图 6-11　尿素泵及管路加热控制电路

当环境温度低于 −5℃ 时，ECU 为 K94、K92、K50、K26、K25 针脚完成搭铁，五个加热继电器同时吸合，四路加热线路同时被接通。

K58、K36、K20 负责监测三条尿素管路加热电路是否接通；K33 监测尿素泵加热电路是否接通。当线路接通时针脚为低电位（电压接近 0）；如果某一回路没能接通，则相应针脚保持高电压（24V 蓄电池电压），ECU 会存储故障码。

b. 冷却液加热。当 ECU 通过尿素箱温度传感器及环境温度传感器判断出尿素需要解冻（温度低于 −5℃），发动机冷却液温度达到 55℃ 以上时，ECU 就会通电，打开冷却液电磁阀，热的冷却液就会流到尿素箱的热交换器内对尿素进行解冻。为了避免寒冷天气由于管路结冰或尿素结晶带来的问题，SCR 系统在寒冷天气运行过程中也会进行加热，反复打开/关闭冷却液电磁阀，使尿素箱内的液温保持在一定范围内。发动机冷却液也不断地流过尿素喷嘴为其进行冷却，使其保持在安全的工作温度范围内。喷嘴上的两个水管接头无先后顺序之分。只要发动机运转，冷却液就会对尿素喷嘴冷却。发动机冷却液经过打开的冷却液开关电磁阀，然后进入尿素箱内，完成与尿素的热交换后从尿素箱流回发动机冷却系统。系统的冷却液管路布置如图 6-12 所示。

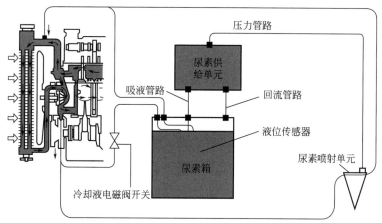

图 6-12　系统的冷却液管路布置

　　DeNO$_x$6.5SCR 喷射系统是博世公司针对低成本 SCR 系统的市场需求开发的，作为 DeNO$_x$2.2 系统的低成本替代方案。从结构上两个系统的最主要差别是 DeNO$_x$6.5 系统用一个低成本的尿素泵替代 DeNO$_x$2.2 系统的尿素泵。

　　又如，锡柴气驱 SCR 系统（4DLD 自主系统）。

　　(1) 气驱 SCR 系统组成　气驱 SCR 系统元件包括 ECU、尿素罐、喷嘴、后处理器、进排气电磁阀、压缩空气滤清器、压力传感器、NO$_x$ 传感器、排气温度传感器、后处理线束、管路等。

　　(2) 气驱 SCR 系统原理　气驱 SCR 系统工作时，进气阀打开，排气阀关闭。车载压缩气体通过空气滤清器和进气阀通入封闭的尿素罐，将尿素溶液以一定的压力送到喷嘴。ECU 根据柴油机当前状态，计算出当前所需尿素量，向喷嘴发出喷射指令，喷嘴电磁阀开启，将计量的尿素喷入排气流中，与尾气中 NO$_x$ 发生反应，以达到净化尾气的目的。停机时，排气阀打开，进气阀关闭，进行排气泄压。

三、颗粒过滤器

　　柴油机颗粒物的净化技术主要有催化转化技术、过滤净化技术、颗粒收集或捕集（捉）技术以及催化转化器和过滤器并用技术。其中最为有效的方法是各种过滤器。颗粒过滤器（DPF）也叫颗粒收（捕）集器、颗粒捕捉器等。颗粒过滤器是一种安装在柴油发动机排放系统中的陶瓷过滤器，它可以在微粒排放物质进入大气之前将其捕捉。

1. 颗粒过滤器的结构

　　颗粒过滤器通常为圆筒形，其结构如图 6-13 所示，它直接串联在排气管路中。排气颗粒经滤芯被收集，随着运行时间的增加，过滤效率会降低，排气背压由于过滤器的阻塞而上升，因此在经过一段时间后，要对颗粒过

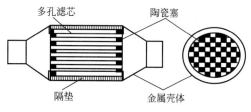

图 6-13　颗粒过滤器的结构

滤器进行再生处理，使过滤器的颗粒物燃烧掉。根据结构不同，可将颗粒过滤器分为非整体式及整体式两大类。

非整体式颗粒过滤器的滤芯由耐高温的金属丝网或陶瓷纤维等杂乱无章地构成。排气从弯弯曲曲的微小孔道中通过。

整体式过滤器的滤芯为整体蜂窝状，常用堇青石（由 MgO、Al_2O_3 及 SiO_2 组成）制成。两端面孔道的进、排气孔间隔地用陶瓷塞堵住。排气经过细微多孔的壁时，颗粒被拦截住。

通常在滤芯与不锈钢管的外壳之间安装具有弹性的陶瓷衬垫，目的是补偿金属外壳和滤芯的不同的轴向、径向伸缩；缓冲车辆行驶时对滤芯的冲击及滤芯的振动；密封滤芯的外圆周，防止排气从外围流过；隔热保温，减少金属管及滤芯的径向温度下降梯度与热应力；调节金属管不同的轴向膨胀及剪切变形，减小传给滤芯的应力。

2. 颗粒过滤器的工作原理

① 颗粒过滤器的原理是先用过滤装置过滤废气中的颗粒物质，当过滤器收集到的颗粒物太多影响柴油机工作时，采用更换过滤器或对收集的颗粒采用氧化或燃烧技术进行清洁的方法，使颗粒过滤器恢复原状，重新工作。

颗粒过滤器的作用是用于拦截颗粒并将它们储存起来，经过一段时间的使用后，排气背压会增加，如果不及时清除掉颗粒物，发动机的性能会恶化，使油耗增加。因此，必须对颗粒过滤器进行再生，除去颗粒物。

② 颗粒过滤器再生的原理是使颗粒发生氧化反应，变成 CO_2 气体随排气一起排入大气。能否使颗粒发生氧化反应变成 CO_2 气体，主要取决于以下几个方面：温度是否高于开始着机燃烧的最低温度；氧浓度是否大于 2%；是否有足够的反应时间等。其中最关键的是颗粒物的温度。

柴油机在高速、高负荷运转时，排气温度可以达到 600℃ 以上，过滤器的颗粒能较快地氧化燃烧。试验表明，大约有 85% 的颗粒氧化成 CO_2 气体，其余部分因缺氧未完全燃烧，成为 CO；而在部分负荷、小负荷时，温度低，不能进行颗粒过滤器的再生。为了能在多种工况下使颗粒物发生氧化反应变成 CO_2 气体，通常采用降低颗粒开始着机燃烧的最低温度或者提高排气温度的方法。

四、排气后处理系统的维修

1. SCR 系统使用注意事项

SCR 系统是一个自动控制的系统，当车辆的钥匙开关处于 ON 挡时，车辆电压正常，相关管路连接正确，系统将在控制器的指挥下自动排空、自动化冰、自动喷射等，不需人为干预。只要加注符合标准要求的尿素，SCR 系统内部终身免维护。

① 保持系统外表干净、电气接头干燥即可。

② 避免在尿素储存罐中尿素溶液液位低于最低液位的情况下工作，因为喷嘴需要使用尿素溶液来冷却，所以储存罐中的尿素溶液过少的话会使喷嘴冷却不足，从而导致喷嘴损坏。

③ 在柴油机停机后，计量喷射系统要抽干管道中的残液，以防结晶堵塞，所以点火开关关闭 1min 后再断开蓄电池总开关。

④ 若 SCR 系统出现故障，暂时不影响发动机的正常工作，但故障持续时间不能过长，因为 SCR 系统不正常工作或停止运行时，车辆排放将不能达到标准而污染环境。如果故障持续时间过长，电控系统将降低发动机的功率。SCR 系统出现故障时，SCR 故障指示灯会点亮。

2. 柴油机 SCR 系统的维修

（1）不同故障对尿素喷射的影响　见表 6-3。

表 6-3　不同故障对尿素喷射的影响

出现的故障	产生的影响
尿素温度传感器故障	环境温度低于 −3℃、高于 80℃停止喷射
尿素液位传感器故障	停止喷射，50h 后会限转矩
上游温度传感器故障	停止喷射，50h 后会限转矩
尿素压力传感器故障	停止喷射，50h 后会限转矩
NO_x 传感器故障	继续喷射，同时故障指示灯会点亮
电加热系统故障	环境温度低于 −5℃停止喷射
冷位液加热电磁阀故障	环境温度低于 −5℃停止喷射
环境温度传感器故障	不影响喷射（冷却液温度作为替代信号）

（2）SCR 系统的检测

① 尿素泵的检测（以潍柴 WP12 国四柴油机为例）。尿素泵内置有压力传感器、电机、换向阀等元件，其常规检测规范见表 6-4。

表 6-4　尿素泵的常规检测规范

部件	尿素泵端子号	对应 ECU 端子	工作时搭铁电压/V	T15 上电，但 SCR 系统不工作时的常态电压值/V	开路电压/V	开路时常态电阻
压力传感器	2	K24(电源正)	4.9～5	4.9～5	5	端子 2、4 之间的电阻为 55.4kΩ
	3	K78(信号线)	0.5～4.5	约 0.8	—	
	4	K77(电源负)	0～0.3	0～0.3	0	
电机	8	K07	0	0	0	端子 8、9 之间的电阻为 0.8Ω
	9	K73	24	24	0	
	10	K93	—	约 8.5	24	
换向阀	11	K30	—	24	3.5	电阻 11、12 之间的电阻为 22Ω
	12	K08	—	24	24	

② NO_x 传感器的通信线路检测。NO_x 传感器的通信线路如图 6-14 所示（以欧曼 GTL 重卡为例）。NO_x 传感器 ECU 的 1 号端子为 24V 电源，2 号端子搭铁，3 号端子为 CAN-L，4 号端子为 CAN-H。

在正常情况下，断开 NO_x 传感器 ECU 插接器，检测结果应符合表 6-5 中的要求。

表 6-5　NO_x 传感器线路检测

检测内容	检测端子	标准值/V	检测条件
电压测量	检测 1 号与 2 号端子间电压	24	点火开关 ON
	检测 4 号与 2 号端子间电压	3.5±0.5	点火开关 ON
	检测 3 号与 2 号端子间电压	1.5±0.5	点火开关 ON
电阻测量	检测 3 号与 4 号端子间电压	60±10	点火开关 OFF

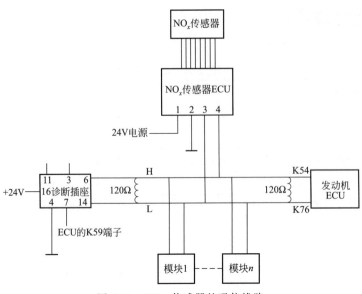

图 6-14　NO$_x$ 传感器的通信线路

（1）SCR 系统常见故障检查　SCR 系统故障包括电控系统故障、尿素循环系统故障、加热水改造、NO$_x$ 传感器故障及通信故障、排放超标故障等多种类型。SCR 系统常见故障的检查方法见表 6-6。

表 6-6　SCR 系统常见故障的检查方法

故障名称	故障现象	检查方法
NO$_x$ 传感器无法正常通信	CAN 接收帧 AT101 超时错误（SPN:522009。FMI:19）	检查 NO$_x$ 传感器模块 24V 供电电压
		打开点火开关,检查 NO$_x$ 传感器模块 CAN-H 和 CAN-L 间电压
		关闭点火开关,检查 NO$_x$ 传感器模块 CAN-H 和 CAN-L 间电阻
		酌情更换 NO$_x$ 传感器
尿素喷射故障	尿素泵不工作、无法建立压力	检查尿素泵 12 孔插接器,确认端子连接正确、接触良好
		检查尿素管路及电气连接,确认是否存在故障或管路错接
		检查尿素液位传感器或温度传感器是否正常
		检查排气温度传感器是否正常
	正常建压,但不喷尿素	检查尿素喷嘴、管路是否存在故障
	压力建立后随即泄压	检查尿素回流管、尿素泵回流管接头、尿素喷嘴是否堵塞
		排除尿素泵、喷嘴电路故障

故障名称	故障现象	检查方法
尿素加热异常	加热电路故障	检查插接器及导线
		检查加热电路熔断器
	冷却液管路循环故障	检查加热电磁阀安装是否正确,水管是否弯折
	尿素温度传感器、环境温度传感器故障	通过数据流读取尿素储液罐温度、环境温度,检查有无异常
尿素液位传感器故障	尿素液位不显示或显示异常	检查液位传感器是否完好
		检查液位传感器线路是否完好
上游温度传感器故障	上游温度显示异常	检查上游温度传感器是否连接及是否出现对电源短路、搭铁短路或断路故障等
环境温度传感器故障	环境温度显示异常	检查环境温度传感器是否连接及是否出现对电源短路、搭铁短路或断路故障等

（2）SCR 系统主要部件故障诊断

① 尿素泵故障诊断。故障诊断思路如下。

a. 排查部件端子信号线或搭铁是否存在开路。

b. 检查部件正端和搭铁电压是否正常。

c. 检查线束有无虚接和退针的端子，对应端子有无接反或接错情况。

d. 检查 ECU 端的相应端子有没有歪斜或折断的情况。

e. 泵本身失效。

② 尿素喷嘴故障诊断。尿素喷嘴出现故障时，仪表板上的 MIL 灯（故障指示灯）点亮，后处理系统不工作，尿素不消耗，一般会导致发动机转矩受限。尿素喷嘴电路如图 6-15 所示。

图 6-15　尿素喷嘴电路

故障诊断思路如下。

a. 排查部件端子信号线或搭铁是否存在开路、短路。

b. 检查部件正端和搭铁电压是否正常。

c. 检查线束有无虚接和退针的端子，K10 与 K09 有没有接反。

d. 检查喷嘴电阻是否正常，确定喷嘴的好坏。

e. 检查 ECU 端的相应端子有没有歪斜或折断的情况。

③ 尿素管路及加热装置故障诊断。尿素管路中采用电阻线加热，尿素箱中采用冷却液加热。

上述故障如果出现在环境温度低于－7℃时，通常会引起后处理系统不工作。这种情况共有两类故障点，即继电器故障和加热电阻丝故障。一般会有三种故障模式，即短路（对搭铁和对电源）、开路（断路）、不可信故障。

故障诊断思路如下。

a. 根据故障码检查相应的加热线路或加热继电器。

b. 检查加热的各个熔丝有无烧断情况。

c. 检查各个线路的通断和有无错接、混接的情况。

d. 检查加热端子的电压和有无退针情况。

e. 检查尿素管路中电阻丝的通断并酌情进行更换。

④ 尿素管路压力建立故障诊断。尿素管路压力建立故障码见表6-7，故障码中除 P3015 外，都会引起后处理系统不工作，故障指示灯点亮，发动机动力不足。

表 6-7　尿素管路压力建立故障码

故障码	含义	故障码	含义
P3050	SCR 尿素回流管不可信	P3015	上一驾驶循环末 SCR 未排空
P3053	SCR 尿素喷射压力压降错误	P3040	SCR 尿素压力建立错误
P3054	SCR 尿素喷射压力错误		

故障诊断思路如下。

a. P3050：尿素回流管有结晶或堵塞的情况，及时清理或更换。

b. P3053：尿素压力管有结晶或堵塞的情况，及时清理或更换。

c. P3054：管路存在泄漏，特别检查压力管及其管接头垫圈，并进行更换。

d. P3015：驾驶员驾驶习惯不好，造成排空没有完成。断电排空的过程时间为 90s。该过程中严禁关闭整车电源。

e. P3040：系统在较长时间内尿素压力没有建立起来，管路存在泄漏。特别检查吸液管及其管接头垫圈，并酌情进行更换。

⑤ 上游温度传感器故障诊断。上游温度传感器（排气温度传感器）常见故障为线束断路、短路、错接等，另外还有传感器自身故障（如内部断裂）。

闪码为 448，故障码为 P0420，含义为 SCR 催化剂上游温度传感器电压高于上限。出现这一故障码时，故障指示灯（MIL 灯）点亮，后处理系统工作，但尿素消耗不正常，发动机转矩受限。

故障诊断思路如下。

a. 检查对应端子的电压，并确定端子是否接对。

b. 检查上游温度传感器的外观和电阻，确认传感器本身是否正常。

c. 检查 ECU 整车线束及端子。

⑥ 环境温度传感器故障诊断。闪码为 453，故障码为 P2229，含义为环境温度传感器电压高于上限。出现这一故障码时，故障指示灯（MIL 灯）点亮。

故障诊断思路如下。

a. 检查环境温度传感器是否连接。

b. 检查环境温度传感器端子电压及传感器电阻。

c. 检查环境温度传感器线束是否存在短路、断路情况。

d. 线束插接件有无虚接和退针情况。

⑦ NO_x 传感器故障诊断。闪码为 422，故障码为 U0113，含义为 NO_x 传感器 CAN 通信超时。出现这一故障码时，故障指示灯（MIL 灯）点亮。若该故障一直存在，50h 后发动机转矩受限。

故障诊断思路如下。

a. 检查 NO_x 传感器线束是否存在短路、断路情况。

b. NO_x 传感器的供电应为常供电，检查是否为常供电。如果发动机上电后故障变为历史故障，则怀疑 NO_x 传感器为 T15 供电，应改为常供电。

c. 检查 NO_x 传感器的好坏并酌情更换。

（3）尿素喷射 SCR 系统常见故障处理方法 安装有尿素喷射 SCR 系统的车辆，都具有故障自检功能。当 SCR 系统出现故障时，系统会通过总线控制报警灯点亮，并将故障转换为故障码存储起来。

① 故障诊断与显示系统。安装尿素喷射 SCR 系统的车辆，在其仪表板上通常都有两个与 SCR 系统故障显示有关的指示灯。

② 常见故障处理方法。不同车辆柴油发动机上使用的尿素喷射 SCR 系统结构可能有一定的差别，但对常见故障处理的思路大同小异。表 6-8 列出了尿素喷射 SCR 系统常见故障处理方法。实际维修时，应优先读取故障码，这样可以有的放矢地进行检查，避免走弯路。

表 6-8　尿素喷射 SCR 系统常见故障处理方法

故障现象	故障原因	故障处理方法
SCR 系统不能工作	系统供电电压消失或异常	查找供电电源消失或异常的原因并排除故障
	环境温度超过系统正常工作的温度范围	采取一定的措施使环境温度下降到系统正常工作温度的范围内
	尿素液力系统出现堵塞现象	查找堵塞的部位后，对堵塞部位进行清理，并用清水进行清洗，堵塞严重的最好更换新件
	尿素太少或没有尿素	查找没有尿素或尿素太少的原因，并进行处理后，再添加尿素
	传感器本身或其连接线路不良或损坏	对传感器及其连接线路进行检查，如有必要，更换新的、同规格的传感器
	OBD 检测到系统内部出错	根据检测到的信息对有关部位进行检查，修理后还要检查是否仍有错误信息存在
	尿素管路泄漏	查找尿素管路泄漏的具体部位后，对其进行修理或更换新件
	尿素液力系统解冻加热功能失效	检查报错情况，然后根据实际情况对液力系统进行检查
	线束或插接件有断裂或损坏处	查找线束或插接件的损坏处，并进行修理或更换
	尿素泵出现堵塞现象	有条件的可以到指定维修点或自行进行修理，没有条件的只能更换新的、同规格的尿素泵
	液位传感器滤网堵塞	有条件的可以到指定维修点或自行进行修理，没有条件的只能更换新的、同规格的液位传感器
	传感器不匹配	更换新的、同规格的传感器
	不能建压	检查 OBD 系统故障信息，根据提示的信息进行相应的处理
		对于因尿素不合格导致的尿素泵堵塞现象，在故障处理后，应使用合格的尿素
		对于传感器反馈值不在泵正常工作要求范围内的情况，应查找原因并进行相应的处理
尿素喷射不稳定	泵压不稳定	检查是否有泄漏处；检查尿素是否干净；检查传感器提供的信息是否稳定；检查 OBD 信息提示情况并进行相应的处理
	系统设置出现了变动	应重新对系统进行相应的设置
	传感器或其连接线路、插接件不良或损坏	查找出故障点后，修理或更换新的、同规格的配件

（1）DeNO$_x$6.5SCR 系统失效模式与处理方法　DeNO$_x$6.5SCR 系统失效模式与处理方法见表 6-9～表 6-11。

表 6-9　DeNO$_x$6.5SCR 尿素泵（SM）失效模式与处理方法

部件/接口	功能	失效模式	失效影响	失效原因	预防措施	控制探测
尿素供给单元回流口接头	确保尿素溶液能够正常回流到尿素箱	尿素溶液不能回流到尿素箱	（1）系统压力不稳定（2）系统压力过高（3）排放超标（4）尿素溶液在接头处有泄漏（5）不能拆下或安装管路接头（6）不能正常倒抽	（1）SM 接头中的节流孔脏物堵住（如更换 SM 接头过滤器时）（2）尿素管接头冻住（3）车辆装配和维修时，SM 接头损坏（4）质量不好的尿素进入 SM（5）存储和运输条件差，导致 SM 接头损坏（6）接头没有完全安装好（7）接头安装没有按照说明进行（8）接头过长或截面过大（小），以及材料不符合要求		（1）系统当前可以通过"系统压力"来监测回流管是否堵住或泄漏（2）目测可以查看尿素回流管接头处是否有尿素残留
尿素供给单元吸入口接头	确保尿素溶液能够从尿素箱输送到尿素供给单元	尿素溶液不能正常地从尿素箱输送到尿素供给单元	（1）系统不能正常建压（2）排放超标（3）系统压力不稳（4）尿素在接头处有泄漏	（1）吸入口预滤器堵塞（2）尿素吸管或 SM 接头冻住（3）车辆装配和维修时，SM 接头损坏（4）质量不好的尿素进入 SM（5）存储和运输条件差，导致 SM 接头损坏（6）接头安装没有按照说明进行（7）接头过长或截面过大（小），以及材料不符合要求	（1）安装保护帽，只在装配前拆下（2）在尿素管上做标记，以区分吸入管和回流管，防止接错	（1）系统建压不会成功，建压失败的错误会被系统报出（2）目测可以检查尿素泵接头是否有泄漏
尿素供给单元压力管接头	确保尿素溶液能够从 SM 输送到 DM	尿素溶液不能正常地从 SM 输送到 DM	（1）系统不能正常建压（2）排放超标（3）系统压力不稳（4）不能正常倒抽（5）尿素在接头处有泄漏	（1）压力管接头冻住（2）车辆装配和维修时接头损坏（3）质量不好的尿素进入 SM（4）存储和运输条件差，导致 SM 接头损坏（5）接头安装没有按照说明进行（6）接头过长或截面过大（小），以及材料不符合要求		

部件/接口	功能	失效模式	失效影响	失效原因	预防措施	控制探测
尿素泵电气接头	连接 SM 与线束,使 SCU 与尿素泵之间传输信号	SM 与 ECU 之间不能传输信号	(1)与其他电气的部件连接不好,系统工作不正常 (2)排放超标	(1)车辆装配和维修时接头损坏 (2)保护帽丢失或损坏(腐蚀) (3)安装与拆卸过于频紧	(1)确保尿素不会渗漏进线束和电气接头中,加密封塞 (2)安装保护帽,只在装配前拆下 (3)线束需要就近固定在 SM 上	(1)目测检查 (2)线束电气工作报错
尿素泵主滤清器	确保主滤清器能够对尿素水溶液进行过滤	主滤清器不能对尿素水溶液进行过滤	(1)尿素过滤不足 (2)SM 加热不足 (3)系统失效 (4)排放超标	(1)主滤清器被堵塞 (2)主滤清器被冻住 (3)主滤清器未固定(密封圈未安装) (4)主滤清器盖损坏 (5)主滤清器部件更换后密封环(平衡装置)未更换 (6)使用错误的安装拧紧力矩 (7)平衡装置丢失失效原因	(1)更换主滤清器时参照说明书,如拆装顺序、安装转矩、工具等 (2)每次更换 SM 主滤芯时,同时应更换密封环 (3)维护时,要留出更换主滤清器的操作空间 (4)尿素箱中安装预滤器,加注口盖的质量应符合要求 (5)定义主滤清器更换周期	确认 SM 的功能,特别是主滤清器在冬天要能解冻,在冬季试验时验证
DM 尿素管接头	保证足够的尿素供给 DM	没有足够的尿素供给 DM	(1)没有尿素喷射到排气管中或者喷射的尿素不足 (2)排放超标 (3)可维修性差 (4)尿素溶液泄漏到周围环境 (5)尿素管不能装拆	(1)尿素被冻住 (2)车辆装配和维修时接头损坏 (3)存储和运输条件差	安装保护帽,只在装配前拆下	(1)系统建压不会成功,建压失败的错误会被系统报出 (2)目测检查尿素管接头是否有泄漏

部件/接口	功能	失效模式	失效影响	失效原因	预防措施	控制探测
DM冷却水接头	保证供给冷却液到DM	未供给冷却液到DM	(1)DM的冷却不足或没有冷却 (2)DM由于冷却不足而寿命缩短 (3)冷却液泄漏到周围环境	(1)车辆装配和保养时接头损坏 (2)发动机上出水口和入水口的压差太小 (3)发动机过热保护不好	(1)安装保护帽,只在装配之前拆下,先安装电气接头,再连接冷却液接头 (2)在安装和维修中不能让冷却液流入电气接头,注意连接顺序 (3)冷却水管第一个固定点到DM的距离小于200mm (4)冷却水管接头为快插接头,如采用卡箍,需确保连接可靠	目测检查
DM电气接头	在DM于ECU间传输信号	不能传输信号	(1)没有喷射或喷射不符合规范 (2)排放超标	(1)安装顺序不正确 (2)电气接头不符合规范 (3)表面脏 (4)安装过程中接头损坏	(1)保持清洁度 (2)确保尿素不会渗漏进线束和电气接头中 (3)DM的电气连接线束第一个固定点到DM的距离小于100mm,并且此固定点应与尿素喷射单元在同一个振动源上 (4)确保电气接头正确连接,装好后能卡住	(1)目测检查 (2)系统开路、断路故障报错
DM阀体	保证喷嘴能正常工作	喷嘴不能正常工作	(1)喷射到排气管中的尿素不足或没有尿素喷射到排气管中 (2)排放超标 (3)喷雾角度不正确	(1)阀顶被损坏 (2)阀孔堵塞(脏) (3)阀孔堵塞(结晶) (4)喷嘴被高温废气损坏	(1)安装保护帽,只在装配前拆下 (2)确保法兰和排气管接处内表面光滑,法兰焊接时应标明焊接方向	车辆路试时,检查喷嘴结晶及实际工作情况

表 6-10　DeNO$_x$ 6.5SCR 尿素管失效模式与处理方法

部件/接口	功能	失效模式	失效影响	失效原因	预防措施	控制探测
尿素管	保证尿素的输送	(1)尿素不能输送 (2)没有回流 (3)尿素管泄漏	(1)没有尿素喷射进排气管 (2)排放超标 (3)尿素管被外界环境污染	(1)尿素管及接头在使用中丢失或损坏 (2)安装不符合规范 (3)尿素冻结 (4)存储条件不合格	(1)避免尿素管路有L形急弯,否则易造成管路破损 (2)确保尿素管接头的连接,不能出现泄漏 (3)在管子的两端加保护帽	目测检查

表 6-11　DeNO$_x$ 6.5SCR 尿素箱失效模式与处理方法

部件/接口	功能	失效模式	失效影响	失效原因	预防措施	控制探测
尿素箱	保证尿素溶液的输送	没有尿素输送	(1)喷射到排气管的尿素不足或没有尿素喷射进排气管 (2)排放超标 (3)主滤清器更换周期缩短	(1)尿素箱受外力损坏;尿素箱空,未加尿素 (2)尿素质量不符合要求 (3)错误的液体加注到尿素箱中;尿素被污染 (4)预滤器被堵;尿素冻结	(1)尿素箱的安装位置要避免潜在的外力冲击 (2)尿素箱和盖上要有警示标签,确保不使柴油或其他液体加注到尿素箱中 (3)定义尿素箱预滤器更换周期,加注口盖尤其要有防锈、防腐蚀的质量要求 (4)防止杂质从加注口、通气孔和传感器安装位置进入尿素箱 (5)确保尿素箱水加热管路加工质量,防止冷却液从加热管路渗漏进入尿素箱 (6)尿素的温度不能超过70℃,确保尿素箱不被其他热源加热,如排气管	(1)目测检查尿素箱里面的尿素是否被污染 (2)系统相关的故障报错
尿素解冻系统	保证尿素箱在低温下能解冻	不能解冻	(1)没有尿素输送 (2)后处理系统不能工作 (3)排放超标	(1)冷却液流量过小或冷却液温度太低 (2)尿素箱的加热布置不好 (3)电磁阀机械卡死 (4)尿素箱温度传感器不能真实反映吸入口位置温度	(1)加热水管应包裹保温材料以保证解冻效果,并将此纳入售后服务手册 (2)冬季试验时验证解冻效果 (3)保证足够的冷却水流量	目测检查

（2）气驱 SCR 系统失效模式与处理方法　气驱 SCR 系统失效模式与处理方法见表 6-12 和表 6-13。

表 6-12　气驱 SCR 系统不工作的原因与处理方法

原因	处理方法
尿素太少或无尿素	添加尿素
系统没有上电	系统上电
	检测线束
	检测整车蓄电池电压

原因	处理方法
传感器未接、损坏或不匹配	重新安装或更换传感器
线束故障	线束修复或更换
环境温度超过系统正常工作范围	使系统环境温度回到正常范围内
OBD 检测到系统内部出错	错误消除
	检查错误信息，相应修复
尿素箱上管路连接不正确	参照接口定义，检查尿素箱上管路连接是否正确
尿素管路泄漏	更换尿素管路
尿素箱内压力低	检查或更换尿素管路
	检查气阀连接是否正确
	更换 O 形密封圈
尿素液力系统堵塞	检查液位传感器滤网、喷嘴、尿素管及两端接口是否堵塞，更换堵塞零件
	用清水清洗
尿素液力系统解冻加热失败	检查液力系统
	检查 OBD 报错

表 6-13　气驱 SCR 系统喷射不稳定的原因与处理方法

原因	处理方法
系统设置不对	重新设置
传感器损坏	更换传感器
泵压不稳	检查液力是否泄漏
	检查尿素是否干净
	检查传感器信息
	检测 OBD 信息

专家指南

对于已达到国四排放水平的柴油机来说，达到国五排放的技术路线有两条：对于 SCR 发动机，增大尿素喷射量（个别需要增大后处理器体积），特点是整车基本无改动，标定工作量小；对于 EGR 发动机，增大 POC 或更换 DPF，特点是整车改动较小，标定工作量大。

（1）SCR 路线　发动机国五升级方案：技术原理主要是先通过"机内净化"（提高喷射压力/优化燃烧等）把 PM 降到排放限值 $[0.02g/(kW \cdot h)]$ 以下，同时 NO_x 会升高到 $9g/(kW \cdot h)$ 以内，再通过 SCR 降低 NO_x 至限值 $[2.0g/(kW \cdot h)]$ 内，NO_x 转换效率达到 80% 以上。

（2）EGR 路线　发动机国五升级方案：技术原理主要是先通过"机内净化"（冷却 EGR/提高喷射压力/VGT 等）把 NO_x 降到排放限值 $[2.0g/(kW \cdot h)]$ 以下，PM 能控制到 $0.04g/(kW \cdot h)$ 左右，则可以使用 POC 把 PM 处理至限值内，PM 不能控制在 $0.04g/(kW \cdot h)$ 或有强制限定颗粒数的，则需要使用 DPF 后处理器把 PM 或 EN 控制到限值内。

第七章
柴油机电控系统故障的诊断与排除

第一节
电控系统故障的类型、诊断原则与方法

一、电控系统故障的类型

1. 电控系统故障的类型

一般有间歇性故障和持续性的故障两种。

（1）间歇性故障　间歇性故障的特点是时有时无，故障难以判断。间歇性故障的发生大多没有规律可循，重现的时间长短也不确定，所以维修难度较大。

（2）持续性故障　持续性故障的特点是一旦发生就始终存在，故障判断比较容易。

2. 故障和故障现象及故障码的关系

有故障码存在时，大多数情况下是确有故障，也会有同程度的故障症状。但有些故障的故障症状并不明显。

有故障码时也不一定会有故障，主要有外界或车上各种干扰源的干扰、检测过程的误操作、相关故障的影响和虚假的故障码等。

当有故障症状出现时，一定存在故障，但不一定产生故障码，因为故障码是由控制电控单元的自诊断系统定义的，电控单元监控以外导致的故障，就不可能设定故障码。例如，对于机械性故障，自诊断系统就无法识别，但发动机会有工作不良的故障症状。

注意：有故障码不一定有故障，没有故障码不一定没有故障。不能认为读出故障码，并按照故障码指示或说明就可修好车，这只是诊断的开始，而不是诊断的结果。应该清楚，修理的是故障，不是故障码，故障码仅仅是有助于缩小故障范围、指出较为明确的检测方向和对故障特性给出的一种提示。

3. 备用系统也称为后备功能

电控柴油发动机的后备系统为一个专用后备电路，当监视器监测出微机出现异常情况而满足启用后备系统的工作条件时，首先"检查"灯亮，告诉驾驶员应及时将汽车送到维修站检修；与此同时，ECU 自动转换成简易控制的后备系统。后备系统只是简易控制，只能维持基本功能，可以使车辆继续行驶。该系统只能维持基本功能，而不能保持正常的运行性能。

4. 柴油机电控系统主要元件故障典型特征

柴油机电控系统主要元件故障典型特征见表 7-1。

表 7-1 柴油机电控系统主要元件故障典型特征

项目	具体说明
电控单元(ECU)	柴油机电控单元(ECU)的可靠性一般都较高(保护电路较多),不太容易出问题,但也不排除出问题的可能性。例如集成电路损坏,电控单元(ECU)固定螺栓松动,某电子元件焊接接头脱焊、电阻或电容等元件失效等
插接件	在电控单元(ECU)组成的自动控制系统电路中,往往使用多种插接件,这些插接件经长期使用后,因环境恶劣之故,会发生老化、锈蚀甚至断裂等现象,有的虽然没有断裂,但因污垢、水汽等的侵蚀,往往会发生松动或接触不良现象,就会使柴油机出现工作不稳定现象,由此而产生的某些故障有时还易使维修陷入困境
传感器	由于传感器的零件损坏,如弹片弹性失效、真空膜片破损、回位弹簧断裂或脱落,均会导致传感器的检测功能失效或工作不良,无法及时、准确地反映柴油机的工作状况,从而使电控系统失控或控制不正常,柴油机工作不协调,甚至无法继续工作。例如速度传感器、加速踏板位置传感器、燃油温度传感器等失效,均会造成柴油机工作不正常
执行机构	电磁阀的工作通常都受电控单元(ECU)输出的脉冲信号的控制,一旦电磁阀线圈损坏,就会造成电磁阀无法受控而引起柴油机工作异常。另外,供油齿杆、执行机构活塞、伺服阀等出现问题都会造成柴油机故障

二、故障诊断的基本原则

电控柴油发动机的电控系统是一个精密而复杂的系统,其故障的诊断也较为困难。而造成电控发动机不工作或工作不正常的原因可能是电控系统,也可能是除电控系统外其他部分的问题,因而故障检查的难易程度也不一样。如果能够遵循故障诊断的一些基本原则,就可以用较为简单的方法准确而迅速地找出故障所在。

电控柴油发动机进行故障诊断时一般应遵循的原则是先简后繁、先易后难,先思后行、先熟后生,先上后下、先外后内,先备后用、代码优先。

1. 先简后繁、先易后难

发动机电控系统的结构和产生故障的原因十分复杂,为避免在故障诊断过程中走弯路,能以简单方法检查的可能故障部位应先予以检查。比如利用眼看、鼻闻、耳听、手摸等手段进行简单检查,如观察故障指示灯是否点亮,观察线束和连接器是否有断裂、松脱,观察进气管路有无破损,观察燃油系统有无泄漏痕迹等;闻一闻有无电气线路或元件烧焦的气味;听一听发动机有无异响,怠速转速是否平衡,有无漏气声等;用手摸一摸相关电控元件、继电器、可疑的线束连接器是否有松动,摸一摸电控元件的温度有无异常,摸一摸喷油器、电磁阀是否有规律地振动等。

如果通过简单检查诊断不出故障原因,需借助于仪器设备或其他专用工具来进行故障诊断时,也应优先对就车检查的项目、采用简单仪器设备的项目、较容易检查的项目进行检查,然后再进行拆卸检查、使用较复杂仪器设备检查、对较困难的项目进行检查。

2. 先思后行、先熟后生

在检修故障时,首先应进行故障分析,运用自己所掌握的专业知识和经验,针对故障现象进行推理分析,了解可能的故障原因有哪些,优先检查的方向和部位,做到有的放矢,这样既可避免对与故障现象无关的部位做无效的检查,又可避免对一些有关部位漏检而不能迅速排除故障。

3. 先上后下、先外后内

随着电子技术在汽车上的应用越来越多，发动机出现的故障，不一定全是由电控系统造成的，首先观察电控系统的故障指示灯，如果指示灯没有常亮或闪烁显示故障，则基本可以作为机械故障或电源、搭铁供电缺陷来进行处理。如果指示灯点亮，可以通过闪码来知道故障位置，进而进行相应处理。所以应对电控系统以外的可能故障部位进行检查。可避免本来是一个与电控系统无关的故障，却对系统的传感器、控制电控单元、执行器及线路等进行检查，既费时又耗力，真正的故障往往是较容易查找到却被忽视的。

4. 先备后用、代码优先

电控系统工作的好坏，往往与系统中的电路部件的性能和电气线路有一定的关系。对电控系统进行故障诊断时，确定电控元件性能好坏、线路是否正常，常以其精确的电压或电阻等参数值来判断，如果没有这些数据资料，而且不具备采用换件法诊断故障的条件，将无法进行故障诊断。"先备后用"就是要求在进行故障诊断前，先准备好维修资料以备后用。维修资料是指从维修手册、专业书刊上收集整理和平时工作过程中积累的资料（例如，曾经检测过的电压、电阻等）。

现代车辆大多具有故障自诊断功能，发动机运行时，故障自诊断系统监测到故障后，以代码的形式将该故障储存到 ECU 的存储器内，同时通过检测发动机等警告灯向驾驶员报警。这时应优先调取故障码，并按故障码提示进行诊断。将故障码提示的故障排除后，如果发动机故障现象仍然存在，或者开始就无故障码输出，则再对发动机可能的故障部位进行检查。

三、故障诊断的基本方法

1. 电控柴油机故障诊断的一般方法

电控柴油机故障诊断的一般方法有直观诊断法、断缸法、比较法、故障指示灯法和专用诊断仪法等。

（1）直观诊断法（也称经验诊断或人工诊断）　直观诊断就是通过人的感觉器官对汽车故障现象进行看、问、听、试、闻等，了解和掌握故障现象的特点，通过人的大脑进行分析、判断而得出结论的诊断方法。

这种诊断方法的特点是诊断方法简单、设备费用低，主要用于对电控系统和电气装置的诊断。因此，这种诊断方法可用于对故障进行深入诊断。其缺点是对操作者的要求较高，在利用简单仪表诊断时，操作者必须对系统的结构和线路连接情况有相当详细的了解，才可能取得满意的诊断效果。直观诊断的主要内容如下。

① 看（即目测检查）。其目的是了解电控发动机的电控系统类型和车型，在进入更为细致的测试和诊断之前，能解决一些一般性的故障。

a. 看车型和电控系统类型。因为不同公司、不同型号的汽车，电控燃油喷射系统的形式有所不同，其故障诊断方法也不同。

b. 检查电控系统线束和连接器的连接状况。

c. 检查每个传感器和执行器有无明显的损伤。

d. 运转发动机，根据运转状态检查发动机的相关现象。

例如，通过观察柴油机的排烟等故障特征，判断故障情况。柴油机排气管冒的烟常见的颜色有白色、蓝色、黑色三种。如果排气管冒白色的烟，则一般是有水进入发动机中；如果排气管冒蓝色的烟，则一般是烧机油造成的；如果排气管冒黑色的烟，则一般是燃烧不充分造成的。

② 问。详细了解故障出现时的情形、条件、如何发生以及是否已检修过等与故障有关的情况和信息。

③ 听。根据柴油机异常声音，凭听觉判断故障部位的性质及程序。主要是听发动机工作时的声音：有无工作爆震、有无敲缸、有无失速、有无进气管或排气管放炮等。

④ 试。根据前述检查，有针对性地试车，以便进一步确定故障。

⑤ 闻。在对线束进行检测的时候，如果存在明显的烧焦气味，则很可能是此处存在短路或断路故障。

（2）断缸法　顾名思义就是使某个缸停止工作，借以判断故障是否出现在该缸。断缸法一般是将怀疑出现故障的气缸停止供油，比较断缸前后发动机的状态变化（如转速），以便进一步查找故障部位和原因，缩小检查范围。

（3）比较法　更换某些总成或零部件以确定其是否存在故障。

电控发动机的电气系统中线路发生的故障通常是由配线和插接器接触不良造成的，这时若要查出故障具体原因可能会耗费比较多的时间。在实际的维修过程中，为了能快速解决问题，排除故障，一般采用新件替换的方法，这样能够以最快速的方式解决问题。与其他方法相比，这种方法比较实用和有效，尤其适用于一些大型的配件齐全的修理厂。

（4）故障指示灯法　当车辆出现故障时，可以通过整车仪表盘上的故障指示灯读出故障码（俗称闪码），参照故障码表初步判断故障原因。

（5）专用诊断仪法　用专用故障诊断仪可以进行进一步的判断。

采用专用诊断仪可大大提高对电控系统的诊断效率。但是由于专用故障诊断仪器成本较高，因此各种电控单元诊断仪一般适用于专业化的故障诊断和修理厂家。

注意：判断柴油机故障形成的原因是一项很仔细的工作，在未弄清楚故障原因之前，对柴油机不得乱拆乱卸，否则不仅不能消除故障，反而会因拆卸后装配不当造成严重的故障。对高压油泵、增压器等关键零部件，维修检查不仅要有专用的仪器设备，还需要由具有一定经验的人员进行操作，因此没有经验的人员不要对柴油机随意进行拆卸调整。

（6）利用随车自诊断系统诊断　汽车在运行时，电控系统输入、输出信号的电压值都有一定的变化范围，当某一信号的电压值超出了这一范围，并且这一现象在一定时间内不会消失，控制电控单元便判断为这一部分出现了故障，并将故障以代码的形式存入内部存储器中，这样，维修人员在检修发动机故障时，可以调出控制电控单元内储存的故障信息，以便进一步缩小故障范围，这就是自诊断原理。

随车故障自诊断系统可以对系统的故障进行自诊断，在电控发动机故障诊断中是一种简便快捷的诊断方法。但是其诊断的范围和深度远远满足不了实际使用中对故障诊断的要求，常常出现发动机运行不正常而故障产生的原因可能与发动机电控系统无关的现象。另外则是由于随车自诊断功能的局限性所造成的，不可能设计出一种自诊断系统对其所有可能产生故障的部位进行诊断。因此，以直观诊断方法为主进行检查和判断的工作在任何时候对任何系统来说，都是不可替代的。

随车自诊断系统通常只能提供与电控系统有关的电气装置或线路故障诊断，一般只能得出初步诊断结论，具体故障原因，还需要通过直接诊断和简单仪器进行深入诊断。

注意：故障码只表明故障的结果，它可以指明故障的大致范围，但不能直接确定故障的确切部位。在获取故障码后，还需进一步检查，以找出发生故障的部位和线路。

随车自诊断系统通常只能提供与电喷系统有关的电气装置或线路故障，一般只能做出初步诊断结论，具体故障原因，还需要通过直接诊断和常规仪器仪表进行深入诊断。

（7）利用常规仪器诊断 利用常规仪器诊断，就是利用以万用表和示波器为主的通用仪表，对电控发动机故障进诊断的方法。这种诊断方法的特点是简单、设备费用低。因此，这种诊断方法可用于对故障进行深入诊断。其缺点是对操作者的要求较高，在利用简单仪器诊断时，操作者必须对系统的结构和线路连接情况有相当详细的了解，才可能取得满意的诊断效果。

2. 故障征兆的模拟试验方法

在故障诊断中往往遇到间歇性故障，即有故障但没有明显的故障征兆。遇此情况必须进行全面的故障分析，然后用模拟与出现故障的相同或相似的条件和环境进行试验，以便找出故障所在。因此故障征兆模拟试验便成为一种诊断故障的有效方法，这种试验可以在车辆静止的情况下进行。

在模拟试验前，应缩小可能发生故障电路的范围，然后进行试验，判断被测试的电路是否正常，同时也验证故障征兆。

间歇性故障一般不会长时间出现，所以在进行故障诊断时，用上述方法使故障再现后，应抓住机会，根据故障码提示和故障现象迅速对故障进行诊断。故障征兆的模拟方法主要有振动模拟法、加热模拟法、水淋模拟法和电气全接通法四种。

（1）振动模拟法 电控系统线路接触不良或元件安装不牢固等引发的故障，汽车行驶中由于振动往往会使故障现象时隐时现。遇此类故障可用振动法进行试验，可使发动机维持怠速运转，在垂直和水平方向轻轻摇动线束或器件插接器以及线孔处的配线，并仔细检查连接器两端导线是否松脱或断路；在上下左右各方向轻轻摇动配线，并仔细检查导线塑料外套有无破损，连接点有无松脱或断路；用手轻拍装有传感器的部件，观察发动机故障是否再现，如果故障出现，说明摇动的线路或轻拍部位的传感器有故障，如图7-1所示。

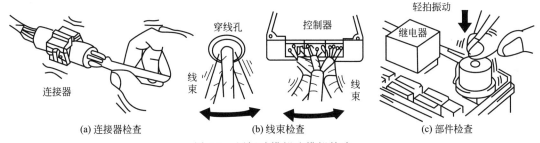

图7-1 用振动模拟法模拟故障

注意：不能用力拍打继电器，否则可能会造成继电器断路；对传感器进行振动试验时，可用万用表测量其输出信号有无异常变化，以确定该传感器是否有故障。

（2）加热模拟法 如果故障只在热机时出现，怀疑某一部分可能是受热而引起故障时，可采用对怀疑器件加温试验的方法。通常较为方便的工具为电吹风机或类似工具，对可能引起故障的器件进行加热试验，观察或检测是否故障再现，如图7-2所示。但对器件的加热温度一般不得高于60℃，以免损坏电子元器件。对电子电控单元特别是ECU中的电子元件不可直接加热。

（3）水淋模拟法 如果故障只在雨天、洗车后或高湿度环境下出现，可将水喷淋在车辆上，但不可将水直接喷在发动机电气件或电插接器上，而应喷在散热器前面间接地改变温度和湿度，避免电子电控单元，特别是ECU进水引起短路故障，操作时要多加注意。用水淋法模拟故障如图7-3所示。

图 7-2 用加热模拟法模拟故障

图 7-3 用水淋模拟法模拟故障

（4）电气全接通法 当怀疑故障可能是由电负荷过大而引起时，可将车辆上尽可能多的或者是所有电气负载接通，特别是空调压缩机、鼓风电动机、前照灯、后窗除雾、刮水器和冷却风扇电动机等大负荷用电器等，检查故障是否再现。如果发生故障，则说明故障可能是由电负荷过大引起的。

<hr>

第二节
电控柴油机故障的诊断与排除

一、电控柴油机故障诊断的基本流程

电控柴油发动机故障诊断的基本流程如图 7-4 所示。

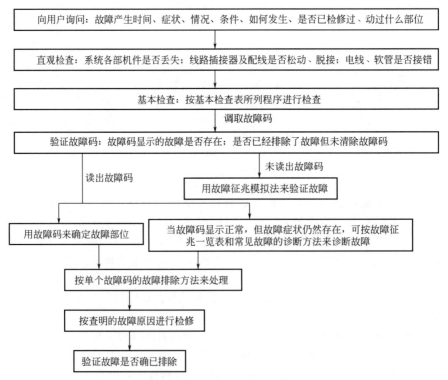

图 7-4 电控柴油发动机故障诊断的基本流程

1. 确定柴油机是否存在故障

柴油机在实际运行中，随着行驶里程的增加，其技术状况必然会发生一定的变化。哪些变化是正常变化？哪些变化为故障现象？

电控柴油机故障中，有些故障的现象较为明显，有些却并不是很明显。对于现象明显的故障，通常不需要进行专门的试验或测试就可以确定柴油机存在故障，例如柴油机无法运转、车辆行驶无力等故障现象。而对另外一些故障，如燃油消耗量大、排气污染超标等，其现象不太明显，必须通过专门的试验甚至是测试方可确定。

2. 确定故障

① 电控柴油机的故障并不一定是电喷系统的问题。

② 在大多数情况下，故障仍然是与常规发动机相同的机械和燃油管路方面的故障。

首先观察柴油机电控系统自诊断故障指示灯的状况。如果设备故障灯在柴油机运转过程中点亮，则说明电控柴油机存在故障自诊断系统能够监测到的故障，故障一般与电控系统有关，此时可通过一定方法调取电脑内存储的故障码，根据故障码查找故障原因。

③ 当电控柴油机存在故障时，首先观察柴油机电控系统自诊断故障指示灯的状况。如果设备故障灯在柴油机运转过程中点亮，则说明电控柴油机存在故障自诊断系统能够监测到的故障，故障一般与电控系统有关，此时可通过一定方法调取电脑内存储的故障码，根据故障码查找故障原因。

如果柴油机确实存在故障，而仪表板上的柴油机故障指示灯在柴油机运转时并未点亮，则说明柴油机故障为电控单元自诊断系统不能辨识的故障，此时维修人员应根据柴油机的故障现象，做出初步诊断结果，并分析可能出现的故障原因，按照由外向内、由简到繁的原则进行故障诊断和排除。只有确定故障在电控系统时，才首先检查电控系统，否则均应先查其他部分。

另外，在确认故障的过程中，有可能发现一些未被发现的故障。

3. 进行直观检查

应本着先简后繁、由表及里、先易后难的原则进行检查、分析、判断。为此，应先从检查各导线插头是否松动、接触不良、断路、短路入手，然后观察各进气管路、真空管路、油路是否有漏气、漏油现象，在进行了这些检查后，再进行下一步检查工作。直观检查的内容如下。

① 检查蓄电池的电压是否正常。

② 检查滤芯及其周围是否有脏物，必要时更换。

③ 检查真空软管是否破裂、老化或挤坏；检查真空软管经过的途径和接头是否恰当。

④ 检查电子控制系统线束的连接状况。

⑤ 检视每个传感器和执行器，是否有明显的损伤。

⑥ 运转发动机（如可以），并检视进排气歧管处是否漏气。

⑦ 对检查发现的故障进行必要的排除。

4. 区分故障所在的系统

为减少故障排除的工作量，应把怀疑的对象缩小到尽可能小的范围之内，有必要进行基本检查。首先确认是油路系统故障、电控系统故障还是机械故障。除了机械故障外，柴油机的故障绝大部分是由油路或者是电控系统因素造成的。因此，当柴油机出现故障后，首先快速确定是油路系统故障还是电控系统故障，应进行如下基本检查。

（1）喷油正时检查　通过喷油正时的检查，可判断喷油器是否工作正常。若喷油器工作不正常，应进一步检查故障的部位。

（2）供油系统油压检测　通过检测供油系统油压，可判定供油系统是否工作正常。当燃油压力不足时，会发生启动困难、怠速不稳、发动机熄火等故障。

（3）气缸压力检测　通过气缸压力检测，可在不解体发动机的情况下分析气缸、活塞环的磨损情况，气门与气门座的密封以及气缸垫是否冲坏。

（4）配气相位检查　必要时还应检查配气相位是否失准。正常的混合气空燃比是发动机正常工作的必要条件。

5. 读取故障码

电控柴油机（电控系统）出现故障后，一般都会出现相应的故障码，至少会出现仪表盘上的故障指示灯（闪码灯）点亮现象。

如果"故障指示灯"点亮，按规定程序读取故障码并验证故障码，查清故障码表示的故障是否存在，即是否故障已排除。若存在，则按故障码提示对相关传感器执行元件及其电路进行检查。

在汽车使用中，如果故障现象时隐时现，而且有故障码，但按故障码提示又检查不出故障原因，应按间歇性故障进行检查。

在车辆使用中，如果故障症状明显，"故障指示灯"不亮，读取故障码时显示正常码，应按无故障码进行检查。

若无故障码，对有明显故障征兆的，可用诊断仪、示波器、万用表等读取有关发动机数据，进行数值、波形分析；并依据分析结果，检查有关部件，视需要进行维修或更换。若无明显故障征兆，则采用症状模拟方法对故障进行分析，以进一步检查故障的原因。

如果电控系统发现系统存在当前故障或历史故障，柴油机故障指示灯将不断闪烁，这时打开故障诊断开关，故障指示灯就以闪码的形式显示。驾驶员必须排除当前的故障，如果是历史故障，驾驶员必须确认故障已经排除，才可以正常启动柴油机。

柴油机无故障正常启动后，故障指示灯应熄灭。

专家指南

① 当不能确定柴油机故障位置和原因时，不能随意对柴油机的电控系统进行乱拆乱卸。否则不仅不能消除故障，反而会因拆卸后装配不当造成更严重的故障。只有当确定柴油机故障是由电控系统因素造成时，才可以检查电控系统相关元器件，否则均应从其他部分开始检查。

② 对高压油泵、增压器等关键零部件，维修检查不仅要用专用的仪器设备，还需要具有一定经验的人员，因此没有经验和条件的客户不要对其随意进行拆卸调整。

③ 对于电控柴油机的故障检测，不能随心所欲地对线束接插件、各传感器的接插件等拔出和插入。也不能使用测试仪器随意测量接插件针脚。

---

6. 检测

只有在进行检测后才能最终判定故障的位置和找到产生故障的原因。检测包括的内容很多，如信号检测、数据检测、压力检测、执行器动作检测等，涉及的检测仪器也较复杂，要求能够正确选择和使用检测仪器。

7. 试验

确定准确的故障原因并进行修理后，必须进行试验，以确认故障是否被排除，并检查维修后的效果等。通过试验，在确定维修合格后，要进行故障码的清除工作。

二、电控柴油机故障诊断的技巧

柴油车故障的多样性和复杂性决定了没有万能的故障排查步骤及技巧，特别是对机械系统的故障排查。而对电子控制系统的故障排查，却存在一些基本的检查手段和共性技巧。当进行电路和控制系统的故障排查时，通常会进行下列五个方面的基本检查。

1. 供电电源的检查

正常的电源供应是电控系统元件正常工作的必备前提。没有电源供应或者错误的电源供应都会导致系统不能工作或工作异常。在整个控制系统中，ECU 由蓄电池供电，其他大部分元件由 ECU 提供工作电源。输入设备一般由 ECU 提供 5V 的工作电压，输出设备的工作电压也由 ECU 提供。常见的电源故障包括由于插头损坏等造成的电路虚接、熔丝熔断和错误接线等。例如，电控单元（ECU）电源电路的检查方法如下。

电控单元（ECU）电源电路一般分为有主继电器和无主继电器两种电路形式，但无论哪一种电路形式，有一个共同的特点就是在 ECU 电源电路正常的情况下，接通点火开关后故障指示灯会点亮，并在自检结束后自动熄灭，这个过程需 3～5s 的时间，同时 ECU 会输出各传感器、信号开关的工作电源（大多为 5V）以及为相关执行器提供工作电源（12V 或 24V），说明 ECU 供电基本正常。

在检修故障车辆时，有时会遇到接通点火开关后故障指示灯不亮的情况，这时，有必要对 ECU 电源电路进行检查。

（1）故障指示灯及线路的检查　故障指示灯一般位于组合仪表板内，指示灯的一端一般与其他仪表或指示灯共用一个点火电源。导致指示灯不亮的原因一般为仪表电源没有供电，这可以通过其他仪表或指示灯的工作情况进行确认，这种可能性不大；另一种原因是故障指示灯本身损坏，但由于故障指示灯工作时间短，且工作电流小，一般不易损坏；还有就是故障指示灯线路故障，导致故障指示灯不亮，这种情况也不多见；而由于电控单元没有输出导致故障指示灯不亮的情况却较为多见。

（2）ECU 点火供电的检查　若故障指示灯线路正常，而故障指示灯不亮，一般是 ECU 没有得到点火供电或 ECU 搭铁断路所致。点火供电检查方法如下。

在关闭点火开关的情况下，将 ECU 线束插头拔下，将测试灯的一端搭铁。如果知道 ECU 点火供电是端子 46 或端子 56，直接将测试灯的另一端触碰端子 46 或端子 56，测试灯能点亮，说明点火供电正常，否则，应查找相关熔丝或供电线路。

（3）ECU 搭铁的检查　在确认 ECU 点火供电正常的情况下，故障指示灯仍然不亮，就要检查 ECU 的搭铁情况。如果了解电路，知道 ECU 的搭铁端子，可找一个电源正极或直接将测试灯的一端连接在已知的 ECU 点火供电端子上，另一端在已知的 ECU 的搭铁端触碰。若测试灯点亮，说明 ECU 搭铁正常，否则，应查找 ECU 相关线路。

（4）主继电器电路的检查　在确认 ECU 点火供电、搭铁正常的情况下，故障指示灯仍然不亮，应该检查主继电器的工作情况。

① 继电器的工作原理。车用继电器一般有常开型和混合型两种。通用型继电器，在继电器的端子处会有数字标注，如图 7-5 所示。

继电器的检查主要是检查静态参数和动态情况。一是检查静态参数，对于 12V 的继电

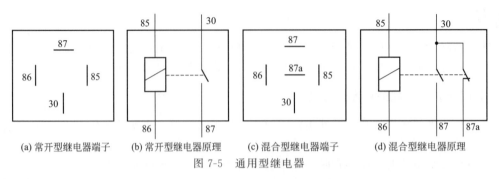

(a) 常开型继电器端子   (b) 常开型继电器原理   (c) 混合型继电器端子   (d) 混合型继电器原理

图 7-5 通用型继电器

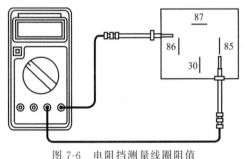

图 7-6 电阻挡测量线圈阻值

器，电磁线圈的阻值一般约为 80Ω；对于 24V 的继电器，电磁线圈的阻值一般为 200～300Ω，如图 7-6 所示。若是常开型继电器，则要检查端子 30 与端子 87 是否处于断开状态；若是混合型继电器，则要检查端子 30 与端子 87a 是否处于导通状态，如图 7-7 所示。二是检查动态情况，即电磁线圈通电后，触点是否动作。若是常开型继电器，端子 30 与端子 87 应处于导通状态；若是混合型继电器，端子 30 与端子 87a 应该断开，端子 30 与端子 87 应该闭合，如图 7-8 所示。

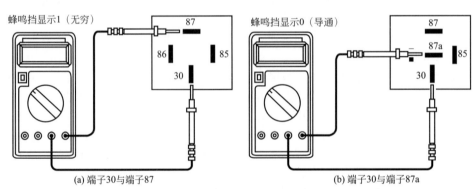

(a) 端子30与端子87   (b) 端子30与端子87a

图 7-7 继电器触点的检查

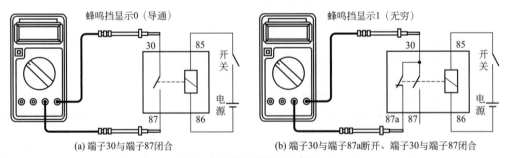

(a) 端子30与端子87闭合   (b) 端子30与端子87a断开、端子30与端子87闭合

图 7-8 继电器的通电检查

注意：主继电器有时装用的是普通继电器，有时是图 7-8 中所示具有保护功能的特殊继电器，继电器内部与电磁线圈反向并联一个二极管，其作用是当线圈断电时，给感应电动势形成一个回路，用以保护电控单元（ECU）。所以在用万用表检查线圈电阻值时，正反向阻

柴油机电控系统维修与实例

值或有所区别，特别是通电试验时，一定要严格按照原电路连接方法，否则会击穿二极管，导致继电器损坏。

② 主继电器控制信号的检查。从图 7-9 可知，主继电器是由 ECU 的端子 74、端子 75 控制的，在确认主继电器的端子 85 已有电源正极电压的前提下，主继电器是否工作取决于 ECU 是否有控制信号输出，这有两种情况：一是要检查 ECU 的端子 74、端子 75 至主继电器的线路导通情况；二是需要确认 ECU 是否有输出。

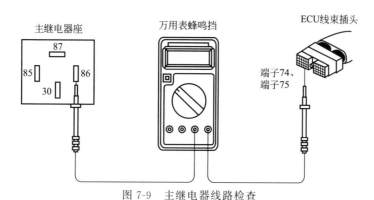

图 7-9　主继电器线路检查

首先要检查线路导通情况，在关闭点火开关的情况下，将 ECU 线束插头拔下，用万用表蜂鸣挡检查 ECU 的端子 74、端子 75 至主继电器的端子 86 的导通情况。正常情况下，万用表在蜂鸣器鸣响的同时应显示为 0（导通），否则应检查相关的线路连接。

在确认主继电器与 ECU 控制端子线路正常的情况下，将 ECU 线束插头恢复，把测试灯的一端连接至主继电器的端子 85，另一端连接至端子 86，如图 7-10 所示。接通点火开关后，测试灯应点亮，否则，说明 ECU 没有输出控制信号，应检查 ECU 内部或更换 ECU。

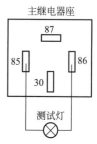

图 7-10　主继电器控制信号的检查

（5）电路线束连接器　连接器常见故障主要是松脱、端子脏污或连接器线束端后面的导线拉伸而断路，如图 7-11 所示。导线在中间折断是很少见的，大多是在连接器处断开，因此应仔细检查连接器线束端的导线。连接器端子锈蚀、脏物进入连接器插头和插座或端子松动都会使连接器接触不良。因此，检查连接器时应先拆下连接器，检查连接器端子上有无锈蚀或脏污、端子片是否松动或损坏、端子固定是否牢靠。

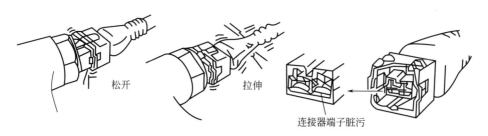

图 7-11　线束连接器常见故障

2. 导通性检查

导通性检查是电控系统最常用的检查项目，测量两点之间的电阻值，用于确认这两点之间是否导通，这是将实际的电路连接和电路图进行对比的有效手段。对导通性的要求是两点之间的电阻值小于 10Ω。

存在断路故障的电路如图 7-12 所示，可通过"测量电阻"或"测量电压"两种方法来确定断路部位。

（1）电阻测量法　首先拆下线束连接器 A 和 C，按如图 7-13 所示的方法测量相应端子之间的电阻；若连接器 A 端子 1 与连接器 C 端子 1 之间的电阻值为 ∞，则说明它们之间断路；若连接器 A 端子 2 与连接器 C 端子 2 之间的电阻值为 0，则说明它们之间无断路。然后再拆下线束器 B，并分别测量连接器 A 与 B、B 与 C 相应端子之间的电阻，若连接器 B 与 C 的端子 1 之间电阻值为 ∞，其他相应端子之间的电阻均为 0，则可确定连接器 B 与 C 的端子 1 之间存在断路故障。

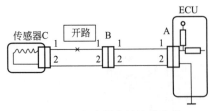

图 7-12　存在断路故障的电路

（2）电压测量法　对电源线，可在不拆下各连接器的情况下，用电压测量法确定断路部位（图 7-14）。如果上述在故障电路中，端子 1 为 ECU 给传感器提供标准 5V 电压的端子，用万用表分别测量连接器 A、B 和 C 的端子 1 与"搭铁"之间的电压，若测得连接器 A 和 B 的端子 1 与"搭铁"之间电压值均为 5V，而连接器和 C 的端子 1 与"搭铁"之间电压为 0，则可以确定在连接器 B 的端子 1 与 C 的端子 1 之间存在断路故障。

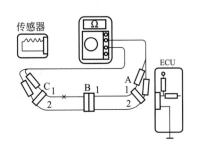

图 7-13　断路故障诊断的电阻测量法

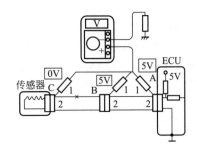

图 7-14　断路故障诊断的电压测量法

3. 对地短路性检查

柴油机汽车的电路连接一般采用负极搭铁的形式，即存在一个公共的负极，所有需要回路负极的元件的负极都接入这一公共负极，这样可以大大简化系统接线的复杂程度。蓄电池的负极和这个公共的负极相连，形成回路。对柴油机而言，这个公共负极是缸体、缸盖；对整车而言，公共的负极为大梁（骨架）。

对地短路是指电路上的某点按电路设计要求不应接地而实际电路已经接地的故障。火线（电源正极）的对地短路会引起熔丝熔断等故障。对开路（不短路）的要求是两点之间的电阻大于 $100k\Omega$。

4. 线与线短路检查

与对地短路相似，线与线之间短路是指两点之间按照电路设计的要求不应导通而实际导通的故障。和对地短路的技术规范一样，两点之间开路要求其间的电阻大于 $100k\Omega$。

诊断电路的短路时，不应直接连接信号线与信号线、信号线与电源线、信号线与搭铁（或搭铁线）、电源线与搭铁（或搭铁线），如果因线束或电气元件内部故障而直接导通，即为短路。短路故障可通过测量被怀疑对象之间的电阻（导通情况）来确定，如怀疑某电路存在搭铁短路故障，其检测方法如图 7-15 所示。

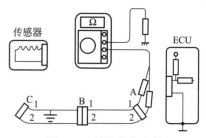

图 7-15　短路故障诊断

① 拆下线束连接器 A 和 C，在连接器 A（或 C）处分别测量端子 1 和端子 2 与车身（搭铁）之间的电阻，若端子 2 与车身之间电阻为∞，而端子 1 与车身之间电阻为 0，说明端子 1 对应的线路有短路故障。

② 拆下线束连接器 B，在连接器 B 处分别测量端子 1 和端子 2 与车身（搭铁）之间的电阻，若在连接器 C 侧端子 1 和端子 2 与车身之间电阻、在连接器 A 侧端子 2 与车身之间电阻均为∞，而在连接器 C 侧端子 1 与车身之间电阻为 0，则可确定在连接器 B 与 C 之间端子 1 对应的线路有短路故障。

5. 元件功能检查

由于电路元件的多样性，元件的功能检查需要根据实际的元件采取不同的方法。如温度传感器可采取测量其电阻的办法；压力传感器需要专用的测试导线在其工作时测量其输出的信号电压；对电磁阀可以通过诊断仪测试。

在无法对元件的功能做出正确判断时，一个通用的办法是更换一个确认功能正常的元件，观察系统的工作状况。

三、电控柴油机控制系统造成的故障的主要表现

1. 出现故障时对系统的限制

当系统检测到故障时，电控单元会根据故障的等级，进行如下跛行功能设置，以保证系统和整车的安全：立即停机；延迟停机；限制加速踏板（三种级别）；限制轨压（三种级别）；限制油量（两种级别）；限制多次喷射；限制巡航功能等。

故障诊断对发动机或整车的部分功能进行限制，简要说明如下。

① 加速踏板故障——禁止巡航。

② 进气压力传感器故障——禁止巡航。

③ 轨压传感器故障——限制外特性转矩，轨压降低到设定值，禁止巡航。

④ 冷却液温度传感器温度低于下限值——禁止巡航。

⑤ 发动机转速传感器、凸轮轴位置传感器、车速传感器故障——禁止巡航。

⑥ 某一缸喷油器线束故障——限制外特性转矩，禁止巡航。

⑦ 某一缸喷油器电磁阀故障——限制外特性转矩，禁止巡航。

⑧ ECU 充放电回路故障——限制轨压，限制外特性转矩，禁止巡航。

⑨ 喷油泵电磁阀短路或开路——限制外特性转矩，立即停机，禁止巡航。

⑩ 轨压不正常，高或低——限制轨压，限制外特性转矩，禁止巡航。

⑪ 发动机过热——限制外特性转矩，禁止巡航。

⑫ 离合器开关、空挡开关断开或故障——禁止巡航。

⑬ 主继电器故障——禁止巡航。

⑭ ECU 故障——限制外特性转矩，停机，禁止巡航。

当发动机故障灯闪烁时，应根据闪码判断故障，并到就近的服务站进行维修，尽早排除故障。

2. 电控共轨柴油机的自保护功能

电控共轨柴油机一般都有自保护功能，如朝柴电控共轨柴油机的自保护功能如下。

① 冷却液温度高时的保护。当冷却液温度高于95℃时，诊断系统将限制柴油机负荷不超过80%；当冷却液温度高于110℃时，诊断系统将使柴油机停止运行，在运行停止前故障指示灯的红灯点亮，柴油机在约1min之后停机。

② 冷却液温度低时的保护。当冷却液温度低于60℃时，诊断系统禁止柴油机全负荷工作，允许最大负荷为80%。为防止冷却液在60℃左右出现负荷的突变（80%突变为100%），只有驾驶人松一下加速踏板，诊断系统才允许柴油机全负荷工作。

③ 喷射通道发生故障时的保护。当仅有一缸喷射通道出现故障时，诊断系统会禁止柴油机全负荷工作，允许最大负荷为20%；当有两缸及以上喷射通道出现故障时，诊断系统将使柴油机停止运行，在运行停止前故障指示灯的红灯点亮，柴油机在约1min之后停机。

④ 冷却液温度传感器冷启动默认值为−15℃，工作默认值为95℃。

3. 电控柴油机控制系统造成的故障的主要表现

电控柴油机的故障，不一定都是电控系统的故障，很多故障都是多种因素造成的。对于电控柴油机而言，电控系统造成的故障主要表现如下。

① 柴油机进入跛行状态或功率、转速下降状态（转速不上去，在转速达到2500～2800r/min后，迅速下降到1500～1600r/min）。

② 柴油机不能启动或启动困难。

③ 柴油机动力不足。

④ 故障指示灯常亮或闪亮。

四、电控柴油机控制系统故障的排除方法

电控柴油机控制系统故障的排除方法如下。

1. 利用实际值（或数据流）排除故障

① 利用专用诊断仪读取故障码后，根据故障的描述，通过观察该故障的实际值，进一步确定故障的主要位置。因为数据流是动态的，只有柴油机在运转工作的状态下，才有数据流。在柴油机运转过程中，随着其工作状态的变化，数据流也在不断变化。如果数据流没有变化，是一个固定值，可以直接确定该位置的某个传感器出现了问题。如果数据流有变化，但是变化的数值非常小，可以确定是相应的管路或线路出现了问题。然后，根据故障的方向，利用传统的机械式处理故障的方法，查找故障的确切部位。

② 在柴油机开始使用时，可利用专用诊断仪将柴油机当前的实际值（数据流共计31项）全部打印出来，作为该柴油机的原始数据流，并存储在该客户的档案或粘贴在该客户的服务手册内，在该柴油机出现问题后，将该柴油机当前的数据流打印出来，并且与该柴油机的原始数据流进行比较，有变化的数据流，就是该柴油机问题的根本所在。这样，可以及时、准确地诊断问题。

注意：打印数据流时，一定要在同一状态下进行，这样两次的数据流才能进行比较，否则对比的数据流是不准确的。同一状态是指柴油机的转速和冷却液温度均一致的情况下。

2. 通过专用诊断仪读取故障描述并排除故障

① 连接专用的故障检测仪（KTS510F或X-431等）。例如，朝柴专用诊断仪连接线口

目前有两种：一种是长方形的，16 针接线（国际标准）；另一种是圆形的。其中，圆形的诊断接口是各汽车厂家普遍采用的，通常有 3 条连接线（1 是正极，2 是负极，K8 是诊断通信线），并且与 ECU 的 K25 是对应引脚线。如果连接专用诊断仪后，不能建立诊断通信，要仔细检查诊断接口 K8 引脚线的通信状态，如果 K8 不能建立诊断通信，说明 K8 引脚线出现断路、短路的现象，可以直接从 ECU 的 K25 引出连线，并且从整车的主继电器引出正极和负极，再与专用诊断仪的 K8、1、2 相连，即可诊断故障。

② 在进入读取故障码的存储模块以后，首先要删除 ECU 的故障码。因为 ECU 的故障码有时是虚拟的，只要删除，原来虚拟的故障码就不存在了，剩下的故障码就是当前存在的真实故障码。

3. 通过随车故障指示灯（故障码）排除故障

ECU 具有故障自诊断功能，但没有自清除历史记录的功能，一旦检测出电控系统存在故障，ECU 就会出现以下情况。

① 产生相应的故障码并存入内存。

② 依照故障的严重等级，自动进入不同的失效保护策略。

③ 出现故障码后，可根据故障码与对应的故障描述进行故障排除。

④ 故障指示灯对应整车的 K55 引脚线，如果与 ECU 相连，故障指示灯出现常亮。

4. 运用故障检查表排除故障

使用检查表时，先根据车辆的故障现象，在查询表故障现象一栏下面各种故障现象描述中找到与所修车辆相同或相近的故障现象，例如对一汽大柴电控高压共轨系统启动困难或不能启动故障，则顺着表中该栏纵坐标往下看，凡是有黑点的都与该故障有关。进一步只要再依次向右查看各黑点的横坐标，就可以找到各自的故障原因与处理方法。

① 博世 VP44 电控分配泵故障检查见表 7-2。

表 7-2　博世 VP44 电控分配泵故障检查

故障可能原因或部位	故障现象									
	发动机启动困难	发动机怠速运转有问题	汽车行驶时发动机熄火	发动机功率不足	燃油耗过高	发动机熄火	发动机运转速度不变	发动机全负荷时冒白烟	发动机不能停机	发动机故障指示灯亮
电控系统自诊断存储的故障码	●	●	●	●	●	●	●	●		●
废气再循环		●		●	●					
进气系统					●					
制动开关/制动安全开关		●	●				●			
转速传感器	●	●				●				
发动机压力损失	●				●					
喷油器			●							
分配泵电控单元	●	●	●			●			●	
转速传感器		●	●							
预热时间控制	●									
主继电器	●									

故障可能原因或部位	故障现象									
	发动机启动困难	发动机怠速运转有问题	汽车行驶时发动机熄火	发动机功率不足	燃油耗过高	发动机熄火	发动机运转速度不变	发动机全负荷时冒白烟	发动机不能停机	发动机故障指示灯亮
海拔高度传感器					●					
回油管路空心螺钉								●		
空调装置		●								
发动机压缩状况	●				●					
燃油滤清器								●		
离合器开关		●	●							
增压压力调节				●	●					
燃油系统有空气								●		
油量调节	●	●			●	●			●	
发动机机油温度传感器				●						
发动机控制					●					
针阀运动传感器	●	●				●				
加速踏板位置传感器		●	●				●			
喷油提前角调节				●						
电控单元		●				●				
燃油箱空,燃油箱通风			●			●				
燃油箱通风								●		
进气空气温度传感器				●						
燃油温度传感器				●						
发动机冷却液温度传感器		●		●						
废气涡轮增压器				●	●					
防盗锁	●									

② 德尔福 EPIC 电控分配泵在无故障码时的故障检查见表 7-3。

表 7-3　德尔福 EPIC 电控分配泵在无故障码时的故障检查

故障可能原因或部位	故障现象								
	发动机启动困难	发动机运转不均匀	发动机怠速运转不均匀	发动机启动不起来	发动机运转时有异常声响	发动机排气冒烟	发动机功率不足	汽车加速滞缓	油耗太高
废气再循环系统故障			●						
吸入机油油雾								●	
制动信号灯开关故障								●	
蓄电池电量不足/发电机故障	●								
电热塞故障	●		●		●	●	●		

故障可能原因或部位	故障现象								
	发动机启动困难	发动机运转不均匀	发动机怠速运转不均匀	发动机启动不起来	发动机运转时有异常声响	发动机排气冒烟	发动机功率不足	汽车加速滞缓	油耗太高
起动机故障	●								
喷油器故障	●	●	●	●	●	●	●	●	●
喷油泵故障	●		●	●		●	●	●	
燃油滤清器积水过多								●	
驾驶方式不良									●
发动机机油规格不对	●								
空调设备和风窗玻璃加热器		●	●						
燃油箱无油	●			●					
发动机机械磨损,压缩不良	●		●	●			●		
发动机状况					●				
燃油管路密封不良(进入空气)	●	●	●	●	●	●	●		
燃油品质不合格(可能是汽油)		●	●				●	●	
燃油滤清器太脏或堵塞	●	●	●	●			●	●	●
空气滤清器(进气系统)太脏或堵塞	●	●	●	●					
废气装置堵塞	●	●	●	●			●	●	
气缸盖中的预燃室松动					●				
防盗锁故障	●								
喷油泵在发动机上的装配相位不对	●	●			●	●	●		

③ 博世电控泵喷嘴系统故障检查见表 7-4。

表 7-4 博世电控泵喷嘴系统故障检查

故障可能原因或部位	故障现象									
	发动机启动困难	发动机怠速运转有问题	汽车行驶时发动机熄火	发动机功率不足	油耗过高	发动机熄火	发动机高转速时排放不合格	发动机全负荷时冒白烟	发动机过热	发动机故障指示灯亮
电控系统自诊断存储的故障码	●	●	●	●	●	●	●	●	●	●
废气再循环			●	●						
蓄电池电压	●									
制动开关/制动安全开关		●	●				●			
转速传感器	●	●	●	●		●				
车速传感器		●	●							
用错燃油		●			●					
凸轮轴位置传感器信号轮	●									
预热塞主继电器	●									

故障可能原因或部位	故障现象									
	发动机启动困难	发动机怠速运转有问题	汽车行驶时发动机熄火	发动机功率不足	油耗过高	发动机熄火	发动机高转速时排放不合格	发动机全负荷时冒白烟	发动机过热	发动机故障指示灯亮
电缆束/熔丝/电插头	●					●				
燃油箱无油/漏油	●		●			●				
燃油滤清器堵塞	●		●					●		
燃油系统有空气	●	●	●					●		
冷却液温度传感器	●	●	●	●	●			●	●	
离合器开关		●	●							
增压压力调节器				●	●					
进气系统				●	●					
空气滤清器堵塞		●								
进气空气质量流量传感器				●						
发动机压气状况	●									
凸轮轴位置传感器	●									
加速踏板位置传感器		●	●	●			●			
泵喷嘴单元	●	●	●	●	●	●		●		
进气管节气门转换阀	●									
进气管节气门控制阀				●		●				
电控单元	●	●	●	●		●				
串联泵(系统压力)	●	●		●	●					
燃油箱燃油有空气	●		●			●		●		
燃油温度传感器				●	●					
进气空气温度传感器				●						
废气涡轮增压器				●	●					
电源电压	●					●				
点火开关	●									

④ 博世共轨喷油系统故障检查见表 7-5。

表 7-5　博世共轨喷油系统故障检查

故障可能原因或部位	故障现象															
	起动机启动不起来	发动机熄火后不能再启动	发动机熄火后能再启动	发动机没有怠速	怠速太高、排放不合格	发动机断火、敲缸	发动机剧烈抖动	发动机运转不稳	发动机功率不足	发动机油耗高	发动机冒白烟或蓝烟	发动机冒黑烟	发动机过热	发动机无法停机	自行持续供气	发动机转速太高
电控系统自诊断存储的故障码	●	●	●	●	●	●	●	●	●	●	●	●	●	●	●	●

故障现象

故障可能原因或部位	起动机启动不起来	发动机熄火后不能再启动	发动机熄火后能再启动	发动机没有怠速	怠速太高、排放不合格	发动机断火、敲缸	发动机剧烈抖动	发动机运转不稳	发动机功率不足	发动机油耗高	发动机冒白烟或蓝烟	发动机冒黑烟	发动机过热	发动机无法停机	自行持续供气	发动机转速太高
电控系统电压供应	●	●				●	●									
主继电器	●	●	●			●	●									
接线柱 15	●	●	●			●	●							●		
熔丝/接插件/电线束	●	●	●			●	●							●		
进气系统	●			●					●		●					
燃油品质/燃油不足	●	●	●			●			●				●			
燃油滤清器	●	●	●			●			●		●		●			
燃油预热	●	●														
凸轮轴/曲轴同步信号	●	●				●										
燃油低压系统	●	●	●	●		●			●	●	●					
燃油高压系统	●	●	●			●	●	●							●	
废气再循环调节回路	●			●					●		●					
冷却液温度传感	●					●					●	●				
燃油系统中有空气	●	●		●		●					●					
预热塞主继电器	●															
压力调节阀	●	●	●	●		●		●								
喷油器	●	●	●			●	●	●	●		●					
共轨压力传感器	●			●		●			●							
发动机机械结构	●	●				●	●		●		●		●		●	
防盗锁		●														
发动机电控单元		●			●						●			●		●
进气空气质量流量传感器				●					●		●					
加速踏板位置传感器					●				●						●	
低压系统不密封						●										
离合器踏板开关							●									
制动踏板开关							●									
速度信号							●									
涡轮增压器									●	●		●	●		●	
机油油面											●			●	●	
散热器风扇控制													●			
冷却回路循环													●			
点火启动开关														●		

⑤ 德尔福电控共轨喷油系统故障检查见表 7-6。

表 7-6　德尔福电控共轨喷油系统故障检查

故障可能原因或部位	故障现象																	
	发动机不能启动	发动机启动困难，启动后熄火	发动机热启动困难	发动机怠速不稳	怠速转速太高或太低	发动机冒黑烟	发动机爆燃或燃烧噪声大	发动机提升转速时有噪声	发动机功率太大	发动机加速不起来	发动机熄火	发动机游车	发动机功率不足	发动机机油耗太高	换挡时发动机转速太高	有燃油气味	发动机停机困难	有机构噪声
高压系统密封性检查	●	●								●	●			●		●		
自诊断	●	●	●	●	●	●	●	●	●	●	●	●	●	●	●	●	●	●
燃油箱储油状况		●									●	●						
机油是否进入燃烧室						●			●		●				●		●	
预热塞	●			●		●	●					●						
高压燃油泵	●			●								●						
高压传感器	●	●																
燃油计量阀堵塞，卡住不动	●					●			●		●							
喷油器	●	●	●	●		●	●				●	●	●	●	●			●
电缆束	●	●	●	●				●			●	●	●		●			
催化转化器（畅通情况）		●				●					●			●				●
燃油温度传感器不密封														●		●		
检查离合器调整状况						●									●			
燃油计量阀泄漏状况														●				
空气供应状况	●	●	●			●	●			●			●	●				●
发动机机油状况		●				●								●				
发动机压缩不良	●	●	●	●		●							●					
发动机电控单元	●	●	●	●						●	●	●	●	●	●		●	
电流供应状况	●	●				●						●						
废气涡轮增压器										●			●	●				●
低压油路	●	●	●	●		●	●				●	●	●			●		
气门间隙												●		●				

⑥ 一汽大柴电控高压共轨系统故障检查见表 7-7。

表 7-7　一汽大柴电控高压共轨系统故障检查

故障可能原因或部位	故障现象									
	启动困难或不能启动	能够启动但运转不平衡或无法控制	过热、报警	运转情况不好	所有缸均不工作	机油压力低	机油消耗太高	冒蓝烟	冒白烟	冒黑烟
离合器未脱开	●									
温度低于极限	●								●	
停车杆在停车位置	●			●						
机油油位太低			●				●			

故障可能原因或部位	故障现象									
	启动困难或不能启动	能够启动但运转不平衡或无法控制	过热、报警	运转情况不好	所有缸均不工作	机油压力低	机油消耗太高	冒蓝烟	冒白烟	冒黑烟
机油油位太高			●					●	●	
发动机过于倾斜							●	●	●	
速度杆在中间位置	●									
空滤器脏/增压器故障			●	●						●
空滤器指示失灵			●							●
低速减油装置损坏				●						●
进气管泄漏			●	●						●
水泵损坏			●							
冷却液热交换器脏			●							
风扇不工作/皮带故障	●	●	●	●	●					
蓄电池亏电	●									
起动机接线断裂	●									
起动机损坏、齿圈故障	●									
气门间隙不合适	●	●		●					●	●
高压油管泄漏	●	●		●	●					
喷油器损坏	●	●	●	●					●	●
燃油系统有空气	●	●		●						
柴油滤清器脏	●	●		●	●					
机油滤清器损坏			●							
机油等级或黏度不对	●					●	●			
柴油不合标准	●	●		●					●	
冷却液液面过低			●							

⑦ 电控柴油机排气系统增压器故障检查见表 7-8。

表 7-8　电控柴油机排气系统增压器故障检查

故障可能原因或部位	故障现象							
	发动机功率不足	发动机排气冒黑烟	发动机耗油量过大	发动机冒蓝烟	增压器工作噪声过大	增压器出现周期性响声	压气机一侧漏油	涡轮机一侧漏油
空气滤清器过脏	●	●	●	●			●	
压气机进气管不通畅		●	●	●	●	●	●	
压气机出气管不通畅	●			●				
发动机进气管不通畅	●			●				
空气滤清器到压气机间的管道漏气				●				

故障可能原因或部位	故障现象							
	发动机功率不足	发动机排气冒黑烟	发动机耗油量过大	发动机冒蓝烟	增压器工作噪声过大	增压器出现周期性响声	压气机一侧漏油	涡轮机一侧漏油
压气机到发动机进气管道漏气	●	●	●	●	●			
发动机进气管与气缸盖接合面漏气	●	●	●	●	●			
发动机排气管不通畅	●	●	●	●	●		●	
消声器或其后面的排气管不通畅	●	●					●	
发动机排气管气缸盖接合面漏气	●	●			●		●	
涡轮机进口与发动机排气管的连接处漏气	●	●			●		●	
涡轮机排气管漏气					●			
增压器回油管不通畅			●	●			●	●
发动机曲轴箱呼吸器不通畅			●	●			●	●
增压器中间壳积污或结焦			●	●			●	●
喷油泵或喷油器调整不当	●	●						
发动机正时不正确	●	●						
发动机活塞环或缸套磨损严重而导致窜气	●	●	●	●			●	●
发动机内部出现问题(如活塞、气门等)	●	●	●	●			●	●
压气机叶轮或扩压器叶片严重积污	●	●			●	●	●	
增压器损坏	●	●	●	●	●	●	●	●

⑧ 非共轨型柴油机无故障码故障诊断与排除见表 7-9。

表 7-9　非共轨型柴油机无故障码故障诊断与排除

故障现象	可能故障原因	故障排除
发动机不能转动	①起动机 ②启动继电器 ③空挡启动开关	①检查起动机 ②检查启动继电器 ③检查空挡启动开关及其电路
低温启动困难	①预热系统 ②STA 信号电路 ③燃油系统 ④发动机 ECU	①检查预热塞及其电路 ②检查 STA 信号电路 ③检查喷油泵、喷油器和燃油滤清器 ④检查发动机 ECU

故障现象	可能故障原因	故障排除
热启动困难	①STA 信号 ②燃油系统 ③压缩压力 ④发动机 ECU	①检查 STA 信号电路 ②检查喷油泵、喷油器和燃油滤清器 ③检查压缩压力 ④检查发动机 ECU
发动机启动后经常熄火	①ECU 电源电路 ②燃油系统 ③发动机 ECU	①检查 ECU 电源电路 ②检查燃油滤清器和喷油泵 ③检查发动机 ECU
发动机失速	①ECU 电源电路 ②喷油量控制阀继电器电路 ③发动机 ECU ④喷油泵	①检查 ECU 电源电路 ②检查喷油量控制阀继电器电路 ③检查发动机 ECU ④检查喷油泵
怠速过高	①A/C 信号 ②STA 信号 ③喷油泵 ④发动机 ECU	①检查 A/C 信号电路 ②检查 STA 信号电路 ③检查喷油泵 ④检查发动机 ECU
怠速过低	①A/C 信号 ②气门间隙 ③压缩压力 ④燃油管路有空气 ⑤燃油系统 ⑥EGR 系统 ⑦发动机 ECU	①检查 A/C 信号电路 ②检查气门间隙 ③检查压缩压力 ④检查燃油系统排气 ⑤检查喷油器和喷油泵 ⑥检查 EGR 系统 ⑦检查发动机 ECU
怠速不稳	①燃油管路有空气 ②气门间隙 ③压缩压力 ④预热系统 ⑤燃油系统 ⑥EGR 系统 ⑦发动机 ECU	①检查燃油系统排气 ②检查气门间隙 ③检查压缩压力 ④检查预热系统 ⑤检查喷油器和喷油泵 ⑥检查 EGR 系统 ⑦检查发动机 ECU
加速不良	①压缩压力 ②燃油系统 ③EGR 系统 ④发动机 ECU	①检查压缩压力 ②检查喷油泵、喷油器和燃油滤清器 ③检查 EGR 系统 ④检查发动机 ECU
工作粗暴	①燃油系统 ②EGR 系统 ③发动机 ECU	①检查喷油器 ②检查 EGR 系统 ③检查发动机 ECU
冒黑烟	①燃油系统 ②EGR 系统 ③发动机 ECU	①检查喷油器 ②检查 EGR 系统 ③检查发动机 ECU
冒白烟	①燃油系统 ②预热系统 ③EGR 系统 ④发动机 ECU	①检查喷油泵、喷油器和燃油滤清器 ②检查预热系统 ③检查 EGR 系统 ④检查发动机 ECU
喘振（转速波动）	①燃油系统 ②发动机 ECU	①检查喷油器和喷油泵 ②检查发动机 ECU
发动机不能转动	①起动机 ②启动继电器 ③空挡启动开关	①检查起动机 ②检查启动继电器 ③检查空挡启动开关及其电路

故障现象	可能故障原因	故障排除
低温启动困难	①预热系统 ②STA 信号电路 ③燃油系统 ④燃油压力传感器 ⑤进气节流控制系统 ⑥发动机 ECU	①检查预热塞及其电路 ②检查 STA 信号电路 ③检查输油泵、喷油器和燃油滤清器 ④检查燃油压力传感器 ⑤检查进气节流控制系统 ⑥检查发动机 ECU
热启动困难	①压缩压力 ②STA 信号电路 ③燃油系统 ④燃油压力传感器 ⑤进气节流控制系统 ⑥发动机 ECU	①检查压缩压力 ②检查 STA 信号电路 ③检查输油泵、喷油器和燃油滤清器 ④检查燃油压力传感器 ⑤检查进气节流控制系统 ⑥检查发动机 ECU
发动机启动后经常熄火	①ECU 电源电路 ②燃油系统 ③进气节流控制系统 ④燃油压力传感器 ⑤发动机 ECU	①检查 ECU 电源电路 ②检查燃油滤清器和输油泵 ③检查进气节流控制系统 ④检查燃油压力传感器 ⑤检查发动机 ECU
急速过高	①A/C 信号 ②STA 信号 ③输油泵 ④燃油压力传感器 ⑤发动机 ECU	①检查 A/C 信号电路 ②检查 STA 信号电路 ③检查输油泵 ④检查燃油压力传感器 ⑤检查发动机 ECU
急速过低	①A/C 信号 ②气门间隙 ③压缩压力 ④燃油管路有空气 ⑤燃油系统 ⑥EGR 系统 ⑦燃油压力传感器 ⑧进气节流控制系统 ⑨发动机 ECU	①检查 A/C 信号电路 ②检查气门间隙 ③检查压缩压力 ④检查燃油系统排气 ⑤检查喷油器和输油泵 ⑥检查 EGR 系统 ⑦检查燃油压力传感器 ⑧检查进气节流控制系统 ⑨检查发动机 ECU
急速不稳	①燃油管路有空气 ②气门间隙 ③压缩压力 ④燃油系统 ⑤EGR 系统 ⑥燃油压力传感器 ⑦进气节流控制系统 ⑧发动机 ECU	①检查燃油系统排气 ②检查气门间隙 ③检查压缩压力 ④检查喷油器和输油泵 ⑤检查 EGR 系统 ⑥检查燃油压力传感器 ⑦检查进气节流控制系统 ⑧检查发动机 ECU
加速不良	①压缩压力 ②燃油系统 ③EGR 系统 ④燃油压力传感器 ⑤进气节流控制系统 ⑥发动机 ECU	①检查压缩压力 ②检查输油泵、喷油器和燃油滤清器 ③检查 EGR 系统 ④检查燃油压力传感器 ⑤检查进气节流控制系统 ⑥检查发动机 ECU
工作粗暴	①燃油系统 ②EGR 系统 ③燃油压力传感器	①检查喷油器和输油泵 ②检查 EGR 系统 ③检查燃油压力传感器
冒黑烟	①燃油系统 ②EGR 系统 ③燃油压力传感器 ④进气节流控制系统 ⑤发动机 ECU	①检查喷油器和输油泵 ②检查 EGR 系统 ③检查燃油压力传感器 ④检查进气节流控制系统 ⑤检查发动机 ECU

故障现象	可能故障原因	故障排除
冒白烟	①燃油系统 ②预热系统 ③EGR 系统 ④燃油压力传感器 ⑤进气节流控制系统 ⑥发动机 ECU	①检查输油泵和燃油滤清器 ②检查预热系统 ③检查 EGR 系统 ④检查燃油压力传感器 ⑤检查进气节流控制系统 ④检查发动机 ECU
喘振(转速波动)	①燃油系统 ②燃油压力传感器 ③发动机 ECU	①检查喷油器和输油泵 ②检查燃油压力传感器 ③检查发动机 ECU

⑨ 共轨电控柴油机故障的诊断与排除。

现以丰田电控柴油车为例，介绍共轨电控柴油机故障的诊断与排除，见表 7-10。

表 7-10　共轨型电控柴油机故障诊断与排除

故障现象	可能故障原因	故障排除
不转动	①起动机 ②启动继电器 ③空挡启动开关电路(A/T)	①检查起动机 ②检查启动继电器 ③检查空挡启动开关电路(A/T)及空挡启动开关
冷态时发动机难以启动	①STA 信号电路 ②喷油器 ③燃料滤清器 ④发动机 ECU ⑤供油泵 ⑥燃油压力传感器 ⑦柴油机节气门	①检查 STA 信号电路 ②检查喷油器 ③检查燃料滤清器 ④检查发动机 ECU ⑤检查供油泵 ⑥检查燃油压力传感器 ⑦检查柴油机节气门
热态时发动机难以启动	①STA 信号电路 ②喷油器 ③燃油滤清器 ④压缩压力 ⑤发动机 ECU ⑥供油泵 ⑦燃油压力传感器 ⑧柴油机节气门	①检查 STA 信号电路 ②检查喷油器 ③检查燃油滤清器 ④检查压缩压力 ⑤检查发动机 ECU ⑥检查供油泵 ⑦检查燃油压力传感器 ⑧检查柴油机节气门
发动机启动后不久熄火	①燃油滤清器 ②喷油器 ③ECU 电源电路 ④发动机 ECU ⑤供油泵 ⑥燃油压力传感器 ⑦柴油机节气门	①检查燃油滤清器 ②检查喷油器 ③检查 ECU 电源电路 ④检查发动机 ECU ⑤检查供油泵 ⑥检查燃油压力传感器 ⑦检查柴油机节气门
最初怠速不正确(怠速不良)	①燃料滤清器 ②喷油器 ③发动机 ECU ④供油泵 ⑤燃油压力传感器	①检查燃料滤清器 ②检查喷油器 ③检查发动机 ECU ④检查供油泵 ⑤检查燃油压力传感器

故障现象	可能故障原因	故障排除
发动机怠速过高（怠速不良）	①A/C信号电路 ②喷油器 ③STA信号电路 ④发动机ECU ⑤供油泵 ⑥燃油压力传感器	①检查A/C信号电路 ②检查喷油器 ③检查STA信号电路 ④检查发动机ECU ⑤检查供油泵 ⑥检查燃油压力传感器
发动机怠速过低（怠速不良）	①A/C信号电路 ②喷油器 ③EGR控制电路 ④压缩压力 ⑤气门间隙 ⑥燃油管路（混有空气） ⑦发动机ECU ⑧供油泵 ⑨燃油压力传感器 ⑩柴油机节气门	①检查A/C信号电路 ②检查喷油器 ③检查EGR控制电路 ④检查压缩压力 ⑤检查气门间隙 ⑥检查燃油管路（混有空气） ⑦检查发动机ECU ⑧检查供油泵 ⑨检查燃油压力传感器 ⑩检查柴油机节气门
怠速抖动（怠速运转不良）	①喷油器 ②燃油管路（混有空气） ③EGR控制电路 ④压缩压力 ⑤气门间隙 ⑥发动机ECU ⑦供油泵 ⑧燃油压力传感器 ⑨柴油机节气门	①检查喷油器 ②检查燃油管路（混有空气） ③检查EGR控制电路 ④检查压缩压力 ⑤检查气门间隙 ⑥检查发动机ECU ⑦检查供油泵 ⑧检查燃油压力传感器 ⑨检查柴油机节气门
热态发动机喘振（怠速运转不良）	①喷油器 ②ECU电源电路 ③压缩压力 ④燃油管路（混有空气） ⑤气门间隙 ⑥发动机ECU ⑦供油泵 ⑧燃油压力传感器 ⑨柴油机节气门	①检查喷油器 ②检查ECU电源电路 ③检查压缩压力 ④检查燃油管路（混有空气） ⑤检查气门间隙 ⑥检查发动机ECU ⑦检查供油泵 ⑧检查燃油压力传感器 ⑨检查柴油机节气门
冷态发动机喘振（怠速运转不良）	①喷油器 ②ECU电源电路 ③压缩压力 ④燃油管路（混有空气） ⑤气门间隙 ⑥发动机ECU ⑦供油泵 ⑧燃油压力传感器 ⑨柴油机节气门	①检查喷油器 ②检查ECU电源电路 ③检查压缩压力 ④检查燃油管路（混有空气） ⑤检查气门间隙 ⑥检查发动机ECU ⑦检查供油泵 ⑧检查燃油压力传感器 ⑨检查柴油机节气门
加速迟缓/加速不良 （驾驶性能不良）	①喷油器 ②燃油滤清器 ③EGR控制电路 ④压缩压力 ⑤发动机ECU ⑥供油泵 ⑦燃油压力传感器 ⑧柴油机节气门	①检查喷油器 ②检查燃油滤清器 ③检查EGR控制电路 ④检查压缩压力 ⑤检查发动机ECU ⑥检查供油泵 ⑦检查燃油压力传感器 ⑧检查柴油机节气门

故障现象	可能故障原因	故障排除
爆燃(驾驶性能不良)	①喷油器 ②EGR 控制电路 ③供油泵 ④燃油压力传感器	①检查喷油器 ②检查 EGR 控制电路 ③检查供油泵 ④检查燃油压力传感器
排气冒黑烟(驾驶性能不良)	①喷油器 ②EGR 控制电路 ③供油泵 ④燃油压力传感器 ⑤柴油机节气门	①检查喷油器 ②检查 EGR 控制电路 ③检查供油泵 ④检查燃油压力传感器 ⑤检查柴油机节气门
无烟(驾驶性能不良)	①EGR 控制电路 ②燃油滤清器 ③发动机 ECU ④供油泵 ⑤燃油压力传感器 ⑥柴油机节气门	①检查 EGR 控制电路 ②检查燃油滤清器 ③检查发动机 ECU ④检查供油泵 ⑤检查燃油压力传感器 ⑥检查柴油机节气门
喘振/转速波动(驾驶性能不良)	①喷油器 ②发动机 ECU ③供油泵 ④燃油压力传感器	①检查喷油器 ②检查发动机 ECU ③检查供油泵 ④检查燃油压力传感器

⑩ 德尔福电控单体泵柴油机常见故障的诊断与排除。

德尔福电控单体泵柴油机常见故障的诊断与排除见表 7-11。

表 7-11　德尔福电控单体泵柴油机故障的诊断与排除

故障现象	可能故障原因	故障排除
发动机不能启动、启动困难或启动后易熄火	①燃油不足 ②油路堵塞或漏油 ③燃油滤清器堵塞 ④回油量超大,回油阀没有起到阻流作用 ⑤线束老化导致 ECU 供电不足 ⑥标定数据不合理	①添加燃油至超出吸油口上沿 ②调整管路接头,或者更换油管 ③更换燃油滤清器 ④更换回油网 ⑤更换新的供电线束 ⑥由专业人士分析、修改标定数据
电机不转或者声音嘶哑	蓄电池漏电或老化	重新充电,或更换蓄电池
发动机不能启动,点火钥匙上电后仪表的发动机故障灯不亮	①线束断路、短路、磨损 ②ECU 线束接插头不牢靠,供电脚松动或折弯 ③ECU 总保险烧断 ④ECU 继电器失效	①检查蓄电池-ECU 总保险-BCU 继电器-ECU 之间的连线,点火信号 ON-ECU 之间连线,与 ECU 搭铁线,修复或更换线束 ②修复插头或者更换线束 ③更换 ECU 总熔断器 ④更换 ECU 继电器
发动机不能启动,点火钥匙上电后仪表的发动机故障灯常亮	①线束断路、短路、磨损或者 ECU 接插件不牢靠 ②曲轴传感器失效、插接件不紧,或者间隙过大或过小 ③凸轮轴传感器失效、插接件不紧、或间隙过大或过小 ④曲轴或凸轮轴传感器线束(发动机自带)断路、短路、磨损 ⑤故障诊断仪读出大量故障或者一系列闪码,则 ECU 可能失效	①检查整车与 ECU 之间线束与接插件,以及 ECU 搭铁线,改制线束 ②调整曲轴传感器间隙,紧固插接件,或更换传感器 ③调整凸轮轴传感器间隙,紧固插接件或更换传感器 ④检查 ECU-曲轴传感器,或者 ECU-凸轮轴传感器连线,改制线束 ⑤更换 ECU

故障现象	可能故障原因	故障排除
油门不起作用	电子油门踏板故障或接触不良	检查电子油门踏板接线,或者更换电子油门踏板
发动机功率不足	①空气滤清器堵塞 ②进气管路漏气或堵塞 ③增压器故障 ④油路堵塞或漏油 ⑤燃油滤清器堵塞或者水杯满 ⑥回油阀量超大,回油阀没有起到阻流作用 ⑦缺缸 ⑧电子油门踏板故障或接触不良 ⑨凸轮轴或曲轴传感器失效 ⑩转速传感器吸附铁屑 ⑪水温传感器失效,比真实水温偏高 ⑫中冷后压力传感器失效	①清理或更换空气滤清器 ②清理管路,更换破损部件 ③更换增压器 ④调整管路接头,或者更换油管 ⑤清理或更换燃油滤清器 ⑥更换回油阀 ⑦通过检查电磁阀是否正常、泵端是否有高压油喷出,以及电气接线是否正常,更换电磁阀、泵体单元或喷油器,或者修复线束 ⑧检查电子油门踏板接线,或者更换电子油门踏板 ⑨检查接线,调整间隙,更换传感器 ⑩清理铁屑 ⑪检查接线,或者更换水温传感器 ⑫检查接线,或更换中冷后压力传感器
发动机转速异常波动,加速有"突突"的感觉,车辆最高车速不足	某个或者几个缸工作异常	检查电磁阀、泵端是否有高压油喷出,以及线束连接是否正常,更换电磁阀、泵体单元或喷油器,或者修复线束
发动机无力、冒烟、转速不稳等,故障灯亮	单体泵电磁阀失效	通过诊断仪或闪码表、测量线圈电阻,确定电磁阀故障,更换电磁阀
发动机无力、冒烟、转速不稳,故障灯不亮	单体泵的泵体失效	判断电磁阀正常,通过断缸法确认单体泵体故障,更换泵体单元
经常性烧毁 ECU	①客户自行增加外接线路 ②反向电流进入 ECU ③线束磨损漏电、短路	①拆除外接线路 ②更换 ECU ③修复或更换线束
正常出车后,仪表的发动机故障灯亮		参照故障诊断仪的处理建议或者故障闪码进行有针对性的检查及处理,包括零部件、线束与插件,以及供电、搭铁线

第三节
柴油机电控系统常见故障的诊断与排除

柴油机运行过程中的常见故障症状有启动困难、突然熄火、加速无力（动力不足）、加速失效、排烟异常、冷却液温度异常、燃油压力异常、油耗异常、声音异常、故障灯闪亮等。

由于各种车型的电控系统不同,故障原因有所差异,故障的诊断与排除则应结合具体车型,参考相关技术资料进行。

一、柴油机不能启动

柴油机的顺利启动,不仅需要大量燃油充分雾化后喷入气缸,而且要求气缸内空气压缩后具有一定的温度和压力，这样才能使柴油自燃。因此柴油机不能顺利启动，原因一般在启动系统、电控燃油系统、进排气系统或柴油机配合间隙上。可根据故障的伴随特征，按步骤进行分析判断。

1. 起动机不工作

对于起动机受 ECU 控制的整车，在启动时 ECU 首先检查空挡信号，然后输出一个电流驱动启动继电器，启动继电器接通后，由蓄电池带动起动机启动。

检查时应该主要检查空挡开关、启动继电器、蓄电池、车下停车开关等。具体检查方法如下。

① 检查是否挂在空挡位置。
② 检查车下停车开关的位置（应处于断开状态）。
③ 检查空挡开关及接线是否完好，试着使用紧急启动（点火开关持续按下 5s 以上）。
④ 检查蓄电池电压是否过低，以致不能带动起动机。
⑤ 启动继电器及接线是否完好。
⑥ 检查起动机是否已烧坏。
⑦ 点火开关及启动开关是否已坏。

2. 轨压无法建立（起动机能正常工作，但无法启动）

共轨系统对燃油油路要求较高，低压油路（油箱-粗滤-精滤-回油）和高压油路（高压油泵-共轨-高压油管-喷油器）都要保证密闭。

① 检查燃油油箱油位是否过低。若燃油箱油位过低，应及时补充。
② 检查粗滤器上的手动泵是否正常，检查低压油路是否有空气，如有，应排除（有时低压油路泄漏不明显，需要仔细检查）。排气方法（主要排除粗滤器里面的空气）：松开粗滤器上的放气螺栓，用手压动粗滤器上的手压泵，直至放气螺栓处持续出油为止。这时，拧紧放气螺栓，将手动泵推回原位。
③ 低压油路排除空气后，若发动机仍不能启动，则为高压油路可能存在空气，也需要排除高压油路的空气。排气方法：松开一个缸高压油管接头，不要拧下，用起动机带动柴油机运转，直至高压油管持续出油为止（不建议经常拆卸高压油管接头）。这时拧紧高压油管接头，把接头周围的燃油擦干净，再次启动发动机，应能正常启动。
④ 检查油路是否通畅，检查柴油滤清器是否堵塞。方法：松开精滤器出口螺栓，用起动机带动发动机运转，检查是否有燃油流出，若只有少量的燃油流出，说明燃油滤芯堵塞，应及时更换滤芯。
⑤ 检查油轨压力传感器初始电压是否为 500mV，或检查用故障诊断仪设定的油轨压力是否在 30~50MPa 范围内。若不能正常启动，则应检查电气线路插接件是否连接良好。
若无检查设备，可以拔掉轨压传感器尝试再启动。

3. 喷油器线束、传感器线束、整车线束插接件未插好或者线束断路或短路

检查插接件的安装，用万用表检查线路的通断。

4. 曲轴信号和凸轮轴信号丧失

柴油机上安装有两个转速传感器，分别在飞轮壳和高压油泵外侧，分别为曲轴位置传感器和判缸传感器。电控柴油机的喷油正时取决于这两个传感器。出现柴油机不能启动情况，一般为两个信号全部丢失。

两个信号全部丢失可能的原因：传感器损坏，线束短路或断路；传感器固定不牢，造成传感器与感应齿之间间隙过大或过小。

排除方法：检查传感器是否损坏，线束是否连接良好，传感器是否松动等。

拆卸高压油泵及飞轮后的安装应严格按照相关工艺文件执行，以确保信号同步。

二、柴油机启动困难

柴油机启动困难的原因及排除方法如下。

① 柴油机较长时间没有运转，回油管要伸在柴油液面下。

② 燃油系统中，低压油路有少量空气，应进行排气作业。

③ 检查曲轴转速传感器和凸轮轴位置传感器安装情况、传感器间隙是否正常，是否有灰尘覆盖，若曲轴转速信号、凸轮轴信号太弱，同步判断时间较长，则需重新调整。

④ 检查发动机启动预热装置是否正常。若环境温度太低，预热装置会失效，需更换预热装置。

⑤ 检查柴油品质，是否质量差。柴油、机油品质太差未达标，则需更换标准油品。

⑥ 检查起动机和飞轮齿圈是否完好。起动机或飞轮齿圈打齿，则需更换起动机及飞轮齿圈。

⑦ 检查活塞是否磨损严重、活塞环是否密封不严、气门是否密封不严。若活塞环、缸套磨损或气门密封不严，则需更换活塞环、缸套或气门座、气门。

⑧ 检查发动机排气制动阀门是否卡死在关闭位置，造成启动阻力大。若排气制动阀卡死，导致排气不畅，则需更换阀。

三、柴油机功率不足

发动机电控系统部件出现故障后，ECU便会启动发动机失效保护模式，并同时记录下故障码。启用失效保护模式后，发动机不会立即停车，而是会限制发动机的功率，转速只能为 1500r/min，驾驶员能将车开到附近的维修站进行维修。

1. 喷油器出现故障

喷油器出现故障，一般分为机械故障和接线故障。

（1）机械故障（针阀卡死） 由于柴油中污物较多或进水腐蚀，针阀卡死在喷油器内，不能动作。

注意：ECU可能不报错。

（2）接线故障 线束由于振动、磨损等原因，连接断开或直接搭在缸盖上与地短接。ECU会报错。

判断方法如下。

① 怠速不稳，听柴油机声音异常。

② 利用断缸法或高压油管触感法判断（诊断工具做加速测试判断）。

③ 故障诊断仪一般都有对喷油器激发测试的功能。

2. 冷却液温度、机油温度、进气温度过高

冷却液温度、机油温度、进气温度过高时，ECU会进入过热保护模式，限制发动机功率。

（1）造成冷却液温度高的原因及解决方法

① 散热器水面过低。检查有无漏水处，加水。

② 散热器堵塞。检查散热器，清理或修复。

③ 水泵带松弛。按规定调整张紧力。

④ 水泵垫片损坏，水泵叶轮磨损。检查并修复或更换。

⑤ 节温器故障。更换。

⑥ 水管密封件损坏，漏入空气。检查水管、接头、垫片等，更换损坏件。

（2）机油温度过高的原因及解决方法

① 油底壳油面低或缺油。检查油面及漏油处，修复并加油。

② 机油温度高。检查上述造成机油温度高的原因并排除。

③ 机油冷却器流通不畅。检查并清理。

（3）进气温度过高的原因及解决方法　检查中冷器的散热能力。

3. 燃油计量单元故障

燃油计量单元是控制轨压的执行机构，安装在高压油泵上，计量单元出现故障后，高压油泵以最大供油量向油轨输送燃油。此时共轨管上的泄压阀一般会打开，柴油机会有"咔咔"的噪声。轨压传感器出现问题也会有类似的现象。

出现这种情况应检查电气线路，判断是燃量计量单元的故障，还是油轨压力传感器的故障。

4. 燃油管路泄漏引起轨压异常波动

造成发动机输出功率不足。在车辆运行过程中，会出现车速不稳，车有向前一窜一窜的现象出现。

这时应检查燃油管路的密封情况并修补泄漏部位。

5. 传感器故障

进气压力传感器是 ECU 用来估算进气量的传感器（安装在进气管上），冷却液温度传感器是用来判断发动机热负荷的传感器（安装在出水管上），轨压传感器是用来检测共轨管的燃油压力（安装在共轨管上）的传感器。

检查进气压力传感器、冷却液温度传感器、轨压传感器工作是否正常，用故障诊断仪检查它们输出的数据流，以判断其工作是否正常。对于出现故障的传感器要及时更换。若轨压传感器工作不正常，要与共轨管一起更换。

6. 检查涡轮增压器工作情况

检查其运转时有无噪声，是否漏油、漏气，中冷器散热情况等。需特别注意的是，增压器压气机转速很高，如果润滑不到位，则最容易损坏。在车辆停止时，不能马上熄火，应使发动机温度和增压器转速降下来后再熄火，以保护增压器。

四、柴油机怠速游车

柴油机怠速游车的原因及排除方法如下。

① 喷油器工作不正常。检查各缸喷油器及线束。

② 具有车速传感器的整车，停车时有车速信号输入。检查车速表、车速传感器信号及接线。

③ 燃油质量差（含水或蜡质）。清洗燃油系统，更换燃油滤清器。

④ 燃油低压油路漏入空气。检查油管及接头密封性，排除空气。

⑤ 喷油嘴雾化不稳定。检查并修复。

注意：由于冷却液温度低引起的怠速上升是 ECU 正常的功能；有其他负载时（如打开

空调），怠速会自然提升 100r/min。

五、柴油机运行中突然熄火

1. 故障类型

出现这种故障一般是电路和油路出现了问题。

（1）电路故障　曲轴位置及凸轮轴位置传感器故障、发动机 ECU 的连接线束故障、电控单元本身故障等都容易出现这种情况。

（2）油路故障　如油管漏油、漏气及堵塞等都容易出现这种情况。

2. 故障常见原因及处理方法

① 进气管或空气滤清器堵塞。一旦进气管或空气滤清器出现堵塞，就会使发动机气缸内因得不到供气而迫使发动机迅速熄火，从而导致突然停车。应对进气管或空气滤清器进行清理、排除堵塞现象。

② 油箱中柴油用完。按照规定加注一定量的燃油。

③ 燃油中混有水分。燃油中混入水分会使进入气缸内的燃油无法燃烧，由此就迫使发动机突然熄火而停车，应对燃油供给系统进行彻底清洗并选用性能良好的燃油。

④ 燃油结冰，多出现在冬天较寒冷的地区。在寒冷冬天中使用的车辆，对燃油也应采取一定的防冻措施。

⑤ 油管突然破裂。柴油发动机供油系统的某部分油管突然破裂后，因燃油大量流失而导致供油系统无法继续供油，这必然会造成发动机熄火而停车。应查找油管突然破裂的原因，视情况进行修理或更换。

⑥ 燃油压力过低。当喷油泵柱塞突然卡住时就会使喷油泵喷油停止，由于喷油泵不能继续喷油，造成发动机因得不到供油而熄火，从而造成了柴油机突然停车。应查找喷油泵柱塞突然卡住的原因，并进行相应处理。

⑦ 喷油泵柱塞弹簧突然断裂。柱塞弹簧突然断裂后，就会使喷油泵喷油停止。由于喷油泵不能继续喷油，发动机因得不到供油而熄火，从而造成柴油机突然停车。应更换新的、同规格的弹簧。

⑧ 喷油泵突然不能工作或工作不良。当喷油泵突然不能工作或工作不良时，就会使喷油泵不能继续喷油，造成发动机因得不到供油而熄火，从而造成柴油机突然停车现象。应找出喷油泵突然不能工作或工作不良的原因并进行修理或更换。

⑨ 喷油正时突然改变。这种故障多是由于车辆长期处于振动状态，与喷油正时有关的零件或部件位置发生了改变或移动所致，应查找松动的零件或部件，并重新紧固好。

⑩ 机油压力过低。往往会导致主轴承及连杆轴承被烧干，从而导致电控柴油发动机的活塞被卡住等。应找出机油压力过低的原因并处理。

⑪ 气门卡住。当气门卡住后，致使柴油发动机无法继续正常地工作而自动熄火，从而导致突然停车。应找出气门卡住的原因并进行修理或更换。

六、电控柴油机转速不稳

现以玉柴博世共轨系统为例，介绍柴油机怠速不稳的检修方法。

1. 同步信号间歇错误引起怠速不稳

故障指示灯闪烁，诊断仪出现 P0016 等相关的故障码。

检查曲轴转速传感器与凸轮轴位置传感器的间隙，检查曲轴转速传感器与凸轮轴位置传感器的信号盘。

2. 喷油器驱动故障引起怠速不稳

故障指示灯闪烁，诊断仪显示喷油器驱动线路出现偶发故障（短路或断路）。
检查喷油器的电磁阀，检查喷油器的电磁阀线路。

3. 油门信号波动引起怠速不稳

故障指示灯有时亮，诊断仪显示松开加速踏板后仍有开度信号，诊断仪显示固定加速踏板位置后油门信号波动。

检查加速踏板位置传感器及插接件插接情况，检查油门信号线路是否进水或磨损导致油门开度信号漂移，必要时更换电子油门。

4. 机械方面故障引起怠速不稳

检修方法如下。
① 进气管路或进排气门泄漏，视情况修理。
② 低压油路堵塞或漏气，视情况修理。
③ 因机油不足等原因造成柴油机压力过大，视情况修理。
④ 某缸缸压不足，视情况修理；其缸喷油器积炭或过度磨损，视情况修理或更换。

5. 其他方面的原因引起怠速不稳

① 燃油质量差，含水或蜡质。
② 具有车速传感器的整车，车速信号输入错误。

七、电控柴油机故障指示灯亮（或闪烁）

现以玉柴德尔福共轨系统为例，介绍故障指示灯亮（闪烁）故障的检修方法。
玉柴德尔福共轨电控柴油机故障指示灯亮（或闪烁）故障的原因有以下几种。

1. 工作相位错误

故障原因有曲轴转速传感器损坏；凸轮轴位置传感器损坏；曲轴转速传感器信号盘有脏污；凸轮轴位置传感器信号盘有脏污；传感器接线（含插接件）损坏。

2. 预热驱动电路故障

故障原因有驱动线路（含插接件）破损，断路或短路。

3. 燃油计量阀及驱动线路故障

故障原因有燃油计量阀损坏或驱动线路（含插接件）破损、断路、短路。

4. 共轨压力传感器信号故障

故障原因有传感器故障或线束（含插接件）故障。

5. 电控系统主继电器故障

故障原因有主继电器卡滞或烧毁。

6. 电子油门故障

故障原因有电位器卡滞，油门故障导致跛行功能，油门故障导致减转矩功能。

7. ECU 软、硬件故障

故障原因有模、数转换模块故障，参考电压输出模块故障，硬件监视狗发现故障，软件监视狗发现故障，喷油驱动模块故障，存储区故障，系统管理模块故障。

8. 喷油器故障

故障原因有喷油器电磁线圈及驱动线束（含插接件）故障。

9. 蓄电池电压故障

故障原因有蓄电池电压超低或超高。

10. 进气质量流量传感器故障

故障原因有线束（含插接件）故障，传感器信号故障。

11. EGR 系统故障

故障原因有线束（含插接件）故障，闭环控制能力故障，EGR 系统自学习功能报错。

12. VGT 系统故障

故障原因有 VGT 电磁阀故障，线束（含插接件）故障，闭环控制能力故障。

13. 进气压力及温度传感器故障

故障原因有进气压力及温度传感器信号故障，线束（含插接件）故障。

14. 冷却液温度及燃油温度传感器故障

故障原因有冷却液温度及燃油温度传感器信号故障，线束（含插接件）故障。

针对上述不同的故障原因，进行检修故障即可排除。

八、电控共轨（博世）柴油机功率不足且冒黑烟

柴油机功率不足且冒黑烟故障检修方法如下。

1. 燃油品质不良（最为常见）

怠速时，冒黑烟，加速时浓烟滚滚。读故障码及数据流，往往未发现异常。

常规检查无法排除故障时，可更换合格的燃油试验，必要时清洗燃油管路及零部件。

注意：由于柴油质量不符合规定，造成共轨系统部件故障（如喷油器堵塞、卡死）、柴油机冒黑烟故障十分常见，维修时应多注意。

2. 喷油器故障

喷油器雾化不良；喷油器滴油；喷油器针阀卡死，导致喷油器泄漏或不喷油等；诊断仪有时显示怠速油量过大、怠速不稳。

部分诊断仪（如 KTS）能够进行加速测试、气缸关断测试以及高压测试，通过这些测

试能对喷油器进行实时检测。

（1）加速测试　关闭一个喷油器、增加喷油、测量速度、关闭一缸测试完后，再依次关闭其他缸，进行同样的试验。

（2）气缸关断测试　此方法类似于单缸断油法。

3. 冷却液温度传感器故障（指示值过低）

冷却液温度传感器的电阻值及输出信号电压值在正常工作范围内，但是输出值低于实际值。

用故障诊断仪读取冷却液温度传感器的数据流，与实际值进行比较判断。必要时可将冷却液温度传感器插头拔掉，启动后进行比较。

4. 共轨压力传感器信号漂移

共轨压力传感器输出信号电压值在正常工作范围内，但是实际值大于输出值。

诊断仪会出现相关的故障码，更换共轨压力传感器。

5. 进气压力传感器信号漂移

进气压力传感器输出信号电压值在正常工作范围，但是实际值大于输出值。

诊断仪会出现相关的故障码，检修或更换进气压力传感器。

6. 其他系统故障

冒黑烟故障，也可能是非电控系统造成的。应注意以下原因。

① 机械故障，如气门漏气、气门间隙调整不当。

② 废气涡轮增压系统故障。

③ EGR 系统故障。

④ 空气滤清器堵塞。

⑤ 其他因素。

九、电控泵喷嘴不喷油、喷油不足

柴油发动机电控泵喷嘴系统喷油泵不喷油或喷油不足故障较为常见，大都是发动机的柴油供给系统出了问题，应围绕这部分零部件查找故障原因。

1. 电控泵喷嘴不喷油故障

柴油发动机电控泵喷嘴出现不喷油故障时，柴油机就会因无高压油供应而无法启动。这种故障的常见原因及其处理方法如下。

① 油箱中的柴油已经用完或油箱开关没有打开。按照规定加注一定量的柴油，对于油箱开关没有打开的情况，则应打开油箱开关。

② 柴油中有空气，出现了气阻现象。对柴油油路中存在的空气进行排除。

③ 柴油滤清器或油管堵塞，应更换新的、同规格的柴油滤清器；如果油管出现堵塞，则应对管路进行彻底清洗。

④ 输油泵不良或损坏。对输油泵进行检查，确认不良时，有条件者可以将其拆开进行修理。

⑤ 出油阀关闭不严或断裂。出油阀关闭不严往往与污垢严重有关，应对其进行清洗、研磨、更换油封垫圈；对于严重损坏的出油阀则只能更换新件。

⑥ 柱塞偶件严重磨损或咬死。对于严重磨损的柱塞偶件，只能更换新的配件；对于咬死的柱塞偶件，则能修就修，不能修也只能更换新件。

2. 电控泵喷嘴喷油不足故障

柴油发动机电控泵喷嘴出现喷油不足或喷油量过少故障时，柴油机的输出功率就会下降，不能达到预期的动力要求。这种故障的常见原因及其处理方法如下。

① 喷油泵位置发生了移动。先松开喷油泵的固定件，然后对喷油泵的安装位置重新进行调整，调整合格后再将其固定牢固。

② 出油阀关闭不严或断裂。出油阀关闭不严往往与污垢严重有关，应对其进行清洗、研磨、更换油封垫圈；对于严重损坏的出油阀则只能更换新件。

③ 燃油管插头漏油。观察燃油管插头漏油的原因，并根据实际情况对其进行修理或更换。

④ 柱塞偶件严重磨损，对于严重磨损的柱塞偶件，只能更换换新的配件，但注意柱塞偶件应配对更换。

⑤ 油量调节机构松动。先松开油量调节机构的固定件，然后对油量调节机构的安装位置重新进行调整，调整合格后再将其固定。

⑥ 调速手柄行程过小。查找调速手柄行程过小的原因，然后根据实际情况进行调整或修理、更换。

⑦ 活塞、推杆磨损。对于磨损严重的活塞、推杆，通常只能更换换新的配件。

⑧ 止回阀关闭不严，自紧油封损坏。对于止回阀关闭不严的现象，应观察是否为污垢严重所致，如是，则应进行彻底清洗；自紧油封损坏后，只能更换新的、同规格的配件。

3. 泵喷嘴喷油器喷射后出现滴漏故障

喷油器喷射后出现滴漏，就会导致气缸中的燃油不能完全燃烧，由此会造成排放黑烟。这种故障的常见原因及其处理方法如下。

① 燃油颗粒积累在喷油器针阀前端。当燃油喷射停止时，如果燃油颗粒积累在喷油器针阀前端，就会发生喷油器滴漏。对此，应选用质量好、杂质少的柴油。对于不良的喷油器，还应对其进行彻底清洗。

② 出油阀（卡滞或密封不严）或喷油嘴出现问题。如果出油阀或喷油嘴出现问题，滴漏就会出现，因为喷射后高压油管中仍然存在残余的压力。出油阀安装在喷油泵的分配头上，每次喷油结束时，出油阀迅速关闭燃油管路来保持高压油路内的残余压力。同时，喷油嘴必须迅速关闭，以免燃油滴漏。一旦出油阀出现卡滞或密封不严，必然会出现滴漏现象。

对于以上情况，应重点对出油阀或喷油嘴的工作情况进行检查，并根据实际情况进行修理或更新件。

4. 泵喷嘴其他容易出现的故障及其处理方法

① 高压油泵油腔内有空气。如果高压油泵油腔内有空气，就会使车辆在启动时，由于喷油嘴没有燃油喷出而导致发动机无法着火。对此，应排出高压油泵油腔内空气。可松开油泵放气螺钉，用手油泵进行放气。

② 达不到标定转矩，这种情况往往是校正装置特性发生了变化或调整不当引起的，应对喷油泵的校正装置进行精确调整或修理。

③ 达不到高压油泵标定的转速。如果加油手柄没有达到最大油量，就会因加油量不足而导致发动机达不到高压油泵标定的转速；如果调速弹簧预紧力变小，也会造成发动机达不

到高压油泵标定的转速。对此，应把调速螺钉拧紧（1/4）～（1/2）圈。

④ 柱塞弹簧或出油阀弹簧断裂。这种情况往往会使某缸不能供油，导致发动机动力下降，转速不稳定。对此，应更换新的、同规格的柱塞或出油阀弹簧。

⑤ 输油泵工作异常。这种情况的典型特征是输油泵供油不足或时供时断。故障原因多为止回阀变形，关闭不严，或止回阀上有杂质、污垢，止回阀弹簧弹力变弱或弹簧断裂。对此，应根据实际情况进行修理或更换。

⑥ 怠速不稳定。这种情况只要将怠速限位螺钉拧紧一些，使怠速转速适当提高后，即可排除故障。

⑦ 柱塞漏油或输油泵漏油。查找柱塞或输油泵出现漏油的原因，并根据实际情况，能修理的就修理，不能修理的则更换同规格的新件。

⑧ 油泵提前器松脱。这种情况出现时，会使供油角度不稳定。对此，应查找油泵提前器出现松脱的原因，然后进行调整、固定。

第四节
柴油机常见的机械故障

柴油机的机械故障，一般是指柴油机的机械零部件的损坏故障。机械零部件的损坏故障主要有烧瓦、曲轴断裂、连杆及连杆螺栓断裂、拉缸和活塞烧蚀、配气机构零部件异常损坏等。机械损坏故障往往易造成柴油机的重大事故。

柴油机机械异响类和故障噪声主要有气门机构噪声、活塞和活塞环噪声、主轴承噪声、连杆轴承噪声、飞轮异常响声、柴油机排气噪声、集油机支承噪声、水泵噪声、风扇噪声、柴油机轮系统噪声等。

一、柴油机响声的原因与判断

一般来讲，汽车使用（包括柴油机启动和汽车行驶）时柴油机的排气声音以及风扇、正时齿轮、机油泵、轻微的气门脚响等声音，其他如轮胎行驶摩擦地面的声音、汽车颠簸声音和汽车行驶与空气摩擦声音等都属于正常响声。正常响声一般比较轻微而均匀。除上述正常响声以外的不正常的其他响声，都属于"异常响声"，如排气"放炮"、气门脚异响、制动发出的刺耳声音、离合器等传动机件异响等。

1. 汽车产生异常响声的原因

汽车产生异响的原因很多，主要原因如下。
① 发动机工作不正常，如突爆和早燃等。
② 运动机件配合间隙过大，如敲缸等。
③ 某些零部件紧固不牢，如轴承紧固不好。
④ 某些零件损坏，如气门弹簧折断等。
⑤ 调整润滑不当，如气门间隙过大、过小等。

2. 影响汽车响声变化的因素

影响汽车响声变化的因素主要有温度、速度、润滑、负荷等，还有环境道路条件。
（1）温度　汽车（尤其是发动机）出现的响声是随着温度的变化而变化的；一般响声是

随着温度升高而增大的,也有一些响声是随着温度的升高而减弱或消失的;有些响声出现时伴有发热现象。用感官测量温度时,其做法是将手放在机构总成外表面,人手能忍受机构总成温度10s者,一般认为温度正常。如果用手摸总成表面,不能与其贴合或贴合忍受不了的温度,一般认为温度过高。

(2)速度　响声与速度有密切关系。有的响声在低速时明显,有的响声在中速时明显,有的响声随速度升高而增大,也有些响声随速度的升高而减弱或消失。

(3)润滑　润滑不良时,一般的响声都显得更明显、更严重。

(4)负荷　有些响声随负荷增大而增大,也有些响声随负荷的增大而减弱或消失。

3. 判断响声的原则与方法

判断响声一般要注意把握响声发生的时机、变化的规律、响声特性和响声部位等。具体方法如下。

(1)要分清主机响还是附件响　在判断汽车故障响声时,首先要分清是发动机响声还是底盘响声。对于发动机响声,要确定是主机响还是附件响。

如果将风扇皮带松开后响声消失,说明该响声与水泵或发电机及其旋转部件有关;松开空气压缩机皮带后响声消失,说明该响声与空气压缩机及其旋转件有关。若将全部皮带松开后响声仍不消失,应考虑是主机及其他部件发响,当然,如果能准确把握异响部位,上述步骤可以省略。

(2)要分清是良性响声还是恶性响声　在汽车所发出的异常响声中,根据对机械的危害程度,可分为良性响声和恶性响声两种。

所谓良性响声,是指在短期内不会对机件造成明显损失的响声,如气门脚异响。所谓恶性响声,是指能很快造成机件严重损坏的响声,如曲柄连杆机构、配气机构、底盘等部分所发出的沉重或振动较大的响声,一般属于恶性响声。若此种响声随温度、转速及负荷的增大而增大,应立即停车检查,防止出现重大机件事故。

(3)要分清连响还是间响　在四行程汽车发动机的有节奏响声中,有连响与间响之分。连响是指曲轴每转一周响一次,如活塞顶部与气缸盖相撞、活塞环响等都是连响。间响是指曲轴每转两周响一次,气门机构所发出的响声属于间响,活塞连杆组间隙过大发出的响声一般也是间响。

(4)要分清是"上缸"还是"不上缸"　用扳手将某缸断油后,响声减弱或消失,称为该缸响声"上缸";如响声没有变化,称为该缸响声"不上缸";若响声增强,称为该缸响声"反上缸"。一般情况下,配气机构响声不上缸;活塞、活塞销、连杆衬套有轴瓦,由于配合间隙过大所发出的响声一般"上缸";活塞破损、连杆螺栓松脱、连杆轴瓦合金严重脱落,容易造成"反上缸"。

(5)虚听与实听　虚听是不借助任何工具,只用耳朵听的方法;实听是借助听诊器(或上旋具等)抵住发响部位察听的方法。因为虚听往往引起错觉,所以判断中一般将两种方法结合使用。

(6)扩大或缩小响声　在故障诊断中,通过变换节气门使转速发生变化,使响声扩大或缩小,根据变化来判断故障部位,提高故障判断的准确性,这种方法称为"变速法"。

二、柴油机常见的响声及原因

1. 连杆轴承响

(1)连杆轴承响声的现象

① 响声在机油加注口处听诊明显。"当、当、当"的响声较强,是一种短促的金属敲击

声；连杆轴承烧损时，无论温度或转速高还是低，气缸盖上都会发出振动性很强的"当、当、当"的响声；当连杆轴颈与轴承间隙过大时，在中间区域有清脆的敲击声，比主轴承处声轻而短促，突然加速时更加明显。

② 急加速时，响声便连续而明显，这是连杆轴承响的主要特点。

③ 发动机温度升高后，响声无变化。

④ 当某一缸"断油"后，响声会明显减弱或消失。

⑤ 只有在连杆轴承严重松旷时，怠速才有明显响声，随着负荷的增加，响声加剧。

（2）连杆轴承响的原因

① 轴承表面合金脱落，其主要原因是轴承质量不佳或装配间隙过小，而轴瓦变形会使合金变形并脱落。

② 连杆轴承盖螺栓松动。

③ 轴颈失圆，使轴颈与轴承接触不良而造成轴承早期损坏。

④ 轴颈与轴承磨损过甚，而使径向间隙过大。

⑤ 连杆轴瓦与连杆大头孔之间过盈量过小，工作中发生转动或轴向移动，致使油孔错位阻塞。

⑥ 主油道堵塞；集滤器、滤清器过脏；旁通阀失效；机油泵泵油压力不足等造成合金烧毁。

（3）连杆轴承响故障诊断和检测

① 首先检查机油压力、机油油面高度及润滑系统工作状况，因为润滑系统的故障，即使轴承间隙适当，也可引起轴承的敲击声。

② 在怠速时操纵油门从高速突然减速和突然加速中察听响声，响声随发动机转速升高而增大。用扳手逐缸进行单缸"断油"，若响声明显减弱或消失，复油时响声又恢复，此种情况可断定是由于个别连杆轴承间隙过大而发响。

③ 怠速时，响声应该较小，甚至没有。如怠速时有明显响声，则说明轴承已严重松旷。

④ 车辆在行驶中如加大油门或低挡换高挡时，能听到微小"嗒、嗒"声响，而在减小油门或减轻负荷时，响声消失，这一般是连杆轴承响的初期征兆，而当听到"唧、唧、唧"的响声时，这是由于缺油烧轴瓦而发出的响声，应立即停车熄火，转动曲轴检查，否则曲轴有被抱住的危险。

⑤ 如果柴油机出现了烧瓦故障，首先可以从柴油机的异响声得出初步判断。如柴油机在运行中常出现一种尖脆而清晰的"哒、哒"声，当急加速或急加负荷时，响声最易察觉，则连杆轴承合金烧损、脱落的可能性最大。初步确认柴油机烧瓦后，可以用检查机油的方法准确判断柴油机是否已烧瓦和烧瓦的严重程度。

⑥ 检查柴油机是否烧瓦时，可松开油底壳放油螺塞，放出机油，仔细观察，机油中是否含有发亮的合金粉末，用手指轻轻捻动，好像细砂粒磨手时；或者将机油滴到铁板上，用火将油烧掉，观察残留物，如果残留物中有铜锡合金碎屑或类似的金属碎屑，一般就可认定为出现烧瓦（或轴瓦损坏）故障。

如果油底壳放机油观察不是很明显，那么采用观察机油滤芯的方式应该是准确判断是否烧瓦的最有效的方法。具体做法：将机油滤芯卸下，如果是纸芯，则可以直接观察到滤芯缝隙中存留的铜锡合金碎屑或其他的类似碎屑；如果是铁壳一次性滤芯，可以锯开外壳，观察内芯，只要柴油机出现了烧瓦故障，滤芯中就一定留有轴瓦的金属碎屑。金属碎屑的类型与轴瓦的材料有关。

（4）柴油机烧瓦后的修复　当初步判定柴油机出现烧瓦故障后，只能全面解体柴油机才能准确判断烧瓦故障的严重程度。柴油机解体后，应仔细检查曲轴、连杆、机体等与轴瓦直接联系的部件，更换轴瓦，修复或更换曲轴及其他相关部件，按技术要求装配柴油机。在柴油机出现烧瓦故障后的维修过程中，应注意下列几点。

① 必须认真检查柴油机曲轴、连杆是否存在失圆、弯曲或裂纹等故障隐患，精心修复，曲轴、连杆可酌情更换新件。

② 必须仔细检查机体主轴承底孔的同轴度、孔盖是否错位、底孔是否失圆等，如有问题应修复后使用。特别不推荐对于失圆的底孔在瓦背上加铜皮找圆后继续使用，这可能导致更为严重的损坏。

③ 全面彻底地清洗柴油机的机油流通系统，主要是机体主油道、曲轴油道、活塞冷却喷嘴和机油散热器。特别是机油散热器内可能残留了不少的轴瓦碎屑，一定要严格清洗和清除，否则会导致二次烧瓦故障。

2. 曲轴轴承响

（1）故障现象　曲轴轴承响声沉重发闷。在改变发动机转速时响声明显。当突然加大油门时，响声更为明显。突然关小油门时，出现沉重的"当、当、当"响声，发动机有振抖现象。

（2）检查判断方法　反复改变发动机转速，将相邻两缸同时"断油"，若响声明显减小，表明该道轴承松旷。发动机刚启动时，因轴承与轴颈间的油膜黏度较大，所以响声较小，随着温度升高后，油膜黏度减小，响声则会增大。当曲轴轴承磨损严重时，润滑油压力比以前压力明显下降。

3. 活塞销响

（1）故障现象

① 响声位于机油口处。"嗒、嗒、嗒"的响声，是一种较尖锐、清脆的金属敲击声。

② 急加速时，响声加大。

③ 发动机高温、怠速时响声更为明显。

④ 单缸"断油"后，响声会明显减弱或消失。

⑤ 略将点火时间提前时，响声加剧。

⑥ 活塞销转动时，响声时有时无。

（2）故障原因

① 活塞销与销座孔或与连杆小头衬套孔配合松旷。

② 机油压力过低，机油飞溅不足，润滑不良而磨损，间隙增大。

③ 活塞销卡环松脱，活塞销沿轴向自由窜动。

（3）故障检查

① 发动机在低温怠速时可听到断续的"嗒、嗒"响声，转速上升到低速或中速时，响声消失。用扳手逐缸进行单缸"断油"，响声消失，但复油时，响声恢复。此种情况可断定活塞销与连杆衬套孔间隙稍大，但尚可继续使用。

② 发动机无论在低温或高温，或在怠速、低速、中速时都能听到"嗒、嗒"响声。逐缸进行单缸"断油"，响声减弱或消失，复油时，响声恢复，则可断定活塞销与连杆衬套孔间隙过大。或逐缸进行单缸"断油"，响声不但不消失，反而转变为另一种"唔当、唔当"的响声，即可断定为活塞销与连杆衬套孔严重松旷，应立即修复。

③ 发动机在高温、低速、中速时无响声，而在某转速时却听到响声。逐缸进行单缸"断油"，响声减弱而杂乱，复火时，响声恢复，即可断定为活塞销座孔间隙过大，应立即修复。当呈现连续不断的"嗒、嗒、嗒"响声时，往往是由于活塞销座孔、活塞销与连杆衬套

孔同时间隙过大相碰所致。

④ 在有些情况下这种敲击声响时而出现，时而消失，即可断定为活塞卡环断裂。

4. 活塞敲缸响

（1）故障现象

① 在气缸的上部会发出有节奏的敲击异响声。

② 发动机高速运转时，异响更快、更强、更明显和清晰。

③ 发动机在低温工作时，异响明显，待发动机工作一段时间，温度升高后，异响逐渐减弱或消失。

（2）故障原因

① 活塞与缸壁间隙过大，在做功行程开始的瞬间或当活塞上行时，活塞在气缸内摆动，其头部和裙部与气缸壁相碰撞产生金属敲击声。

② 由于润滑条件不良，机油压力偏低，气缸壁的飞溅润滑不好，活塞与气缸壁直接相碰而敲缸。

③ 柴油机在着火滞后期喷入气缸的柴油过多。这些都能使燃烧时燃气压力上升过于剧烈而产生冲击，迫使活塞与气缸壁相碰而敲缸。

④ 活塞连杆组的装配使活塞在气缸中歪斜量超过许可范围，不但使密封性变差，润滑条件恶化，而且造成气缸不正常的磨损，从而使活塞与气缸敲击，出现响声。

（3）故障检查

① 从响声特征判断，如果响声是"当、当"声，一般是由于气缸壁润滑不良所引起的。如果进一步证实的话，可在可疑的气缸内加入少量机油后再启动发动机，听察响声是否已减弱。如果响声是"嗒、嗒"声，同时排气管冒蓝烟，一般是由于活塞与气缸壁间隙过大所引起的。

② 进行单缸"断油"试验到某缸时，响声减低或消失，即证明该活塞由于间隙过大而敲击缸响。为了易于听察响声，可以将发动机转速固定在声音最响的位置上。

③ 如果温度低时不响，温度升高后敲缸，高温时声响加重，单缸断油时响声也加大，这种情况就比较复杂。如曲轴的连杆轴颈、主轴颈不平行；连杆弯曲；活塞与缸壁间隙过小；活塞环背隙、端隙过小等都可以引起此种敲缸现象。判断时若单缸断油到某缸时，响声加大，该缸即为故障缸。

5. 活塞拉缸或烧顶

（1）故障现象　柴油机发生拉缸或活塞顶部烧蚀（简称烧顶）后，轻微拉缸或烧顶的特征是动力不足、转速下降，特别是热机后功率和转速下降明显，并有"哒、哒"的敲缸声，采用断缸法判断时，声音没有明显变化。严重时活塞将被卡死在气缸套里，导致柴油机自行熄火，熄火后曲轴转动困难或不能转动，此时就可能出现活塞抱缸或粘缸故障。

新车或大修车在磨合期容易产生拉缸。产生拉缸后，在怠速运转时出现"哒、哒"的响声，而温度升高后，响声不但不消失，反而稍重一些，发动机稍有抖动现象。

如果柴油机在全负荷作业时，突然产生异响、转速下降、排气管喷出一股黑烟，随即柴油机自动停机，则多数情况下该机出现了严重的拉缸或活塞烧蚀故障。此时，柴油机的曲轴不能转动。

（2）检查判断方法　在发动机运转中，用扳手逐缸断油，辨别响声产生在哪个缸。确定哪个缸后，拆下喷油器，往气缸内注入少量机油，装回喷油器后，启动发动机，响声应无变化。或用气缸压力表检查气缸压缩压力，被拉缸的压力降低。

要准确判断拉缸或活塞烧蚀故障的位置，可以拆下排气管，直接观察排气口，大部分柴油机的活塞都是铝合金材质，如果该气缸出现较为严重的拉缸或活塞顶部烧蚀故障，气缸盖上的排气口都会有一些沉积的铝渣或碎屑，就可以准确判断故障缸位置。然后拆下气缸盖，检查缸壁的拉伤情况，查清拉伤的原因，视情况进行修理。

（3）拉缸或活塞烧蚀故障的修复　柴油机发生拉缸或活塞烧蚀故障时，首先应降低负荷，减小油门，必要时应卸去柴油机的负荷，然后停车。停车后放掉冷却液，摇动手柄，转动飞轮，排出气缸内的燃气。此时不得向冷却水散热器内加注冷水，以防气缸套突然收缩，将活塞卡死在气缸中。待柴油机冷却下来，卸下气缸盖后检查活塞和气缸套表面的磨损及活塞的烧蚀情况，酌情修复。

注意：柴油机的拉缸或活塞顶部烧蚀故障，一开始都是比较轻微的，并有一些相应的故障症状，没有引起操作者的注意，致使该机带病工作，故障越来越严重，特别是活塞顶部烧蚀故障，一开始不会很严重，但如果没有采取措施，就可能发生活塞抱缸、粘缸甚至缸套胀裂、连杆螺栓（或连杆）拉断等严重故障。

6. 活塞环故障

柴油机活塞环的常见故障主要有窜气、对口、过度磨损、折断、咬死、窜油和异响等。当柴油机的活塞环出现上述故障后，柴油机将有下列故障现象。

（1）活塞环内窜气　导致柴油机曲轴箱废气压力（下排气）增大，柴油机机油变质较快，柴油机的动力会有所下降，排气可能会冒蓝黑色的烟雾。

（2）活塞环对口　柴油机将出现严重的烧机油现象，机油耗量增加明显且排气蓝烟严重。

（3）活塞环过度磨损　现象与内窜气相似，只是程度更严重一些，此时柴油机可能还会出现气缸压缩力不足、动力下降、烧机油、排气冒蓝黑烟等现象。

（4）活塞环折断　柴油机除了出现活塞环过度磨损的故障现象外，还将出现一定程度的敲缸声。

（5）活塞环咬死　如果活塞环咬死（或卡死）在环槽内，则柴油机会出现曲轴箱废气压力大、排气烟色过大、动力不足且有轻微的敲缸声。

活塞环出现故障后，无论是咬死、断裂、极度磨损还是对口，都必须拆缸检查才能最终确定活塞环的损坏程度。一般而言，活塞环出现故障后，柴油机都会不同程度地出现下列现象：柴油机的机油耗量增加；柴油机排气冒蓝烟；柴油机动力有所下降；柴油机工作时气缸内有异响；机油变质的时间加快等。

活塞环出现故障后，除活塞环对口因素导致的运行故障外，其余活塞环故障都必须更换活塞环并酌情更换与其配合的关联部件才能修复柴油机。如果活塞环仅仅是对口而没有磨损，则可以重新安装继续使用。

7. 积炭敲缸响

积炭是由燃烧的可燃混合气在高温、高压作用下，发动机使用长久或混合气质量差、不能完全燃烧，而在封闭燃烧室的零部件表面逐渐形成的杂质层。

（1）故障现象

① 当活塞上行到达上止点或气门开启时，活塞、气缸盖、气门等零件表面积炭层撞击发响，响声如一个锁紧垫片或一个小螺母敲击缸盖。

② 发动机突然减速时，响声特别突出。

（2）故障原因

① 气缸盖、气门头、活塞顶形成一层硬的积炭，撞击时产生敲击发响。

② 柴油机燃烧室喷入油量过多，致使燃油不能完全燃烧干净而积炭。

③ 空气滤清器或进气受到阻碍，进入的空气量减少，使燃油燃烧不完全而积炭。

④ 燃油的质量不符合要求。如燃油中重馏分含量过大、蒸气性差，造成雾化不良，气化缓慢，容易导致燃烧不完全而积炭。

⑤ 活塞环弹性减弱或磨损，或开口间隙过大，活塞与气缸壁磨损间隙过大，密封性不良，窜油、漏气，使燃油不能完全燃烧而积炭。

⑥ 发动机温度过低，使燃油燃烧不完全而积炭。

（3）故障检查

① 当汽车从行车速度减慢到停车时，积炭导致的敲缸响声会特别突出。

② 操纵节气门使发动机加速，并突然减速，从明显的响声特征中予以判断。

③ 拆下喷油器检查，若喷油器绝缘体顶端烧得比较干净，但喷油器外壳内却积炭，这表明喷油器故障原因在窜油或混合气过浓，并检查空气滤清器是否过脏或堵塞。

④ 对发动机各缸进行气缸压缩压力检查可区别是由于密封不良、窜油、漏气，还是由于过冷、混合气过浓、喷油时间过早等原因引起的。

三、废气涡轮增压系统常见的故障及原因

1. 漏油

涡轮增压器漏油一般发生在压气机端，因为压气机密封装置靠叶轮边的是低压区，容易产生漏油故障。

（1）密封不良　压气机端 O 形密封圈损坏或胶质老化失去作用，这是压气机端漏油的主要原因。

（2）机油进口压力过高　增压器机油进口压力正常为 $235 \sim 392kPa$。当油压高于 $588kPa$ 时，机油便会由密封装置处由涡轮端泄漏出机油。

（3）回油不畅　回油管截面积太小，引起回油管堵塞；油底壳内的机油液面过高造成回油困难；曲轴箱通风管阻塞；活塞环断裂或磨损造成燃气下窜至曲轴箱，使油底壳内的压力增高。

① 安装不正确。在压气机段和涡轮端槽中装有两个增加器密封环，如果在装配增压器时没有将相邻两环错开 $180°$，也容易造成增压器漏油。

② 密封环损坏。增压器密封环依靠弹力固定在密封环外壳上。当密封环失去弹力或弹力减小时，增压器传动轴来回窜动，密封环与传动轴上的环槽侧间隙被破坏，使环两端面摩擦损坏，造成密封不良。

2. 增压系统运转噪声大

当柴油机出现增压系统运转噪声过大的不正常现象时，可能存在下列问题。

① 增压器叶轮受到异物冲击或与壳体刮碰而产生变形后，工作中会因气体流动发生变化而产生高频噪声。

② 叶轮与壳体刮碰以及轴承润滑不良而产生摩擦噪声。

③ 柴油机至增压器间的排气管路不密封，因漏气而产生噪声。

此时，对增压系统的维修要点如下。

① 应检查排气管路密封是否可靠（通常排气管路漏气部位的颜色会发生明显变化）。

② 检查增压器的润滑是否良好。通常，如果增压器润滑良好，一般不会出现异响。

③ 分解增压器，以检查其内部机件是否存有异物或被损伤。

3. 增压器被"烧红"

增压器被烧红，说明排气温度过高。增压系统可能存在的主要或衍生问题如下。

① 柴油机供油提前角过小，使排气温度过高，造成增压器转速过高，温度上升。

② 喷油质量差，后燃严重，造成排气温度升高，导致增压器过热。

③ 润滑不良、机油压力不足、油温过高和供油量不足，使机油带走的热量减少，从而导致增压器温度升高。

④ 增压压力下降，导致空气流量减少，因后燃增多而造成增压器温度过高。此时的检查要点如下。

a. 检查进、排气系统是否存在堵塞、流通不畅、漏气等异常情况。

b. 检查柴油机的供油正时情况和喷油质量状况。

c. 检查增压器的机油供应情况是否正常（增压器的供油压力应在说明书规定的范围内，一般不低于 0.20MPa）。

d. 分解后检查增压器内部机件是否有损坏。

4. 涡轮增压器增压压力不足

(1) 检测进气歧管压力　查找进气歧管压力信号偏低的原因。检测涡轮增压器增压口到节气门之间的管路，查看是否有老化或裂口漏气出现；中冷器是否有腐蚀及裂口现象，如果上述部件有老化或漏气，在发动机急加速时一般可听到空气泄漏的声音。检查进气管到增压控制电磁阀软管、增压控制电磁阀到膜片执行器软管是否有断裂老化，如果有，应更换。

(2) 就车检测涡轮增压器的性能　拆下节气门处进气软管，堵住废气涡轮增压器增压气流，启动发动机，应感觉压力有变化。如果急加速时没有明显压力变化，则为涡轮增压器、膜片执行器或电气系统故障。

(3) 膜片执行器的动作测试　将膜片执行器的连接软管取下，用真空泵施加一定的真空度，若膜片执行器的中心阀杆能自由运动，说明膜片执行器正常。

(4) 废气旁通阀的检测　若膜片执行器正常，用真空泵对膜片执行器施加一定的真空度，然后将中心阀杆吸到顶部，启动发动机怠速运转，用手感知来自废气涡轮增压器的气流，应明显感觉增压压力变大，急加速时，手的力量堵不住进气软管口，否则说明涡轮增压器机械部分有故障。

5. 润滑不良

① 柴油机使用的润滑油滤清器不符合规定，或使用伪劣滤芯。

② 使用中滤芯被击穿，或柴油机主油道滤清器被堵塞，润滑油进入旁通道。

③ 没有按规定更换润滑油，更换前未清洗柴油机主油道。

④ 更换增压器或进行预润滑时，杂质进入润滑油管路。

⑤ 密封胶或密封垫片碎片流入润滑油道。

⑥ 没有按规定更换润滑油，或使用 CD 级以下的润滑油，导致润滑油结焦，丧失功能。

⑦ 发动机在大负荷工作后突然停机，产生回热，导致转子和轴承过热并结焦，损坏增压器。

⑧ 开机后未怠速运行，马上加负荷，或更换增压器前未进行预润滑，导致转子缺油，产生干摩擦，损坏增压器。

⑨ 进油管路或润滑油滤清器堵塞，润滑油泵故障，或润滑油压力低等。

⑩ 机油老化。

⑪ 使用劣质或变质的润滑油。

6. 异物进入涡轮增压器

① 进气管路密封不良，进气不经滤清直接进入压气机叶轮。

② 不按规定更换空气滤清器或使用伪劣滤芯，导致进气过滤不良。

③ 维护保养时异物进入增压器前进气管路。

④ 发动机气缸内有零件损坏，随排气吹出，进入涡轮壳。

⑤ 安装排气歧管时，不注意将螺栓等掉入排气道，发动机运行后吹入涡轮壳。

四、柴油机润滑系统常见的故障及原因

柴油机润滑系统常见的故障有机油消耗量过大、油底壳中机油油面升高、机油压力不正常、机油温度过高等。

1. 机油消耗量过大

柴油机运转时，机油正常消耗一般为 $0.7 \sim 3.7 g/(kW \cdot h)$，为燃油消耗量的 $1\% \sim 1.5\%$（参考数值，不同的机型有所不同）。若超过额定消耗量的标准，则表明过量消耗。机油的消耗一般随着柴油机转速、温度、运转模式及新旧程度的不同而不同。

（1）故障原因　机油不正常耗损的主要原因如下。

① 曲轴箱废气压力大。在柴油机工作时，总会有一部分废气从气缸间隙中窜入曲轴箱，严重时会使曲轴箱内的机油上窜到燃烧室和气缸盖罩，甚至产生机油飞溅，导致机油消耗量增加。因此，使用中应保持通气孔畅通，负压阀片不变形、粘连或装错，通风管不弯折，不能用木塞代替设有通气孔的加油螺塞。

② 漏机油。曲轴前、后油封损坏，油底壳出现裂纹，油底壳与机体结合面密封损坏以及正时齿轮室密封不良等，都会使机油漏失，消耗量增加。

③ 吸入燃烧室的机油过多。活塞环过度磨损，活塞环边间隙与开口间隙过大，活塞环弹力太弱或卡死在环槽内，油环上的孔道堵塞，缸套因圆柱度与圆度的误差过大而造成密封不好，气门杆与气门导管配合间隙过大，油底壳油面过高，机油温度或压力过高，主轴承和连杆轴承间隙过大等，都会使机油过多地进入燃烧室，排气管排出大量蓝色浓烟，机油耗量过大。

④ 使用的机油牌号不对、黏度不合适或者机器老化，都会造成机油耗量过大。

⑤ 某些外带附件（如空压机、增压器等）的异常损坏或回油管堵塞，致使机油回流不畅而被挤入气路系统或进、排气系统，导致机油消耗增多。

（2）故障诊断　发动机烧机油可分为冷机烧机油、加速时烧机油和任何情况下都烧机油三种情况。

① 冷机烧机油。一般冷机烧机油是指早上第一次启动时烧机油的情况。

a. 故障现象。每天早晨第一次启动柴油机时，排气管会有比较浓的蓝色烟雾排出。热机后逐步消失。第二天早晨又会有同样的问题发生，其他情况下没有蓝色烟雾产生。这种情况属于冷机烧机油。

b. 故障原因。此类故障一般是气门油封因老化、磨损等原因而失效。当柴油机长时间不运转时，机油就会在重力的作用下通过气门油封流入气缸或排气管。导致柴油机启动后排出一定量的蓝色烟雾。热机后，气门油封受热会使密封效果变好，烧机油现象消失。

② 加速时烧机油。这是指柴油机加速时，排气管冒出蓝色烟雾，但稳速运转后，蓝色烟雾消失。

a. 故障现象。车辆行驶过程中，加速时或原地猛踩油门时，排气管排出大量蓝烟。

b. 故障原因。由于柴油机活塞上的活塞环与气缸壁密封不严，在急加速时机油直接从曲轴箱窜到了气缸内，导致烧机油。

③ 任何情况下都烧机油。这种情况说明柴油机已经磨损相当严重了，需要进行柴油机大修，如果不及时进行维修会造成比较严重的事故隐患。基本原因如下。

a. 气缸套（或活塞环）严重磨损，导致活塞环的开口间隙过大，使气缸密封不严，导致油上窜至燃烧室。

b. 活塞环对口（所有活塞环的开口在同一条直线上），导致机油上窜至燃烧室。

c. 曲轴箱呼吸器（通气阀）堵塞，使曲轴箱废气压力大，导致烧机油。

d. 机载空压机出现了活塞环严重磨损或拉缸故障，导致压缩空气内窜至曲轴箱，使曲轴箱废气压力大而烧机油。

实际装配时，活塞环的开口之间必须错位 $90°\sim120°$ 安装。

2. 油底壳中机油油面升高

在使用过程中，有时会发生油底壳油位上升的现象。引起这类故障的原因一般有柴油机冷却液漏入油底壳或燃油渗漏入油底壳。

（1）机油中有柴油　对于电控柴油机而言，油底壳中有柴油的主要原因有喷油器故障或单体泵燃油系统故障。

① 喷油器故障。

a. 故障原因。喷油嘴偶件因某些原因卡死或烧蚀，导致喷油嘴喷油时雾化不良，使柴油不能与空气良好混合，部分柴油随气缸壁流入曲轴箱，导致机油中的柴油量增加。出现此种故障时，柴油机排白烟或黑烟严重。

b. 故障处理。出现此类故障时，一般是喷油器的喷油嘴针阀偶件磨损或被异物卡住。应酌情修复、更换喷油嘴或喷油器总成。

② 单体泵燃油系统故障。对于分体式单体泵柴油机（包括机械单体泵和电控单体泵柴油机），由于其低压燃油道在机体上，因此如果单体泵上的 O 形密封圈破损，机体柴油腔中的柴油就会漏入油底壳，导致机油油面增高。如果柴油机出现机油中有柴油、机油油面升高的故障时，必须立即查清原因，予以排除。这一点十分重要，否则会因机油变质而导致润滑不良，造成柴油机运动部件的异常损坏。对于组合式电控单体泵，如果单体泵上的 O 形密封损坏，燃油也会进入油底壳，导致机油油面升高。

（2）油底壳机油中有水　柴油机油底壳的机油中有水的故障现象，无论是传统柴油机，还是电控柴油机都会发生，且原因基本相同。

① 故障原因。柴油机机油中有水的故障原因分析见表 7-12。

表 7-12　柴油机机油中有水的故障原因分析

原因	详细说明
气缸盖内部的水道产生裂纹	在严寒的冬季，冷却水会将水道冻裂；在柴油机过热时添加冷水会使气缸盖的水道所受热应力突变而产生裂纹，或气缸盖在铸造时残余应力的影响以及气缸盖在生产中水道壁的厚度过薄、强度不足而产生裂纹。以上原因的出现都会使冷却水经裂纹通过气门和气缸进入油底壳与机油混合使机油变质，从而加剧零件的磨损。此外，气缸盖顶部水道加工孔水塞（水淹）受锈蚀产生的水孔或裂纹，会使冷却水通过气门推杆孔直接进入到油底壳

原因	详细说明
气缸垫引起的机油有水	由于气缸垫受到高温、高压燃气和有压力的机油、冷却水的作用产生烧损、冲坏或变质。同时，气缸垫自身的弹性下降、气缸盖螺纹损坏或气缸盖翘曲变形，使气缸垫不能补偿气缸盖与气缸体接合面的不平度。以上情况出现在气缸盖下端面与气缸体上端面之间所对应的相通的水套附近，该部位的水压较高，同样会导致冷却水冲破气缸垫的密封，经过气缸进入油底壳与机油混合
由气缸壁引起	气缸壁的工作表面直接与高温、高压燃气相接触，为了提高气缸壁的导热性，防止柴油机在高速、大负荷工作时过热，在制造气缸体时，各气缸之间形成几个空腔互相连通构成水套，由于一般的冷却水中含有钙、镁和硫酸盐，容易在水套表面上沉积成水垢并产生锈蚀。同时，当活塞在做高速往复运动时，气缸壁工作表面要承受很大的压力，以及活塞环自身的弹力紧贴在气缸壁上，就像刀一样对气缸壁产生刮削的作用，使气缸壁变薄。此外，气缸体在铸造时残余应力的影响以及在生产中水套壁的厚度过薄、强度不足，都会导致气缸壁出现裂纹或水孔使冷却水渗入油底壳
由冷却系统引起	由于冷却系统的分水管、水套受到冷却水的锈蚀，令其产生裂纹或水孔，冷却水在水泵的作用下进入油底壳与机油混合
由润滑系统引起	润滑系统里的机油散热器装在冷却水路中，一旦机油散热器的油管产生裂纹或密封垫损坏，冷却水就会进入机油并积存在柴油机的油底壳内

② 故障处理。柴油机油底壳的机油中有水后，应仔细检查相关部位，根据不同的原因进行修复即可。

3. 机油压力不正常

机油压力不正常，主要表现为机油压力偏低、机油压力过高、机油压力忽高忽低三个方面。

（1）机油压力偏低　柴油机的正常机油工作压力一般应为 $0.35\sim0.45$MPa（不同柴油机有着不同的机油压力值，应以该机使用说明书的数据为准）。其中新机或刚启动时会高一些，旧机或运转一段时间后压力会低一些。如果柴油机全负荷作业时，机油压力低于 0.2MPa 或更低，说明问题严重，应立即停机检查，排除故障后方可重新使用，否则，将会造成烧瓦抱轴的恶性事故。

引起机油压力偏低的原因如下。

① 机油泵。若机油泵磨损，齿轮或转子的径向及端面间隙增大，泵的出油量减少，从而造成机油压力下降。

② 机油滤清器。当机油滤清器堵塞时，设在滤清器底座上的安全阀会被顶开，从而使机油不经过滤直接进入主油道。如果安全阀开启压力设置过高而不能及时打开时，机油泵内漏就会增加，减少对主油道的供油量，机油压力也就随之下降。

③ 限压阀。为保持主油道的正常机油压力，主油道一般都设有限压阀，若限压阀弹簧软化或调整不当，阀座与钢珠接合面磨损或被异物卡住而关闭不严，其回油量就会大幅度上升，主油道机油压力也随之下降。

④ 机油散热器。若机油散热器漏油，不但增加油耗，还会导致压力下降。如果机油散热器及管路被异物堵塞，也会因阻力增大而使机油流量减少、压力下降。

⑤ 曲轴与轴瓦间隙。柴油机长期使用后，曲轴与连杆轴瓦或曲轴与主轴瓦的配合间隙逐渐增大，形不成油膜，不但会增加机油耗量，更会引起机油压力下降，其间隙每增加 0.01mm，机油压力便下降 0.01MPa。因此，机油压力下降的情况，常常被作为判断曲轴与轴瓦磨损程度及柴油机是否应进行大修的主要标志。

⑥ 其他因素。机油牌号不对、劣质机油、机油变质、机油进油口堵塞、机油加油量不足或某些部位的机油导管破损等都可能引起机油压力偏低。

注意：如果柴油机在运行过程中，机油压力突然为零，则一定要立即停机并查明原因。否则，不能再次启动运行。

（2）机油压力偏高　柴油机在冬季工作时，刚启动后常常会发现机油压力偏离，待预热一段时间后油压会降至正常，如果油压表指针仍超过正常值，说明压力偏离，也属于不正常现象，应停机检查调整。

① 故障原因。机油压力偏高的主要原因如下。

a. 机油牌号。如冬季使用了夏季所使用的机油，不仅使柴油机启动困难，而且会导致机油压力过高。

b. 机油油路。机油的循环遇到阻塞或不能流通，致使机油压力偏高，这将影响运动部件的润滑效果，甚至会出现烧结现象。

c. 限压阀。若限压阀弹簧压力调整过大，使开启压力过高，导致机油压力过高，不仅会增加机油的消耗，还可能胀破油管。

d. 轴瓦间隙。主轴承或连杆轴承的间隙过小，使机油不易压入，应重新调整轴瓦间隙。

e. 机油滤芯。机油滤清器质量不好或太脏等也会导致机油压力升高。

② 故障处理。柴油机出现机油压力过高的故障后，应尽快查明故障原因，酌情处理。

（3）机油压力忽高忽低

① 故障原因。一般来说，大油门时比小油门时机油压力高，但有时会发生反常现象，油压忽高忽低，压力表指针来回摆动，出现这种故障的主要原因如下。

a. 机油量不足。当柴油机刚开始启动时，油压正常，1min左右即降到0.1MPa以下，中、高速油门运转时压力又会稍高一点儿，随着运转时间的增长、油温的升高，机油压力变得更低，此时，应首先抽出油尺，检查机油是否充足，并按要求补充同牌号（同厂家）的合格油。

b. 机油质量。当机油过脏过黏、机油进油口被堵塞时，如柴油机低速运转，因机油泵吸油量不大，主油道尚能保持一定的压力，因而油压正常，但高速运转时，机油泵吸油量会因进油口阻力过大而明显减少，主油道供油不足，油压反而下降。

c. 限压阀。若限压阀弹簧变形或折断，开闭不灵，当柴油机低速运转时，限压阀的阀门处于关闭状态，主油道能保持一定的压力，当高速运转时，供油量剧增，会使限压阀的阀门突然打开，机油压力下降，如阀门开闭不灵活，就可能无法及时回位，机油压力因此会出现油压忽高忽低的现象。

② 故障处理。根据上述不同的原因进行处理，故障即可排除。

4. 机油温度过高

导致发动机机油温度过高的主要原因如下。

（1）机油黏度不对　机油黏度过大，流动性差，降低了滤清器的通过能力，使进入摩擦表面的机油量减少，同时进入摩擦表面的机油难以均布，机油中的杂质难以沉淀分离而进入摩擦表面，使润滑效果降低，摩擦加剧，机油温度升高；而机油黏度过小，进入摩擦表面的机油很容易流失，特别是在配合间隙较大的情况下尤为严重，难以形成润滑油膜，致使摩擦加剧，机油温度升高。

（2）润滑系统供油量不足或中断　机油泵磨损过大、机油滤清器堵塞、机油管路堵塞、润滑系统漏油、安全阀弹簧过紧、回油阀弹簧折断或弹力不足、曲轴箱内机油量过少、机油黏度过大等原因，均会造成进入摩擦表面的机油量减少或中断，使摩擦加剧，产生较多的热量，使机油温度过高。

（3）柴油机超负荷运转时间过长　如柴油机超负荷过大，运转时间过长，摩擦表面因承受的载荷过大，导致摩擦加剧。同时，超负荷运转，使机件的热负荷增大，工作温度升高，导致机油温度过高。

（4）摩擦表面配合间隙过大或过小　如果摩擦表面配合间隙过大，进入摩擦表面的机油容易流失，难以形成油膜。同时配合间隙过大会产生敲击现象，使摩擦表面承受较大的冲击载荷。这些都会使摩擦加剧，摩擦生热增多，导致机油温度过高。如果摩擦表面配合间隙过小，机油难以进入摩擦表面形成油膜，使零件表面直接接触相互摩擦，会导致机油温度过高。

（5）机油冷却器失效　在没有机油冷却器的柴油机中，由于冷却水量不足、调节不当、油路和水路堵塞等原因，使机油在冷却器内得不到很好的冷却，也会导致机油温度过高。

（6）燃烧室密封不良　由于磨损过大、装配不良等原因，使气缸套与活塞的配合间隙过大、活塞环失圆、弹性减弱或消失、气缸套失圆、活塞环切口未错开等现象发生，导致燃烧室密封不良，以致大量的高温燃气窜入曲轴箱内，加热了气缸壁上和曲轴箱内的机油，造成机油温度过高。

（7）柴油机产生后燃　如果柴油机产生后燃，热负荷大大提高，气缸盖、气缸套、活塞的工作温度明显升高，从而加热了气缸壁上的机油，导致机油温度过高。

（8）机油过脏或使用了劣质机油　柴油机工作时间过长，使机油过脏，机油中含有较多的金属粉末或其他硬的杂质，机油滤清器的滤网破裂，使这些杂质进入摩擦表面，导致摩擦加剧，机油温度升高。

五、柴油机燃油系统低压油路故障的诊断与排除

柴油机低压油路出现故障或高压油路出现故障都可能使发动机不能启动。柴油机低压油路常见的故障有：低压油路中有空气；不供油；供油不稳。

1. 低压油路中有空气

如果低压油路中有漏气的现象，那么在柴油机熄火一段时间后，就可能有空气进入低压油路中，造成柴油机启动困难。

低压油路中有空气的判断依据如下。

① 发生故障之前柴油机运转良好，发动机熄火并且过了一段时间后再次启动发动机，却出现启动困难的故障。这时可打开喷油泵的放气螺钉，通过手动泵油的方式来操作手动油泵，发现排出来的柴油中有气泡存在，直到排气结束后再次启动发动机，柴油机能够正常启动（需要注意的是要与冷车启动困难区别开来）。

如果遇到上述情况，则说明输油泵的出油口经过柴油滤清器到柴油泵进油口路段的低压油路（包括喷油泵的低压油腔）存在漏气的情况。这主要是因为发动机工作时，该段油路的油压高于外界大气压力，就算油路中存在漏气点也只能漏油而空气不能进入油路中，此时柴油机能够运转正常。但是，当发动机熄火一段时间后，柴油从漏气点漏出，且手动油泵停止工作，使低压油路中的压力下降，最终造成空气进入低压油路中，致使柴油机再次启动困难。

判断方法：可用一根新的油管从输油泵出油口跨接到喷油泵的进油口上（中间跨过柴油滤清器），将空气排尽，此时启动柴油机进行观察。如果柴油机能够启动良好，则说明是这段低压油路存在故障；若柴油机仍然不能正常启动，则应对喷油泵柱塞套筒定位螺钉、放气

螺钉或回油阀的垫圈进行检查、更换。

② 当柴油机出现运转不平稳且无规律，甚至自动熄火的现象时，则说明漏气点在油箱至输油泵进油口段的低压油路中。这是因为柴油机在工作时，输油泵是从燃油箱中吸油的，燃油箱至输油泵的进油口段的油压低于大气压力（为负压值），因此，只要这段油路中有极微小的漏气点存在，就会有空气进入低压油路之中，使油路中含有空气，造成柴油机的启动困难。

判断方法：柴油机自行熄火后，松开喷油泵放气螺钉，用手动油泵泵油，如果发现放气螺钉处开始排出含有大量气泡的柴油，并且在反复手动泵油后仍然无法使排出的柴油中不含有气泡，则说明油箱至输油泵进油口段的低压油路中存在着漏气点。此段油管的漏气点多发生在输油泵进油口油管的接头处，一般为铜环垫圈损坏或铜环垫圈安装不正、软胶油管在此处因老化或被钢丝网刺破而出现裂口等原因。

③ 从燃油箱出来的一段硬油管和伸入油箱的那段吸管一般极少出现漏气的现象。如果上述①、②都没有查找到漏气点，则需要检查油管。为了确认是这段油管有故障，可以用一条长的塑料管取代这段硬油管向输油泵供油，观察漏气现象是否消失。如果漏气现象不消失，则最后的漏气点必然是在伸入油箱的吸油管上。

2. 不供油

发动机运转，低压油路不建压，断开低压油路但没有燃油流出。

故障原因是燃油箱油路不足、燃油系统有空气、油路堵塞、油泵损坏等。

检查燃油箱油位，不足时添加；检查低压油路有无泄漏、堵塞等情况；检查油泵是否损坏。

喷油器不喷油而导致发动机不启动时，松开放气螺钉，用手动油泵泵油，此时放气螺钉处却没有柴油泵出来，则可以认定是低压油路有故障。如果有柴油从放气螺钉处流出，可以将输油泵螺塞松开，检查输油泵的弹簧是否折断或者活塞是否能滑动，如果正常，则说明故障不是发生在低压油路，而是由于喷油泵拉杆不在供油位置或者是柱塞的弹簧折断等故障造成的。

判断和检查方法如下。

① 通过仪表板上的燃油指示灯或燃油指示表查看燃油箱中是否还有柴油、通气孔是否畅通、燃油箱的开关是否已经完全打开，如果这些部件存在故障应该及时排除。

② 检查输油泵。检查输油泵的熔丝是否有熔断的现象，油泵继电器是否工作正常，如果有故障应及时排除故障。检查输油泵的电路是否正常，如果有故障要及时排除故障。

松开输油泵螺塞，检查输油泵弹簧是否折断；检查止回阀是否被杂物垫起，弹簧是否折断，如果有故障应修复或更换。

③ 检查低压油路有无堵塞和漏油现象。轻微松开输油泵的出油口油管接头螺钉，并用手动油泵泵油，如果输油泵的出油口没有燃油流出，则可以说明燃油箱至输油泵段油路有堵塞或漏油现象。此时，松开输油泵的进油口油管接头，检查粗滤清器是否有堵塞的情况；检查燃油箱开关及吸油管是否有堵塞的情况，如果两处都畅通，则检查此段油路是否有漏油的情况，若有故障应及时排除。

④ 若以上检查都没有问题，则表明故障出现在输油泵至喷油泵油路段，一是细滤清器堵塞，二是限压阀（溢流阀）失效。检查方法：用手动油泵泵油，若向下压时费劲，则表明滤芯堵塞；如果反复泵油，但是都感觉到不轻松，则说明限压阀失效泄油。

3. 供油不稳（来油不畅及轨压异常）

发动机着火困难，或加速无力、加速熄火，利用诊断仪检查实际轨压明显低于设定轨压，严重时无法启动。与不来油的原因相同。除此之外，燃油标号过低、燃油滤清器堵塞、油量计量阀故障、意外回油等也可导致此故障。

检查燃油箱油位，不足时添加；检查低压油路有无泄漏、堵塞等情况；检查油泵是否损坏；检查、更换高标号燃油；检查更换燃油滤清器；检查燃油计量阀；检查溢流阀和限压阀有无卡滞；检查喷油器是否有异常、有无内漏；检查油压传感器是否损坏。

① 当发动机在工作中出现运转不平稳时，可将喷油泵的放气螺钉松开，用手动油泵进行泵油。如果此时放气螺钉处流出的油中含有气泡，说明低压油路中有漏气点存在，空气进入油路中，造成发动机运转出现不平稳的现象，甚至还会发生自动熄火的现象。

② 检查和判断方法。检查燃油箱的液面高度，如果油位过低，车辆行驶在不平道路上颠簸时容易从吸油口处吸入空气。

a. 检在输油泵进油口的油管接头，垫圈处密封是否良好。

b. 检查燃油箱至输油泵段的油路是否有漏气的现象。

c. 检查手动油泵和输油泵体连接处是否紧密，输油泵壳体是否有裂纹等。

4. 输油泵故障

（1）输油泵故障　柴油机在运行中突然熄火，启动困难或不能启动，拧松放气螺钉，检查发现喷油泵低压油腔无燃油或很少，用手油泵泵油至整个低压油腔充满油，排净空气重新启动，柴油机恢复正常，但行驶一段距离后再次自动熄火。这种故障现象很可能是输油泵叶片磨损严重或柱塞式输油泵的活塞弹簧折断。此故障可就车排除，拧下螺堵，更换弹簧或输油泵总成即可。

（2）输油泵止回阀密封不严　柴油机启动后工作正常，但熄火停车一定时间后则出现启动困难，拧松放气螺钉有气逸出，需重新排净空气方能启动。这种故障多为输油泵止回阀密封不严引起的。检查方法是拧下输油泵出油螺钉，手动泵油使燃油充满出油接头油腔，如接头内油面很快下降，则说明止回阀密封不好。

拆下止回阀检查密封面是否完好，止回阀弹簧是否折断或变形，密封座面上是否有颗粒杂质，依具体情况分别采取研磨密封面、更换止回阀或止回阀弹簧，将故障排除。正常情况是油面在3min以上的时间内不出现下降，手动泵油时有油柱从出油接头有力喷出。

（3）回油溢流阀故障　柴油机在运行过程中，经常出现动力不足，或者出现自动熄火、启动困难等现象时，一般可能是低压油路系统燃油预压不足所致，如果输油泵及其他方面没有问题，则检测一下回油溢流阀不失为一个有效的措施。

回油溢流阀出现故障后，可以就车修复，更换一个新的符合要求的回油溢流阀，就能排除此类故障。另外，某些低压油路的预压较高（如道依茨分体式单体泵柴油机可达0.45MPa），更换回油溢流阀时应注意。

（4）输油泵供油困难　输油泵供油困难一般表现为不供油或供油量不足，其可能的原因及检查排除方法如下。

① 检查进油管接头是否漏气，如接头漏气应予以检修。

② 检查进出油阀是否磨损、密封不严或者损坏，如密封不严，可对进出油阀进行研磨，恢复其密封性能，如损坏失效，应更换新件。

③ 检查活塞的磨损情况，如因活塞磨损造成供油困难，应更换活塞。

④ 检查活塞弹簧的弹力及有无折断，如弹簧弹力不足或者折断，应更换弹簧。

第八章
柴油机电控系统故障维修实例精选

一、电控单元故障维修

1. 宇通客车 YC6G240 发动机，在一次洗车后无法启动

故障现象

　　一辆宇通客车采用的发动机型号为 YC6G240，在一次洗车后发动机无法启动。

故障诊断

　　接车后，先连接解码器，电控单元显示无法通信。检查供电电路，ECU 的供电电源正常。接着检测冷却液温度传感器和油温传感器的电压，分别为 0.37V、0.4V（正常值应为 5V），经分析认为 ECU 电源输出有故障。

故障排除

　　用一同型号的 ECU 更换，更换 ECU 后试车，发动机顺利启动，故障排除。

2. 苏州金龙 6DF3-24E3 客车发动机无法启动，且起动机不转

故障现象

　　一辆苏州金龙 6DF3-24E3 客车，装备博世 EDC7UC40 电控系统。该车发动机无法启动，且起动机不转。

故障诊断

　　接车后试车，打开点火开关，启动车辆，发动机无法启动，并且点火开关处于启动挡时，起动机无响应。

　　首先使用诊断仪检测，显示无故障码。由于起动机不转，怀疑 ECU 供电和启动继电器供电有故障。

　　接着检查 ECU 供电部分。用万用表电压挡测量 ECU 的 2 号、3 号、8 号、9 号、40 号端子，均为 24V 电压，检查 5 号、6 号、10 号、11 号端子，与搭铁导通良好，说明整车供电正常。

　　于是检查启动继电器，发现继电器给起动机供电的正极已松动，拧紧后，发动机可以顺利启动，故障排除。

维修总结

　　该车发动机采用博世 EDC7 系统，为减少启动瞬间启动电流对 ECU 的影响，锡柴专门开发了 ECU 控制起动机功能。在遇到发动机无法启动故障时，也应该检查整个 ECU 控制

启动继电器的功能，一般可以查出故障点。

3. 奥铃轿车行驶中突然熄火后，发动机无法启动

故障现象

一辆奥铃轿车，装备 CA4DF3-14E3 柴油机。该车行驶中突然熄火，再次启动时发动机不着车。

故障诊断

接车后进行试车，打开点火开关，柴油机故障灯不亮，ECU 没有工作的声音，说明电控系统线路有故障。用手油泵泵油时感觉很费劲，表明柴油机低压油路正常。根据上述故障现象，初步判断柴油机 ECU 没有工作电源。

接着打开蓄电池旁边主继电器盒，用万用表测量内部熔丝，没有发现断路现象，拔下 ECU 主继电器，检查主继电器，没有断路现象。拆下主继电器盒检查线束到 ECU 之间线路通断情况，在拆下主继电器盒后发现有一根线束插头松脱，此插头正是 ECU 主继电器电源线插头。

故障排除

重新修复 ECU 主继电器插头后试车，故障排除。

4. 潍柴汽车行驶途中突然熄火，启动时起动机不转

故障现象

该车装备潍柴博世电控系统发动机，行驶途中突然熄火，启动时起动机不转。

故障诊断

接车后进行试车，在起动机启动端子上连接测试灯，启动时测试灯不亮，接着直接给起动机的启动端子通电，起动机转动正常，发动机也随之转动，但发动机无着火迹象。在检查点火开关时，发现接通点火开关后，位于仪表板上的故障指示灯不亮，怀疑发动机电控单元没有点火供电。

首先关闭点火开关，拔下进气压力传感器、冷却液温度传感器等，再接通点火开关，测量传感器上没有工作电源或参考电压，表明 ECU 没有供电或损坏。

接着在关闭点火开关的情况下，将 ECU 插头拔下，发现电控单元线束插头的端子 1.40 有严重的烧焦现象，但线束侧有点火供电，怀疑是没有点火供电，从而导致电控单元不能工作。

在检查电控单元、线束插头时，发现其他端子也有不同程度的氧化现象，像是电控单元插接器密封不良有水浸入的迹象；发动机电控单元烧坏的概率很小，先处理电控单元供电端子 1.40 的接触问题。

故障排除

对电控单元的端子进行除锈、烧蚀处理以及线束侧插簧的弹性处理，恢复线束与电控单元的连接，接通点火开关后试车，故障排除。

维修总结

该车故障是由于电控单元端子进水造成烧蚀，使发动机电控单元得不到点火供电而不能

工作。

5. 潍柴重卡启动时起动机无反应

< **故障现象**

　　一辆潍柴重卡采用博世高压共轨电控系统,该车启动时起动机无反应。

故障诊断

　　接车后进行检查,发现无故障码显示,蓄电池、起动机连线、熄火开关、空挡开关均正常。采取应急启动方法,直接短接起动机蓄电池正极输入与电磁开关输出接线柱进行启动,起动机工作正常,从而表明故障为起动机控制线路。

　　该车采用博世高压共轨电控系统,起动机是由发动机电控单元最终控制的。其起动机控制电路原理如图 8-1 所示。

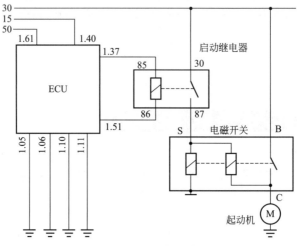

图 8-1　起动机控制电路原理

　　根据电路可知,当点火开关旋至启动位置时,发动机电控单元的端子 1.61 得到启动信号,由发动机电控单元的端子 1.37 和端子 1.51 输出启动继电器控制信号,继电器线圈工作产生磁力,吸合触点将蓄电池正电源送至起动机电磁开关的端子 S,电磁开关工作后内部触点闭合,将蓄电池正电源送至起动机,起动机才能运转。

　　上述检查中,将电磁开关的端子 B 与端子 C 短接后起动机能正常工作,说明故障有可能是启动继电器的 30 触点没有电,继电器损坏,也可能是继电器线圈控制线断路,或者发动机电控单元没有得到启动信号或电控单元没有输出信号。

　　首先找到启动继电器,检查其 30 触点供电,正常,未发现继电器异常,怀疑控制线路有断路。查找继电器到发动机电控单元之间的控制线路时,拆下电控单元整车线束插头后发现整车线束插接件与电控单元(ECU)端子处有烧焦痕迹,表明 ECU 端子 1.37、端子 1.51(连接启动继电器的两个端子)已经烧断,致使 ECU 无法控制起动机继电器线圈,进一步检查发现 ECU 确实无信号输出,从而确定 ECU 损坏。

< **故障排除**

　　更换一个 ECU 后试车,起动机启动正常,故障排除。

汽车电控单元（ECU）内部烧毁或端子处烧焦的现象很少发生，一旦出现这种现象，很可能在电控系统相关电路发生过短路或过电压、大电流的情况，或者是出现 ECU 端子接触不良、密封件失效进水等现象。该车故障原因是在对车辆进行焊接时，由于未拔掉 ECU 插头或断开其电源，从而造成了 ECU 损坏。所以，在对车辆进行焊接作业时一定要将电控单元插头拆掉，避免造成不必要的经济损失。

6. 康明斯 ISLe310 柴油牵引车故障灯亮

故障现象

一辆康明斯 ISLe310 柴油牵引车故障灯亮。

故障诊断

首先通过建立和电控模块（ECM）的通信，读取故障码。显示故障码为 2555，其含义是进气加热器电压高于正常值，无法消除现行故障。

该车进气加热器在低温环境下可改善启动性能和白烟控制。ECM 控制进气加热器电源继电器。接着进行下列检查。

① 检查进气加热器继电器是否开路。

② 检查进气加热器诊断电压、电源线和回路。

③ 检查进气加热器继电器回路中无开路。

④ 检测端子有无虚接和油泥。

⑤ 检查继电器线束时发现线束中装有二极管，此件装反了。

故障排除

将装反的二极管修复后试车，故障排除。

维修总结

该车进气加热器电路，继电器线路出现虚接时，也会出现 2555 故障报警。ECM 内部线路故障也会造成此故障报警。在检查时若发现 ECM 端有虚接烧结的现象，只能更换 ECM。

7. 欧曼 GTL 牵引车故障灯亮

故障现象

一辆欧曼 GTL 牵引车，配备康明斯 ISM11E4 发动机，该车故障灯亮。

故障诊断

首先读取出现故障码，故障码为 1699，其含义为尿素液位传感器数据不稳定、间断或不正确，且 SCR 系统关闭、停止尿素喷射。

断开尿素液位传感器连接器，接通点火开关，测量尿素液位传感器的端子 1 和端子 2 之间的电压，为 0（正常应为 $5.00V \pm 0.25V$），说明有导线断路或 ECM 内部故障。进一步检测相关导线的导通性，正常；断开 ECM 连接器，检测端子 ECW53 对搭铁的电阻，为 ∞；检查 ECM 搭铁，良好。根据以上检测，可以确定 ECM 内部下拉电阻断路。

康明斯 ISM11E4 发动机配备了 SCR（选择性还原尾气处理）系统，该系统负责向排气管中喷入一定量的尿素水溶液，经过一系列化学反应将氮氧化合物还原成氮气和水，从而降低污染物质排放。在车上配有尿素箱，尿素箱内的尿素液位传感器用于液位监测。尿素液位传感器为两线传感器，是一个随液位变化而变化的电阻，它与 ECM 内部的精密电阻（下拉电阻）构成一个分压电路。当液位一定时，信号电压就保持一个定值，每一个信号电压对应一个液位高度。尿素液位传感器、尿素温度传感器和尿素加热器集成为一体。

> ‹ **故障排除**
>
> 更换 ECM 后试车，故障排除。

8. 长城风骏车柴油发动机无法启动

> ‹ **故障现象**
>
> 一辆长城风骏车，装备型号为 GW2.8TC 的电控高压共轨柴油发动机。该车发动机无法启动。

故障诊断

根据上述故障现象初步判断为发动机喷油器不喷油或高压共轨内无高压燃油。

首先连接元征 X431，读取故障码，但是从车型选项中找不到相应车型，无法读取故障码，只能按常规方法检修。由于柴油机经常出现油路故障，先检查高压共轨的燃油压力。将点火开关置于"ON"位置，测量高压共轨压力传感器的信号电压，信号电压为 0.5V，正常；启动发动机，发现其电压仍为 0.5V（电压应在 1V 以上，发动机才能启动）。于是拆下高压油泵的高压出油管，启动发动机，发现无高压燃油喷出。因此，初步判断为油路故障。

电控高压共轨柴油发动机燃油供给系统可分为低压和高压两部分。首先检查低压部分，检查油箱油位，正常。接着检查低压油路，拆开高压油泵上的低压油管，按动柴油滤清器上的手动供油泵排空气，低压油管有燃油喷出，无空气，确认低压油路正常后，启动发动机，高压油管仍无高压燃油喷出。怀疑高压油泵内有空气，决定将高压油泵中的空气排出。夹住回油管，启动发动机，高压油管内有少量燃油流出。根据此现象，判断燃油计量阀可能存在故障。

于是对燃油计量阀进行检查。将点火开关置于"ON"位置，用万用表测燃油计量阀两个端子的电压（不要断开导线连接器，因为 ECU 控制燃油计量阀输出端子的搭铁），电源端子的电压为 10.3V，输出端子的电压为 6.9V，两个端子的电压差值为 3.4V，触摸燃油计量阀，能感觉到振动，过一会儿，振动消失，此时燃油计量阀电源端子电压变为 12.4V，输出端子的电压变为 11V，两个端子的电压差值下降至 1.4V。通过以上电压变化，说明燃油计量阀在点火开关接触时工作一会儿后停止工作，这是正常现象（因为 ECU 没有得到发动机转速信号，所以停止工作）。启动发动机，电压差值仍为 1.4V，说明启动时 ECU 没有控制燃油计量阀工作。

ECU 控制燃油计量阀工作必须满足的条件是 ECU 供电正常及 ECU 能够获得发动机转速信号。

接着检查转速传感器。断开转速传感器的导线连接器，发现转速传感器导线侧连接器的 2 个端子高度不一致，其中一个在插接过程中被顶出，造成了接触不良。修复后测量转速传感器信号电压，正常。启动发动机，排气管冒白烟，故障依旧。经仔细分析认为，电控柴油发动机有喷油，油压正常，管路无空气，但仍难着机，怀疑是发动机的喷油量和喷油正时有问题。

首先检查凸轮轴位置传感器（霍尔式），检测方法有检测占空比信号和电压检测两种。

（1）检测占空比信号　将万用表转至 TUDY（占空比）挡，红表笔接信号线，黑表笔搭铁，未启动发动机时，占空比为 100，启动发动机时，占空比下降，占空比数字有变化，说明凸轮轴位置传感器工作正常。

（2）电压检测　未启动发动机时，信号电压为5V，启动时信号电压的变化正常。

经检测，凸轮轴位置传感器工作正常。而ECU根据发动机转速传感器、凸轮轴位置传感器确定喷油正时，初步判断发动机喷油正时应该正常没有问题。

接着检查喷油量。喷油脉宽必须用故障检测仪读取数据流，由于故障检测仪无相应车型的选项，只能间接判断喷油量。ECU根据发动机转速传感器和加速踏板位置传感器确定基本喷油量，再根据冷却液温度传感器、燃油温度传感器、空气流量传感器作为修正信号，最后得到喷油脉宽信号，所以需要检查上述传感器。于是检查空气流量传感器、冷却液温度传感器、燃油温度传感器、加速踏板位置传感器，均正常，预热塞也工作正常。

于是检测ECU供电情况，发现电压仅有11V，而蓄电池电压为12.8V，说明ECU电源电路接触不良，经检查，发现为熔丝接触不良。

> **故障排除**

修复接触不良的熔丝后试车，故障排除。

维修总结

① 电控柴油发动机无法启动故障的诊断，一般应从发动机的喷油量控制和喷油正时控制这两个方面入手。当发动机无法启动时，应重点观察是否有着机迹象，排气管有无烟排出。若有着机迹象，排气管有烟排出，说明故障属于发动机启动困难，应该从喷油量和喷油正时方面去考虑。若无着机迹象，排气管无烟排出，则应检查喷油及油压是否正常。

② 高压共轨压力传感器检测。发动机急速运转，其电压为1.4V左右，急踩加速踏板，电压升至2.0V，正常。若拔下高压共轨压力传感器导线连接器，启动发动机，ECU会检测到信号电压为5V，ECU会记录故障，并执行安全保护程序，不喷油，发动机立即熄火。

③ 喷油器检测。电控柴油机与汽油机喷油器构造不同，其检测方法也有差异。柴油机喷油器电阻只有$0.3\sim0.9\Omega$，电压变化也不明显。电控柴油机喷油器的检查方法如下：电控柴油机喷油器可通过观察喷油器回油量来判断其好坏。用手触摸通往喷油器的各缸高压油管，应明显感觉到有较强的脉动，节奏与发动机转速成正比，若某缸脉动节奏重，可能该缸喷油器柱塞卡死在常闭位置，此时该缸回油管回油明显偏多；若某缸脉动节奏轻，可能是喷油器柱塞卡在常开位置，此时发动机缸内会发出类似敲缸声。若喷油器回油管无回油，也可证明喷油器不喷油。

9. 郑州日产Y37轻型货车发动机无法启动

> **故障现象**

一辆郑州日产Y37轻型货车，装备ZD25TCR四缸柴油发动机，采用博世公司的高压共轨燃油喷射系统。该车发动机无法启动。

故障诊断

接车后首先对启动系统进行检测，测得蓄电池的电压为12V，启动时蓄电池的电压在10V以上，正常；起动机工作正常，但发动机没有着机征兆。连接日产专用故障检测仪，接通点火开关，读取故障码，显示无故障码储存。由于当时的环境温度很低，所以对发动机预热系统进行检测，但发现四个预热塞都能正常工作。接着把空气滤清器外壳拆开，让一人在车上启动发动机，另一个人在拆开的空气进气口处喷入少量的启动液，此时发动机却启动着机了，停止喷启动液后发动机立刻熄火。从而可以断定发动机的机械部分是没有问题的，故障在供油系统。

该车的供油系统大致由低压油路和高压油路两大部分组成。于是先给低压油路排空气。松开放气螺栓,按压手油泵,待放气螺栓处有油流出且无气泡时拧紧放气螺栓,低压油路排气完成。接着对高压系统进行放空气。松开共轨上的任意一个高压油管,启动发动机,发现高压油管处没有燃油流出。根据上述现象分析,认为可能会造成高压油管无油的原因有高压油泵有故障;进油计量阀或其控制电路有故障两种。

于是拔下进油计量阀的导线侧连接器,启动发动机,测量其上电源端子的电压,为0,正常应为5V。检测进油计量阀至发动机ECU间的导线,正常。再对喷油器的供油电路进行测量,结果也是0,检查喷油器到发动机ECU的导线,正常。从而断定是发动机ECU有故障,没有发出指令给相关执行元件。

> **‹ 故障排除**
>
> 更换一个新的发动机ECU,并将其与发动机防盗系统进行匹配后试车,故障排除。

10. XMQ6123Y1大金龙车发动机不能启动

> **‹ 故障现象**
>
> 一辆型号为XMQ6123Y1的大金龙车,发动机型号为YC6L39-30。该车早上启动着机后,怠速运转8~10min自动熄火,再次启动时刚着机后又熄火,始终不能启动。

故障诊断

根据上述故障现象,怀疑是柴油滤清器堵塞,更换柴油滤清器和油水分离器,但换过后故障依旧,松开高压油泵的出油口,发现没有高压油出来,怀疑是高压油泵有问题,将高压油泵和喷油器进行调试,调试好装车后还是不能启动着机。

首先连接故障诊断仪,当发动机转速为150r/min时拔开燃油计量阀,测量轨压高于700bar(1bar=100kPa),不拔开燃油计量阀时,测量轨压低于100bar,故障码显示为UC157,CAN信息故障——转速表;P0251,燃油计量阀驱动故障——开路;P2159,车速信号故障——不合理。

接着检查油路,发现柴油呈黄色,油质不正常,怀疑高压油泵供油电压不够,是燃油品质差造成的,刚调校的高压油泵又堵塞了。将一桶大约30L的达标柴油直接接到高压油泵的进油口测试,高压油泵的出油量仍然很小,当拔掉燃油计量阀时,高压油泵的出油量很大,插上燃油计量阀时高压油泵也出油,但是过一会儿出油量变得很小,是不是高压油泵要续压才能正常工作呢?于是将两个机械喷油器直接接到高压油泵的出油口,大约试验了20min,喷油器都是正常喷油的,怀疑是喷油器泄漏引起的故障。拆下喷油器时发现高压油泵共轨管已经被压瘪,怀疑是高压油泵存在问题,于是更换高压油泵和喷油器导管,然后测量轨压和同步都达到启动的要求,但喷油量还是为0,读取故障码显示为P1018,轨压闭环控制模式故障10——供油量过大;P2159,车速信号故障——不合理。

模式故障10也出现了,检查喷油器回油管,此时也没有回油,怀疑喷油器有问题,于是更换六个喷油器后测量供油量和同步都正常,刚开始时循环喷油量过大,到后来又为0,接着读取故障码为UC157,CAN信息故障——转速表;P2160,车速信号故障——超低限;P0341,凸轮信号错误——信号错误;P120E,Bank2故障——未定义;P1206,Bank1故障——未定义;P1225,多缸停喷。出现Bank1故障、Bank2故障和多缸停喷故障,怀疑是喷油器电路故障,然后检查喷油线路,没有发现短路或断路现象,又怀疑喷油器没有装到位,没有发现喷油器泄漏,轨压建立不起来。

经仔细分析认为，是 ECU 有问题，更换 ECU 后试车，故障排除。

11. 陕汽德龙 F3000 车发动机无法启动

故障现象

一辆陕汽德龙 F3000 车，装备潍柴 WP12.439N 发动机。该车接通点火开关，起动机不工作，发动机无法启动。

故障诊断

根据上述故障现象，首先连接故障检测仪，无法实现信息通信，且接通点火开关时，发动机 ECU 无自检，启动发动机，起动机不转动。可能故障原因有点火开关损坏或其线路断路或短路；ECU 电源线路断路或短路；诊断接口 K 线断路，导致无法与故障检测仪进行通信；ECU 损坏。

首先检查点火开关熔丝，正常。检测点火开关 T15 的电压，电压为 24V，正常。检查诊断接口 K 线电压，也正常。接着检查 ECU 供电电源，ECU 电源侧的 30A 熔丝正常。检查启动继电器，也正常。拔下 ECU 导线侧连接器，接通点火开关，分别检测 ECU 的 8 根电源线的电压，均为 24V，说明 ECU 供电正常。经仔细观察，发现 ECU 连接器有烧蚀痕迹。该位置连接的是车速传感器。经检测，车速传感器正常，说明故障并不在车速传感器，而是在 ECU 上。拆解 ECU，发现 ECU 内部已经损坏，无法维修，只能更换。

故障排除

更换 ECU 后试车，故障排除。

维修总结

在对 ECU 进行检修之前，必须认真检查外部电路，排除外部电路故障，确认外部电路正常之后才能对 ECU 进行检修。

ECU 故障主要有电源电路故障、输入和输出电路故障、存储器故障和特殊故障。在进行检修时，务必按照正确的方法进行检测，确定 ECU 能否进行修理，并按照相应步骤进行维修。若需要更换 ECU，一定要与原发动机型号相匹配，并查看是否需要进行 ECU 匹配和编程。

12. 电控单体泵柴油机 (CA6DE3) 为动力的车辆 ECU 不上电，导致柴油机不能启动

故障现象

一辆以电控单体泵柴油机(CA6DE3)为动力的车辆，在行驶途中突然熄火，再次启动时柴油机不能启动。

故障诊断

接车后首先打开点火开关，柴油机故障灯点亮，说明该车电控系统线路似乎有故障。用手油泵泵油时感觉很费劲，可以排除柴油机低压油路故障。

根据仪表盘上柴油机故障指示灯不亮及汽车在打开点火开关时柴油机 ECU 没有工作的声音，初步判断柴油机 ECU 没有获得工作电源。随即打开蓄电池旁边主继电器盒，用万用表测量内部熔丝，发现没有断路现象。

接着拔下 ECU 主继电器，检查发现主继电器没有断路现象。于是拆下主继电器盒检查线束到 ECU 之间线路通断情况，经发现有一根线束插头松脱，此插头正是 ECU 主继电器

电源线插头。

13. 陕汽 (动力为 WP12.439 共轨柴油机) 重型载重汽车，在运行中出现了起动机不工作，柴油机无法启动

‹ **故障现象**

一辆陕汽(动力为 WP12.439 共轨柴油机)重型载重汽车，在运行过程中出现了起动机不工作，柴油机无法启动的故障。

故障诊断

该车柴油机无法正常启动，而且无法实现信息通信。经检查发现，当钥匙开关打开后柴油机的电控单元（ECU）无自检，启动电机没有反应，初步怀疑是蓄电池给 ECU 供电的 8 根电源线短路，但是当拆下整车线束测量电压后发现这 8 根电源线还是接通的，都是 24V 电压。检查 T15 开关后电压正常，整车 K 线电压也正常。

经分析认为，可能是 ECU 内部烧毁。当拆下整车线束插头后，发现整车 89 口接插件的 1.70 孔有烧焦痕迹；再查看 ECU 的针脚发现 1.70 针脚已经被烧断。从而判断 ECU 已经损坏。

‹ **故障排除**

更换 ECU 后试车，故障排除。

14. 河北长鹿牌 HB6668 轻型公交车电控共轨柴油机，突然柴油机加速不灵，异常熄火

‹ **故障现象**

一辆河北长鹿牌 HB6668 轻型公交车，配置的玉柴 YC4F100-30 电控共轨柴油机，突然柴油机加速不灵，出现异常熄火。

故障诊断

启动柴油机试车，柴油机启动运转正常，瞬间有着火点燃迹象，但同时出现"咯、咯、咯"的啸叫声，随之柴油机熄火，同时仪表盘上柴油机故障灯点亮闪烁。再次启动柴油机，继续出现啸叫且不能启动。

该电控共轨柴油机的燃油系统采用的是美国德尔福高压共轨燃油喷射技术。该系统顺利启动应具备的条件是：保证 ECU 有正常的电源给其供电；保证油轨压力迅速建立，启动油压≥10.0MPa；保证柴油机曲轴位置传感器、凸轮轴位置传感器相位同步；保证柴油机未进入停机保护状态。

连接 A30CK 故障诊断仪检测，其正确连接方式如下：在仪表台上找出诊断接口线束、用万用表直流电压挡位量取诊断接口端三线电压，一根为电源线，12V 或 24V（蓄电池电压）；一根为信号线，11V 或 20V（信号电压）；一根为地线，0V（接地电压）。

注意：电源线的电压一般等于蓄电池上的电源电压，信号线比电源线的电压稍偏低 1～5V。打开电脑，出现诊断界面，进入德尔福柴油机共轨诊断程序（注意：玉柴共轨喷射系统使用了 2 个诊断程序，即德国的博世系统和美国德尔福系统），读取故障码，含义为轨压超高；燃油计量阀故障。清除历史故障码，再次启动柴油机，读取现行故障码，含义为轨压

超高故障。读取柴油机状态数据流：轨压在40.0~184.6MPa之间波动。

测量燃油计量阀工作电压，为12V，均正常。检测轨压传感器的工作电压（5V）和信号电压，均正常。既然未检查到问题，那么是否是电控喷油器已损坏不工作，造成的轨压超高？检查发现电控喷油器只有1缸、4缸喷油，但油量很少，其他不工作，更换喷油器，故障依旧。怀疑轨压传感器有问题，更换轨压传感器，因轨压传感器和共轨管配套使用，故换共轨管，启动着车，故障仍旧存在。读取柴油机状态数据流，轨压还是在40.0~184.6MP之间波动。怀疑高压油泵燃油计量阀发卡，随即更换了高压油泵，启动困难故障依然如初。读取故障码时，轨压超高的故障码时有时无，读取柴油机状态数据流，轨压还在40.0~184.6MPa之间波动。怀疑的部件都进行了更换，但故障现象仍然没有出现根本性变化。随即对ECU也进行了更换，但故障依旧。

读取故障码，故障码为P0255、P1614、P1624。清除故障码，再次读取现行故障码为P0255，表示燃油计量阀驱动线路开路。再次将燃油计量阀接插件拔开，打开点火开关，用数字式万用表直流电压挡检测计量阀端子的工作电压仍是12V，用电阻挡测量燃油计量阀驱动线圈，无开路，检测并没有发现问题。

于是在启动过程中，用万用表监测电压，出现了无电压，显示状态，随即产生啸叫声。启动停止，电压又恢复正常。从而断定故障为线束有断路处，从电源继电器处另接了一根电源线，直接给燃油计量阀一个工作电压，这时启动柴油机，柴油机瞬间启动成功，而且异常啸叫声也消失了。再读取柴油机状态数据流，均在正常值范围，试车，加速性能良好。

‹ 故障排除

更换了燃油计量阀线束后试车，故障排除。

维修总结

该车故障就在ECU到柴油机电控元器件的线束上。启动柴油机时，柴油机产生摆动，附在柴油机上的线束跟随摆动出现断路，不启动时，柴油机在静态，线束虽断路，但它还能处于接通状态。

二、传感器故障维修

15. 金龙客车在行驶途中自行熄火后无法启动

‹ 故障现象

一辆金龙客车装配朝柴CY4102-C3C发动机，行驶途中自行熄火，然后无法启动。

故障诊断

询问驾驶员得知，该车辆行驶正常，后来车辆突然抖动起来，然后自行熄火后无法再次启动。

打开点火开关，ECU故障灯常亮，用万用表测量冷却液温度传感器接插件，有5V电压，说明ECU已经工作。连接诊断仪，读取故障码，如下所示。

① P0217——冷却水传感器工作正常但水温超出阈值。

② P1013——轨压偏差低于下限阈值，并且喷油量低于阈值。

③ P0335——曲轴故障，没有曲轴信号。

④ P0686——主继电器2故障，对地短路。

⑤ P1619——故障指示灯故障，对电源短路。

⑥ P0540——空气加热器常开故障，空气加热器常开。

经分析认为，该车发动机无法启动的主要原因是无曲轴信号。用万用表测量曲轴位置传感器两端子间的电阻值为480Ω，正常应为900Ω左右，说明曲轴位置传感器已损坏。拆检曲轴位置传感器，发现头部被打坏，说明离合器内有杂物，为了防止再次损坏，拆检离合器，发现分离轴承散架，轴承滚珠随离合器旋转将传感器打坏。将分离轴承及曲轴位置传感器装复后试车，仍然无法启动。

还有一个故障码P1013（轨压偏差低于下限压值并且喷油量低于正常值），该故障说明系统无法建立轨压，一般是低压油路出现故障。询问驾驶员得知，该车行驶3万千米，一直没有更换柴油滤清器。拆检滤清器发现里面都变成了黑色，柴油滤清器堵塞造成油路供油不畅。

◁ 故障排除

更换滤清器后试车，发动机顺利启动，故障排除。

16. 中通 LCK6125 客车行驶中出现加速踏板失效

◁ 故障现象

一辆中通 LCK6125 客车装配潍柴 WP10-360 发动机，行驶中出现加速踏板失效，怠速提升至 1100r/min，进入跛行回家状态。

◁ 故障诊断

根据上述故障现象分析认为，出现怠速转速为1100r/min，大部分是电子油门或加速踏板信号线路出现故障，连接诊断仪读出故障码。当前故障为加速踏板1电压值高出上限阈值。因该车长达12m，加速踏板位置传感器的线束也是十几米长，且线束固定在车架内，查找困难，所以先测量加速踏板位置传感器电阻特性是否在正常范围内。为保证准确性，将该加速踏板位置传感器接到同型号车辆上，工作正常，排除传感器故障。

将加速踏板位置传感器的原线束从接插件处断开，按照ECU线路图重新连接导线测试，即重新制作一条加速踏板位置传感器与发动机的连接线束。重新连接后一切正常，这样就可以断定是原车加速踏板位置传感器线束出现了故障。发动机线束一般是成捆、成束包扎在一起的，其本身不易出现故障，排除是受外力影响，如拉扯、挤压、摩擦以及烘烤，导致绝缘层开裂或导线断裂。虽然对于线路故障可以采取"飞线"的方式重新进行连接，但是如果不查找出故障部位，故障部位的外力就会始终作用在该线束的故障点，引起更多线路的故障。如果再遇到进水等状况，就可能会引起短路而烧毁整车线路或ECU。

在排查该车线路到发动机附近时，发现有一处线束与发动机排气管贴在一起，且波纹管已经破损，扒开波纹管，发现有两条导线损坏。其中一条就是加速踏板信号线。

◁ 故障排除

将损坏的加速踏板信号线接合后试车，故障排除。

17. 陕汽德龙 F2000 型牵引车启动发动机时起动机没有反应

◁ 故障现象

一辆陕汽德龙 F2000 型牵引车（配备潍柴 WP9-336 国三柴油机），启动发动机时起动机没有反应。

接车后检查，发现起动机 30 号接线柱到发电机 B＋接线柱间的电源线烧坏，将该线重新包裹好后接通点火开关，发现仪表盘上的 EDC 指示灯不亮（正常情况下 EDC 指示灯应该点亮，ECU 自检结束后，系统正常情况下该指示灯应熄灭）。连接潍柴专用故障检测仪进行检测，发现故障检测仪无法与 ECU 通信，怀疑故障在那根烧坏的电源线。再次检查那根烧坏的电源线，发现该电源线与曲轴箱通风管相互摩擦，导致电源线因外皮磨损而短路，短路时过大的电流使得 ECU 损坏。

更换 ECU 后试车，发动机启动成功。再次用故障检测仪进行检测，调得的故障内容为燃油量单元短路，接着将高压油泵尾部的燃油量单元导线侧连接器拔下后用故障检测仪检查，故障检测仪显示燃油量单元开路，说明故障出在燃油量单元内部。

故障排除

更换一个高压油泵总成（由于燃油单元不能单独更换）后试车，故障排除。

18. 陕汽德龙 F2000 水泥搅拌车在高速行驶或爬坡时加速踏板时好时坏

故障现象

一辆陕汽德龙 F2000 水泥搅拌车（装备潍柴 WP9-336 国三柴油机），该车在高速行驶或爬坡时，有时踩下加速踏板后发动机没有任何反应，此时发动机转速会继续下降，若再踩几次，又会变好。

故障诊断

根据上述故障现象，首先连接潍柴专用故障检测仪进行检测，调得的故障内容为制动副开关信号不可靠。制动主开关在制动踏板的正上方，为常开式电磁感应开关，而制动副开关为常闭式，在制动踏板的左上方，当踩下制动踏板后，制动主开关接通，而制动副开关断开，当它们中的一个或两个的信号出现问题时便产生故障码，此时由于 ECU 接收不到制动信号，就会自动限制发动机转速，将发动机的转速维持在 1700r/min 左右。

经检查发现，制动主开关损坏，换上新的制动主开关后，用故障检测仪检测，上述故障码消失，于是对该车进行路试。在高速公路上试车，上述故障现象再次出现，用故障检测仪读取故障码，没有故障码储存。读取数据流发现，出现故障时，故障检测仪上显示的车速为 222km/h，喷油器的喷油量为 0，而当时的实际车速仅为 80km/h，按照这样的车速下喷油量也不应该为 0。于是将车速传感器导线侧连接器拔下后试车，上述故障现象消失。原来上述故障是因为车速传感器损坏所导致的。该车型具有超速断油功能，当车速超过一定值时（具体数值因车而异），ECU 就会限制喷油器的喷油，只有当车速降到一定值后才会恢复继续喷油。

故障排除

更换车速传感器后试车，故障排除。

19. 大柴自卸车故障灯亮，但发动机能启动

故障现象

一辆大柴自卸车，装备 BF6M1013-28E3 发动机。该车发动机故障灯亮，但发动机能启动。

接车后，读取故障码，故障码分别为 P0008，Backup 模式激活（只有当与凸轮轴一起运行信号激活时，设置该故障通道）；P0335，没有曲轴传感器信号。

于是尝试删除故障码，可以删除。发动机原地能启动，并且故障灯不亮，无故障。车辆运行一段时间后，故障灯亮，以上两个故障再次出现。表明故障可能是线束或插接件处接触不牢固，或者线束有破损处。

经检查发现，风扇将发动机线束（过渡线束）磨断，从而造成上述故障。

故障排除

连接好破损的线束后试车，故障排除。

20. 大柴 CA4DF3 电控柴油机故障灯常亮，车辆不能行驶

故障现象

一辆安装大柴 CA4DF3 电控柴油机的汽车，采用电控单体泵控制系统。该车故障灯常亮，车辆不能行驶。

故障诊断

接车后进行试车，打开点火开关，柴油机故障灯常亮。启动柴油机，转速始终在 1500r/min，加速踏板不起作用。经分析认为，该车是处于"跛行功能"状态，是一种当柴油机电控元件损坏后，电控系统的一种保护功能。

首先使用解放专用故障诊断仪，读取故障信息，存在三个故障码，分别为 P0223，含义是加速踏板传感器 2 电压高于上限故障，可能原因是加速踏板自身或加速踏板线路故障；P2135，含义是加速踏板传感器 2 校验不正确故障；P0335，含义是没有曲轴信号，可能原因为传感器自身或传感器线路故障。由于柴油机的"跛行功能"，出现的最大可能是加速踏板损坏，首先更换一个加速踏板总成，但是故障依旧。根据上述故障码，检查了加速踏板线路。

该车安装的是采用六线制的双传感器型的踏板，六根线分别对应两个传感器上的电源（5V）、信号和搭铁。经测量传感器 2 的供电电压仅为 3V，严重低于标准值。由于电控柴油机上传感器都是使用 5V 电压，而当某个传感器内部轻微短路后便会使得和该传感器共用电源的传感器供电失常。

接着将该车上使用 5V 电源的所有传感器逐一拔除试车，当拔去机油压力传感器的插头后，柴油机工作正常了，从而确定机油压力传感器有故障。

故障排除

更换机油压力传感器后试车，故障排除。

维修总结

该车安装的机油压力传感器是一种三线制的传感器，分别对应 5V 电源、信号和搭铁。当传感器内部短路后，电路系统供给的 5V 电源严重衰减，造成加速踏板传感器 2 的供电电压过低，系统判断传感器损坏而进入保护模式。

21. 大柴 BF6M1013-26E3 发动机柴油车，发动机启动困难，故障灯点亮

故障现象

一辆大柴 BF6M1013-26E3 发动机柴油车，发动机启动困难，故障灯点亮。

故障诊断

首先读取故障码，发现一个故障码 P0335，含义为无曲轴信号。

接着检查线路，没有发现问题，电压正常，更换传感器，未起作用，与其他车对换 ECU 无效后再检查传感器间隙时发现，靶轮的三个齿出现变形。

故障排除

更换损坏件后试车，故障排除。

22. 大柴 BF6M1013-26E3 发动机柴油车，行驶中常出现发动机转速维持在 1200r/min，踩加速踏板无反应

故障现象

一辆大柴 BF6M1013-26E3 发动机柴油车，行驶中常出现发动机转速维持在 1200r/min，踩加速踏板无反应。熄火后，过大约 20min 后再启动，又正常。行驶 50 ~ 80km 故障再现。

故障诊断

首先读取故障状态，发现一个故障码 P2299，含义为加速踏板信号不可信。经拆检发现加速踏板信号不可信，更换加速踏板后故障依旧。

接着检查驾驶室线束，用万用表检测发现搭铁回路不良。仔细检查发现变速器与车架的搭铁线接触不良，有松动现象。

故障排除

将搭铁线重新处理紧固后试车，故障排除。

23. 大柴 BF6M1013-26E3 发动机柴油车，发动机转速为 1200r/min，加速踏板失效，且故障灯亮

故障现象

大柴 BF6M1013-26E3 发动机柴油车，发动机转速为 1200r/min，加速踏板失效，且故障灯亮。

故障诊断

首先读取故障码，故障码的含义是加速踏板传感器有故障。

根据上述故障码的提示，更换了加速踏板传感器，但行驶几天后故障又再现，经检查发现原地转动方向盘时发动机转速升到 1200r/min 后，一会儿又降下来。进一步仔细检查发现转向助力油管与线束固定在一起，转动方向盘时油管内产生压力造成线束摆动，从而出现故障。

用万用表测量加速踏板传感器，发现加速踏板白色信号 2 线断路，接通线束后试车，故障排除。

24. 潍柴柴油机最高转速只有 1500r/min，可勉强空载平路行驶，重载动力严重不足，故障灯点亮

一辆潍柴柴油机汽车，装备博世电控系统。该车柴油发动机启动基本正常，但最高转速只有 1500r/min，可勉强空载平路行驶，重载动力严重不足，故障灯点亮。

故障诊断

首先读取故障码，发现有两个故障码，分别是 231，含义为进气压力传感器电压超出上限值；223，含义为进气温度传感器电压超出上限值。

根据故障码的提示，关闭点火开关，用万用表电压挡对进气压力传感器进行检查，在拔插头时发现该传感器线束插头与传感器插座可以很轻松地拔下来，插头与插座的锁片（自锁机构）早已损坏，导致其接触不良。

该车柴油发动机安装有高压共轨电控系统，发动机电控单元检测到发动机温度超出极限范围时，会进入保护模式。

修复已损坏的进气压力传感器线束插头后试车，故障排除。

维修总结

该车故障原因是通过进气压力传感器检测到发动机温度过高，从而使电控单元采取保护模式，使发动机进入跛行回家模式，所以故障在进气压力传感器的接触问题。

25. 潍柴柴油机怠速不稳，且故障灯不亮

一辆潍柴柴油机汽车，装用博世电控系统。该车柴油机怠速不稳且故障灯不亮。

故障诊断

首先检查燃油管路、各传感器连接情况、线束，均未发现异常；通过观察数据流发现即使车辆没有移动，也有车速信号存在，并且在 0～7km/h 之间不停地变化。

该车在没有行驶时，出现了车速信号，并且还有变化。经分析认为，若车速传感器本身有故障，却未发现有故障码，表明由此导致怠速不稳的可能性不大，怀疑是车速传感器信号线受到车辆电气设备的干扰，从而出现了错误的车速信号，导致发动机怠速不稳定。进一步检查车速传感器，正常。仔细检查传感器线束时，发现其屏蔽线未接地。

恢复屏蔽线接地后试车，故障排除。

26. 潍柴柴油机汽车行驶途中发动机抖动、转速不稳、动力不足，最高只有 1500r/min，故障灯点亮

故障现象

一辆潍柴柴油机汽车，装备博世高压共轨电控系统。该车行驶途中出现了发动机抖动、转速不稳，即使将加速踏板踩住，转速也不上升，最高只有 1500r/min，表现出动力不足的故障，故障灯点亮。

故障诊断

首先读取并删除故障码后，曲轴转速传感器信号异常的故障码 114 依然存在。观察数据流，踩踏加速踏板，转速超过 1500r/min 时，同步信号出现跳动，不能稳定在 48。

接着对其线束进行检查，未发现异常，对曲轴转速传感器进行静态检查，发现已断路（参考值为 860Ω），说明曲轴转速传感器失效。

故障排除

更换同型号的曲轴转速传感器后试车，故障排除。

维修总结

该柴油发动机高压共轨电控系统具有自诊断和传感器失效运行模式，当 ECU 检测到曲轴转速传感器失效后，会通过单传感器，即凸轮轴转速传感器继续工作，但发动机会进入跛行回家模式，限制了发动机的转速和转矩。

27. 潍柴柴油机汽车启动困难，启动后发动机转速只能达到 1500r/min，故障灯点亮

故障现象

一辆潍柴柴油机汽车，装备博世电控系统。该车发动机启动困难，且在将要启动的一瞬间发动机发出明显的"咔、咔"声，发动机启动后转速也只能达到 1500r/min，故障灯点亮。

故障诊断

首先读取并删除故障码后，只存在 112 曲轴转速传感器故障码。进行检查时，发现该传感器线束插头与传感器插座松动，有接触不良的现象。

当柴油机高压共轨电控系统的电控单元检测到曲轴转速传感器没有信号后，会导致启动困难，行驶中，电控单元会采取失效保护策略，使发动机控制进入跛行回家模式，靠单传感器，即凸轮轴转速传感器工作，所以会出现启动困难的现象。

故障排除

处理曲轴转速传感器插头的接触不良故障后试车，发动机顺利启动，故障排除。

28. 潍柴欧曼（247kW），行驶途中突然感觉加不上油，人为熄火后，再次启动，发动机转速只有 1000r/min

故障现象

一辆潍柴欧曼（247kW）汽车，行驶途中突然感觉加不上油，人为熄火后，再次启动，转速只有 1000r/min。

首先读取故障码，分别为 1709，含义为共轨泄压阀打开；72，含义为油门 1 信号 1/2 不正常；433，含义为排气制动对地短路，电源电压 3 低。

根据故障码的提示，经检测发现油门 1 传感器上没有 5V 电源，轨压传感器上也没有 5V 电源，将轨压传感器拔掉后，油门 1 上有 5V 电源。

在发动机电控单元内部对油门 1 和轨压传感器共用一个 5V 电源，而轨压传感器内部短路，导致油门 1 上 5V 电源被拉低，所以出现电源电压 3 低的故障码。

电控单元得到上述故障码后启用了失效保护模式，限制了转速，所以发动机转速只有 1000r/min。

故障排除

更换一根高压共轨管后试车，发动机正常工作，故障排除。

29. 豪沃重卡有时出现踩下加速踏板后，发动机转速却不上升，最高只有 1500r/min，且行驶无力

故障现象

一辆豪沃重卡，装备电装系统。该车启动正常，发动机工作正常，但行驶中有时出现踩下加速踏板后，发动机转速却不上升，最高只有 1500r/min，且行驶无力的现象。但人为熄火后，再次启动发动机，又能继续行驶，不定时地又会产生类似现象。

故障诊断

接车后询问驾驶员得知，每次出现加速不畅时，都会看到发动机转速只有 1500r/min，而车速表指针却指示到最大极限。首先读取故障码，显示车速传感器信号断路或故障。

根据故障码的提示，对车速传感器进行检查，发现传感器线束插头松动，拔下后观察插头与插座的插簧和插片氧化严重，已失去铜质本来的光泽，严重接触不良。

故障排除

将氧化了的插头和插座处理好后试车，故障排除。

维修总结

该车故障是由于车速传感器接触不良，时好时坏，导致发动机电控单元得到车速超速的错误信号，使发动机进入保护模式。在高压共轨电控系统中，涉及几项传感器或执行器故障时的故障模式，其中当车速传感器出现短路或断路时，发动机电控单元将采取跛行回家模式。

30. 潍柴柴油机汽车能正常启动，但发动机转速始终在 1000r/min，踩踏加速踏板也不起作用，故障灯点亮

故障现象

一辆潍柴柴油机汽车，装备博世高压共轨电控系统。该车发动机能正常启动，但转速始终为 1000r/min，踩踏加速踏板也不起作用，故障灯点亮。

首先读取故障码,故障码为 221,内容为加速踏板信号异常。检查其线束,连接正常,用诊断仪观察数据流,显示不正常,即两个加速踏板信号电压的 2 倍关系不成立。进一步检查踏板传感器工作电源,油门 1、油门 2 的工作电源均正常,初步判定为加速踏板传感器失效。

在柴油发动机高压共轨电控系统中,使用的加速踏板传感器实际上有两个功能,其中油门 1 为主传感器,主要反映加速踏板踏下的行程,以此作为发动机的负荷信号传送给发动机电控单元;油门 2 为副传感器,主要是监测主传感器的工作情况。在设计时,将两个加速踏板传感器的信号电压定为 2 倍的关系(表 8-1),发动机电控单元通过对两个加速踏板传感器信号的比例关系,来判断加速踏板传感器的工作情况。

表 8-1　加速踏板传感器信号电压 2 倍关系

加速踏板传感器	怠速	1500r/min	2500r/min
油门 1 信号/V	0.74	1.67	4.0
油门 2 信号/V	0.37	0.84	2.0

更换加速踏板传感器后试车,故障排除。

该车故障原因是当加速踏板两个信号电压的 2 倍关系不成立时,电控单元将采取失效策略,使电控单元工作在跛行回家模式,限制发动机转速。

31. 潍柴重卡发动机启动困难

一辆潍柴重卡,装备博世电控系统。该车发动机启动困难。

接车后读取故障码,没有发现故障码。从数据流观察同步信号数值,正常,显示为 48,但反应时间略长(比较平时情况)。对曲轴转速传感器和凸轮轴转速传感器进行检查时,发现曲轴转速传感器表面有吸附物,类似金属屑,飞轮信号盘上沾有油污、泥土且很脏,线束及传感器插接器未见异常。

该柴油机电控系统中通过曲轴和凸轮轴转速传感器的对比信号,来确定喷油器的喷油顺序、喷油时间。检查中发现同步信号反应时间较长,且曲轴传感器、飞轮信号孔有脏物,导致传感器不能及时、准确地识别飞轮上的信号位置,信号电压肯定会受到影响,发动机电控单元无法做出正确的判断和输出正确的驱动控制信号,导致启动困难。

清除曲轴转速传感器及飞轮信号盘上的脏物后试车,发动机顺利启动,故障排除。

32. 潍柴重卡发动机工作一段时间就会动力不足继而熄火，停车熄火一段时间后又能正常工作，但再工作一段时间后又会无力而熄火

故障现象

一辆潍柴重卡，装备博世电控系统。该车发动机工作一段时间就会动力不足继而熄火，停车熄火一段时间后又能正常工作，但再工作一段时间后又会无力而熄火。

故障诊断

首先读取并删除故障码，仍有故障码242，内容为冷却液温度过高。通过查看数据流，启动后发动机冷却液温度迅速达到107℃，但实际冷却液温度只有50～60℃，再对冷却液进行检查，未发现异常，怀疑冷却液温度传感器损坏。

接着关闭点火开关，拔下冷却液温度传感器线束插头，拆下冷却液温度传感器，进行加温试验，发现温度与电阻值变化不是线性关系，而是跳跃式变化（表8-2），从而可以确认为冷却液传感器损坏。

表 8-2　温度与冷却液温度传感器电阻值的关系

温度/℃	电阻值/kΩ	温度/℃	电阻值/kΩ
−40	41	40	1.1
−30	23	60	0.57
−20	14	80	0.31
−10	8.6	100	0.18
0	5.4	120	0.10
20	2.3	140	0.06

故障排除

更换冷却液温度传感器后试车，发动机工作正常，故障排除。

维修总结

该车故障原因是冷却液温度传感器损坏后，给电控单元（ECU）发送了错误的信号的，电控单元（ECU）接收到错误的温度过高信号，启用了自我保护模式，采取了停机策略。

33. 潍柴重卡发动机怠速不稳，忽高忽低，然后熄火，故障灯点亮

故障现象

一辆潍柴重卡，装备博世电控系统。该车发动机启动基本正常，但怠速不稳，忽高忽低，然后熄火，故障灯点亮。

故障诊断

先读取故障码，发现故障码为324，内容为车速信号问题。接着检查车速传感器，发现该传感器线束插头处有包扎的痕迹，打开绝缘胶布后看到屏蔽线已断，信号线多股铜线丝受

损严重。

询问驾驶员得知,之前由于里程表显示不准确,检修过车速传感器和里程表,可能在检查车速传感器时,由于操作方法不当或失误对线束造成损坏,留下了隐患。

该车车速传感器信号主要用于发动机的怠速、加减速期间以及自动巡航时的空燃比控制,由于车速传感器线束插头严重受损,导致车速传感器信号线受到干扰,发动机 ECU 接收到不真实的信号,使得 ECU 失去正确的判断,导致上述故障现象。

> ⟨ 故障排除

修复受损的车速传感器线束插头后试车,故障排除。

34. 潍柴 WP12 重型货车,发动机无法启动

> ⟨ 故障现象

一辆装有潍柴 WP12 的重型货车,发动机无法启动。

故障诊断

进行试车,发现拔下油量计量阀插接器后,能启动,但加速无力。最初以为油量计量阀损坏,更换新件后进行试验,故障依旧。在断开油量计量阀插接器的情况下,启动发动机,保持怠速运转,利用诊断仪读取轨压参数,发现实际轨压超过了 160MPa。

在正常情况下,断开油量计量阀插接器后,发动机怠速运转,限压阀应打开,轨压应控制在 70～80MPa。初步判断限压阀损坏,无法打开,但更换了限压阀后试验,故障并未排除。于是更换轨压传感器,发动机顺利启动。

> ⟨ 故障排除

该车故障是由于轨压传感器信号电压偏高,造成了轨压偏高的假象,ECU 便将油量计量阀保持在很小的开度,高压油泵进油不足,实际轨压建立不起来是导致发动机无法启动的根本原因。

35. 宇通客车行驶途中熄火后,发动机无法启动

> ⟨ 故障现象

一辆宇通客车,配有 YC6G240-30 发动机。该车行驶途中表现无力,后来熄火后,无法启动。

故障诊断

接车后进行试车,打开钥匙开关,故障灯亮,发动机无法启动。先连上诊断仪,读出故障码,其含义为增压压力传感器有故障。

根据故障码的提示,检查增压压力传感器,线路正负极通电正常,信号线没电,测量 ECU 到传感器插接件端不通,说明发动机线束有问题。

经仔细检查,发现该车发动机线束经过风扇叶片旁边,中间被风扇叶片刮到,已经刮断了一半的线束。

> ⟨ 故障排除

更换发动机线束后试车,故障排除。

36. 装配朝柴 CY4102-C3C 发动机的车辆在行驶途中熄火后，无法启动

故障现象

一辆装配朝柴 CY4102-C3C 发动机的车辆行驶正常，后来车辆突然抖动起来，熄火后无法再次启动。

故障诊断

首先打开点火开关，ECU 故障灯常亮，用万用表测量冷却液温度传感器接插件，有 5V 电压，表明 ECU 已经工作。连接诊断仪，读取故障码，显示曲轴位置传感器有故障。

接着根据故障码的提示，用万用表测量曲轴位置传感器两端子间的电阻，为无穷大（正常应为 900Ω 左右），断定曲轴位置传感器断路，拆检曲轴位置传感器发现头部损坏。由于传感器头部损坏，怀疑离合器内有杂物。

于是拆检离合器，发现分离轴承散架，轴承滚珠随离合器旋转将传感器打坏。

故障排除

清理轴承滚珠，更换分离轴承和传感头后试车，故障排除。

37. 康明斯 ISLe340 30 发动机达不到最高转速

故障现象

康明斯 ISLe340 30 发动机达不到最高转速。

故障诊断

接车后，首先读取故障码，显示的故障码见表 8-3。

表 8-3　故障码

故障码	故障状态	故障计次	描述
1241	现行	1	加速踏板或操纵杆位置传感器 2 电路电压低于正常值或对低压电源短路
428	现行	3	燃油含水指示灯传感器电路电压高于正常值或对高压电源短路
195	非现行	1	1 号冷却液液位传感器电路电压高于正常值或对高压电源短路
2555	非现行	1	1 号进气加热器电路电压高于正常值或对高压电源短路
132	非现行	3	1 号加速踏板或操纵杆位置传感器电路电压低于正常值或对低压电源短路
1117	非现行	2	点火时断电,数据不稳定、间断或不正确

该车加速踏板位置传感器是一个连接在加速踏板上的霍尔效应传感器。踩下或释放加速踏板对加速踏板位置传感器向 ECM 发送的信号电压将产生变化。未踩下加速踏板时，ECM 将接收到低信号电压。完全踩下加速踏板时，ECM 将接收到高信号电压。加速踏板位置电路包括加速踏板位置 5V 电源电路、加速踏板位置回路电路和加速踏板位置信号电路。

加速踏板有两个位置传感器，这两个位置传感器用于测量加速踏板位置。两个位置传感器都接收 ECM 提供的 5V 电源。同时还接收 ECM 根据加速踏板位置提供的相应信号电压。1 号加速踏板位置信号电压是 2 号加速踏板位置信号电压的一倍。ECM 检测到一个信号电

压低于传感器正常工作范围后即设置该故障码。

根据检测故障码的含义，表明进气压力不能达到最高功率时的要求，并有 1241、428 两个现行故障码。于是检查发动机进气系统，正常。在仔细检查中发现 OEM 加速踏板 2 号传感器信号线在装配时被损坏（断路）了。

> ‹ 故障排除
>
> 修复损坏的 OEM 加速踏板 2 号传感器信号线后试车，故障排除。

38. 华泰 2.0L 柴油汽车，在早晨冷车启动后着车 3s 即熄火，且再次启动无法着车

> ‹ 故障现象
>
> 一辆华泰 2.0L 手动变速器柴油汽车，在早晨冷车启动后着车 3s 即熄火，且再次启动无法着车。

故障诊断

询问驾驶员得知，该车前一天在高速公路服务区加过油，但连续行驶一天均正常，而第二天早晨气温骤降（−3℃），就出现了上述故障。经分析，怀疑该故障是燃油质量问题导致的。

接着用解码器读取故障码，显示故障码 P1181，内容为燃油压力监测故障。通过检查柴油滤清器可断定该故障是燃油质量问题导致的，于是对该车的油箱、燃油管路、共轨及相关部件做了清洗，并更换了燃油和柴油滤清器。清除故障后该车能正常启动且路试正常，认为故障已解决。但第二天早上气温更低（−5℃），再次启动试车时发现启动后仍熄火，且熄火后无法启动。用检测仪读码仍然是 P1181，内容为燃油压力监测故障。经分析和检测后怀疑在前一次清洗的时候不彻底。在拆下共轨压力传感器时，发现传感器被大量蜡质物质堵塞，从而造成传感器在监测共轨压力时出现信号失常，使发动机 ECU 报出故障码并将发动机熄火，致使上述现象出现。

> ‹ 故障排除
>
> 对传感器油孔和共轨进行彻底清洗后试车，故障排除。

39. 安凯客车故障指示灯偶尔会亮起，动力上升明显滞后

> ‹ 故障现象
>
> 一辆安凯客车在行驶途中，故障指示灯偶尔会亮起，一会儿又自动熄灭，之后出现提速反应迟钝，柴油机动力上升明显滞后的现象，以致不能灵活地换挡变速。

故障诊断

接车后对柴油机电控单元相关的电源、各种传感器及其插接器进行了仔细检查，发现均正常。接着用柴油机故障指示灯读取故障码，也没有读到故障码。然后对该柴油机燃油系统的管路及其接头、柴油滤清器、油水分离器等进行了仔细检查，也都正常，但发现手油泵活塞盖处有渗油现象，高压油泵上的限压阀有卡滞现象。于是更换了手油泵，并清洗了限压阀，但故障依旧。

接着用专用检测仪对柴油机进行了全面、仔细的检测，发现冷却液温度传感器的信号失准，是它给 ECU 提供了高温信号，以致柴油机故障指示灯亮起，ECU 则随之指令高压油泵

减少供油量，降低柴油机转速，以致柴油机加速滞后。

> **故障排除**
>
> 更换冷却液温度传感器后试车，故障排除。

40. 欧曼6柴油发动机启动正常，但无论空载还是重载，发动机转速只能加到1500r/min

> **故障现象**
>
> 欧曼6柴油发动机启动正常，但无论空载还是重载，发动机转速只能加到1500r/min。

故障诊断

首先用诊断仪读取故障码，分别为1709，含义为蓄压管限压阀执行或卡住；671，含义为轨压传感器电压太高。查看主要数据流，怠速时实际轨压为74.0MPa，额定轨压为50.1MPa，燃油计量单元触发为1161mA，燃油计量单元占空比为15.9。

柴油发动机高压共轨电控系统中，当主要传感器出现故障时，电控单元将会启用失效策略，以及采取跛行回家模式，限制发动机转速和转矩。其中，轨压传感器报告信号电压太高的故障码，无论是传感器本身或线路短路、断路，发动机电控单元都将认为轨压传感器失效，而进入跛行回家模式。

根据上述故障现象分析，怀疑轨压传感器及其线路有故障。当检查到传感器时，发现传感器线束插头虽在传感器上插着，但插头自锁机构未到位，致使传感器与线束插头接触不良，故而报告传感器信号电压太高的故障码。

> **故障排除**
>
> 将传感器线束插头与传感器插针处理干净，重新插好后试车，发动机工作正常，故障排除。

维修总结

几个重要的参数供参考，见表8-4。

表8-4　几个重要的参数

项目	怠速	1500r/min	2000r/min
实际轨压/MPa	46	74	85
额定轨压/MPa	46	75	85
轨压传感器电压/V	1.53	2.15	2.35
计量单元触发/mA	1438	1370	1340
计量单元占空比/%	19	18	19

41. 福特F550型V8轿车行驶中熄火，启动困难

> **故障现象**
>
> 一辆福特F550型V8电控柴油机轿车行驶中熄火，启动困难。检查过程中又能正常启动，几天后，再次熄火。

根据上述检查分析认为，可能是燃油系统出现故障，导致不能启动。将回油管拆下，打开点火开关，油泵工作，低压系统工作正常。接回油管，喷油器正常工作。怀疑故障在燃油系统高压部分。

该车的故障码的内容为IPR（机油压力传感器）线路故障和ICP（燃油压力传感器）压力异常。IPR功能是控制机油流量，推动燃油泵给燃油加压。ICP用于检测燃油压力，并向ECU提供信息。经检查，发现IPR插头松动造成发动机不能启动。

故障排除

处理好松动的IPR插头后试车，故障排除。

维修总结

该车由于插头松动造成供电及控制回路电阻过大，致使IPR性能下降，此时发动机虽能启动，但极易熄火。当电路完全断开时，IPR不工作，发动机不能启动。

42. 豪华客车在行驶途中，柴油机 (曼恩 D2866LOH25 型电控共轨柴油机)故障指示灯偶尔会亮起，过一会儿又自动熄灭，之后就会出现提速反应迟钝、柴油机动力不足

故障现象

一辆豪华客车在行驶途中，柴油机(曼恩 D2866LOH25 型电控共轨柴油机)故障指示灯偶尔会亮起，过一会儿又自动熄灭，之后就会出现提速反应迟钝、柴油机动力不足的现象，以致不能灵活地换挡变速。

故障诊断

首先对柴油机电控单元（ECU）相关的电源、传感器及接插件等进行了仔细检查，没有发现问题。用柴油机故障指示灯读取故障码，没有故障码。然后对柴油机燃油系统的管路及接头、柴油滤清器、油水分离器等进行了仔细检查，也未发现问题。

进一步检查了柴油机进气系统、涡轮增压器、中冷器和管路接头等，也都正常。但试车结果是故障依旧。

于是使用专用检测仪对柴油机进行了全面仔细的检测，发现冷却液温度传感的信号失准，这给ECU提供了冷却液温度过高的信号，柴油机故障指示灯闪亮，柴油机进入降功降速运行状态。

故障排除

更换冷却液温度传感器后试车，故障排除。

43. 重型运输汽车故障灯点亮，转速仅为 1200r/min

故障现象

一辆重型运输汽车(其动力为电控单体泵柴油机)在运行过程中，出现柴油机转速只能达到 1200r/min，加油未起作用且故障灯点亮的故障现象。

故障诊断

先用诊断仪检测故障码，显示故障码：P0121——加速踏板传感器 1 电压低于下限；P0221——加速踏板传感器 2 电压低于下限；P0503——车速传感器信号不可信；P0305——

6缸可识别到的不点火事件次数超过限值；P0500——超过最大车速。

根据上述故障码，逐项检查后确认故障来自加速踏板传感器，认为加速路板传感器失效。但更换加速踏板传感器后，柴油机运行数天故障再次发生。

进一步检查发现，柴油机启动后，在原地转动方向盘时，柴油机转速会自动由怠速升高到1200r/min，几分钟后又会自动降下来。

经仔细检查发现，该车的转向助力油管与电控系统线束固定在一起，转动方向盘时，助力油管因压力变化窜动而造成线束来回摆动，线束有破损现象。

> **故障排除**
>
> 用万用表测量，发现加速踏板传感器上的白色信号2线断路，接好该线束后，该车故障排除。

44. 工程机械用WP6.240电控共轨柴油机在加速时，发动机烟度特别大而怠速时则不明显

> **故障现象**
>
> 一辆工程机械用WP6.240电控共轨柴油机在加速时，发动机烟度特别大而怠速时则不明显。

故障诊断

将点火开关打开（ON），读取闪码，无闪码报出。检查油路、气路，没有发现泄漏的地方。

接着用诊断仪读取数据流，发现进气压力参数异常：怠速时进气压力为0.1MPa左右，加速时进气压力略小于0.1MPa，进气温度也随转速上升而下降。

经分析认为，进气压力传感器有故障。于是拆下进气压力传感器，发现传感器插接件金属接头颜色异常，与机体颜色相同，怀疑喷漆时将油漆喷入，造成传感器信号不准确，从而造成冒烟故障。

> **故障排除**
>
> 更换进气温度和压力传感器后试车，故障排除。

45. WP10270电控柴油机可以启动，但启动时间较长，且启动后的最高转速只能达到1500r/min

> **故障现象**
>
> 一辆WP10270电控柴油机可以启动，但启动时间较长，且启动后的最高转速只能达到1500r/min。

故障诊断

该车可以启动但启动时间较长。柴油机启动后将加速踏板踩到底，转速只能达到1500r/min，柴油机进入"跛行（回家）"状态，用诊断仪检查后报告出只有凸轮轴转速（位置）传感器信号，没有曲轴（转速）位置传感器信号。怀疑曲轴转速（位置）传感器或其线路存在问题。

首先从曲轴转速（位置）传感器及其相关线路开始排查，经过检查发现曲轴转速（位置）传感器上没有线束接插，原有线束掉了。

当重新插接时，发现该接插接头和进气管固定支架干涉(因事故造成)。接插不严。修复进气管固定支架后将线束接插到位并固定，启动柴油机，柴油机运行正常，故障排除。

维修总结

该车故障是由曲轴转速（位置）传感器没有信号造成的。有些电控柴油机利用曲轴转速（位置）传感器和凸轮轴转速（位置）传感器判别活塞位置，当其中一个传感器出现故障后，另一个传感器仍然可以判别气缸活塞位置，只是慢了半拍，所以柴油机可以启动，但启动后柴油机只能处于"跛行回家"状态。但也有一些电控柴油机需要两个传感器全部正常时，柴油机才能启动。所以不同电控系统的柴油机，即便是同一传感器出现了故障，其反映到柴油机运行上的结果也可能是千差万别的。

46. 装配朝柴 CY4101-C3C 发动机的汽车在行驶途中突然熄火后，无法启动

故障现象

一辆装配朝柴 CY4101-C3C 发动机的汽车在行驶途中突然熄火后，无法启动。

故障诊断

询问驾驶员得知，车辆行驶正常，后来车辆突然抖动起来，突然熄火后无法再次启动。打开点火开关，ECU 故障灯长亮。用万用表测量冷却液温度传感器接插件，有 5V 电压，表明 ECU 已经工作。连接诊断仪，读取故障码，结果读出曲轴位置传感器有故障。

发动机无法启动的主要原因是无曲轴信号。用万用表测量曲轴位置传感器两端子间的电阻值，为无穷大（正常应为 900Ω 左右），判断曲轴位置传感器断路，拆检曲轴位置传感器发现头部损坏。

传感器头部损坏，说明离合器内有杂物，为了防止再次损坏，拆检离合器，发现分离轴承散架，轴承滚子随离合器旋转将传感器打坏。

故障排除

清理轴承滚子，更换分离轴承和曲轴位置传感器。启动发动机，发动机立即启动，故障排除。

47. 以玉柴电控单体泵柴油机为动力的长途客车，故障指示灯时亮时不亮

故障现象

一辆以玉柴电控单体泵柴油机为动力的长途客车，出现了故障指示灯时亮时不亮的故障。

当故障灯亮时，电子加速不起作用;几分钟后，故障灯熄灭，柴油机又可以正常运转。此故障现象反复多次出现。

故障诊断

首先调取故障码，但是没有故障码。用手油泵压油，发动机运行一段时间后，故障重新出现。因而怀疑是低压油路故障，导致供油不畅。

低压油路包括燃油箱、燃油滤清器输油泵、供油管、回油管等部件。造成低压油路故障的原因，可能是低压油路部分进入空气，或者是低压油路有漏气的地方。从油箱到高压泵进出油管各个连接部位进行排除式查找，没有发现有漏气的部位。经过与驾驶员协商决定加装一部电子泵用来加速低压供油系统的流量，促使柴油机正常运转。

从油箱进油管处加装一个24V燃油电子泵，用导线连接电子泵，即钥匙开关ON挡正极→24V继电器→电子泵→搭铁。加装电子泵后，启动着车，柴油机能够正常运转，随后进行路试，加速正常，行驶速度能够达到100km/h。

车辆行驶一个星期后，故障再次出现，并伴有柴油机自动熄火。参阅单体泵说明书得知，单体泵柴油机在启动后自动熄火故障可能是热保护控制策略起作用。热保护依照故障的严重等级进入不同的控制策略，在大部分情况下这些策略仍能保持柴油机以降低功率的方式工作。

由于油箱的回油管堵塞可以造成柴油机柴油回路中的燃油温度过高形成燃油温度自保护，出现自动熄火故障故，对进油管和回油管进行通气试验，没有发现油管堵塞和油管漏气现象。检测燃油温度传感器的电压和阻值，都在标定的范围内。拔掉传感器插头，故障依旧。考虑到电控单体泵柴油机的热保护装置有进气温度传感器，因而检查进气温度传感器的电压和阻值，也在标定范围内。拔下进气温度传感器的插件，启动柴油机，启动迅速，空载转速良好，从而认为进气温度传感器有问题。

‹ 故障排除

更换进气温度传感器后进行路试，速度还是上不去，并且排气管冒黑烟，最后将与进气温度传感器相邻的增压压力传感器也同时更换，再次启动柴油机，柴油机运转正常，故障指示灯熄灭。最后将加装的电子泵拆掉，进行路试，各项正常，故障排除。

维修总结

电控单体泵柴油机出现故障灯亮故障时，首先应该排除低压油路故障，保持低压油路通畅。其次，当传感器性能变差时，用万用表检测静态阻值的方法有时会造成误判断，可以试探性地拔掉传感器的插头来进行启动柴油机运转试验。该车故障的原因就是进气温度传感器和增压压力传感器损坏。

车辆本身自带的诊断系统，只能检测传感器或线路的断路或短路，对于传感器性能变差时的错误信号不能检测，当拔下传感器插头时，系统进入应急的状态，柴油机虽能运行但是运转性能不好，并且排气冒黑烟。

48. 江淮HK6103H3型客车，柴油机启动后抖动，转速上升到540r/min后立即下降，1~2s后柴油机自动熄火

‹ 故障现象

一辆江淮HK6103H3型客车，装配潍柴生产的WP.240型直列6缸水冷增压直喷电控柴油机，该柴油机采用博世公司的电控高压共轨燃油系统。该车的故障现象为柴油机启动后抖动，转速上升到540r/min后立即下降，1~2s后柴油机自动熄火。

故障诊断

根据上述故障现象，分析认为引起柴油机出现此类故障的原因可能是油路堵塞或线束故障。首先用闪码法读取柴油机故障码，无故障码输出。

连接博世KTS诊断仪，读取高压共轨系统的数据流。检测到的数据流为：共轨压力上

升到 44.0MPa 后回落到 28.0MPa，燃油压力在 28.0～32.0MPa 之间波动。根据此现象，初步诊断为低压油路或高压油路有泄漏，或是回油管可能被压扁。

接着检查高、低压油路，没有发现泄漏现象。拆开喷油器及高压共轨油管的回油管路，启动柴油机观察回油情况，发现当燃烧室有爆发声时，高压共轨的回油管路有油喷出，从而判断为高压共轨上的限压阀损坏。

> **故障排除**
>
> 更换高压共轨上的限压阀后试车，柴油机运行正常。

维修总结

要使柴油机顺利启动，不仅需要大量的燃油充分雾化后喷入气缸，而且要求气缸内的压缩空气具有一定的温度和压力，这样才能使柴油自燃。该车故障是柴油机的共轨压力只能达到 44.0MPa，低于设定的喷油器开启的最低压力，燃油无法通过喷油器喷入气缸，柴油机必然会自动熄火。

导致共轨压力过低的原因是共轨油管上的限压阀损坏（可能是内部的压力弹簧折断），使得本应在共轨油管中的燃油压力过高（瞬时允许最大压力为系统额定压力＋5.0MPa）时才打开的限压阀在低压时就已打开，造成共轨压力较低，柴油机自动熄火。

49. 圣达菲 20VGT 电控柴油轿车修复后，发动机不能启动着车

> **故障现象**
>
> 一辆圣达菲 20VGT 柴油轿车，为电控共轨燃油系统。在行驶途中因机油滤清器漏油造成柴油机拉瓦，最后拖到修理厂进行修理，但修复后柴油机不能着车。柴油机启动一次后，就再也无着车迹象，同时柴油机故障灯点亮，用检测仪读到故障码 P0340，含义为凸轮轴传感器/曲轴传感器故障。

故障诊断

电控柴油机的电控单元（ECU）根据曲轴信号盘与凸轮轴信号盘的相位关系，判断柴油机运行的角度相位（也称判缸）并计算柴油机转速，仅在判缸成功后才能开始喷油。

首先根据故障码，检查了凸轮轴传感器和曲轴传感器的外观，发现无损坏，安装间隙 1mm，符合标准，凸轮轴传感器电压为 5V，也正常。用检测仪可以看到柴油机的转速为 350r/min，曲轴传感器的阻值为 0.8kΩ。用示波器分别检测了这两个传感器的信号，均正常，表明传感器及线路没有故障。

经过仔细分析，在两个传感器都没有故障的前提下，只有一种可能，那就是曲轴传感器和凸轮轴传感器的信号不同步。

对柴油机的正时进行了检查，正常。考虑到曲轴和凸轮轴的信号不同步，决定把信号盘拆下来检查，在拆的过程中发现凸轮轴与凸轮轴皮带盘的定位销已经折断，从而导致凸轮轴和皮带盘不同步。

该款柴油机的凸轮轴传感器安装在凸轮轴皮带盘的另一端，所以正时是对的，但因为定位销断了，凸轮轴并没和皮带盘同时运转，造成凸轮轴传感器检测到的信号和曲轴传感器检测到的信号不同步。

> **故障排除**
>
> 更换已损坏的定位销后，柴油机启动正常，故障排除。

50. 潍柴 WP10 共轨柴油机，起动机运转正常，但车辆无法启动

　　一辆潍柴 WP10 共轨柴油机，装配 EDC7 电控单元，起动机运转正常，但车辆无法启动。无任何故障码。

故障诊断

　　首先连接诊断仪，起动机拖动时读取数据流，关注发动机转速、同步状态量、轨压等参数，发现实际轨压明显低于设定值（表 8-5）。

表 8-5　数据流检测数据

名称	拖动时的数据	名称	拖动时的数据
轨压设定值/MPa	55	同步状态量	48
轨压实际值/MPa	11	燃油计量阀电流/mA	1224
发动机转速/(r/min)	179		

　　接着检测低压油路供油压力，正常。

　　于是在起动机拖动时，测量喷油器的回油量，几乎没有回油。松开高压油轨的回油管，起动机拖动时，发现有大量的油成股流出，从而判断为高压油轨的限压阀产生泄漏故障。

　　更换高压油轨后试车，故障排除。

三、执行器故障维修

51. 玉柴 6J 电控柴油机启动困难

　　玉柴 6J 电控柴油机启动困难，每次启动时必须边泵手油泵边接通启动电机。

故障诊断

　　首先通过故障诊断仪检测，没有发现故障码，读取数据流发现共轨压力低。接着试着边泵油边启动，柴油机可以启动，启动后诊断仪显示各压力参数正常，但熄火后再启动，还是无法启动。

　　根据上述故障现象，怀疑油路有问题。当松开高压泵的回油管接通起动机时，回油管不断有油流出，起动机启动时高压泵不应该有回油。因此，拆下溢流阀螺母，发现该溢流阀被一个金属丝卡死在常开状态，引起压力泄漏，使轨压建立不起来，从而导致柴油机启动困难。

　　处理溢流阀的金属丝后试车，故障排除。

　　要使柴油机启动，其条件之一是油轨压力应大于 20MPa，此时 ECU 才给喷油器通电，使喷油器打开喷油，从而使柴油机启动。因启动时柴油机转速低，靠输油泵的泵油压力无法

将油路上的柴油压入高压泵柱塞腔，而使得轨压无法大于20MPa，喷油器无法打开喷油，发动机无法启动。如果此时要着车，只有同时用手油泵泵油使供油量大于溢流阀的泄漏量时，油路上的柴油才有可能进入高压泵，通过柱塞往共轨管内供油，当共轨管内压力符合启动的压力条件时，柴油机才能顺利启动。柴油机启动后，柴油机转速高，输油泵的供油量大于溢流阀的泄漏量，因此，柴油机空负荷运转时的参数正常。

52. 大柴 BF6M1013-26E3 发动机故障灯亮，并且发动机抖动

故障现象

一辆大柴 BF6M1013-26E3 发动机汽车故障灯亮，发动机抖动。

故障诊断

首先读取故障码，发现有一个故障码 P0206，内容为6缸单体泵信号开路。

根据故障码的提示，初步认为6缸单体泵线束有故障。用万用表测量6缸单体泵线束端子与60芯插接器的第A03、第A32端子之间的线路，线路导通。

重新插好48芯插接器，测量单体泵线束端子与过渡线束之间的线路，线路导通。

故障排除

重新连接好线束后试车，故障消除。

维修总结

该车故障的原因是线束插接器或端子接触不良，重新插接牢固后，故障即可排除。

53. 大柴 BF4M1013-16E3 发动机故障灯亮，启动困难

故障现象

大柴 BF4M1013-16E3 发动机故障灯亮，启动困难。

故障诊断

首先读取故障码，发现有一个故障码 P0265，内容为2缸低端对电源短路，单体泵线路电压太高引起停机。

根据故障码的提示，用万用表测量2缸单体泵电磁阀电阻，发现电阻值为0，表明单体泵线圈断路。

故障排除

更换单体泵后试车，故障排除。

54. 大柴 BF6M1013-26E3 发动机突然不能加速，随之熄火

故障现象

大柴 BF6M1013-26E3 发动机突然不能加速，随之熄火。

故障诊断

首先读取故障码，发现有两个故障码，分别为 P0306，内容为6缸可识别到的不点火事件次数超过限值；P0341，内容为错误的凸轮轴传感器信号。

接着检查泵油后能着车，但有进空气的"嘎、嘎"响声，加速无力，1~2min后熄火，

检查低压油路，正常。

根据故障码的提示，检查发动机线束和过渡线束，又检查发动机线路，均正常。仔细检查低压油路，发现燃油输油泵卡滞不转，经拆检发现输油泵盖与齿轮之间拉伤，导致无法转动。

故障排除

输油泵齿轮经修磨后试车，故障排除。

55. 宇通客车行驶无力

故障现象

一辆宇通客车，装备 6DF3-22E3 发动机。该车行驶无力。

故障诊断

接车后首先通过诊断仪与发动机 ECU 通信，无故障码显示。检查进气压力和油轨压力数据流，均正常。经分析，怀疑是气路、油路或机械部分有问题。

首先检查气路方面问题。经过排查，进排气系统无误。接着检查油路系统，也未发现明显故障。根据以上排查，怀疑是某缸不工作或者工作不良。

于是用诊断仪对发动机进行断缸控制试验，发现第三缸工作不正常。拆开后，发现喷油器里面有黑色的积炭。

故障排除

清理喷油器后试车，故障排除。

维修总结

发动机运转无力故障的原因主要有气缸内进油量不够，或者雾化不好；气缸内进气量不够，或者进气压力不足；发动机冷却液温度异常，导致发动机功率损耗加大。

在排除这种故障时，首先需要借助诊断仪或者万用表测量进气压力信号和共轨压力信号是否在合理范围内；然后根据测量结果对进气和进回油系统进行排查，故障即可排除。

56. 潍柴汽车行驶中加速无力，发动机转速最高只有 1500r/min，故障灯点亮

故障现象

一辆装备潍柴发动机的汽车，行驶中感觉加速无力，发动机转速最高只有 1500r/min，故障灯点亮。

故障诊断

首先读取故障码，故障码为 134，内容为共轨限压阀打开。用诊断仪读取数据流，轨压迅速升高到 180MPa，然后又降到 70MPa，表明共轨限压阀正常，应重点检查燃油回油管路和燃油计量单元。经检查发现，低压油路正常，回油畅通，但发现油品颜色有些异常。

由于共轨燃油系统对油品要求很高，而油品颜色异常说明油品质量差、微粒物多或含水量大，很可能导致燃油计量单元发生卡滞现象且在常开位置，造成轨管压力无限制升高，使得共轨限压阀打开，发动机进入"跛行回家"模式。

故障排除

更换燃油计量单元，清理油路并更换燃油后试车，故障排除。

57. 潍柴柴油机启动后最高转速只有 1500r/min，故障灯点亮

潍柴柴油机启动后最高转速只有 1500r/min，故障灯点亮。

故障诊断

首先通过诊断仪读取故障码，发现有故障码 134、1122、7210、356、699、134，删除故障码后 134 仍然存在，内容为共轨限压阀打开。

检查并排除低压油路故障，在对喷油器回油量检查对比时，发现第六缸回油量异常。接着通过诊断仪做高压测试，当转速为 2200r/min 时，实际轨压仅为 90MPa，远没有达到设定值的 130MPa。因而可判断高压系统泵油能力差或存在泄漏的地方。采用断缸测试，仍然是第六缸喷油器工作能力差。

该车发动机电控单元一旦检测到轨管限压阀打开，电控单元将采取失效保护策略，发动机将工作在"跛行回家"模式，限制发动机转速和转矩输出。根据上述检查和故障码的提示，初步断定故障为第六缸喷油器发卡或磨损。

故障排除

更换第六缸喷油器后试车，故障排除。

58. 潍柴发动机冒黑烟

故障现象

潍柴发动机冒黑烟。

故障诊断

根据上述故障现象，首先检查进气系统，空气滤芯和增压器正常，气路畅通；检查低压油路时发现柴油中有水。

接着拆检喷油器，发现各个喷油器喷油头都有不同程度的水锈，从而可判定由于柴油中有水导致喷油器针阀生锈卡滞。

故障排除

加装放水滤芯，并更换油品和喷油器后试车，故障排除。

维修总结

该车由于柴油中有水且未加装放水滤芯，导致喷油器针阀锈蚀卡滞，燃油雾化不良，从而造成发动机冒黑烟。

59. 潍柴柴油机汽车行驶途中尾气排放渐差，之后出现黑烟，停车熄火后，再次启动时很困难，并伴有黑烟

故障现象

潍柴柴油机汽车行驶途中尾气排放渐差，之后出现黑烟。停车熄火后，再次启动时很困难，并伴有黑烟。

首先读取数据流，发现启动时轨压只能达到16MPa，远远低于启动轨压。检查低压油路、高压油路，未见漏油、漏气现象。做喷油器回油量试验时，发现3缸喷油器回油量异常。

经分析认为，喷油器回油量异常有可能是针阀磨损严重，使燃油雾化不良，导致燃烧不充分，排气管冒黑烟，也有可能是喷油器发卡，导致轨压不能稳定在规定压力范围内，使启动困难。

故障排除

更换三缸喷油器后试车，故障排除。

60. 潍柴重型车发动机无法启动

故障现象

一辆潍柴重型车，起动机、发动机运转正常，无故障码，发动机无法启动。

故障诊断

首先连接诊断仪，启动时观察数据流，发现轨压达不到启动最低压力16MPa；用起动机带动发动机，检查共轨限压阀，无泄漏；断开高压油泵出油管，发现高压油泵两个出油口都出油，但油柱高度不一样，一个高度约为4.5cm，一个不足2.0cm，初步判断为高压泵供油能力不足。

根据维修资料得知，当发动机启动转速达到200~250r/min以上，高压油泵出油油柱应有4.5cm的高度，而通过上述共轨管泄压阀的检查和高压泵高压输出管出油口处油柱高度不同的目测对比，初步判断故障应为高压泵供油不足，而劣质燃油是导致高压油泵柱塞早期磨损的真正原因。

故障排除

更换一个高压油泵，并加装放水滤芯器后试车，故障排除。

61. 潍柴重型车起动机、发动机转动正常，但发动机无法启动

故障现象

一辆潍柴重型车，起动机、发动机转动正常，但发动机无法启动。

故障诊断

首先利用诊断仪读取故障码，未发现故障码。检查燃油系统，低压油路正常、高压泵的出油正常、供油量充足。依次将喷油器回油管松开观察喷油器回油量。经对比观察，发现只有第三缸喷油器回油量较大，其他各缸喷油器回油量基本正常。

在柴油机共轨燃油系统部件中，特别是喷油器、燃油计量单元等部件，对燃油质量要求很高，劣质的燃油或含水量较高的燃油会造成喷油器针阀磨损，导致密封不严或卡滞现象，如果泄漏过大则可能造成轨管压力降低，启动轨压不足以开启喷油器而无法启动。根据上述检查，可初步判定第三缸喷油器有泄漏或卡滞现象。

62. 长城柴油车功率不足,发动机最高转速只能达到 1500r/min 左右,空转时正常

> **故障现象**

一辆长城高压共轨柴油车,发动机功率不足。发动机能启动,汽车行驶时,加速踏板踩到底,发动机最高转速只能达到 1500r/min 左右,空转时正常。

故障诊断

根据上述故障分析认为,故障在燃油计量阀或轨压传感器。燃油计量阀是控制轨压的执行机构,安装在高压油泵上,当它出现问题以后,高压油泵会以最大的能力向共轨管供油,此时共轨管上的泄压阀一般会打开,柴油机会有"咔、咔"的噪声。轨压传感器出现问题也会有类似的现象。

> **故障排除**

更换一个燃油计量阀后试车,故障排除。

63. 长城 2.8TC 汽车行驶中动力正常,热车熄火后能启动,冷车以后不能启动

> **故障现象**

一辆长城 2.8TC 汽车行驶中动力正常,热车熄火后能启动,冷车以后不能启动。

故障诊断

首先,使用 X431 诊断仪检测,无故障码,预热系统正常。然后清洗喷油器、喷油泵等燃油供给部件,更换柴油滤清器,为蓄电池充电,但车辆仍不能启动。

检查低压油路,回油正常,高压油路油压达不到正常喷射压力,用手感觉燃油计量阀动作感不明显,用万用表测量燃油计量阀电阻值,正常 (3Ω),再次拆下清洗后,故障依旧。初步判断燃油计量阀有故障。

> **故障排除**

更换燃油计量阀后,冷车即能顺利启动,故障排除。

64. 捷达柴油轿车冒黑烟严重,更换喷油泵后发动机无法启动

> **故障现象**

一辆捷达柴油轿车冒黑烟严重,更换喷油泵后发动机无法启动。

故障诊断

接车后进行路试,并用 VAG1552 读取数据流。分析认为,该车冒黑烟是喷油泵喷油量超差引起的,须更换喷油泵。而在按维修手册更换喷油泵并依喷油泵加注柴油的方法加注后(加注的柴油一定要正确,最好静置 48h),启动发动机,却根本没有启动迹象,且多次启动失效,从启动时的现象判断应是喷油器不喷油或油中存有过多的空气造成的。因此怀疑喷油

泵内仍有空气存留。

接着拆下喷油泵至柴油滤清器的回油管，另接一段透明塑料管，用以观察启动时是否有气泡出现，但经几次启动后，发现每次启动均有油流出且无气泡，这说明喷油泵加注得很好，不存在问题，另外，传动带及泵装配上也不存在问题。但是在供油路中，除喷油泵能存留空气外，油路（泵与喷油器间）也会存留有空气。

> **故障排除**
>
> 采取机械法排气。启动汽车，然后松开喷油器进油管螺母，看到松开的螺母处没有正常出油，而是喷出大量气泡。反复几次排光喷油管内的空气，恢复后再启动发动机，很容易就启动了，故障排除。

维修总结

装配喷油泵时，虽然泵内空气被排除，但喷油泵与喷油器间的油管仍存在一定空气，尽管捷达柴油机喷油器有一定的自排功能，但当空气超过一定量后，也同样无能为力了，所以在换喷油泵后若启动不了，就应该注意一下是否有空气未排净。

65. 公交客运柴油车空车时发动机转速能达到 2600r/min，松开加速踏板再踩下，转速只有 2300r/min

> **故障现象**
>
> 一辆公交客运车，装备 6DF3 发动机。该车空车时发动机转速能达到 2600r/min，松开加速踏板再踩下，转速只有 2300r/min。

故障诊断

首先读取故障码，显示故障码为 P1014，内容为燃油流量错误。接着测量相关传感器和电磁阀的电压值及电阻值，都在规定范围内。检查低压油路，均正常。

于是通过仪器检测喷油器回油量的大小，发现 30s 内回油量达 250mL，参考值为 100mL/min，表明喷油器有故障。

> **故障排除**
>
> 更换喷油器后试车，故障排除。

维修总结

通过回油量超出参考值的现象，分析认为喷油器雾化状况不好而泄漏，流量计量单元检测到流量的不正常，ECU 对转矩进行了限制。

66. 依维柯柴油车加速不良，故障指示闪亮

> **故障现象**
>
> 一台依维柯装配国三共轨柴油机，当柴油机转速达到 3500r/min 时，出现加速踏板发软、柴油机转速加不上去的故障现象，同时故障指示闪亮。偶尔发动机转速能达到 4000r/min，但当转速下降后，故障灯自动熄灭，同时柴油机恢复正常。

故障诊断

接车后，首先使用诊断仪读取故障码，故障码的含义为"负油压偏差"，这说明高压泵产生的实际共轨油压与 ECU 标定的理论油压偏差过大，已无法跟踪。

根据上述故障现象，经分析认为该故障是高压泵故障和喷油器故障造成的。这两个元件，一个是产生高压的器件，一个是释放油压的器件，两者在ECU的控制下可以实现柴油机各种工况下的最佳共轨燃油压力，所以两者中任何一个出现故障都可能造成高压泵产生的实际共轨油压与ECU设定理论油压偏差过大和共轨油压不稳。

接着使用诊断仪读取数据流，柴油机转速在3500r/min以下时，共轨燃油压力数值始终跟随共轨压力目标值；而当柴油机转速超过3500r/min时，共轨燃油压力数值明显低于共轨压力目标值，当达到46.0MPa时就难以继续提高了，这时柴油机故障灯也立即闪亮，因此可以判断该车故障是ECU发现共轨燃油压力无法控制了。同时由于故障出现时共轨燃油压力偏低，导致喷入气缸内的燃油减少，柴油机转速就加不上去，油门自然发软。

另外根据故障现象分析，如果是喷油器泄压导致的共轨燃油压力数值低于共轨压力目标值（如喷油器出现卡滞滴漏），其故障现象往往还伴随柴油机工作不平衡，而该车故障发生时，柴油机并无缺缸、工作粗暴、异响等运转不平衡现象，所以可以确定为高压泵有故障。

> **故障排除**
>
> 更换高压泵后试车，故障排除。

67. 华泰2.5L柴油汽车行驶中，急加速突然熄火

> **故障现象**
>
> 一辆华泰2.5L柴油汽车，行驶中急加速突然熄火。

故障诊断

华泰2.5L柴油汽车行驶中急加速熄火，尤其是有些上坡段加速熄火更为明显，熄火的时候发动机故障灯亮，用解码器读取故障码，分别为P1181，内容为燃油压力监测故障；C009，内容为燃油泄漏。

根据上述故障现象，首先检查燃油滤清器，检查燃油中是否存在过多的水分和杂质，将滤芯中的柴油倒出一半以后，将剩余部分柴油倒进一个干净的容器中，发现油质很好。

用共轨检测仪检测低压油路压力中输油泵出油口压力为5bar（1bar=10^5Pa，下同），滤清器出油口压力为3.2bar，共轨压力传感器压力为540bar，喷油器静态回油量正常。因此，可以排除低压泵和柴油滤清器总成及喷油器故障，从而可以确定高压泵故障。

进一步检测发现高压泵有泄漏。经拆检后发现高压泵柱塞组件严重磨损，导致燃油泄漏。

> **故障排除**
>
> 更换高压泵，并清除故障码后试车，故障排除。

68. 华泰圣达菲2.0L柴油车加速不良，行驶时发动机熄火

> **故障现象**
>
> 一辆华泰圣达菲2.0L自动变速器柴油车，加速不良，暖机后行驶时灭车，暖机后怠速灭车。

根据上述故障现象，经分析认为故障的原因是低压燃油供给不足。用解码器读取故障码为 P1181，用 HIDS 检测低压端（输油泵-柴滤），压力为 2.8bar，供油压力过低。因此，可以断定是输油泵有故障。拆下电动燃油泵后发现其内部磨损严重，导致供油压力不足。

故障排除

更换输油泵后试车，故障解除。

69. 庆铃 QL1041HEWR 轻型载货车，在行驶途中发动机突然熄火，重新启动着机后，加速不良

故障现象

一辆庆铃 QL1041HEWR 轻型载货车，搭载 4KH1-TC 发动机。该车在行驶途中发动机突然熄火，重新启动着机后，发动机空载转速只能升到 2000r/min，车速最高只能达到 30km/h。

故障诊断

接车后，启动发动机进行试车。发动机能正常启动着机，但加速缓慢，将加速踏板踩到底，发动机转速只能升到 2000r/min，同时仪表上的发动机故障灯点亮。用故障检测仪读取故障码，有故障码 P0216，内容为喷油器正时控制电路不良；清除故障码后试车，故障依旧。

接着检查发动机各传感器、执行器及线路，均正常；读取发动机数据流，并与正常车的数据进行对比，也未见异常；更换燃油滤清器、油水分离器，清洗燃油管路及高压燃油泵进油管滤网，清除故障码后试车，故障依旧。询问驾驶人得知，该车长期在偏远地区行驶，没有进行正常的日常维护，怀疑故障是由高压燃油泵过度磨损引起的。

于是更换高压燃油泵总成。试车发现，发动机加速恢复正常，车速可迅速升至 100km/h，但行驶约 6km 后，发动机突然加速不良，且发动机故障灯点亮。用故障检测仪进行检测，故障码 P0216 重现。

接着连接故障检测仪进行路试。实时观察发动机数据流，发现燃油温度持续上升，当燃油温度达到 50℃ 时故障重现。于是重新检查燃油供给系统。

经检查发现，当故障发生时回油管没有燃油流出。在正常情况下，进入高压燃油泵内的燃油一部分经喷油器进入气缸参与燃烧，一部分经高压燃油泵内部的回油阀及回油管流回燃油箱。经分析认为，回油管没有回油的原因可能有燃油箱与高压燃油泵间的低压油路有堵塞或泄漏；回油管有泄漏或堵塞；高压燃油泵内部的回油系统故障。

由于高压燃油泵是新的，且原厂件损坏的可能性较小，于是对油路进行仔细检查，均正常。怀疑故障在更换的高压燃油泵。

故障排除

再次更换高压燃油泵总成，经过长时间的路试，故障排除。

维修总结

由于该车高压燃油泵内部油路不畅，没有足够的燃油对高压燃油泵内部进行冷却和润滑，导致高压燃油泵内部的燃油温度传感器检测到燃油温度持续上升，同时由于燃油压力也异常，使发动机功率下降，此时发动控制单元试图通过调整高压燃油泵正时调整机构恢复发

动机的运转工况，但是将高压燃油泵正时调整机构调整至极限状态也未能恢复发动机的运转工况，于是记录故障码 P0216。

70. 陕汽 WP10-336 发动机汽车，行驶途中突然停机，再也无法启动

‹ 故障现象

陕汽 WP10-336 发动机汽车，行驶途中突然停机，再也无法启动。

故障诊断

接车后，启动发动机，发现起动机运行正常，但发动机无法启动，故障指示灯无闪码，初步判断是油路问题。

首先对柴油的油质进行检查，发现油质不合格，应更换合格柴油，同时排净油路中的空气，但柴油机仍无法启动。

接着连接故障诊断仪，柴油机启动时发现轨压无变化，无法达到启动轨压，轨压无法建立，检查喷油泵，供油正常，高压油路也无漏油泄压的地方。

经分析认为，共轨压力传感器或传感器线束故障，调换共轨管及线束，轨压仍无法建立。怀疑喷油器有故障。

‹ 故障排除

更换喷油器后试车，故障排除。

维修总结

该车故障的原因是喷油器泄压造成轨压无法建立，因此熄火后再也无法启动。

71. 奔驰凌特柴油车行驶中发动机动力不足、抖动及异响，熄火后发动机无法启动

‹ 故障现象

一辆福建奔驰国产凌特，装备 OM651 柴油发动机。该车在行驶中发动机动力不足、抖动及异响，熄火后发动机无法启动。

故障诊断

接车后试着启动，发现起动机能够正常运转，但发动机无法启动。利用故障检测仪读取故障码，发现故障码为 P008700，内容为燃油压力过低。根据上述故障现象，结合故障码的提示，分析认为造成故障的可能原因有油轨压力传感器故障、燃油低压故障、高压油泵故障、共轨柴油喷射模块故障、喷油器故障。

根据引导检测，进行油轨压力传感器失调测试，正常，如图 8-2 所示。检查燃油低压油压，为 6bar（1bar＝100kPa），正常值为 4～10bar，正常。利用故障检测仪查看发动机启动过程中的实际值，发现油轨压力异常（图 8-3），说明高压压力不足的可能原因有高压油泵未建立高压油压、调压阀故障、流量控制阀故障、喷油器回油量过大、喷油器漏油。

当前电压为 0.52V
与该电压对应的压力为 0bar
油轨压力传感器正常

图 8-2　油轨压力传感器失调测试（截屏）

启动电动机转动，发动机不启动

控制单元：CRD2_NFZ

编号	名称	标准值	实际值	单位
2657	电池电压（回路87）	[11.0…14.5]	10.3	V
3080	油箱液位[SAM]	≥5.0	11.0	L
2352	发动机转速	≥400	163	min⁻¹
049	燃油激活状态泵	已激活	已激活	
020	燃油泵		打开	
2541	油轨压力	≥200	38	bar
1200	曲轴和凸轮轴之间的同步	是	是	
1203	凸轮轴套传感器状态	已同步	已同步	
1204	内燃机关闭的原因	发动机不停止	发动机不停止	
2442	调压阀		24.6	%
2966	流量调节阀		1.0	
2341	每个冲程的当前喷射量		82.9	mg
2347	增压压力	[0.608…1.208]	1.003	bar

图 8-3　发动机启动过程中的实际值（截屏）

接着测试喷油器回油量，回油量为零。依次拆卸四个喷油器进行检查，发现第3缸喷油器有明显的漏油现象，使用油泵测试仪进行漏油测试，第3缸喷油器存在严重漏油现象。

更换第3缸喷油器并进行匹配后发动机能够顺利启动，但是仍然存在抖动和异响，用内窥镜观察各个气缸内部，发现第3缸活塞异常。

于是拆卸发动机气缸盖，发现第3缸活塞顶部已经烧蚀，气缸体内部磨损严重。

‹ 故障排除

大修发动机，更换第3缸喷油器并进行匹配和学习后试车，故障排除。

72. 康明斯 ISLe315 30 发动机运行粗暴

‹ 故障现象

康明斯 ISLe315 30 发动机运行粗暴。

故障诊断

首先读取故障码，发现五个非现行故障码和一个现行故障码，如下所示。

① 故障码 322（现行）——1号气缸喷油器电磁阀驱动器电路电流低于正常值或开路，在1号喷油器驱动或回路触针上检测到高电阻或无电流。

② 故障码 241（非现行）——基于车轮转速的车速数据不稳定、间断或错误。

③ 故障码 2182（非现行）——发动机制动执行器驱动1号电路电压高于正常值或对高压电源短路。

④ 故障码 2555（非现行）——1号进气加热器电路电压高于正常值或对高压电源短路。

⑤ 故障码 131（非现行）——1号加速踏板或操纵杆位置传感器电路电压高于正常值或对高压电源短路。

⑥ 故障码 428（非现行）——燃油含水指示灯传感器电路电压高于正常值或对高压电源短路。

根据故障码的提示，经检查发现发动机1号缸喷油器导线与1号缸摇臂接触，造成1号缸喷油器电磁阀驱动电路电流低于正常值或开路。

将发动机 1 号缸喷油器导线重新装配，并清除故障码后试车，故障排除。

维修总结

该车喷油器电磁阀控制喷油量和喷油正时。电控模块（ECM）通过关闭高端和低端开关给电磁阀供电。ECM 内有两个高端开关和六个低端开关。1 号、2 号和 3 号缸（前排）的喷油器共用 ECM 内的单个高端开关，将喷油器电路与高压电源连接。同样，4 号、5 号和 6 号缸（后排）也共用单个高端开关。在 ECM 内部每一个喷油器电路都有专用的低端开关，搭铁形成完整的电路。

① ECM 检测每一个喷油器启动时的电流。如果 ECM 在喷油器电路中检测到连续的电路，该故障码将起作用。如果确定电路故障造成电流消耗过大，ECM 将停止故障气缸的喷油。

② 只要发动机启动，ECM 就会试图启用任何已停用的喷油器电路，并且在发动机运行时大约每分钟进行一次尝试。如果喷油器电路故障码起作用且故障已被修复，一旦发动机重新启动或发动机允许怠速运行超过 1min，则故障码将变成非现行。

③ 如果故障是间歇性的，特别是在 ECM 存储器中有多个喷油器故障码时，则查找摇臂室壳体内可能对部件短路的导线线束，或检查喷油器电磁阀内部是否对地短路。

④ 如果产生多个喷油器故障码，且故障出现在同一排喷油器电路中，则存在短路。

⑤ 喷油器故障有以下几种状态。

a. 单个喷油器故障报警。

b. 发动机线束或喷油器电磁阀内开路。

c. 单个喷油器或喷油器电磁阀内电阻偏高。

d. 喷油器电磁阀内电阻过低（喷油器内部短路，而非对地短路）。

e. 如果故障是间歇性或连续性的，并且在 ECM 存储器中有多个喷油器故障码，则查找摇臂室壳体内可能造成部件短路的导线线束，或检查喷油器电磁阀内是否对地短路（此故障容易出在行驶里程较长的整车上，喷油器接头由于油泥造成短路，故障比较隐秘，导致单缸或两缸不工作）。

⑥ 在同一排喷油器中发生多个喷油器故障码的原因如下。

a. 发动机线束短路，对地短路，或者对发动机线束内其他导线短路。

b. 同一排三个喷油器中的任何一个短路或对地短路。

c. ECM 损坏。

73. 康明斯 ISLe310 发动机启动困难

康明斯 ISLe310 发动机启动困难。

故障诊断

首先读取故障码，发现一个故障码为 2265，内容为电子油泵驱动电路电压高于正常值或对高压电源短路。检测到电子油泵电路中电压偏高或开路。尝试消除故障码，无法消除现行故障。

接着检查 ECM 输出电压，正常。检测燃油泵电路是否开路或短路，检测正常。当检查线束时发现电子油泵电阻无穷大，怀疑电子油泵有故障。

更换电子油泵后试车，故障消除。

维修总结

① 电子燃油泵损坏将造成发动机启动困难。发动机在启动时，电子燃油泵会自行启动30s，发出"吱、吱"声音，此时通过耳听可以判断电子燃油泵是否工作，但是通过测量才能判断电子燃油泵是否损坏。

② 如果接通点火开关时 ECM 检测到开路，则该故障起作用。产生该故障码的原因为电子燃油泵电路开路。

③ 如果故障码是间歇性的，查找电路间歇性开路的原因，如触针松动和连接不良。

④ 如果燃油泵自身油路堵塞也将会造成报警，导致发动机无法启动或启动困难。

74. 潍柴重卡柴油车，发动机能启动但伴有抖动

故障现象

一辆潍柴重卡柴油车，发动机能启动但伴有抖动，转速到 540r/min 马上就降落下来，也就是 2~3s，自动熄火。

故障诊断

在短暂的着车过程中故障灯不亮，说明电控系统问题不大，重点检查燃油系统，低压管路及连接，未见异常，拆开喷油器回油管、共轨管限压阀，用起动机带动发动机观察，当发动机有爆发声音时，看到共轨管限压阀喷出一股燃油，同时在数据流中显示轨压上升到44MPa 后很快落到 28MPa，然后在 28~32MPa 之间波动。因此，可以判定共轨管限压阀损坏。

故障排除

更换共轨管总成后试车，故障排除。

维修总结

在共轨电控系统中，共轨管限压阀的设计，主要是为了确保共轨管内压力稳定在规定的压力值范围内，当压力超过设计极限时（一般为 180MPa），泄压阀打开，以保证共轨管压力不至于无限制升高。

75. 江淮 HK6606K 型客车，研磨气门后启动发动机，运转数秒后发动机自行熄火，且无法重新启动

故障现象

一辆江淮 HK6606K 型客车，装备玉柴国二 YC4F115-20 型柴油机。该车因发动机异响、运转无力到服务站检修，研磨气门后启动发动机，运转数秒后发动机自行熄火，且无法重新启动。

故障诊断

接车后进行试车，发现异响来自发动机内部，从外部很难判断具体部位，于是分解发动机，检查活塞、连杆、气门、齿轮等室内零部件，但未能找到故障部位。

进一步检查发现四个进气门和气门密封不严，进气门和气门座工作面有严重的漏气痕

迹。重新研磨气门，装复后启动发动机，但数秒后又自行熄火，且无法重新启动。

① 打开点火开关，发动机故障指示灯闪烁自检，自检完成后指示灯熄灭，说明发动机的电源系统正常。

② 连接博世 KTS 诊断仪，读取故障码，无故障码输出。启动发动机，读取共轨压力数据，显示值为"0"，初步怀疑油路中有空气。排除低压油路和高压油路中的空气，再次启动发动机，此时轨压超过 30MPa，发动机转速也超过 250r/min，满足启动条件，但发动机仍然不能启动运转，不过此时发动机有着机的征兆，好像有一个缸在工作。怀疑高压油路的空气排除不彻底，于是松开高压油管与喷油器端的连接螺母，发现高压油路中有大量空气，逐缸对高压管路进行排气，排完后启动发动机，却一点儿着机征兆也没有了。

③ 检查曲轴位置传感器、凸轮轴位置传感器输出的基准信号，均正常。

④ 考虑到发动机刚拆卸过气缸盖，于是检查气门装置、调整是否有误，结果也均无误（后来仔细想想，发动机装好后曾启动运转了几秒钟，所以应不存在气门装配或调整错误）。

⑤ 从诊断仪上的数据流可以看出，循环供油量已达到 110mg，说明 ECU 已向喷油器发出了喷油指令。110mg 燃油的流向显然有两种可能，一是通过喷油器喷入了气缸；二是从喷油器回油管回流，没有进入气缸。拆开四个喷油器的回油管，启动发动机，观察各缸喷油器回油管的回油情况，结果各回油管均有回油，只是回油量大小稍有差别。

⑥ 经上述检修后，怀疑喷油器有故障。于是将 1 号缸喷油器从气缸盖上拆下来，连接到高压油管上，然后启动发动机，发现喷油器根本不喷油。用同样的方法检查剩余 3 个缸的喷油器，同样也无喷油。

⑦ 将故障车上的四个喷油器接到正常的发动机上（喷油器只与高压油管连接即可，不必装到气缸盖上），各喷油器仍然不喷油，说明 4 个喷油器确实损坏。

‹ 故障排除

更换四个新喷油器后试车，发动机顺利启动，故障排除。

76. 重汽产豪沃牌牵引车在每次启动运转的过程中，发动机突然熄火，熄火后再次启动，起动机运转正常，但发动机无法着机

‹ 故障现象

一辆重汽产豪沃牌牵引车，车型为 ZZ4257V3247N1B，装配杭州发动机厂生产的 D12.42-30 型 309kW 高压共轨国三排放柴油发动机。该车在每次启动运转的过程中，发动机突然熄火，熄火后再次启动，起动机运转正常，但发动机无法着机。

故障诊断

首先验证故障现象，发现启动发动机时起动机运转有力，但发动机不能着机。连接故障检测仪读取故障码，调得故障码的含义是共轨值偏差，喷油器短路。根据维修经验及故障码的提示，初步判断为燃油系统有问题。

首先检查柴油粗滤器，发现其内很脏，而且还有很多水分，于是怀疑燃油箱内的柴油中可能有水。拧开燃油箱放油螺栓，结果从燃油箱内放出大约 5kg 的水，估计该车曾加注过劣质柴油。于是将燃油箱内的柴油全部放出后，更换柴油粗滤器和精滤器，并重新添加柴油，对燃油系统排除空气后启动发动机，发现故障依旧。怀疑柴油不能进缸，逐一松开各缸喷油器的回油管接头，在启动发动机时感觉回油量比正常状况要少，特别是当松开第 4 缸喷油器回油管时，发现回油中有很多泡沫，于是拆检第 4 缸喷油器，发现喷油器电磁阀卡死在打开位置，而无法关闭。拆检其他各缸喷油器，没有发现问题。经过分析认为，该车发动机熄火后无法启动的原因就是因为添加了劣质柴油，导致第 4 缸喷油器电磁阀卡死在常开状态而泄压，使得油轨内无法建立起足够的油压，进一步使得各缸喷油器的喷油压力不足。

故障排除

更换第 4 缸喷油器，并按照技术要求将新喷油器的代码输入发动机 ECU 后试车，故障排除。

77. 潍柴 WP6.240 型增压中冷型柴油发动机启动困难且启动时伴有敲击声

故障现象

一辆装备潍柴 WP6.240 型增压中冷型柴油发动机的车辆，采用博世电控共轨系统。该车一般要启动 3 次才能着机，且启动时伴有很明显的"当、当"敲击声音，但发动机一旦启动着机后，在运行过程中没有感觉到任何异常。

故障诊断

首先用闪码的方法读取故障码，调得的故障码是 334，内容为油中有水报警灯错误；113，内容为凸轮轴/曲轴转速传感器错误；134，内容为共轨卸压阀有问题；135，内容为流量计量单元错误；225，内容为加速踏板与制动可信检测错误。

根据读取的故障码提示，检查各部件后没有发现异常，执行故障码清除操作，发现只有故障码 113 清除不掉，所以怀疑其他故障码所指的故障为历史故障。

连接故障检测仪并启动发动机做"启动故障信息"测试，故障信息显示"转速同步错误"。分别检查曲轴位置传感器和凸轮轴位置传感器及其线路，均正常。怀疑机械安装不当，造成了喷油正时不正确，于是拆掉齿轮室上的高压油泵齿轮盖板，检查高压油泵齿轮齿数及标记，均正确。但同时发现在第 1 缸压缩行程上止点时，高压油泵齿轮键槽应该水平偏下，实际位置与安装要求略有偏差。

故障排除

按照规定的标识重新调整高压油泵齿轮后试车，故障排除。

78. 潍柴 WP6.240 发动机启动时起动机不动作

故障现象

一辆装备潍柴 WP6.240 发动机的车辆，启动发动机时起动机不动作。

故障诊断

根据上述故障现象，怀疑该车相关线束连接器有故障，导致 ECU 无电压输入，或者启动继电器有故障。用万用表测量发动机 ECU 上的四个电源端子（即端子 1.08、端子 1.09、端子 1.02、端子 1.03），均无电源电压，检查相关电路，发现控制 ECU 电压输入的 30A 熔丝熔断。

故障排除

更换 ECU 熔丝后试车，故障排除。

79. 潍柴 WP6.240 电控共轨柴油机在运行中突然熄火，之后再也无法启动

故障现象

一辆装配 WP6.240 电控共轨柴油机的汽车在运行中突然熄火，之后再也无法启动。

故障诊断

首先读取故障码，其含义为主继电器 2 对地短路。参考电路图，经检查发现 V2（1.04 针脚）和 V4（2.03 针脚）有对地短路的故障。怀疑是排气制动电磁阀所引起的，排除该故障后重新启动柴油机，柴油机仍然无法启动，监测轨压最高只能到 4.0MPa，同步信号正确。

经分析认为柴油机无法启动是由于轨压无法建立所引起的，喷油器必须要达到 16.0MPa 的压力才可以喷油。

于是从低压油路开始查起，首先分段检查了油箱、粗滤、低压齿轮泵、精滤和高压油泵进油口，使用电动机带动，能够很清晰地看到压力还是很大的，说明故障高压油路。

再分段检查高压油泵和各缸的进油管，高压油泵的出油量和各缸高压油管的出油量也很大，处于正常状态，因而怀疑喷油器有问题。

将各缸喷油器回油管依次松开，观察回油情况，经对比观察发现，除了第三缸喷油器回油量很大以外，其他各缸喷油器都基本没有回油，从而判断该喷油器出现故障。

故障排除

更换了第三缸的喷油器后，重新启动，柴油机恢复正常。

维修总结

喷油器出现泄漏主要表现为柴油机跛行、无法启动。如果喷油器的泄漏量过大，则可能导致柴油机无法启动，而泄漏量较小则可能会引起车辆跛行。

80. WP6 电控共轨柴油机运转过程中，出现黑烟且动力不足

故障现象

WP6 电控共轨柴油机运转过程中，出现黑烟且动力不足。

故障诊断

用诊断仪检测，柴油机无故障码，怀疑是机械故障。用诊断仪做单缸测试，柴油机不能满足测试条件，故只能手动断缸，测试后无明显变化。将喷油器拆下后发现，喷油嘴偶件有水锈现象，判断为柴油中有水导致喷油器针阀偶件因锈蚀而卡死。

故障排除

更换全部喷油器并对燃油系统进行彻底的清洗后试车，柴油机工作正常。

维修总结

造成上述故障的原因是柴油含水量大而使喷油器针阀偶件卡死，导致喷油器损坏（漏油严重或雾化不良），因此，柴油机运行无力且排气冒黑烟。

81. 电控共轨柴油机运转过程中出现黑烟，且柴油机的最高转速仅为 1500r/min

故障现象

电控共轨柴油机运转过程中出现黑烟，且柴油机的最高转速仅为 1500r/min。

故障诊断

该车为新车，使用一个多月后即出现柴油机在怠速和加速时冒烟严重，同时报出燃油计量单元电流超出上限值和限压阀打开的故障码。

故障码能够清除，清除故障码后柴油机能正常运行一段时间。观察其油量计量单元的电流值变化，很正常，做油量计量单元测试，正常。说明其油量计量单元是正常的，造成电流值超限不是油量计量单元本身导致的，而是由外部油路原因造成的。

接着检查低压和高压油路的进油及回油，没有发现泄漏和堵塞的地方。怀疑故障出在喷油器上。于是做加速测试，发现在关闭第5缸喷油器后柴油机转速比关闭其他缸时高出60r/min，说明第5缸工作确实有问题。

拆下第5缸喷油器，检查发现其与水套已经烧坏，水套和喷油器已经变形，喷油器拔不出来，当时情况下因为没有水套，硬拔可能将水套一块拔起，如果只是换喷油器，肯定会出现密封不严，如果漏水则后果将更严重。

故障排除

根据上述现象，决定同时更换气缸盖和喷油器，之后试车，柴油机运转正常。

82. 奥迪 A6L TDI 柴油车行驶中故障灯闪烁，动力不足，加不上油，熄火后无法启动

故障现象

2010年款奥迪 A6L 2.7 TDI 轿车，行驶中故障灯闪烁，动力不足，加不上油，熄火后无法启动。读取故障码，内容为油轨压力过低（偶发），计量阀故障（偶发），更换高压泵后故障排除。几天后出现行驶中故障灯闪烁，动力下降，但熄火后可以启动。检测发现故障码，内容为油轨压力过低（偶发）。出现故障码的环境：高压为51300kPa、车速为40km/h、发动机转速为1120r/min。

故障诊断

根据上述故障现象，检修方法如下。

① 将辅助油泵插头拔下，无怠速，松加速踏板后熄火。该发动机低压油路有两个电动油泵，一个在油箱内，另一个在拆下右侧下护板后可看到。考虑到发生故障后车辆行驶到维修站，油箱内的油泵一定会工作（同时执行器测试也听到油泵工作声音）。

② 出现故障码时高压压力为51300kPa，感觉对应40km/h的车速并不低，以为发动机控制单元程序混乱，断开蓄电池后试车，故障没有消失。

③ 更换高压压力传感器 G247（油轨左侧的三线插头），故障没有消失。更换理由是，怀疑 G247 故障，发动机控制单元进入故障模式。

故障排除

更换调压阀 N276（油轨右侧的两线插头）后试车，故障排除。

维修总结

发动机控制单元以占空比的方式控制高压泵上的计量阀 N290 和油轨上的调压阀 N276

来决定油轨中的高压压力。高压泵上的计量阀 N290 决定进入油轨的供油量多少，占空比范围为 33%～62%，占空比越大，供油量越低，油轨中油压也就可能越低，当拔下 N290 的插头时，高压油泵以最大供油量工作，发动机不熄火，也不影响发动机启动。油轨上的调压阀 N276 决定油轨的泄油量，占空比范围为 13%～37%，占空比越大，泄油量越低，油轨中油压也就可能越高，当拔下 N276 的插头时，泄油量最大，油轨压力接近为 0，发动机熄火，也无法启动。高压油轨内油压的高低，直接的两个因素是高压泵控制的供油量和调压阀的泄油量。

83. 奥迪 A6L 柴油车发动机无法启动

◁ 故障现象

　　一辆奥迪 A6L 2.7T 柴油车，热机将发动机熄火后重新启动，出现发动机无法启动着机的故障，而且组合仪表上的发动机故障灯亮起。

故障诊断

　　首先使用 VAS5052 检测，发动机控制单元（J623）中存在故障码 P0087 和 P0088，其含义分别为蓄压管压力低于调节极限和蓄压管压力超出调节极限。

　　根据故障码的提示，首先检查柴油滤芯，发现柴油滤芯中没有金属磨屑，接着拆卸燃油计量阀（N290），发现周边有金属磨屑，且高压泵内也有很多金属磨屑。因此怀疑柴油品质不良，于是抽取部分柴油搁置一段时间后出现分层，柴油呈现在上层。

　　经过以上各步检查，怀疑整个油路可能也会受到金属磨屑的影响，所以首先必须清洗燃油管路，排出车上的劣质柴油，并用无绒毛的抹布擦净油箱底板，同时更换低压系统的部件和高压系统的部件。添加符合要求的柴油后对该车进行路试，该车的仪表又出现了预热指示灯点亮的现象，而且加速无力。使用 VAS5052 检测发动机系统，发动机控制单元（J623）中储存有故障码 P0087，内容为蓄压管压力低于调节极限。怀疑燃油回流管路中的压力保持阀可能存在泄压，用 VAS6330 测量回油系统压力，只有 4.3bar（正常应为 10bar 左右，1bar＝100kPa），试着更换压力保持阀后，回油系统压力恢复到正常范围。继续分析认为，由于该车添加的柴油质量较差，水分含量较高，因此发动机工作时高压泵会磨损，从而导致金属屑散布在整个燃油系统中，使得压力保持阀内部存在泄漏，回油量增加。

◁ 故障排除

　　对于高压部分，更换了高压泵、带高压管路的喷油器、带压力保持阀的回油管；对于低压部分，更换了燃油供给单元、燃油滤清器，同时排清油箱内的柴油，清洁油箱和管路。而后试车，故障排除。

84. 长途豪华客车装用电控共轨柴油机，在运行中，出现了冷却液温度偏低

◁ 故障现象

　　一辆长途豪华客车装用 6 缸电控共轨柴油机，在运行中，出现了冷却液温度偏低现象。柴油机正常工作时，仪表显示冷却液温度一直低于 76℃。

故障诊断

　　柴油机冷却液温度低的可能原因有：节温器常开，不能自动控制冷却液温度；冷却风扇离合器长期处于高速运转状态。其原因是：硅油离合器内的硅油不能正常返回储油腔（但该

车没有安装硅油离合器，故此问题不存在）；电磁冷却风扇离合器的轴承卡滞；电磁冷却风扇离合器温度控制传感器失准或其导线连接器受腐蚀。

根据上述故障现象，检查柴油机冷却系统外部零部件，没有发现问题。

于是拆检节温器，发现节温器的主阀门处在常开状态（低于76℃时应关闭），因此，换上主阀门开启温度为83℃的节温器。再检测冷却风扇的工作电压、冷却液温度传感器的电阻和电磁冷却风扇离合器线圈的连接线，都正常。

接着试车，发现仪表显示冷却液温度为93℃，但实际测得的冷却液温度只有76℃，测量冷却液温度传感器的电阻为1.360Ω（该车冷却液温度传感器为正温度系数热敏电阻型传感器，其电阻随温度的升高而增大，当冷却液温度为76℃时，其电阻应为1.293Ω），明显偏大。

该柴油机配置的是3速电磁冷却风扇离合器，ECU根据冷却液温度和进气温度来控制冷却风扇的转速，从而控制柴油机冷却液的温度。检查冷却液温度传感器，发现其连接器端子被冷却液腐蚀，致使冷却液温度传感器的电阻增大。由于冷却液温度传感器的电阻偏大，ECU误认为冷却液温度较高，因而提高了冷却风扇的转速，以致冷却液的温度持续偏低。

> **〈 故障排除**
>
> 清洁冷却液温度传感器接线端子后，柴油机冷却液温度恢复正常。

85. YC6J220-30电控柴油机，车辆行驶时，柴油机有时怠速不稳，运行一段时间后，加速运行2min后就熄火

> **〈 故障现象**
>
> 一辆汽车装配YC6J220-30电控柴油机，启动时正常，车辆行驶时，柴油机有时怠速不稳，运行一段时间后，加速运行2min后就熄火。

故障诊断

连上诊断仪后，发现历史故障码P109，含义为轨压闭环控制模式故障，即轨压低于目标值。检查油路，没出现打折、堵塞现象。

> **〈 故障排除**
>
> 仔细检查发现油管的内径只有大约5mm，按要求更换管径大于8mm的油管后，故障排除。

维修总结

对于博世电控共轨系统的柴油机而言，低压油路的所有油管必须满足表8-6所列的尺寸要求。

表8-6　共轨柴油机低压油路尺寸技术要求

位置	内孔直径/mm ≥	最高温度/℃ <	最大流量/(L/h) <
油泵进油	12	100	400
油泵回油	12	100	400
喷油器回油	4	135	50(6缸)
共轨限压阀回油	8	135	200

86. 电控共轨 (MS6.3系统)柴油机启动困难

电控共轨(MS6.3系统)柴油机启动困难。

故障诊断

经检查发现，该车油路系统的回油量很大，导致高压泵的泵油压力不足，轨压不能建立，所以柴油机启动困难。检查共轨限压阀等没有发现问题。

根据上述故障现象，经分析认为，可能是高压泵回油阀关闭不严，造成大量的燃油通过回油管直接流回油箱，使高压泵无法建立油压。其原因可能是回油阀损坏，也可能是阀内有铁屑或异物，导致回油阀处于常开的状态。打开高压泵回油阀检查，发现阀体内存有大量的异物。

故障排除

将高压泵回油阀体内异物清除干净，安装复位后，柴油机启动正常。

维修总结

该车出现此类故障的原因应该是柴油不洁或使用了劣质柴油滤清器。因此，为避免不必要的损坏，一定要使用满足电控柴油机使用要求的清洁柴油，且柴油的过滤效果格外重要。所以，一定要使用满足电控柴油机技术要求的柴油滤清器滤芯并定期检测和更换。

87. 客车 (WP6 共轨柴油机)发动机启动困难，每次启动一般都要连续启动 3 次以上才能启动成功

故障现象

一辆客车(WP6 共轨柴油机)发动机启动困难，每次启动一般都要连续启动 3 次以上才能启动成功。启动时还伴有明显的"当、当、当"的敲击声。但柴油机一旦启动成功，正常运行过程中就没有任何异响声音。

故障诊断

上车读取故障闪码，相关故障闪码见表 8-7。

表 8-7　WP6 柴油机启动困难故障闪码

故障闪码	故障原因	故障闪码	故障原因
334	油中有水报警灯错误	135	流量计量单元错误
113	凸轮轴/曲轴转速传感器错误	225	加速与制动可信检测错误
134	共轨泄压阀问题		

根据上述故障闪码，检查相关部件，没有发现异常，将故障闪码334屏蔽，并清除故障闪码。除故障闪码113以外，全部可以清除，说明除故障闪码113以外的其他故障为历史故障。初步判定为转速传感器或信号故障。

接着连接故障诊断仪，并做启动故障信息测试，检测出转速同步错误。为此，分别检查了凸轮轴转速传感器和线束通断，均正常。怀疑机械安装造成了喷油正时不正确，拆掉齿轮室上的高压油泵齿轮盖板，检查高压油泵的齿数及标记，均正确。

在第"1"气缸压缩至上止点时，高压油泵齿轮键槽应该水平偏下，但发现实际情况与

安装要求略有偏差。

故障排除

拆下高压油泵齿轮，沿逆时针方向调一个齿，之后柴油机启动顺利，故障排除。

88. WP12共轨柴油机，每次第一次启动时，柴油机均不能启动，随后再次立即启动，即可正常启动

故障现象

WP12共轨柴油机，每次第一次启动时，柴油机均不能启动，随后再次立即启动，即可正常启动。

故障诊断

每次启动柴油机时，大概3s后，柴油机有"突、突"的爆缸声，排气管冒出一股黑烟，转速400~500r/min，然后柴油机就自动熄火。但紧接着再次启动柴油机，就可以很顺利地完成启动，且启动时间不超过1s。

如果断电时间过长，首次启动又会出现自动熄火现象。在启动过程中，闪码灯长亮，报4-3-1闪码（错误路径3.6），属同步信号问题。

根据上述故障现象，初步判断为同步信号问题或者线束问题。

检查凸轮轴相位传感器、曲轴转速传感器接插件以及传感器线束，均正常。后经采集、分析数据，最后判定为凸轮轴位置传感器故障，但更换凸轮轴位置传感器后故障现象并未消除。从而认定故障原因应该在内部判缸信号轮上，因该信号轮安装在高压油泵内部，应该更换高压油泵。

故障排除

更换高压油泵后，上述故障现象消失。之后拆检高压油泵发现，故障为高压油泵内部判缸信号齿轮加工不合格所致。

89. 重型车辆柴油机（WP10电控柴油机）在行驶中，突然出现了动力不足、转速下降、行驶缓慢

故障现象

一辆重型车辆在行驶中，突然出现了动力不足、转速下降、行驶缓慢的故障现象，驾驶员将加速踏板踩到底，柴油机(WP10电控柴油机)的最高转速只能达到1500r/min左右。

故障诊断

打开点火开关，读取闪码，并连接KTS诊断仪读取故障，读取的故障闪码及故障码见表8-8。上述故障码，在点火开关ON位置时，可以全部清除。

表8-8 WP10电控柴油机动力不足故障码及闪码

故障闪码	OBD-Ⅱ故障码	故障闪码及故障码的含义
221	P0251/P0237	加速踏板位置传感器1/加速踏板位置传感器2错误
322	P1381	进气加热继电器错误

故障闪码	OBD-Ⅱ故障码	故障闪码及故障码的含义
324	P1651	车速传感器故障
244	P0362	机油温度传感器故障/机油温度过高
254	P1123	高/低压油路有泄漏
134	P1709	共轨泄压阀故障

接着启动柴油机，怠速运行一段时间，重新读取故障码（故障闪码为134）。待柴油机温度正常时，读取数据流，见表8-9。

表 8-9　WP10 电控柴油机动力不足数据流

数据流项目	常见转速 602r/min	柴油机转速 1465r/min
加速踏板位置信号 1/V	0.37	3.77
加速踏板位置信号 2/V	0.37	1.88
额定共轨压力/MPa	50.0	74.1
实际共轨压力/MPa	74.9	82.1
共轨压力传感器电压/V	2.16	2.33

从表8-9中可以看出，加速踏板位置信号1的输出电压为加速踏板位置信号2的输出电压的2倍，说明加速踏板位置传感器正常；另外，可以看出实际共轨压力在怠速及1465r/min时都明显高于额定共轨压力，偏差太大。

经分析怀疑是燃油计量单元有故障，用故障诊断仪做"配量单元"测试，显示燃油计量单元正常。

发动机怠速运转，并监测实际值，发现轨压一直升高，最后达到174.3MPa，此时仪表盘故障灯亮，即泄压阀打开（用手分别放在回油管及共轨上，能明显感觉到温度差，回油管温度明显高）。再踩加速踏板，出现最高转速为1500r/min故障。重复几次都是如此。

再启动柴油机，检查柴油机油路，发现高压油泵回油管有鼓胀现象，怀疑回油管路堵塞了，检查发现回油管被车架压扁了。

‹ 故障排除

将被压扁的回油管重新安装到位，并确保不再被挤压或被压扁后，启动柴油机，运转正常。

维修总结

该车故障原因是柴油机的回油管被压扁，导致回油量减少，轨压持续上高，ECU判断为轨压故障（轨压过高），因此，ECU就会减少供油量并限制在某个转速下运行，避免对柴油机造成更大的损坏。

90. 重型运输车辆（WP10.33G 电控柴油机）在行驶中，柴油机突然出现动力下降、转速降低，只能慢速前行

‹ 故障现象

一辆重型运输车辆（WP10.33G 电控柴油机）在行驶中，突然出现动力下降、转速降低，只能慢速前行的故障现象，发动机转速只能达到1700r/min左右。

进行试车，将加速踏板踩到底，发现在柴油机的转速达到 1700r/min 后就会出现燃油的设定流量值大于标定流量值的情况。初步判断是燃油系统有不正常的油量故障。

首先检查低压油路，检查两个滤清器有没有堵塞或泄漏现象。接着将两个滤清器短路，将进油管直接接到低压齿轮油泵进油口，将低压齿轮输油泵出油口直接接到高压油泵上，但试车故障依旧。基本排除了低压油路有故障的可能，从而确认高压油路存在问题。

于是利用 KTS 故障诊断仪进行高压测试，在柴油机转速为 2200r/min 时，实际轨压值只有 90.0MPa（标准值应为 130MPa），这表明该柴油机燃油高压系统存在泄漏现象。因为没有发现共轨或其他部分存在泄漏现象，怀疑电控喷油器存在泄漏，用断缸法测试检查各缸喷油器工作状况，发现第 6 缸喷油器工作能力差，存在泄漏现象。

> **< 故障排除**
>
> 更换第 6 缸喷油器后，故障排除。

91. 当载货车（D19 共轨柴油机）车速达到 70~80km/h 时，加速时熄火

> **< 故障现象**
>
> 一辆载货车(D19 共轨柴油机)，当车速达到 70~80km/h 时，加速时熄火。 怠速猛踩加速踏板也会熄火。

故障诊断

首先用诊断仪读取故障码为 P1011，含义为轨压控制器正偏差超过上限。

接着检查低压油路是否存在堵塞或进气现象，未发现异常。

于是拆下喷油器回油管，在怠速时比较 4 个缸的喷油器回油量。明显发现第 1 缸的回油量比其他三个缸的大，从而确定第 1 缸的喷油器有故障。

> **< 故障排除**
>
> 更换第 1 缸的喷油器后，柴油机运行正常。

92. 重型汽车在行驶中，将加速踏板踩到底，柴油机（WP10 电控柴油机）最高转速只能达到 1700r/min 左右

> **< 故障现象**
>
> 一辆重型汽车在行驶中，出现了将加速踏板踩到底，柴油机(WP10 电控柴油机)最高转速只能达到 1700r/min 左右的故障现象。

故障诊断

根据上述故障现象，一般为电控系统进入失效控制模式。首先对低压油路进行检测，未发现低压油路存在任何问题。根据对低压油路的试验和整车的启动性能来看，基本认定是高压油路存在问题。

利用 KTS 诊断仪对高压系统进行测试，发现 2200r/min 时实际轨压值根本达不到设定值目标 130.0MPa，相差了近 40.0MPa，表明高压系统存在泄漏的地方。怀疑喷油器有故障，用断缸法测试检查各缸喷油器工作状况，测试结果表明第 6 缸喷油器工作能力差，存在泄漏现象。

93. 解放汽车高压共轨发动机，启动时起动机运转，但无法启动

一辆解放汽车，发动机型号为 6DF3，采用博世高压共轨技术。启动发动机，起动机运转但无法启动，无故障码。

故障诊断

询问驾驶员得知，该车发动机熄火后无法启动。常规检查未发现异常，又检查了 1～3 缸喷油器并且更换了高压泵等零件，故障依旧。

接着启动发动机，观察喷油器喷油情况，没有喷油，判断为共轨压力无法建立；进一步检查，通过逐缸断油启动，断到第 4 缸时，发动机顺利启动，表明该缸喷油器泄漏而无法建立共轨压力。

更换第 4 缸喷油器后，故障排除。

94. 6DF3 发动机空车时转速能达到 2600r/min，松开加速踏板再踩，转速只有 2300r/min

一辆汽车装配 6DF3 发动机，空车时转速能达到 2600r/min，松开加速踏板再踩，转速只有 2300r/min。

故障诊断

该车为公交客运车，读取该发动机的故障码，显示为 P1014，含义为"燃油流量错误"。测量相关传感器和电磁阀的电压值及电阻值都在规定范围内，检查低压油路均正常。通过仪器检测喷油器回油量的大小，发现 30s 内回油量达 250mL，参考值为 100mL/min，表明喷油器有故障。

更换喷油器后，故障排除。

维修总结

通过分析回油量超出参考值的现象，认为是喷油器雾化状况不好而泄漏，流量计量单元检测到流量不正常，ECU 对转矩进行了限制，转速只有 2300r/min。其原因可能是用户使用的燃油不达标或油路疏于保养而造成该故障。

95. 宇通客车装配 6DF2-22E3 发动机，车辆行驶无力

一辆宇通客车装配 6DF2-22E3 发动机，电控系统为博世 EDC7，该车行驶无力。

汽车行驶无力，首先检查是否为发动机运转无力。通过诊断仪与发动机 ECU 通信，无故障码显示。检查进气压力和油轨压力数据流，亦显示正常。怀疑可能是气路或油路或者是机械问题。

接着检查气路方面问题。经过详细排查，确认进排气系统无误。于是检查油路系统，也未发现明显故障。

经仔细分析，怀疑故障为某缸不工作或者工作不良。用诊断仪对发动机进行断缸控制试验。发现第三缸工作不正常。拆开后，发现喷油器里面有黑色的积炭。

〈 故障排除

清理喷油器再试车，故障排除。

维修总结

发动机无力是最常见的发动机故障之一，发动机无力的主要原因有以下几个。

① 气缸内进油量不够，或者雾化不好。

② 气缸内进气量不够，或者进气压力不够。

③ 发动机冷却液温度异常，导致发动机功率损耗加大。

在解决这类故障时，首先需要借助诊断仪或者万用表测量进气压力信号和共轨压力信号是否在合理范围内；然后根据测量结果对进气和进回油系统进行排查。

96. 道依茨 BF6M1011-26E3 柴油机，怠速时抖动严重

〈 故障现象

道依茨 BF6M1011-26E3 发动机，采用道依茨电控单体泵控制系统，怠速时柴油机抖动严重。

故障诊断

经检查发现该发动机故障灯亮，对该车进行读取故障码操作，发现故障码为 P0206，含义为 6 缸单体泵信号开路。初步判断是 6 缸单体泵线束故障，用万用表测量 6 缸单体泵线束端子与 48 芯插接器第 32 针脚之间的线路，线路导通。

重新插好 48 芯插接器，测量单体泵线束端子与过渡线束 A27、A39 之间的线路，线路导通。重新连接好线束，故障消失。

〈 故障排除

故障原因可能是线束插接器或端子接触不良，重新插接牢固后，故障排除。

97. 道依茨 BF6M1011-26E3 柴油机故障灯亮，启动困难

〈 故障现象

道依茨 BF6M1011-26E3 柴油机，发动机采用电控单体泵控制系统。该车故障灯亮，柴油机启动困难。

故障诊断

进行读取故障码，发现故障码为 P0265，其含义为 2 缸单体泵对电源短路，单体泵线路电压太高引起停机。用万用表测量第 2 缸单体泵线束电阻，发现电阻值为 0，判断单体泵线圈短路。

更换第 2 缸单体泵后试车，故障排除。

98. 锡柴 6DF3 电控柴油机启动时，起动机能运转但柴油机无法启动

故障现象

一辆汽车装配锡柴 6DF3 电控柴油机(博世电控系统)，该车启动时起动机运转，但柴油机无法启动。

故障诊断

用诊断仪读取故障码，显示故障码为 P0088，含义为"超出最大轨压"。接着检查电路，均正常。拔出喷油器后外接启动检查喷油状况，发现不喷油，从而确定故障为高压油泵供油不足造成的。

故障排除

更换高压油泵后试车，故障排除。

99. 中通客车装配玉柴 YC6L 柴油机，出现异响、加速无力、冒黑烟

故障现象

一辆中通客车装配玉柴 YC6L 柴油机，该车柴油机出现异响、加速无力、冒黑烟等故障现象。

故障诊断

连接诊断仪读取故障码，出现故障码 P2158——车速信号故障不合理；故障码 P1018——轨压闭环控制模式故障 (10)，供油量过大；故障码 P2268——燃油水位信号报警等，其中车速信号故障不合理属非主要故障，可以忽略。

读取数据流发现柴油机转速波动很大，柴油机怠速明显不稳，这说明某缸或某些缸的做功情况很差，结合加速时还有黑烟冒出，怀疑喷油器不能喷油或喷油雾化不良。

电控高压共轨系统高压油路采用的是闭环控制模式，对故障模式 10，一般与喷油器有关，当喷油器喷油不好或回油不好时，柴油机转速不能稳定，这时 ECU 试图通过加大循环的油量来维持转速的稳定，所以就会有该故障码出现。

结合故障码 P2269，分析是燃油中水分过多，导致喷油器内部锈蚀卡滞，引起柴油机工作异常。用诊断仪自带的断缸功能判断出第 3 缸、第 6 缸喷油器工作不良。

故障排除

更换第 3 缸、第 6 缸喷油器后试车，故障排除。

100. 一辆依维柯汽车，当柴油机转速达到 3500r/min 时，加速踏板就发软，柴油机转速就加不上

故障现象

一辆依维柯汽车，当柴油机转速达到 3500r/min 时，加速踏板就发软，柴油机转速就加不上。 同时故障灯闪亮，偶尔能达到 4000r/min，当转速下降后，故障灯自动熄灭，同时柴油机恢复正常。

首先用诊断仪读故障码，内容为负油压偏差，这表明高压油泵产生的实际共轨油压与电脑标定的理论油压偏差过大，已无法跟踪。出现这种情况一般有两种可能：高压油泵故障或喷油器故障。这两个元件一个是对共轨蓄压，一个可以认为是泄压元件，两者在ECU的控制下可以实现柴油机各种工况下的最佳共轨燃油压力，所以两者任何一个出现故障都可能造成高压油泵产生的实际共轨油压与电脑标定的理论油压偏差过大，共轨油压不稳。

接着用诊断仪观察数据流，故障出现时柴油机转速在3500r/min以下，共轨燃油压力数值始终跟随共轨压力目标值；而当柴油机转速超过3500r/min时，共轨燃油压力数值明显低于共轨压力目标值，当达到46.0MPa时就难以继续提高了，这时柴油机故障灯也立刻闪亮，从而判断故障是ECU发现共轨燃油压力无法控制。同时由于故障出现时共轨燃油压力偏低，导致喷入气缸内的燃油减少，柴油机转速就加不上去，此时加速踏板自然发软。

经仔细分析认为，如果是喷油器泄压导致的共轨压力数值低于共轨压力目标值（比如喷油器出现卡滞、滴漏），则柴油机往往还伴随工作不平衡等现象，而该车故障发生时，柴油机并无缺缸、爆震、异响等运转不平衡现象，因此排除喷油器出现故障的可能，从而确定高压油泵出现故障。

故障排除

更换高压油泵后试车，故障排除。

维修总结

在维修电控柴油机时，有时根据故障发生条件是否有规律性，可以作为准确判断故障的一个要点。比如在本例中高压油泵如果有故障，该车在柴油机转速为3500r/min时出现，其他车同样故障可能在另一个转速（如2500r/min）时出现，但该故障的共性是都在某一固定转速时出现，而柴油机的转速稳定。如果是喷油器故障，表现往往是伴随着柴油机转速的不平衡、缺缸、异响、爆震等，即故障往往伴随着无规律性的现象。

101. 客车装配YC4F114-30电控共轨柴油机，运行中电控喷油器连续损坏

故障现象

一辆客车装配YC4F114-30电控共轨柴油机，采用德尔福(Delphi)电控系统，该车出现了电控喷油器连续损坏的故障。

故障诊断

询问驾驶员得知，该车在行驶中，感觉柴油机动力下降，加速无力。到修理厂维修，发现电控喷油器已损坏，更换了燃油滤清器和4个电控喷油器后，启动柴油机运转基本正常，但仅行驶2km左右，又感觉柴油机的动力下降，似乎有"缺缸"现象。此时，听见柴油机内出现"嘎、嘎"敲击声，随后排气管冒了一股黑烟，柴油机随即熄火。之后，多次启动柴油机，虽能达到启动转速，但柴油机就是不能启动。

根据上述现象，对柴油机进行初检，并对已更换下的电控喷油器进行外表检查。发现喷油嘴处的积炭较多，喷孔堵塞。从而表明所用燃油有问题。燃油箱内柴油浑浊，呈深黄色，含杂质多。

接着清洁油箱并更换燃油滤清器。进一步检测发现，打开点火开关至"ON"挡，故障灯长亮，用数字式万用表直流电压挡测水温传感器有 5V 电压，说明电控单元（ECU）有电。

将故障诊断仪与诊断接口线束插座（该诊断接口有 3 根线束，1 根电源线，12.39V；1 根信号线，11.05V；1 根地线）及诊断模块 3 线连接（电源线红色，信号线黄色，地线白色对接）。此时需注意，此 3 根线不能错接，否则会损坏诊断模块或诊断通信连接不上。正确连接后诊断模块电源灯亮起，诊断模块另一端与笔记本电脑连接。

连接完毕后，进入德尔福柴油机共轨诊断程序，读取故障码如下。

① 水温传感器信号故障——超高短路。

② 预热驱动故障——开路。

③ 轨压信号故障——超高。

④ 进气质量流量信号故障——超低。

对于出现的历史故障码，视情况检查故障码对应传感器的接插件的接触情况，并测量相应传感器的阻值。检查完毕，消除历史故障码，再打开点火开关，故障指示灯显示正常，经检测，没有新的故障码。观察柴油机与启动相关的数据显示：柴油机转速 230r/min，标定轨压 31.5MPa，实际轨压 310~318MPa，初始轨压 31.0~318MPa，凸轮信号同步 0，曲轴信号同步 0。根据以上检测到的数据，该车已具备启动运转的先决条件，但仍然不能启动运转。

观察柴油机排气管，启动时，没有烟雾排出，将电控喷油器回油胶管拆下，观看启动时回油状况，发现无回油流出，用手触摸高压油管，无脉动油流感觉，说明燃油未进入缸内。因此，观察电控喷油器回油状况，也能帮助分析发动机各缸喷油器工作是否正常。

① 喷油器正常工作的回油状况是有油珠断续喷出。

② 喷油器喷嘴卡死堵塞时，回油管回油长流不断。

③ 喷油器电磁驱动线圈或壳体变形损坏，则无燃油流出。

根据上述故障现象分析，电控喷油器损坏的可能性很大。因此，将第 4 缸喷油器的高压油管拆下，用起动机拖动柴油机运转，观察该高压油管有燃油喷涌流出，说明通往喷油器的高压油路通畅。外接备用喷油器，喷油嘴处有喷出油雾，表明该车喷油器已损坏。

故障排除

更换了 4 个新的电控喷油器，但启动柴油机时仍无启动迹象。用诊断仪再次检测启动工况时各项数据正常。但观察电控喷油器回油管，同样无油流出。从而断定油路系统存在空气。为排除油路系统中的空气，在起动机拖动柴油机运转的过程中，使用 15mm 扳手固定住喷油器电磁驱动线圈尾部，再用 17mm 扳手松开高压油管，高压油管接头处相继有燃油涌出，再将喷油器端的高压油管拧紧，柴油机即刻顺利启动。之后，该柴油机运转状况良好，故障排除。

维修总结

该车电控喷油器连续损坏故障的原因是安装高压油管时用力过度。在安装该喷油器的高压油管时，没有使用专用工具且未按拧紧力矩要求紧固高压油管，而是用紧固机械泵柴油机的方法大力拧紧喷油器端的高压油管，这可能给电控喷油器中间部位（腰部）一个很大的旋转力矩，导致其内部油道或电磁阀损坏。因此，在安装电控喷油器高压油管时，应按技术要求紧固到位即可，绝对不能使用蛮力越紧越好。

故障现象

一辆重型柴油车装配康明斯柴油机，博世高压共轨燃油系统。在行驶中突然出现加不上速、冒黑烟、行驶无力等故障。

故障诊断

首先将诊断仪插入车辆的诊断接口，启动柴油机使之怠速运转。经观察该车在怠速时不冒烟，加速时冒黑烟严重，并伴随严重缺缸现象。读取故障码时发现只有历史故障，其内容为"燃油计量单元流量超过上限值"。读数据流时，重点查看了计量单元的"开度""占空比""实际轨压"和"目标轨压"等项数据。观察发现"实际轨压"与"目标轨压"相差2.0MPa。通过诊断仪的"断缸"功能对柴油机进行断缸测试，发现在断开第4缸时，柴油机转速与断缸前变化没有其他缸明显，从而断定可能是4缺喷油器有故障。

接着将共轨喷油器从车上拆下，将喷油器外观清洗干净，在专用试验台（CPS200）上检测，记录数据见表8-10。

表 8-10 维修前电控喷油器试验数据

喷油器		标定工况	校正工况	怠速工况
1	喷油量/(mL/1000st[①])	240	70	6.4
	回油量/(mL/1000st)	47	22	8.0
2	喷油量/(mL/1000st)	240	72	7.0
	回油量/(mL/1000st)	54	25	8.4
3	喷油量/(mL/1000st)	49	70	7.0
	回油量/(mL/1000st)	150	27	9.0
4	喷油量/(mL/1000st)	240	72	8.0
	回油量/(mL/1000st)	150	90	22.0
5	喷油量/(mL/1000st)	236	70	7.0
	回油量/(mL/1000st)	54	28	9.2
6	喷油量/(mL/1000st)	244	69	7.0
	回油量/(mL/1000st)	51	29	9.0

① st 代表循环，即 1000 次的喷油量。

通过比较发现第4缸喷油器回油量严重超标，不符合性能要求，于是将其分解检查，发现阀组件及球座钢球严重磨损。

故障排除

更换该喷油器的阀组件及钢球，并按先后顺序组装好，按规定力矩拧紧阀组件，压帽及电磁阀组件在 CPS200 试验台上检测得到的数据见表8-11。

表 8-11 修理后第 4 个喷油器试验数据

喷油器	标定工况	校正工况	怠速工况
喷油量/(mL/1000st)	240	70	6.4
回油量/(mL/1000st)	47	22	8.0

通过确认，第4缸喷油器各项指标符合规定，可以使用。然后将6个电控喷油器安装到柴油机上。

启动柴油机，使用专用检测仪(KT670)对柴油机进行监测，清除故障码。显示系统正常，加速，测试发现原来的故障现象消失，柴油机运行正常。

维修总结

电控喷油器的故障主要有喷油量过大、回油量过大、喷油器不喷油、喷油器漏油等，这需要在专用的试验台（CPS200）上才能检测出来。造成电控喷油器故障的原因主要是，喷油器阀组件磨损、喷油器密封球座磨损、喷油嘴偶件磨损、喷油器电磁阀失效、喷油嘴及喷油器阀组件卡滞等。

出现上述故障时，主要清洗零部件、更换零配件、调节喷油器的喷油量和回油量以达到喷油器的最佳性能。

103. 轿车电控柴油机启动困难

故障现象

一辆华泰圣达菲运动型多功能车，采用博世CP1电控柴油共轨系统，该车发动机启动困难。

故障诊断

首先检测柴油机控制单元，未发现故障码。启动过程中，读取轨压传感器的数据，油压在3～11MPa之间变化，说明轨压虽然没能达到16MPa的要求，但是变化趋势是压力在不断增加。

柴油机启动后，检查发现怠速可以提升到4000r/min，表明高压系统密封性能良好。

接着着重检查低压油路，检查发现输油泵中的进油管密封圈老化，导致空气进入形成气阻。

故障排除

更换输油泵进油管的密封圈后试车，故障排除。

104. 公交车装配电控柴油机，在车辆行驶时，怠速不稳甚至熄火

故障现象

一辆公交车装配YC6G240-30电控柴油机，在车辆行驶时，柴油机有时怠速不稳，运行一段时间后，一加速就熄火，停车一段时间后，再次启动正常。

故障诊断

首先连接诊断仪，读取故障码，分别为：P0111——进气温度传感器值过高，1次；P0015——同步信号出错，7次；P0180——燃油温度不合理，172次；P0335——曲轴信号高频错误，9次。

根据上述故障码，分析如下。

① 怀疑曲轴位置传感器与凸轮轴位置传感器沾污，影响传感器信号，将两个传感器拆下清洁。

② 燃油温度过高，导致 ECU 采取保护措施，将水温传感器与燃油温度传感器调换，启动后无故障码，随车行驶大约 20km，无故障产生，测试油温、水温正常，所以判断燃油温度传感器无故障。

③ 再次采集数据，发现实际油量比加速踏板油量小很多，而且在空车踩加速踏板时油温升得很快，柴油机维持在最高转速运行 10min 时油温达到 93℃，确定油路有堵塞现象。

最后检查发现，柴油滤清器滤芯通过性不好，造成油路堵塞。

◀ 故障排除

更换柴油滤清器后试车，故障排除。

105. 潍柴重型货车装配 WP10 共轨柴油机，空载加速正常，车辆运行发动机不提速、车速无法提高

◀ 故障现象

一辆装有潍柴 WP10 共轨柴油机发动机的重型货车，空载加速正常，车辆运行发动机不提速、车速无法提高。

故障诊断

首先连接诊断仪，车辆运行状况下读取轨压参数，发现实际轨压明显低于设定轨压。检查发现燃油流动性差。询问驾驶员得知，入冬以来一直没用，因此燃油箱内还是夏季用油。

◀ 故障排除

更换高标号燃油后试车，车辆运行正常。

四、其他方面故障维修

106. 解放 J6 柴油车行驶途中感觉有挫车现象，加速不畅，故障灯点亮

◀ 故障现象

一辆解放 J6 柴油车，行驶途中感觉有挫车现象，加速不畅，发动机转速只有 1500r/min 左右，故障灯点亮。

故障诊断

首先读取到几个故障码，删除故障码后，仍有故障码 1122，内容为燃油量电控单元处于最大值；7210，内容为喷油量限制装置有故障。

燃油量电控单元处于最大值，电控单元将加大高压泵的供油量，燃油压力超高，泄压阀将被冲开，轨压下降（此时轨压在 70.0～76.0MPa 之间变换），电控单元将限制发动机转速，进入"跛行回家"模式，此时加速踏板虽然起作用，但发动机转速最高只有 1500r/min。

根据故障码的提示，经分析认为，一般不会是电控系统的传感器、执行器或线路故障所致，大多数是由于使用了不合格的劣质燃油，特别是含水量较高的燃油，会使高压泵、喷油器柱塞发卡或磨损，造成上述故障的产生。

> **故障排除**
>
> 将滤芯和油水分离器更换后试车，故障排除。

107. 宝来轿车 TDI 柴油发动机不易启动，有时热车也出现启动困难的现象

> **故障现象**
>
> 一辆宝来轿车 TDI 柴油发动机冷车不易启动，有时热车也出现启动困难。

故障诊断

首先连接 VAS5031 诊断仪读取故障码，无故障码存储，系统正常。在柴油滤清器处进行燃油压力检查，燃油压力正常。更换新的柴油滤清器，故障依旧。

接着连接 VAS5051 诊断仪读取数据流，在检查数据组 3 时，详细观察各数据区的数据变化，发现 2 区进气量偶尔变化异常，怀疑故障是由于进气量异常引起的。检查真空储气罐的连接管路，未发现异常。于是熄灭发动机，反复开关点火钥匙，仔细观察进气翻板动作情况，发现废气再循环阀动作缓慢，打开或关闭不及时。

经分析，认为进气翻板有故障，而控制进气翻板的各真空装置均正常。拆解进气翻板进行检查，发现有大量积炭存在。

> **故障排除**
>
> 清除节气门积炭后试车，故障排除。

维修总结

由于此车有时加入劣质燃油，而且空气滤清器更换不及时，造成节气门处积炭过多，而在启动时，真空控制节气门开闭不到位，造成启动困难。

108. 潍柴柴油车发动机原地加速正常，但重载时动力严重不足，故障灯点亮

> **故障现象**
>
> 一辆潍柴柴油车发动机原地加速正常，但重载时动力严重不足，转速上升到 1500r/min 后就上不去了，故障灯点亮。

故障诊断

首先读取故障码，发现有故障码 253，内容为低压油路供油不畅。接着对油箱、油管、滤芯进行检查，滤芯无含水现象，油箱通气阀未堵塞，发现低压油管有弯折现象。

> **故障排除**
>
> 更换弯折的低压油管后试车，故障排除。

维修总结

该车为了保证高压泵的供油量，在燃油系统的低压管路中，要求低压供油管内径要大于等于 12mm，内径过小或弯折会造成供油不畅，特别是重载大负荷时更加明显。检查低压油管时发现油管有弯折现象，一定会影响低压油泵的输油量，进而影响高压泵的工作，致使在大负荷、高转速时供油量不够，发动机电控单元检测到低压油路供油不畅故障时，进入保护模式（跛行回家）。

109. 潍柴柴油机发动机工作正常，行驶途中偶尔出现踩踏加速踏板时发动机转速只有 1500r/min，故障灯点亮

潍柴柴油机发动机工作正常，行驶途中偶尔出现踩踏加速踏板时发动机转速只有 1500r/min，故障灯点亮的情况。

故障诊断

首先读取并删除故障码，发现故障码 254 删不掉，内容为油路进油阻力太大。

该车高压共轨燃油系统可分为高压和低压两大部分。低压油路应从燃油箱、各种滤清器、输油泵以及管路着手，这部分无论是器件损坏，还是管路不畅，主要影响到高压泵的供油能力，进而影响到高压的产生和高压泵的输出；而高压部分则主要考虑高压泵、燃油计量单元、共轨管、喷油器以及回油管等，这部分出现故障时，大多出现高压过高、压力不足、泄压阀打开等现象。

根据故障码的提示，应重点查找低压油路部分。而故障出现时发动机转速只有 1500r/min，说明发动机电控单元启用了"跛行回家"模式，限制了发动机转速和转矩输出。

接着对低压油路进行检查，发现从油箱出来至粗滤器的进油管有弯折的地方，其他管路、连接处未见异常，怀疑这是导致进油阻力太大的真正原因。

故障排除

更换低压油管后试车，故障排除。

110. 潍柴汽车发动机能正常启动，但转速只有 1500r/min，故障灯点亮

故障现象

潍柴汽车发动机能正常启动，但转速只有 1500r/min，故障灯点亮。

故障诊断

接车后读取故障码，发现有故障码 134，内容为共轨限压阀打开。首次启动后踩加速踏板，发动机能达到额定转速，但通过数据流观察发动机在启动后的几秒内实际轨压大于额定轨压。

根据故障码的提示，共轨限压阀打开，是因为共轨管内压力超出高压极限，而导致共轨管压力超出极限的主要原因是，回油管路不畅和燃油计量单元得到了错误的信号，而从数据流中没有发现有关燃油计量单元的问题，表明回油管路有故障。

于是检查回油管路，发现油箱内的回油管有堵塞现象。

故障排除

对堵塞的回油管进行疏通后试车，故障排除。

维修总结

在柴油发动机高压共轨电控系统中，当发动机电控单元检测到轨管压力超出高压极限或轨管限压阀打开时，电控单元将进入"跛行回家"模式，限制发动机转速，大多数情况下发动机转速最高为 1500r/min。

111. 潍柴华菱自卸车，启动发动机后，将加速踏板踩到底，最高转速只能达到1500r/min

故障现象

一辆潍柴华菱自卸车，启动发动机后，将加速踏板踩到底，最高转速只能达到1500r/min。

故障诊断

接车后读取故障码，分别是251/238，内容为踏板1/2错误；1381，内容为进气加热继电器错误；1651，内容为车速传感器故障；362，内容为机油温度传感器故障/温度过高；1123，内容为高/低压油路有泄漏；1709，内容为共轨泄压阀故障。记录后删除故障码，除车速传感器故障码被删除外，其他故障码删不掉。

从数据流中发现怠速时实际轨压与额定轨压偏差很大，并且压力一直上升，当达到174.3MPa时，故障灯点亮，此时，无论加速踏板踩下多少，发动机转速最高只有1500r/min。

在柴油发动机电控系统中，当主要传感器或执行器出现故障时，电控单元将采取失效策略，限制发动机转速和转矩输出，使系统进入"跛行（回家）"模式。

经分析，认为同时造成若干个器件损坏的可能性不大，况且此车能启动，并有1500r/min的发动机转速，并根据上述检查中看到的轨压一直上升且能达到174.3MPa，说明轨管压力过高，泄压阀被冲开，出现上述故障。怀疑故障在燃油系统，特别是燃油管路。

对燃油系统进行检查时，听到高压泵上有"嗞、嗞"声，发现高压回油管有鼓胀现象，再仔细查发现回油管有被压伤挤扁痕迹，怀疑回油不畅是导致轨压上升的主要原因。

故障排除

更换被压扁的回油管后试车，故障排除。

112. 潍柴重卡柴油车发动机无法启动

故障现象

一辆潍柴重卡柴油车发动机无法启动。

故障诊断

接车后进行试车，起动机转动有力，发动机运转正常，但无着车迹象，怀疑油路有问题。将高压泵的高压油管接口松开，用起动机带动，发现无燃油流出，判断高压泵内有空气，设法将回油管折住，继续用起动机带动排气，等有燃油流出后，恢复管路，启动发动机，仍然无法启动。

根据上述故障现象分析，怀疑燃油管路漏气现象严重，再次检查低压管路，仍未发现问题，顺着油管检查至燃油箱时，发现油箱液位很低，回油管刚刚置于燃油液位之下。初步判断故障可能由于燃油液位不足所致。

故障排除

添加燃油，排净油管内的空气后试车，故障排除。

维修总结

该车故障的原因是燃油液位不足。由于油箱内的液位过低，回油管油流冲击液面溅起气泡，被输油管连气带油吸进出油管，造成燃油管路内产生大量空气而导致不能启动。

113. 潍柴重卡柴油车起动机运转正常，但柴油机无法启动

故障现象

一辆潍柴重卡柴油车起动机正常运转，但柴油机无法启动。

故障诊断

询问驾驶员得知，该车从厂家提车时加注了－10号柴油，回到当地（东北）停车后次日无法启动。检查低压油路，发现油箱结蜡，造成燃油流动性受阻，堵塞油路和各个滤芯，导致了发动机无法启动。

故障排除

更换柴油（符合当地温度的－35号柴油），疏通油路并更换滤芯后试车，故障排除。

维修总结

由于柴油发动机燃油受环境温度影响很大，该车在使用柴油时未根据环境温度选择不同标号的柴油，而造成柴油结蜡，导致进油管受阻或堵塞。

114. 潍柴重卡柴油车起动机工作正常，但发动机无着车迹象

故障现象

一辆潍柴重卡柴油车起动机工作正常，但发动机无着车迹象。

故障诊断

首先读取故障码，无故障码存在。检查燃油系统，并将低压、高压管路系统内的空气排空，启动发动机，发动机顺利启动。而熄火几分钟后再次启动又出现启动困难的现象。检查发现燃油管内仍然有空气，排气后又能顺利启动，稍等几分钟后故障依旧。由于排空气后能顺利启动，说明电控系统正常。因此，可以确定燃油管路有空气。

经仔细检查燃油管路部件，发现燃油粗滤器进油口螺纹处有轻微损伤，导致空气进入油路，造成发动机无法正常启动。

故障排除

更换粗滤器或低压油路部件后试车，故障排除。

维修总结

该车故障原因是，管路系统的某个接口或管路本身有漏气。由于燃油系统连接管路较多，检修或更换燃油系统部件，特别是拆装频繁时，对各个部件的拧紧力矩掌握不准确或是管接头处理不干净等都会造成对部件的损伤、密封性能变差。

115. 苏州金龙 KLQ6125B1A 型客车在燃油存量较少时，行车中有停顿的感觉，故障灯点亮

故障现象

一辆苏州金龙 KLQ6125B1A 型客车，配置广西玉柴 YC6L330-30 发动机。该车在燃油存量较少（约100L）时，行车过程有停顿的感觉，好像是发动机的燃油不够，发动机故障灯点亮，断开电源后，重新启动发动机，发动机故障灯熄灭，但车辆行驶不久故障又再现，此时车辆不能加速行驶，发动机转速不超过 1700r/min，发动机输出功率不足。

接车后进行检查，发现发动机故障灯点亮，读取故障闪码为 443，其含义为轨压闭环控制模式故障 "0-轨压低于目标值"。又使用故障检测仪对发动机的工作状况进行检测，读取的故障内容为 "轨压控制超出上限阈值并喷油超量"；试车读取动态数据流，在故障出现时共轨压力比设定轨压明显降低。根据以上述检查，判断为发动机轨压过低。

首先检查油箱油量。燃油存量为 1/4 油箱总容量（约 100L），因该车在未出现故障时，同样的燃油存量，车辆行驶正常，怀疑是油箱缺油引起供油不足造成轨压过低。

检查低压管路，未发现油管存在泄漏或弯折的现象。由于该车在油量较多时无故障，而油量较少时出现故障，可以排除低压油泵引起轨压过低的可能。

接着检查高压油泵至共轨管段的油管。未发现油管弯折与存在泄漏的现象，从而排除高压油管路泄漏引起轨压过低的可能。

于是启动发动机观察尾气的排放情况。若尾气冒黑烟或白烟，则表明喷油器滴油或雾化不良等状况，检查未发现尾气冒黑烟或白烟，排除因喷油器常开泄漏引起轨压过低的可能。

接着打开油箱盖进行路试，行车时仍然有停顿的感觉；拆卸柴油油水分离器上的进油管，用压缩空气逆着来油方向吹低压油管路，装复后再次进行路试，故障未再出现，表明油箱中存在一定量杂质。

于是清理油箱，在清理油箱时，排出的燃油中有鳞片状杂物；拆卸油箱吸油管，松开油管末端的过滤网，发现有胶状物质黏附在过滤网上，堵塞管路应该是这些胶质物黏附、吸附杂质所致。

故障排除

用压缩空气吹油管路，吹掉了部分黏附、吸附的杂质，起到了缓解油管路堵塞的作用。拆下过滤网将其彻底清理干净，对油箱与油管进行彻底清理后，让油箱保持柴油存量在 100L 左右，车辆行驶正常，故障排除。

维修总结

该车故障的原因是油管路堵塞。一般来说 "燃油存量较少时出现故障" 的原因有三种：燃油存量较少时，油箱油面比输油泵低，产生落差引起供油困难，是油管路泄漏时容易出现的故障；油箱通气口堵塞，在油箱内部真空度很大的情况下，也容易出现故障；燃油较少时，油箱内的杂质与燃油相比有较大的密度，油管吸油过程中吸附较多的杂质造成管路堵塞，导致供油不畅，而引起轨压过低。

116. 秦皇岛通联 WP12 汽车启动时间过长，有时需要喷一些启动液方可启动

故障现象

一辆秦皇岛通联 WP12 汽车，启动时间过长，有时需要喷一些启动液方可启动。

故障诊断

接车后接通点火开关，故障指示灯点亮，初步说明发动机电控单元供电正常，检查电控系统传感器、执行器线束、插接器，未见异常；检查燃油系统管路时，发现低压油路油管太细，内径大约为 6mm，远小于潍柴规定最低 12mm 的要求。

询问驾驶员得知，该车在行驶途中出现过熄火现象，经维修人员现场检修，由于油管漏气，所以更换了低压油管，然后就出现了上述故障，因而可以确定低压油管有故障。

> **故障排除**
>
> 更换符合规格的低压管路并排放空气后试车，故障排除。

维修总结

该车由于低压油管内径小于规定的 12mm，导致低压供油量不足，进而使高压泵功率降低，轨压建立过程过慢，致使启动时轨压达不到规定值，喷油量不足，导致启动时间过长。

117. 陕汽汽车行驶途中加速踏板踩到底时发动机转速只有 1500r/min，但空转正常

> **故障现象**
>
> 一辆陕汽汽车行驶途中，加速踏板踩到底时发动机转速只有 1500r/min，但空转正常。

故障诊断

首先读取故障码，发现有故障码 1713，内容为 PCV 燃油计量小于计算值。首先检查燃油计量单元（PCV）、电磁阀及其线路，电磁阀静态时电阻值为 3.1Ω，传感器线束插头与传感器插座接触良好；再对燃油管路检查，发现粗滤器出口处有轻微泄漏痕迹。

> **故障排除**
>
> 拆下粗滤器连接管，将密封圈更换，重新按规定力矩将管路连接，排空管路空气后试车，故障排除。

维修总结

该车故障的原因是，燃油系统低压部分出现渗漏，影响到输油泵的供油量，同时也就影响到高压产生，致使高压压力不足或是大负荷高转速时供油不足。当发动机电控单元通过轨压传感器检测到压力不足时，会通过对燃油计量单元的控制进行轨压稳定，但由于低压管路有泄漏，电控单元失去对轨压的调整能力，所以采取了失效保护策略，发动机进入"跛行回家"模式，限制了发动机转速和转矩输出。

118. 奥威 J6 柴油车重载特别是爬坡时，动力严重不足，故障灯点亮

> **故障现象**
>
> 一辆奥威 J6 柴油车平路行驶正常，但重载特别是爬坡时，动力严重不足，打开多功能省油开关重载挡，没有明显变化，但故障灯点亮。

故障诊断

首先用诊断仪读取故障码，有多个故障码，记录后全部可以删除。根据驾驶员描述，重点检查多功能省油开关。关闭点火开关，将多功能省油开关取出并将线束插头拔下，用万用表电阻挡测量各挡位时两端子的电阻值：空载，9.8kΩ；轻载，4.3kΩ；重载，无穷大。怀疑多功能省油开关有故障。

由于重载挡时电阻值为无穷大，因此，可以判断该开关内部损坏，即开关内部的 2 位触点损坏或接触不良。

> **故障排除**
>
> 更换同型号、质量可靠的多功能省油开关后试车，故障排除。

无论是博世电控系统还是电装电控系统，无论是多功能省油开关还是多态开关，无论开关是两端子还是多端子，其共同的特点是，在两条信号线之间，各挡位均应有不同参数的电阻值。

119. 潍柴发动机动力不足，但故障灯未亮

故障现象

潍柴发动机动力不足，但故障灯未亮。

故障诊断

接车后进行试车。发动机启动正常，怠速平稳，原地加速时发动机能达到额定转速，路试时转换多功能省油开关，动力性无明显变化。

于是对多功能省油开关进行静态检查，发现其各挡位电阻值无变化，对其各挡位信号电压进行检查，均为2.9V。

该车多功能省油开关也称多态开关，它能根据整车的使用工况通过限制发动机的转矩和转速，从而使发动机运行在指定的转矩、转速区域中，即发动机输出的功率限制在指定的功率范围内，可降低整车燃油消耗。

在整车装载不同时，可以使用多功能省油开关达到节油1%～2%的目的，同时还可以提高发动机使用寿命。

多功能省油开关分为三挡，即Ⅰ挡、Ⅱ挡、Ⅲ挡，如图8-4所示。

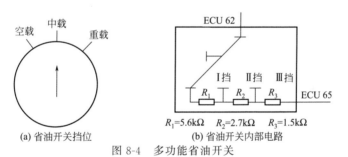

(a) 省油开关挡位　　　　(b) 省油开关内部电路

图8-4　多功能省油开关

发动机输出功率分为最大功率（重载）Ⅲ挡，中档功率（中载）Ⅱ挡，最小功率（轻载）Ⅰ挡。

多功能省油开关有两根导线均与发动机电控单元连接，开关内通过电阻器来改变不同的挡位。一般情况下，在开关脱开线束时测量，空载时为9.8kΩ，中载时为4.2kΩ，重载时为1.5kΩ。

多功能省油开关有两根导线均与发动机电控单元连接，开关内通过电阻器来改变不同的档位。一般情况下，在开关脱开线束时测量，空载时为2.9V，中载时为1.9V，重载时为0.9V。

根据上述分析和检查，多功能省油开关无论在何种状态，信号电压始终不变，且处于空载位置。怀疑多功能省油开关失效。

故障排除

更换多功能省油开关后试车，故障排除。

120. 一汽豪沃柴油车行驶途中突然熄火，再次启动无着火迹象

故障现象

一辆一汽豪沃柴油车行驶途中突然熄火，再次启动无着火迹象。

故障诊断

接车后进行检查，发现燃油计量单元没有点火供电。先从燃油计量单元（PCV电磁阀）查起。在关闭点火开关的情况下，将PCV电磁阀线束插头拔下，接通点火开关，将测试灯的一端鳄鱼夹搭铁，另一端触接PCV电磁阀线束的任意两线，测试灯均无点亮，确认此处无点火供电。

该车PCV电磁阀工作原理如图8-5所示。

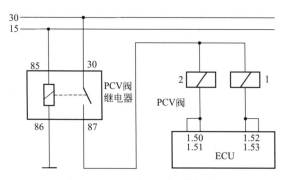

图 8-5　PCV电磁阀工作原理

当接通点火开关时，PCV电磁阀继电器的85端子得到点火供电，经线圈通过继电器的86端子搭铁，继电器线圈构成闭合回路产生磁力，吸合触点；蓄电池正极至PCV电磁阀继电器的30端子以及继电器内部已经闭合的常开触点，由继电器的87端子输出至PCV电磁阀，从而使PCV电磁阀得到点火供电，这是PCV电磁阀的供电情况。当发动机运转时，发动机电控单元再根据各传感器信息，经分析、判断最终输出驱动信号给PCV电磁阀的控制端，使其工作，调整高压共轨管压力。

由于PCV电磁阀没有点火供电，经分析认为，PCV继电器或继电器至电磁阀线路有问题。

接着在仪表台右侧的熔丝及继电器盒里找到了燃油计量单元继电器，打开点火开关后确认继电器工作正常，且能从继电器的87端子送出24V电源。

于是检查继电器输出至PCV电磁阀的线路。从继电器的87端子至PCV电磁阀用万用表蜂鸣挡检查为断路，通过逐段检查，发现在右前灯后至继电器侧的线路有断路现象。

故障排除

将断线的两头剪断并包扎，另外换一根新线连接并包扎，接通点火开关，再检查PCV电磁阀有了点火供电，启动发动机，发动机正常工作，故障排除。

121. 长城2.8TC柴油车，发动机行驶中动力发挥正常，热车熄火后能启动，冷车以后不能启动

故障现象

一辆长城2.8TC柴油车，发动机行驶中动力发挥正常，热车熄火后能启动，冷车以后不能启动。

首先使用 X431 检测仪检测，无故障码，预热系统正常。然后清洗喷油器、喷油泵等燃油供给器件，更换柴油滤清器，为蓄电池充电，但仍不能启动。

检查低压油路回油，正常，高压油路油压达不到正常喷射压力，用手感觉燃油计量阀动作感不明显，用万用表测燃油计量阀阻值，正常（3Ω），再次拆下清洗后，故障仍不能排除。根据上述检查情况，初步判断故障在燃油计量阀。

< 故障排除

更换燃油计量阀后试车，故障排除。

维修总结

该车故障原因是，由于燃油品质差，使油路堵塞，长期使用后导致燃油中杂质堵塞燃油计量阀，使得燃油计量阀卡滞，正常启动时的喷射压力无法建立。

122. 潍柴柴油发动机汽车空载时正常，只是重载时冒黑烟，故障灯不亮

< 故障现象

潍柴柴油发动机空载时正常，只是重载时冒黑烟，故障灯不亮。

故障诊断

首先连接诊断仪，随车观察数据流，发现重载特别是爬坡时进气压力达到 150kPa（绝对压力），但瞬间就降到 60kPa，转速下降，排气管冒出黑烟，怀疑气路有漏气现象。

对进气系统的空气滤芯及气路、增压器以及管路进行检查，未发现异常；检查油路和油品也未发现异常。

经分析认为，该车发动机启动正常，平路行驶基本正常，但重载或爬坡、急加速时，进气压力变化较大且瞬间降低很多，怀疑进气系统有故障。

经过仔细检查，发现空滤器后的一段橡胶软管较软，在急加速、高转速时有被吸扁的迹象，从而导致发动机大负荷时进气量不足。

< 故障排除

更换进气软管后试车，故障排除。

123. 潍柴柴油机汽车行驶中熄火现象频繁发生，故障灯不亮

< 故障现象

潍柴柴油机汽车行驶途中突然熄火，但随后又能启动，行驶中熄火现象频繁发生，故障灯不亮。

故障诊断

该车发动机能启动且能行驶，表明电控系统正常，导致熄火可能是突然断电或是线路某处有间歇性的搭铁或短路所致。

当对副熄火开关线束进行检查时，发动机突然熄火，经认真检查发现线束绝缘皮磨破，导线在受到振动时不定时搭铁，错误地把熄火信号送给了电控单元，所以发动机突然熄火。

对破损的线束进行修复并重新固定好试车，故障排除。

124. 北汽福田城市公交车发动机偶尔自动熄火

◁ 故障现象

一辆北汽福田城市公交车，配备 YC6J240-40 发动机。该车在行驶中发动机有时会自动熄火，熄火后一般需等待 15min 左右才能重新启动着机，曾在其他修理厂更换过前部 CAN 总线控制模块和后部 CAN 总线控制模块，未能将故障排除。

故障诊断

该车发动机自动熄火后再次启动时，发动机、起动机能正常运转，但发动机无法启动着机。用故障检测仪进行检测，未发现故障码；启动发动机，采集与发动机启动控制相关的数据流，如发动机转速、点火开关状态、实际轨压、设定轨压、发动机同步信号等，发现点火开关状态始终显示为 "0"（图 8-6），而正常情况该项数据应显示为 "1"，从而推断点火开关与发动机控制单元（ECU）之间的电路有故障。

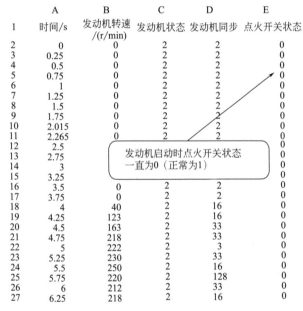

	A	B	C	D	E
1	时间/s	发动机转速/(r/min)	发动机状态	发动机同步	点火开关状态
2	0	0	2	2	0
3	0.25	0	2	2	0
4	0.5	0	2	2	0
5	0.75	0	2	2	0
6	1	0	2	2	0
7	1.25	0	2	2	0
8	1.5	0	2	2	0
9	1.75	0	2	2	0
10	2.015	0	2	2	0
11	2.265	0	2	2	0
12	2.5				0
13	2.75				0
14	3				0
15	3.25				0
16	3.5	0	2	2	0
17	3.75	0	2	2	0
18	4	40	2	16	0
19	4.25	123	2	16	0
20	4.5	163	2	33	0
21	4.75	218	2	33	0
22	5	222	2	3	0
23	5.25	230	2	33	0
24	5.5	250	2	16	0
25	5.75	220	2	128	0
26	6	212	2	33	0
27	6.25	218	2	16	0

发动机启动时点火开关状态一直为0（正常为1）

图 8-6　故障车启动发动机时的相关数据流（截屏）

根据该车的电气原理图得知，发动机控制单元（ECU）用来判断点火开关状态的导线被标记为 P2，由点火开关控制的电源到 ECU 的线路：点火开关-前部 CAN 总线控制模块-后 CAN 总线控制模块-启动继电器-副熄火开关-ECU。脱开 ECU 导线连接器并找到标记有 P2 的导线，然后接通点火开关，用万用表测量 P2 导线与搭铁间的电压，发现电压为 0（正常应为 24V）。

顺着 P2 导线进行检查，发现 P2 导线连接至后启动开关总成；拔下后启动开关总成导线连接器，用万用表测量后启动开关总成与 ECU 间 P2 导线的导通性，正常；接通点火开关，用万用表测量 P20 导线与搭铁间的电压，为 24V。由于在未按下副熄火开关（在后启动开关总成上）时，导线 P2 和导线 P20 应该是导通的，但在接通点火开关时，P20 导线上有 24V 电压，而 P2 导线上无电压，可以推断副熄火开关内部断路。

恢复断开的导线连接器，将 P20 导线与导线 P2 短接，发动机可以顺利启动着机，因此，可以断定副熄火开关损坏。

故障排除

更换副熄火开关后试车，故障排除。

125. 太湖客车锡柴发动机无法启动

故障现象

太湖客车锡柴 6DF3-22E3 发动机无法启动。

故障诊断

接车后用诊断仪与 ECU 连接，读取相关数据时发现诊断仪无法与 ECU 建立通信。使用万用表测量诊断口通信线电压，为 0，如图 8-7 所示。

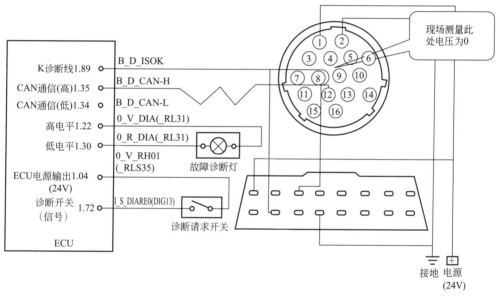

图 8-7　诊断电路

首先检查 ECU 的电源。根据系统原理图（图 8-8），先测量 1.05、1.06、1.10 和 1.11 四根导线的接地是否良好，然后测量 1.02、1.03、1.08 和 1.09 四根导线的电压值，均正常。

经分析，怀疑 ECU 的控制开关有问题。用万用表测量点火开关到 ECU 的 "ON" 挡 1.40 号端子电压，如图 8-8 所示，结果为 14V。查询资料得知，该电压值已低于启动 ECU 所要求的电压值，故 ECU 无法正常工作。

于是重新给 1.40 号端子外接 24V 电源后进行启动试验，仍然无法启动。但此时诊断仪能够与 ECU 建立通信，只不过诊断仪显示结果为系统正常，无任何故障码。

由于该车为发动机后置客车，发动机舱门上有发动机副启动开关和副熄火开关。由于之前诊断仪已经表明电控系统没有问题，所以怀疑可能是副熄火开关有问题。

测量 1.47 号端子与接地，如图 8-9 所示，为导通状态。而导通状态出现应该是在熄火状态。

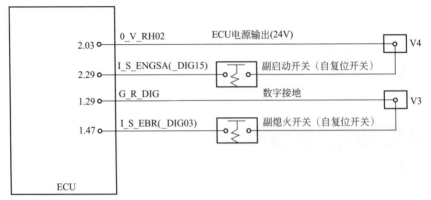

图 8-8　系统供电原理

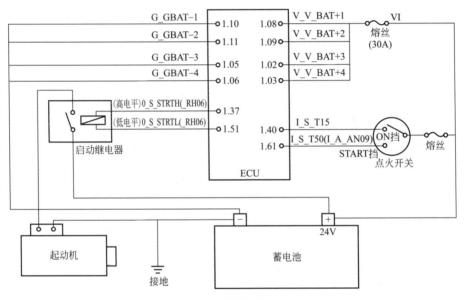

图 8-9　副启动和副熄火开关电路原理

◄ 故障排除

切断 1.47 号端子的接地通路,发动机启动正常,故障排除。

维修总结

该车故障是由副熄火开关造成的,副熄火开关是比较容易被忽视的地方,其正常状态应该是与搭铁保持断路。如果副熄火开关和搭铁导通,就会导致发动机无法启动。

126. 江淮瑞风 HFC6500KA2C8T1 柴油车发动机偶发性熄火

◄ 故障现象

一辆江淮瑞风 HFC6500KA2C8T1 柴油车,装备 HFC4DA 1-2B 1 发动机。该车行驶中发动机有时会自动熄火,且必须将点火开关置于"OFF"位置后,才能重新启动着机。

故障诊断

询问驾驶员得知,发动机熄火没有任何规律性,有时早上发动机启动着机几分钟后就会突然熄火，有时在市区行驶中也会熄火，但在高速公路上行驶时熄火次数很少。将车停放一晚，第二天早上启动发动机，发动机怠速运转约5min后突然自动熄火；再次启动发动机，此时只有将点火开关置于"OFF"位置再启动发动机，才可启动着机。

首先用故障检测仪进行检测，读取故障码为P0686，内容为主继电器打开太早；P0341，内容为凸轮轴信号错误。由故障码P0686推断主继电器或其线路存在故障。

拆下主继电器（位于副驾驶员侧杂物盒边）进行检查，未发现异常；更换主继电器后试车，故障依旧。用试灯实时监控主继电器供电线路，经过长时间的路试，发动机熄火了3次，每次熄火时试灯都会熄灭，且只要将点火开关置于"OFF"位置，试灯就会点亮。发动机可顺利启动着机。从而可以推断故障是由主继电器供电线路存在间歇性接触不良引起的。

仔细检查主继电器的供电线路，在脱开发动机室防火墙右侧的导线连接器时，发现导线连接器的1个端子发生了退缩，而该端子对应的导线正是主继电器的供电线。

故障排除

修复退缩的端子后试车，故障排除。

127. 东风云汽 KM6651PA 客车发动机动力不足，发动机故障灯点亮

故障现象

一辆东风云汽 KM6651PA 客车，采用玉柴 YC4E 国三博世高压共轨发动机。该车发动机动力不足，仪表盘上的发动机故障灯点亮。

故障诊断

接车后进行检查发现，每次用故障检测仪清完历史故障码后再次检测时，只要油门开度超过42%，故障检测仪的通信就会马上中断，同时发动机油轨压力泄压阀打开，转速限制在1700r/min以下，但不会熄火，此时能调得以下三个故障码：P0008，故障为超高限，故障恢复状态，仅靠凸轮轴位置信号运行——后备模式；P0607，故障为无效信号，故障恢复状态，EEPROM故障——保护锁定；P100E，故障为超高限，故障恢复状态，油轨压力卸压阀打开。单独采用曲轴位置传感器或凸轮轴位置传感器信号试车，故障检测仪通信依旧会中断，同时卸压阀打开。故障检测仪通信中断前采集的相关数据见表8-12。

表 8-12　故障检测仪通信中断前采集的相关数据

时间 /s	发动机转速 /(r/min)	油门开度 /%	设定轨压 /bar	实际轨压 /bar	轨压控制积分量 /(mm³/s)	轨压闭环状态	循环喷油量 /(mg/循环)	发动机状态	同步状态	冷却液温度 /℃
19	1382	32.4829	1078	1059	2560	5	17.58	4	48	46.06
19.25	1390	33.2031	1082	1085	2720	5	18.06	4	48	46.06
19.5	1460	34.2896	1087	1083	2910	5	18.58	4	48	46.06
19.75	1422	34.4727	1089	1083	3040	5	17.72	4	48	46.06
20	1434	34.8389	1091	1090	3160	5	17.7	4	48	46.06
20.25	1451	36.4746	1097	1112	3220	5	19	4	48	46.06
20.5	1472	37.3779	1100	1109	3220	5	18.7	4	48	46.06
20.75	1491	38.2935	1105	1120	3210	5	19.14	4	48	46.06

时间 /s	发动机 转速 /(r/min)	油门 开度 /%	设定 轨压 /bar	实际 轨压 /bar	轨压控制 积分量 /(mm³/s)	轨压 闭环 状态	循环 喷油量 /(mg/循环)	发动机 状态	同步 状态	冷却液 温度 /℃
21	1513	39.1968	1109	1109	3290	5	19.08	4	48	46.06
21.25	1528	39.917	1111	1120	3360	5	18.78	4	48	46.06
21.5	1541	40.2832	1113	1116	3400	5	18.52	4	48	46.06
21.75	1551	40.2832	1113	1123	3540	5	17.74	4	48	46.06
22	1556	40.8325	1116	1127	3530	5	18.46	4	48	46.06
22.25	1566	41.5527	1119	1127	3530	5	18.94	4	48	46.06
22.51	1580	42.2852	1122	1136	3500	5	18.9	4	48	46.06

注：1. 因故障检测仪通信中断数据无法继续监测。

2. 1bar＝100kPa。

从表8-12得知，各参数都正常，同时使用曲轴位置传感器和凸轮轴位置传感器信号时，发动机同步状态数据为48，也正常。单独使用曲轴位置传感器或凸轮轴位置传感器信号时，发动机也能正常启动，只是同步状态数据会变为126或129，这足以说明发动机配气正时、曲轴位置传感器和凸轮轴位 Ⅰ 传感器均正常。轨压闭环状态为5，进入闭环状态且监控，说明故障检测仪在通信中断前油轨压力卸压阀没有打开，而发动机ECU电源和喷油信号都正常。

根据故障码P0008的提示，更换高压共轨管总成后试车，故障依旧，说明油轨压力卸压阀和轨压传感器正常。怀疑线束问题，检查发动机线束，没有发现损伤、短路和断路的现象。

根据上述检测情况，经分析，认为故障是曲轴位置传感器线束老化，导致线束屏蔽不良，使得油门超过42%时，曲轴位置信号线受电磁干扰，ECU检测到不确定的曲轴位置信号后进行自我保护，令燃油计量阀瞬间断电而达到最大开度，油轨压力卸压阀打开。

◁ **故障排除**

更换发动机线束后试车，故障排除。

128. 江铃宝威车柴油车起步时发动机经常熄火，熄火后又能正常启动

◁ **故障现象**

一辆江铃宝威车，装备国三博世高压共轨系统柴油机。该车起步时发动机经常熄火，熄火后又能正常启动，有时启动后车辆还能行驶几千米。

故障诊断

询问驾驶员得知，上周该车在正常行驶中发动机熄火后曾去过维修站进行检测，当时有故障码，维修工只是将故障码清除就交车了，故障没有排除。首先验证该车故障现象，故障确实存在，用故障检测仪进行检测，读得故障码为P0253，内容为计量装置PWM信号错误。

由于燃油计量阀因为燃油过脏出现卡滞的情况较多，但不会报P0253的故障码。该车的燃油计量阀有两根线且都是到ECU的，一根是红色的电源线，另一根是白色的控制回路线。根据故障码提示，初步分析故障的可能原因有燃油计量阀的两根线发生短路、断路或搭

铁故障；燃油计量阀中的线圈出现故障。燃油计量阀内的线圈质量非常稳定，到目前为止还没有遇到过燃油计量阀线圈损坏的情况。

根据故障码的提示，检查燃油计量阀线路。经检查发现，尽管空调压缩机空调管上有防止线束与空调管摩擦的保护套，但因空调压缩机空调管固定发动机主线束的扎带松动，已经将保护套磨破，并将发动机右前部位于空调压缩机低压管处的发动机主线束的红色线磨破，造成与空调压缩机低压管搭铁。

> ‹ 故障排除
>
> 将磨破的发动机主线束进行包扎，更换被磨破的保护套，可靠紧固空调压缩机空调管，固定发动机主线束的扎带后试车，故障排除。

129. 潍柴发动机动力不足，但故障灯未亮

> ‹ 故障现象
>
> 潍柴发动机动力不足，但故障灯未亮。

故障诊断

根据上述故障现象，对燃油系统的低压、高压管路以及油质检查均未发现异常，对空气滤芯及进气管路进行检查时，发现中冷器下端裂开长约 10cm 的口子，导致进气管漏气。

> ‹ 故障排除
>
> 更换中冷器后试车，故障排除。

维修总结

该车故障原因是进气系统出现严重的漏气。柴油发动机电控系统喷油量的主要控制信号之一就是进气压力，如果进气不足会严重影响喷油量的计算，进气少，喷油量则少，进气量多，则喷油量就多，如果进气系统出现严重的漏气现象，将影响喷油量的控制，所以会出现动力不足的故障。

130. 潍柴车辆行驶中，在过铁道时出现加不上油的现象，尽管将加速踏板踩到底，但发动机转速上升缓慢，故障灯点亮

> ‹ 故障现象
>
> 潍柴车辆行驶中，在过铁道时出现加不上油的现象，尽管将加速踏板踩到底，但发动机转速上升缓慢，故障灯点亮。

故障诊断

首先用诊断仪读取故障码，有故障码 143，内容为第 5 缸喷油器线束开路。接着对其进行检查，发现喷油器接线柱连接处螺母虽拧紧，但未将导线接线柱压紧。

> ‹ 故障排除
>
> 处理好喷油器接线柱及螺母，并将喷油器线束接线柱拧紧后试车，故障排除。

维修总结

该车故障原因是各连接部分氧化，加之线束受到振动所致。故障发生在过铁道途中，有可能是发动机电控系统线束或电气件受到颠簸、振动，导致了接触不良的现象。检查第 5 缸

喷油器时，喷油器螺母虽拧紧，但接线柱却未压紧。之前未发生故障是因为喷油器螺母、螺杆以及接线柱未氧化，即使未压紧，也还接触良好。

131. 宇通客车故障灯常亮，但整车无明显故障表现

‹ 故障现象

宇通客车装用博世 EDC16 电控系统，故障灯常亮，但整车无明显故障表现。

故障诊断

该车发动机启动后故障灯常亮，通过故障诊断开关得知闪码分别是 323，内容为空气加热器自检故障；321，内容为空气加热器故障。

通过诊断仪与车辆连接通信，得知故障码是 P0541，内容为预热继电器输出信号短路到地。根据故障码的提示，怀疑是预热继电器有问题。

该车预热继电器连接电路如图 8-10。经检查发现整车 07 号和 68 号端子之间没有连接继电器。

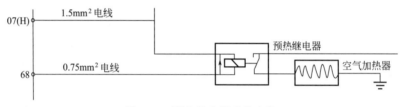

图 8-10 预热继电器连接电路

‹ 故障排除

加装继电器后试车，故障解决。

维修总结

该车故障主要表现为发动机故障灯常亮，但对整车的动力性没有任何影响。常见的故障为继电器未接，可加装继电器或者更新 ECU 数据屏蔽功能以解决此类问题。

132. 宇通 ZK6809HA 客车空调压缩机间歇性不工作

‹ 故障现象

一辆宇通 ZK6809HA 客车，装配玉柴 YC4G200-30 柴油机、非独立顶置空调。接通空调开关后空调压缩机开始工作，风量正常，几分钟后，风量变得不稳定，时大时小，空调压缩机间歇性不工作，空调控制面板上显示故障码 Er-01。驾驶员怀疑空调控制面板故障，从另一辆正常车上拆下空调控制面板试验，故障依旧。

故障诊断

接车后首先检查该车空调发电机，该车装配北京佩特莱 8SC3238VC 发电机，各接线柱连接可靠。启动发动机，接通空调开关，测量空调发电机"＋"柱和"气"柱间（搭铁线柱）的电压，为 26V；"L"柱的电压为 25V，几分钟后，故障现象出现了，测量空调发电机"＋"柱电压在 15～18V 跳动，"L"柱电压在 10.5～15V 跳动，空调控制面板显示故障代码 Er-01，含义为空调系统欠压，即空调发电机发电量不足，经分析认为空调发电机发电量不足的原因有空调发电机传动带打滑；空调发电机故障，输出功率不足；空调发电机

"L"柱上的激磁电流不足。

用一根导线向空调发电机"L"柱供24V电压，空调发电机输出电压为28V，空调压缩机工作正常。根据上述检查分析认为，该车故障原因是空调发电机"L"柱上的激磁电流不足。

该车装用的北京佩特莱发电机，其特点是输出电源不和蓄电池相连，专供空调系统使用，另外在发动机室内配有空调发电机电容组件盒和电容组件搭铁熔断器。只有对空调发电机"L"柱提供激磁电流，空调发电机才能工作。其工作原理如图8-11所示，电控盒中的主电源电流进入发电机电容组件后，一路使继电器工作，另一路经二极管、继电器常开触点后，向空调发电机"L"柱提供激磁电流。

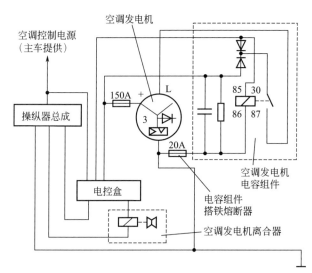

图8-11　宇通ZK6809HA空调发电机的工作原理

打开电容组件盒，检查内部结构，正常，电容组件搭铁熔断器也正常。接通空调开关后，出现故障时听到电容组件中继电器发出吱吱声。用万用表测量电容组件内各导线电压，黄色导线电压为25V，蓝色导线电压为11～16V，红色导线电压为15～18V，继电器端子30的电压为25V，端子87的电压为10～15V，端子85和端子86之间的电压为10～12V，继电器的端子85和端子86使用主车电源，电压在24V以上，不正常。根据图8-11得知，发电机电容组件是经过熔断器后和发电机"—"极连接的，检查空调发电机"—"极上的搭铁线，和车架连接可靠，其中有1条黑色导线顺着搭铁线走，靠近发电机"—"接线端用黑色电胶布包裹着，解开电胶布，发现黑色线端头包裹在里面，未接到发电机"气"柱上，测量此线和电容组件搭铁熔断器是相通的。

故障排除

重新接好空调发电机"-"极上的电容组件搭铁线后试车，故障排除。

维修总结

该搭铁线断落后未接到发电机"—"极上，并用电胶布包裹着，不易发现，是人为故障。北京佩特莱发电机要正常发电，首先要有正常的激磁电流，而激磁电流受控于电容组件，电容组件搭铁线是经过电容组件搭铁熔断器后，再在发电机的"—"极上搭铁的。所以对于电容组件、电容组件搭铁熔断器的检查十分重要。

一辆厦门 XML6125J15CN 金旅客车，装配玉柴 YC6G260N-50 天然气发动机、威帝 CAN 总线及特尔佳电涡流缓速器。该车因缓速器不工作在其他服务站进行维修，先后更换了总线主站模块、顶从站模块、前从站模块及仪表，未能将故障排除。

故障诊断

接车后进行试车，缓速器确实不工作。该车缓速器控制电路如图 8-12 所示，缓速器工作的必要条件包括缓速器的供电正常；车速达到 5km/h 以上；ABS 不工作；制动踏板及气压开关相关电路正常。

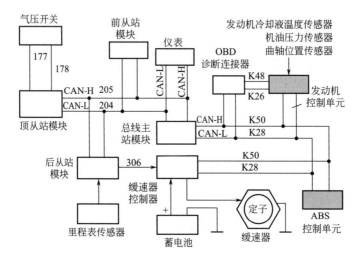

图 8-12　缓速器控制电路

把驱动车轮用千斤顶顶起，启动发动机，当车速达到 5km/h 以上时踩下制动踏板，仪表没有显示缓速器工作，此时用万用表测量缓速器定子线圈上的电压，无电压，这说明缓速器电控单元没有控制缓速器工作。检查缓速器电控单元的主电源，正常；检查后从站模块到缓速器电控单元的 360 号电源线，正常；踩下制动踏板，测量气压开关与顶从站模块间 177 号和 178 号导线上的挡位控制信号，均正常。

经分析，怀疑 CAN 总线有故障。用万用表测量 K50 号线（CAN-H）和 K28 号线（CAN-L）与搭铁间的电压，分别为 2.6V 和 2.4V，正常；再测量 K50 号线与 K28 号线间的电阻，约为 650Ω，较正常值（600Ω）略大。仔细检查 CAN 线路，发现 OBD 诊断连接器上加装了行车记录仪模块；拆除行车记录仪模块后试车，缓速器仍不工作。为了排除 ABS 控制单元的影响，脱开 ABS 控制单元导线连接器后试车，故障依旧。

用专用故障检测仪进行诊断，发现发动机控制单元中存储有故障码，含义为发动机控制单元与仪表通信故障；查看车速数据，车辆行驶时车速数据为 0，说明发动机控制单元没有检测到车速信号。该车车速信号来源于里程表传感器，由于仪表可正常显示车速，说明后从站模块与仪表间的 CAN 线（204 号线和 205 号线）通信正常。正常情况下，总线主站模块接收到车速信号后会通过 CAN 线（K50 号线和 K28 号线）将车速信号传递给发动机控制单元、ABS 控制单元及缓速器电控单元。因此断定总线主站模块有故障。

维修总结

该车故障原因是在 OBD 诊断连接器上加装了行车记录仪模块，从而使总线主站模块损坏。

134. XML6807J23 型金龙客车发动机动力不足

> **故障现象**

一辆厦门金龙 XML6807J23 型客车，装配玉柴 YC4G200-30 高压共轨柴油发动机，电控单元为德国博世系统。该车发动机动力不足。

故障诊断

接车后进行试车。接通点火开关，发动机故障灯在点亮 2s 后自动熄灭；启动发动机，起动机能够顺利启动着机，快速踩下油门踏板，发动机转速提升较慢，并没有玉柴发动机特有的加速时的清脆声。接着对该车进行路试，发现其提速缓慢，且将油门踏板踩到底时，车速仅能达到 66km/h。通过仪表台内的三角诊断连接器，连接玉柴发动机专用检测仪读取故障码，调得的故障内容分别为离合器开关信号故障；喷油器 6 驱动线路故障；空气温度传感器信号错误（超低限、超高限、CAN 信号错误）；车速信号错误（信号超高压、信号超低限、CAN 信号错误、信号不合理）。将故障码记录后再将其清除，重新启动发动机后再次读取故障码，故障检测仪显示系统正常，无故障码，从而说明以上故障码都是偶发性故障，或是历史故障码。

经分析认为造成玉柴高压共轨柴油机动力不足的主要原因有冷却液温度过高导致热保护；冷却液温度传感器或其驱动线路故障；空气滤清器堵塞；涡轮增压器损坏及增压后的管路漏气；高低压燃油管路堵塞及相关传感器或执行器故障；排气堵塞；电控单元故障；机械故障（如气门调整错误）等。

根据上述不同的原因，具体检修方法如下。

① 首先打开发动机室门，检查该车的燃油供给系统，发现油水分离器与燃油滤清器都是刚换的新件，从油箱到高压油泵管路无堵塞、吸扁的现象，手油泵泵油有力，增压器叶轮运转灵活，无松旷或卡滞现象。增压后的管路连接良好，无破损脱落的现象。

② 由于该车无排气制动，不存在排气不畅的可能性。

③ 电控单元导线侧连接器线束与传感器连接良好。

④ 启动发动机后并让其怠速运转，读取动态数据流，冷却液温度为 54℃，与冷却液温度表上的显示基本一致，额定油轨压力为 55.0MPa，实际油轨压力为 55.8MPa，也符合要求。大气压力为 1010hPa（1hPa＝100Pa），增压压力为 948hPa，也没有明显差别（因增压器在低速时不工作，故此时数值比大气压略低是正常的），踩下油门踏板，将发动机转速稳定在 2000r/min，发现增压压力值仅为 968hPa，远低于正常值（1200hPa），其他参数均正常。怀疑进气温度/压力传感器损坏。换上新的进气温度/压力传感器后试车，增压压力值略有变化，但仍低于正常值。怀疑线路故障。因为以前也遇到过类似故障，当时也是更换传感器无效，最后剥开线束才发现是进气温度/压力传感器的端子 4（压力信号线）在发动机线束中段因破损而烧蚀，造成几根线连在一起，引发进气压力低。

经对该车的相关线束进行检查，没有发现烧蚀、断裂或虚接的现象。既然电控方面没有找到原因，而且当前也没有故障码，怀疑是机械方面的故障所致，如增压器限压阀不能关闭等。

⑤ 打开发动机室侧门进行仔细观察，发现增压器与排气支管连接处有大片被熏黑的痕迹。增压器与排气支管连接处的钢制垫片被冲开，在靠近气门室侧有 1mm 左右的缝隙，用手一推，整个增压器都能晃动。

将增压器拆下后，将结合面清理干净，换上新的垫片，并按规定力矩拧紧，并接好所有的管路。将旧的进气温度/压力传感器换上，将相关线束包扎固定好，而后试车发现，当发动机转速上升到 2000r/min 时，进气压力略超过了 1200hPa，且油门反应灵敏，发动机转速提升迅速。经过路试，该车加速度有力，能轻松达到 90km/h，进气压力达到了 1780hPa，故障排除。

维修总结

该车的故障就是因为增压器与排气支管之间的垫片被冲坏引起的，因为大量的废气从破裂处涌出，造成增压器不能正常工作，进气量不足。相应地，发动机控制单元也减少了喷油量，从而造成发动机动力不足，加速无力的现象。

135. ZK6986 型宇通客车发动机自动熄火

故障现象

一辆郑州 ZK6986 型宇通客车，采用玉柴 YC6J240-30 型高压共轨柴油发动机。该车发动机在行驶途中出现发动机自动熄火现象，熄火后将发动机勉强启动着机后，出现发动机故障灯点亮，发动机转速固定在 1200r/min，踩加速踏板时发动机转速不提升的现象。该车勉强又行驶了约 20km 后，发动机再次自动熄火，熄火再次启动，发现起动机无反应。

故障诊断

接车后进行检查，发现按动前、后启动开关，起动机均无反应。将启动开关打到启动挡后，起动机控制线路没有电。打开左前轮前面的电器舱，发现熄火熔丝（10A）已经熔断，换上新的熔丝后，再次启动发动机，起动机运转 1s 后就再也没有任何反应了，再次检查熄火熔丝，发现刚换上的熔丝再次熔断。

连接玉柴发动机专用故障检测仪进行检测，调得了四个故障码，分别是 525，内容为起动机开关故障，低端对电源短路/对地短路/开路；522，内容为参考电压 2（用于油门位置传感器等）故障/超高压/超低压；531，内容为系统灯（故障指示灯）驱动线路故障（对电源短路/开路/对接短路）；545，内容为车速信号故障 2 超范围（信号超过高压/超低压/CAN 信号错误/信号不合理）。通过现场检查和故障码分析，熄火熔丝熔断肯定是线路中存在短路或负荷过大的现象，而四个故障码都存在于车身线束到发动机控制单元之间，应重点检查车身线束，从仪表台、车架，一直到发动机控制单元之间，是否存在进水、磨损、虚接或短路等现象。从发动机控制单元上拔下车身线束的导线侧连接器，连接良好，无端子烧蚀及进水的现象。顺着这根线束从后向前查找，发现此线束在变速器上部有一个大的线束连接器。从变速器上部的检查孔发现，车身线束因固定不良已脱落在变速器后端的缓速器上，造成大量的导线磨断或磨损。经仔细检查，发现有 2 根导线外皮磨破，有 9 根线束磨断。将所有损坏的线束按照颜色和线号全部接好后，将此段线束重新固定牢固。再次更换熄火熔丝后启动发动机，发动机顺利启动着机，而且着机加速有力，运转平稳。用故障检测仪将故障码消除后再重新读取，显示系统正常，故障排除。

该车故障时因车身线束固定不良，脱落至缓速器外壳上，客车在正常行驶时缓速器的外壳高速旋转，在较短的时间内就造成了车身线束的大量磨损，并造成线路短路，从而引发此次故障。当线束经过高速旋转的部件或高温的环境时，一定要将线束固定好，并做好预防措施。

136. 潍柴发动机工作一段时间后加速踏板有时失效、有时正常

故障现象

潍柴发动机工作一段时间后，加速踏板失效不起作用，但停车一段时间后又恢复正常，再过一段时间同样的现象又会出现。

故障诊断

通过观察数据流，发现发动机启动后冷却液温度会迅速升高到 107℃ 左右；对冷却液液位、水管等部件检查均未发现异常，但是水泵传动带有点儿松弛，故障原因很可能是冷却液循环不好、散热性能变差。

故障排除

对水泵传动带张紧处理后试车，故障排除。

维修总结

柴油发动机高压共轨电控系统具有自我保护功能，当发动机温度超出极限温度时，发动机进入过热保护模式，加速踏板为失效状态，熄火后让发动机稍微冷却一段时间，冷却液温度降下来后，加速踏板又会起作用。有时也会因为冷却液温度传感器性能变坏导致类似的故障。

137. 厦门金龙客车充电指示灯常亮

故障现象

一辆厦门金龙 XMQ6759Y 型客车，配备玉柴 YC4E160-3 电控柴油发动机。因蓄电池亏电发动机无法启动，使用充电机充电启动后，仪表盘上的充电指示灯常亮，电压表指示系统电压为 24V，发电机不发电。

故障诊断

该车装配 8SC3238VC（28V/150A）北京佩特莱发电机，启动发动机后测量发电机 "B" 柱上的电压只有 24V，说明发电机有故障。拆下发电机并解体，测量磁场线圈电阻为 5Ω，正常；断开发电机电刷线 F1、F2，测量发电机 "B" 柱与 "一" 柱间的电阻，为 450Ω，短接发电机电刷线 F1、F2 后，发电机 "B" 柱与 "一" 柱间的电阻不变，怀疑发电机调节器损坏。更换发电机调节器后，测量发电机 "B" 柱与 "一" 柱间的电阻，为 420Ω，断开电刷线后电阻为 450Ω，正常。测量发电机 "L" 柱与 "一" 柱间的电阻，为 350Ω，将发电机 "B" 柱与 "一" 柱间通以 24V 的电源，测量发电机 "L" 柱与 "一" 柱间的电阻，为 3Ω，正常。用一个支架固定好发电机，在发电机 "L" 柱与 "一" 柱上接 3W 的试灯，试灯点亮，用一根细绳缠在发电机传动带轮上，拉动发电机，试灯在高速时熄灭，说明发电机可以发电了。将发电机安装到车上试车，电压表显示系统电压为 28V，充电指示灯常亮，怀疑充电线路有故障。

接通点火开关，未启动发动机，测量发电机"B"柱电压为24V，"L"柱上无电压，拆下L线，测量L线上电压为23V，仪表上充电指示灯点亮。根据发电机工作原理可知，来自仪表的充电指示灯和发电机L线连接，经过ZC205处理器，通过仪表显示，一旦发电机上L线断开，充电指示灯便熄灭，由此看来，连接发电机L柱的导线存在短路现象，仔细检查后，未见异常。

由于该车采用CAN总线型仪表，怀疑ZC205处理器有故障。在驾驶室侧车窗下找到ZC205处理器，拔下该处理器的连接线，打开外壳发现ZC205处理器的线路板已经烧毁。继续检查发现，ZC205处理器有进水的痕迹。询问该车驾驶人得知，该车左前车窗密封不良，下雨时会有雨水进入车内。

> **故障排除**
>
> 对漏水的左前车窗进行修理，并更换ZC205处理器后试车，故障排除。

138. 江铃新世代V348全顺车发动机异响，且排气管冒黑烟，加速不良

> **故障现象**
>
> 一辆江铃新世代V348全顺车，最近发动机声音特别大，且排气管冒黑烟，加速不良。

故障诊断

接车后首先确认故障现象。接通点火开关，仪表盘显示正常，燃油量还有1/2左右，发动机故障灯正常点亮后熄灭；启动发动机，发动机启动非常顺利，但发动机运转时有明显的"当、当"声，随着发动机转速的提高，异响更加明显，而且发动机抖动、排气管冒黑烟、动力差。

连接故障检测仪IDS，读取故障码，故障诊断仪显示系统正常，没有任何故障码；接着读取发动机的动态数据流，发动机的油轨压力、冷却液温度等参数均正常。初步判断电控系统正常，有可能是喷油器故障、高压油泵故障、燃油系统堵塞等油路故障或发动机气门、摇臂、液压挺柱、活塞等机械故障。

由于在发动机控制模块（ECM）的维修功能中未做好相关零部件的学习，也可能会造成异响，所以又重新输入喷油器的16位修正码，并进行相关的高压油泵、喷油器学习等。但是，完成了相关学习操作后，发动机异响声虽然好像有所减轻，但还是存在。

接着采取拔掉喷油器导线连接器的方法进行断缸试验，发现分别在断开第3缸、第4缸喷油器导线连接器后，发动机异响明显降低，排气管的黑烟也明显减少。再使用IDS进行气缸动力平衡性测试，发现第3缸、第4缸喷油器的喷油修正量过大，结合断开喷油器导线连接器后排气管黑烟减少的情况分析，说明喷油器关闭是没问题的，故障应是第3缸、第4缸工作不好引起的，初步判定异响还是来自于配气机构。

于是将气门室盖拆开，并拆下摇臂支架总成，发现排气凸轮轴已经异常磨损，第3缸和第4缸的摇臂、气门也均有磨损。因此，可以判断故障原因是发动机的配气机构出现问题，造成摇臂滚轮与凸轮轴的桃尖异常磨损。磨损后使第3缸、第4缸的排气不正常，导致发动机的动力平衡性变差。ECM利用曲轴位置传感器的信号，加大调整了第3缸和第4缸的喷油量，从而维持发动机的动力平衡。但是凸轮轴的异常磨损，完全依靠ECM来调整喷油量已经不能弥补，所以发动机就会抖动。当然，初期的磨损量小，异响也小，随着磨损量加大，异响明显加大，因此发动机的声音是那种气门的异常声音。

由于气门有磨损，拆掉气缸盖，检查发动机气缸是否正常，发现除第4缸活塞顶略微有

点碰擦划痕外，其他各缸的气缸均无拉伤磨损，各缸活塞均无下沉。

于是更换气缸盖、进排气凸轮轴、进排气门、摇臂、液压挺柱，拔出机油尺，看到机油发黑，考虑到磨损的铁屑进入机油中，又更换了机油、机油滤清器。装配好后启动发动机，发动机启动顺利，怠速、加速均正常。再用IDS在ECM的维修功能中对高压油泵、喷油器等进行修正学习后试车，动力强劲，能够加速到140km/h以上，排气的烟色及发动机声音都基本正常。

然而过了几天，发现发动机仍然有异响，特别是启动时和急加速后松加速踏板时较明显，有"哒、哒"的声音。接车后仔细试车，确实有轻微的"哒、哒"异响。读取动态数据流，显示系统，正常；进行各缸动力平衡性测试，也正常，各项数据反应灵敏；拆开气门室盖，摇臂、凸轮轴等，正常；再次重新检查之前的每一步，没有问题；怀疑正时有问题，经过检查，正时也无问题；怀疑喷油器有问题，但是将喷油器和其他车对换后故障依然存在。

怀疑曲轴主轴承磨损，但机油压力灯不亮，测量机油压力，也正常；把机油放掉，用油盆接好，观察放出的机油，无铁屑等。于是用举升机举升起车辆，在车下仔细听，感觉是发动机和变速器连接部位响，踩下离合器踏板，感觉响声好像小了一点儿。于是拆下变速器、离合器进行检查，用手晃动变速器第1轴，松紧还可以，挂各挡位，也正常；检查离合器压板、分离轴承、离合器片，均没问题；不装变速器等零部件再启动发动机进行试验，异响依然存在，看来还是发动机内部的故障。

于是解体发动机进行检查。拆下发动机，逐步分解清洗，当拆下曲轴主轴承盖螺栓时，发现在第4缸的第5道曲轴主轴承盖上有一个螺栓已经断裂。

‹ 故障排除

更换第4缸的第5道曲轴主轴承盖上的螺栓，重新组装好发动机后试车，故障排除。

维修总结

该型发动机结构比较特殊，比一般的发动机多了一个气缸体群架总成。该气缸体群架装在油底壳与气缸体之间，组装后其上部正好压在曲轴轴承盖上，与螺栓顶平，当该螺栓断裂后，由于气缸体群架的压紧作用而不会脱落，曲轴主轴承也不会严重松动，从而造成测量机油压力时机油压力不低，但发动机启动后运转和急加速后松加速踏板时抖动会厉害，两者互相撞击则会产生"哒、哒"的异响，并且该异响从发动机后部传出。

139. 路虎揽胜车发动机怠速抖动，左侧排气管冒浓烟

‹ 故障现象

一辆路虎揽胜车，装备368DT-V8 3.6柴油发动机。该车发动机怠速抖动，左侧排气管冒浓烟。

故障诊断

首先连接SDD进行检测，读得故障码P007F，内容为气缸列1与气缸列2的进气温度传感器相关性故障。可能的故障原因有进气系统存在机械故障或泄漏；左右两侧的进气歧管绝对压力/温度传感器及其电路故障。

仔细检查进气系统，拆下节气门前方的软管后发现左侧节气门很脏且很干燥，因此怀疑左侧废气再循环（EGR）系统工作异常，导致进入左侧进气管的废气流量过多，使左侧进气温度明显高于右侧进气温度，从而产生故障码P007F，同时引起发动机怠速抖动，左侧排气管冒浓烟的故障现象。

拆下左侧进气歧管,取下废气再循环阀,发现废气再循环阀阀门断裂,导致废气再循环阀无法关闭,废气直接进入进气歧管。

› **故障排除**

更换废气再循环阀后试车,故障排除。

140. 解放焊威道依茨汽车发动机排气制动无反应

› **故障现象**

一辆解放焊威道依茨发动机汽车,下坡使用排气制动时,排气制动无反应,但猛踏加速踏板一下(转速瞬间上升),排气制动指示灯点亮,排气制动起作用。

故障诊断

首先用诊断仪读取故障码,有关于排气制动阀、油门1、油门2方面的若干故障码,然后均已删除。

该车排气制动的功能主要是在汽车下坡时,利于排气制动作用以避免长时间使用行车制动器,减少制动器摩擦以延长制动器使用寿命。而排气制动阀的工作是有设定条件的,符合条件时才能够工作。

首先确保有关排气制动阀控制电路正常,然后,需要驾驶员将排气制动开关接通。除此之外,发动机转速必须符合出厂设定,CA6DL2发动机在2000~2500r/min时工作,DEU-TZ/6DE3/6DF3发动机在2200~2700r/min时工作,而低于1500r/min时排气制动效果不明显或者不工作。也就是说,排气制动工作有最低转速和最高转速的限制,例如,CA6DL2发动机在2000r/min以上,排气制动才能起作用,高于2500r/min时解除排气制动功能。

维修总结

该车并非真正有故障,只是驾驶员不了解排气制动功能的使用条件,没有正确使用好排气制动。在使用了排气制动开关时,发动机转速没有达到工作条件,所以只有急加速一下使发动机转速瞬间升高,排气制动指示灯才点亮,排气制动阀才进入工作状态。

141. 玉柴柴油车使用排气制动时,故障灯点亮,排气制动不起作用

› **故障现象**

一辆玉柴柴油车使用排气制动时,故障灯点亮,排气制动不起作用。

故障诊断

首先用诊断仪读取故障码,记录后删除故障码,但1681故障码删除不掉。查阅故障码说明得知,故障码1681的含义为排气制动输出信号开路或短路到地。对排气制动阀及插头、插座进行了检查,未发现异常。

该车排气制动控制电路原理如图8-13所示。

通过对排气制动控制电路原理进行分析,发动机电控系统所报告的故障码大多数为传感器、开关信号或对执行器、继电器的输出控制信号,一般都有直接的连接关系,而不直接连接的属于间接控制的报告故障码较少。

接着查找排气制动继电器的控制部分。经过对排气制动继电器控制部分线路的检查,发现发动机ECU的36号排气制动继电器控制信号与排气制动继电器的86端子之间的线路断路。

334 柴油机电控系统维修与实例

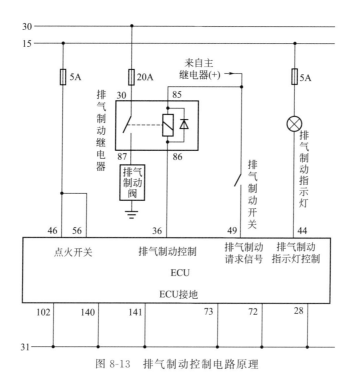

图 8-13　排气制动控制电路原理

修复断路的导线后试车，故障排除。

142. 中通客车电控柴油机加速时冒黑烟

故障现象

一辆中通客车，装备潍柴 WP6.240 型电控柴油机，该车加速时发动机冒黑烟。

故障诊断

引起发动机加速时冒黑烟的原因主要有气路方面，即气缸的进气量不足；油路方面，即进入气缸内的油量过多。

连接博世 KTS 诊断仪，打开点火开关，读到三个故障码，分别是 23，内容为点火缺火，气缸 1；1694，内容为第三故障指示灯对地短路；1686，内容为故障灯对地短路。进行清除故障码操作，三个故障码均能被清除。

接着检查气路，未发现问题。用诊断仪读取增压压力，其实际值为 0.15MPa，也正常。此时怀疑进气压力传感器有故障，先检查线束及插接件，均正常，于是更换了增压压力传感器，但启动发动机试验，加速冒黑烟的故障并未排除。

采用手工断缸法检查，拔掉第 1 缸的喷油器插接件，启动发动机并加速，冒黑烟现象没有出现，因而确定为第 1 缸有故障。更换第 1 缸喷油器，重新连接好第 1 缸喷油器插接件，启动发动机并加速，冒黑烟现象再次出现，至此怀疑第 1 缸机械方面有故障。

拆掉第 1 缸的气缸盖，经检查发现进气门推杆弯曲，不能使进气门正常打开，使进入第 1 缸的空气量减少，造成混合气过浓，因而产生加速时冒黑烟的故障现象。

更换新的气门推杆，启动发动机，加速时冒黑烟的故障排除。重新读取故障码，无故障码输出。

维修总结

发动机加速时冒黑烟可能是其自身故障引起的，也可能是进气管路、传感器和执行器、增压器等故障引起的，排除故障时要根据故障现象由简到繁、由表及里有序地进行检查，在发动机外部没有找到故障时，应从发动机自身寻找故障点。

143. KLQ6856型苏州金龙客车发动机产生异响，动力不足

故障现象

一辆KLQ6856型苏州金龙客车装备玉柴YC4G200-30电控高压共轨柴油机，电控系统为博世公司的EDCT系统。该车发动机产生异响，动力不足。

故障诊断

接车后，检查机油和冷却液，正常；进、排气管路也良好。接通点火开关后发动机能顺利启动着机，发动机故障灯自检后能正常熄灭，但发动机抖动严重，加速时排气管冒黑烟，在进气歧管处能听到"咚、咚"的敲击声；用手摸进气歧管处，能感觉到有规律的振动，且随发动机转速的提高振动频率会增加。该故障是在正常行驶中突然出现的。

首先，连接玉柴发动机专用检测仪，选择博世诊断系统，读取故障码，读取的故障内容有车速里程表信号不合理；发动机进气系统负压值偏低。记录故障码后将其清除，再次读取故障码，发现只有关于车速里程表信号不合理的故障码储存，而且该故障码一直不能消除。经咨询玉柴技术部得知此故障码为一个合理故障码，不会影响发动机的正常运行。排除了电控系统的因素后，又把检查重点转向机械方面。从故障现象上分析，像是有一个气缸工作不良或者不工作，而进气歧管上有规律的振动，怀疑是配气机构出了问题。配气机构一般常见的故障有气门或气门座烧蚀、脱落；摇臂或摇臂轴断裂；气门间隙调整螺钉松动；气门挺杆或气门推杆断裂或弯曲等。

将气门室拆开，脱开电控喷油器导线侧连接器，取下定位卡簧，将气门室上盖取下后仔细检查，发现第2缸排气门摇臂头部断裂脱落，其上的排气门桥也已断裂。

故障排除

将摇臂总成拆下后，清理干净脱落的金属屑，把新摇臂总成安装到气缸盖上，并按0.35mm的标准间隙调整好各缸气门间隙，插上喷油器导线侧连接器，装好气门室上盖，然后启动发动机，发动机运转平稳，加速有力，故障排除。

维修总结

玉柴YC4G200-30发动机采用的是每缸4气门结构（2排2进）。两个进气门或排气门顶部都有1个气门桥，气门桥下有两个小圆孔卡在两个气门杆顶部，由一个摇臂来驱动2个进气门或排气门工作。由于第2缸的排气门摇臂头部断裂脱落，使摇臂与气门桥的间隙从0.35mm增大到20mm以上，气门桥从气门杆上脱落，从而使两个排气门停止在关闭位置。因此，发动机运转时，第2缸进气门能正常打开而排气门始终关闭，第2缸内的气体不能从排气门排出，以致每当进气门开启时，气缸内的高压、高温气体就从进气门冲回到进气歧管内，造成进气歧管有规律地振动，同时又干扰了其他气缸的正常进气，使得排气管冒黑烟，

电控单元储存进气系统负压值偏低的故障内容。

144. 中通客车电控柴油机最高转速只能达到 1500r/min

故障现象

一辆中通客车装备潍柴 WP6.210 型电控柴油机。该车发动机最高转速只能达到 1500r/min。驾驶员熄火后重新启动发动机，行驶后上述故障再现。

故障诊断

潍柴 WP6.210 型发动机为直列、水冷、6 缸、4 冲程、直喷、增压中冷柴油机，配备博世电控共轨燃油系统。

首先连接博世 KTS 诊断仪，打开点火开关，清除全部故障码。然后对故障车进行路试，行驶后，突然感觉加不上油，将加速踏板踩到底，车速仍然无法提高，且发动机最高转速只能达到 1500r/min。读取发动机故障信息，共有三个故障码，0475，内容为车速传感器 CAN 故障；1683，内容为 CAN 通信数据传输错误；0580，内容为电容器电压故障。

检查喷油器线束，发现第 1、第 3 缸中各有一条线连接有些松动，拧紧后检查其他线路，无异常。

路试过程中发现发动机水温升高很快，出现故障时水温达到 98℃，所以怀疑冷却系统有问题。该车冷却风扇是电子风扇，在驾驶室内有一个 3 挡的控制按钮，用于控制电子风扇的转速。路试前接通该按钮，发现电子风扇转速很低，途中出现故障时电子风扇已经不转了，因此可以确定导致水温过高的原因是电子风扇不转，所以 ECU 限制了发动机的输出功率，使发动机的最高转速只能达到 1500r/min。

拔下电子风扇的控制线，发现电子风扇紧固螺钉松动，拧紧三个固定螺钉，再次进行路试，并且模拟公交车停靠站的行驶状况，没有出现故障现象。

维修总结

限制发动机转速是电控柴油机的一种失效策略。失效策略是指电控系统在故障状态下的运行策略，兼顾了故障后的行驶安全性、继续行驶性及排放性能。失效策略分为四级：第一级为缺省值；第二级为减转矩；第三级为跛行回家；第四级为停机保护。本例故障即为第三级失效策略，ECU 采用特殊的失效方式运行，依据故障的严重程度，限制发动机的转矩和转速，避免运行危险，同时保持继续行驶性。

145. 依维柯工程车发动机突然熄火后，再也无法启动

故障现象

一辆南京依维柯工程车，装备索菲姆 8140.43S3 欧三电控高压共轨柴油机。该车发动机突然熄火，熄火后再也无法启动着机。

故障诊断

首先将点火开关旋转至"MAR"挡，仪表盘上的发动机故障灯点亮，几秒后正常熄灭，表明经过自诊断，发动机电控系统无故障；检测曲轴位置传感器和转速传感器等，信号均正常。由于发动机 ECU 自身的故障率较低，所以暂且不管 ECU 的问题。经过检查发现，该车燃油系统中低压油路不供油，电动燃油泵不工作。电动燃油泵是通过燃油泵继电器受控于发动机 ECU 的，经进一步检查发现，为燃油泵继电器供电的中央电气控制盒无电源输出。拆下该控制盒，发现塑料外壳底部有明显的高温熔化痕迹，打开中央电

气控制盒后，发现电路板中的一段铜箔电路已被熔断，经检测，此段电路就是燃油泵继电器的电源电路。

通过分析认为，该电路板在设计、制造或材质等方面可能存在缺陷，当电动燃油泵工作时的电流超过其承载能力时，就会导致此段电路过载发热，最终在熔丝完好的情况下被熔断，导致电动燃油泵不工作。

在电路板上焊接一根导线，将熔断的铜箔部分跨接，使电动燃油泵继电器能够正常工作。具体的做法是，在不影响电路板上其他电路的情况下，先将受损的电路板做适当的清理，然后将一根长 300mm、截面积为 $1.5mm^2$ 的绝缘导线焊接在原电路板上，将中断的电路连接起来。装复后试车，发动机一次性启动成功，故障排除。

146. 北京 BJ493ZQ3-12Ke 柴油车加速无力，踏加速踏板不起作用，车辆速度只能达到 30km/h

‹ 故障现象

北京 BJ493ZQ3-12Ke 柴油车，行驶一段路程后车辆提不起速，加速无力，踩加速踏板不起作用，车辆速度只能达到 30km/h。

故障诊断

首先接入 K81 故障诊断仪，着机后怠速状态下故障码显示 P0704（一个故障码），该故障码表示离合器非脉冲信号；后经接入 K81 诊断仪随车进行路试，发现行驶一段时间后，通过故障诊断仪数据流显示，柴油机冷却液温度达到 105℃ 以上时，故障现象再次出现。分析认为，此时 ECU 过热保护功能启动，限制柴油机转速和车速。但车内仪表灯在这么高的温度下仍显示正常，用户未发现冷却液温度高的现象，判断冷却液温度传感器已失效。

根据以上现象，查看水箱发现缺水，加水后原地怠速检查，发现水箱液面不断下降，启动时冒白烟，热车后无白烟，但排气管中水蒸气含量较高，最后检查确认为 EGR 冷却器内漏引起故障。

‹ 故障排除

更换 EGR 冷却器、仪表冷却液温度传感器后故障排除。

维修总结

① 借助故障诊断仪进行故障诊断是国三柴油机维修必不可少的关键环节。

② 当故障现象不能再现时，利用故障诊断仪读取各传感器的数据流是找出故障点的有效途径之一。

147. 电控柴油机选择性催化还原转化器常见故障维修

选择性催化还原转化器常见故障有尿素管路不建压和氨泄漏（排气的氨气味严重）。

（1）尿素管路不建压故障的维修　尿素管路不建压故障的常见原因如下。

① 管路折弯或漏气。

② 环境温度低，特别是在寒地区，容易尿素结晶，堵住管路。

③ 换向阀及线路故障，导致换向阀不受控。

④ 尿素泵供电异常。

根据上述不同的原因进行维修，故障即可排除。

（2）氨泄漏（排气的氨气味严重）故障的维修　氨泄漏（排气的氨气味严重）故障常见原因如下。

① 喷油器故障。若实际喷油量比设定喷油量少，则使喷入排气管的尿素过剩。

② 进气压力、温度传感器及其线束故障。进气量是计算尿素喷射量的依据之一。

③ 排气温度传感器及其线束故障。排气温度信号是计算尿素喷射量的依据之一。

④ 尿素压力传感器及其线束故障。若尿素压力信号测量偏差太大，会导致尿素喷射过量。

⑤ 喷嘴及其线束故障。若喷嘴卡死在常开位置，则尿素喷射量会明显超过设定量。

根据上述不同的原因进行维修，故障即可排除。

148. WP12 国四柴油机，SCR 系统不工作，故障灯亮

‹ 故障现象

WP12 国四柴油机，SCR 系统不工作，故障灯亮，报出 SCR 尿素压力建立错误故障(SPN：1387。FMI：2)。

故障诊断

观察各个管路，有尿素的痕迹，检查尿素箱到尿素泵管路，发现泵端管接头内胶圈缺少一段，导致漏气。经确认是维修插拔接头时引起胶圈的损坏。

‹ 故障排除

对管路的胶圈进行处理后，故障排除。

149. WP12 国五柴油机，SCR 系统不工作

‹ 故障现象

WP12 国五柴油机，SCR 系统不工作，检查尿素泵不建压，无故障码。

故障诊断

检查尿素泵的相关线束连接，正常，尿素管也正常。连接诊断仪读取数据流，发现尿素箱温度为 −9℃，远低于实际值。检查发现是尿素箱温度传感器与液位传感器的两个信号线接反。如果 ECU 确认尿素箱温度过低，需要加热解冻时不会驱动尿素泵工作，从而出现上述故障。

‹ 故障排除

重新接线后，系统工作正常。

150. WP6240 电控共轨柴油机大修后，发动机启动困难

‹ 故障现象

一辆 WP6240 电控共轨柴油机大修后，出现了启动困难的故障。

故障诊断

经检查发现，如果将曲轴位置传感器拔出，则柴油机可以启动，但排气白烟较为严重，柴油机运转不正常；而如果将凸轮轴位置传感器拔出，则柴油机可以启动，排气烟色较为正

常，但柴油机不能提速；如果将两个传感器全部装上，则柴油机不能启动。

经分析认为这两个传感器的信号不同步。用故障检测仪检测，显示故障为正时错误。从而确定该柴油机的启动故障是因为正时齿轮的安装出现了误差或错误。

故障排除

根据上述故障现象，该车不能启动故障的原因是喷油时间过早，也就是说喷油提前角过大。于是就机进行了正时调整。

① 将喷油泵的驱动齿轮在原安装位置顺时针方向前移了 1 个齿，此时，柴油机可以启动，但运转仍然不平稳。

② 将该齿轮在现在的位置上又前移了 1 个齿，紧固后启动试车，效果明显好于以前，但运转情况仍然不理想。

③ 继续将该齿轮在现有的位置上再前移了 1 个齿，之后启动试车，柴油机启动良好，运转平稳，排气烟色正常。

维修总结

该车出现齿轮安装错位的错误，其原因应该是在安装喷油泵齿轮时，虽然按照技术要求的定位方法进行安装，但又按传统的安装方法进行了齿轮的对位安装，此时不可避免地转动了曲轴。所以造成了喷油泵齿轮的安装位置错误，导致了故障的产生。

该型柴油机喷油器齿轮安装时，是通过一个 4mm 工艺定位销插入齿轮室与齿轮上对应的孔中，将喷油泵组件安装到位并紧固后拔出定位销，安装工作才算完成。

151. 电控共轨 (Denso系统) 柴油机汽车，在平坦道路重载行驶正常，但爬坡时柴油机的转速降低到怠速状态，加速无效

故障现象

一辆电控共轨(Denso系统)柴油机汽车，在平坦道路重载行驶正常，但爬坡时柴油机的转速降低到怠速状态，加速无效。此时，如果停机一段时间后重新启动，则柴油机工作一切正常，但行驶一段时间后故障重现。

故障诊断

根据上述故障现象，初步判断故障在油路和气路方面。

首先对低压油路进行仔细的排查，未发现异常。

接着使用故障诊断仪与 ECU 连接，读取故障码，内容为车速传感器异常。

观察数据流的相关数值（柴油机转速、加速踏板位置电压、目标轨压与实际轨压、增压压力等）时，发现增压压力最高升至 0.126MPa，没有达到最大增压压力。检查增压压力传感器的电压为 5V，用万用表测量增压压力传感器的 57 针与 128 针，观察电压变化范围为 126～1.96V，表明传感器无故障。初步判断故障可能在空气滤清器内部，将空气滤清器拆下分解检查发现，空气外滤芯集尘严重。

于是拆除空气滤芯后，再次用诊断仪观察数据流中增压压力传感器的压力，由原来的 0.126MPa 升到 0.139MPa；同时用万用表对增压压力传感器的 57 针和 128 针进行电压检测，电压为 1.26～1.94V，表明两组数据都处于正常状态。

故障排除

更换空气滤芯后，柴油机动力恢复正常，故障排除。

该车故障是由空气滤芯通过量不足引起的。柴油机在大负载运行时，因进气负压太大而进气不足，导致柴油机动力不足。

152. 云动 D19 共轨柴油机,启动后怠速慢慢下降 (400r/min)，然后熄火

故障现象

一辆云动 D19 共轨柴油机汽车，启动后怠速慢慢下降(400r/min)，然后熄火。踩加速踏板加不起速。

故障诊断

用诊断仪诊断，无故障码。初步认为是油路的问题，检查低压油路，未发现异常，更换油水分离器后，故障依旧。经仔细分析，怀疑进气系统有问题。拔掉空气流量计后，发动机不但不降怠速，还加起速（提速有点慢）。

接着检查空气滤清器，发现滤芯太脏。将空气滤清器的滤芯吹干净，装好后试车，松加速踏板时会冒黑烟。然后不装空气滤清器滤芯试车，松加速踏板还是会冒黑烟，从而说明进气系统其他部件还有问题。

于是检查增压器以及 EGR 阀，均正常。但检查进气系统时发现中冷器到进气管的管路完全脱落。

故障排除

装好脱落进气管管路的连接管，并拧紧卡箍带，故障排除。

维修总结

该车空气滤清器滤芯太脏，导致进气不足，空气流量计测得的进气流量少，ECU 限制油量。拔掉空气流量计后，ECU 采用空气流量的替代值进行喷油，可以加起速度。由于实际进气量少，提速缓慢。

153. 载货车 (D19 共轨柴油机)，速度超过 80km/h 就提速困难

故障现象

载货车(D19 共轨柴油机)，速度超过 80km/h 就提速困难。

故障诊断

经检查，发现进气系统无漏气；空气滤清器及进气管无堵塞；EGR 工作正常；燃油系统无泄漏和堵塞；并重新对燃油管路进行排气检查，对柴油滤芯进行清洗检查，确定以上均无故障；进一步检测排气系统，无堵塞，排气通畅。

接着对涡轮增压器进行检测，启动柴油机前将气压表连接到涡轮增压器出气管上的旁进压力管上，观察气压表读数；启动柴油机并提速到 3000r/min 以上。观察气压表读数，发现气压表读数较低（约 0.03MPa），从而确定涡轮增压器工作不正常。正常情况下此点的数值应该大于 0.05MPa。

故障排除

更换一个新的涡轮增压器后，故障排除。

154. 柴油机启动后，首次踩加速踏板能达到额定转速，随即柴油机立即运行于 1500r/min "跛行（回家）"工况

故障现象

柴油机启动后，首次踩加速踏板能达到额定转速，随即柴油机立即运行于 1500r/min "跛行（回家）"工况。

故障诊断

根据上述故障现象，初步怀疑油路有问题。检查柴油机的轨压传感器和高压油泵上的流量计量单元线束接插件及喷油器线束接插件，都正常，INCA 里只报出了"11.0"的故障。

经过分析认为，导致共轨系统限压阀打开的原因很多，经过几次重新启动后发现，当柴油机熄火几分钟后重新启动，运行的前几秒钟并没有报出"11.0"故障，随后故障开始出现，柴油机最高转速为 1500r/min，处于"跛行（回家）"模式。调出实际运行轨压（Rail-CD_pPeak）和轨压设定值（Rail_pSetpont）后发现，柴油机在启动的几秒内实际运行轨压高出系统正常运行的轨压设定值，最后决定从回油管路找原因。

实际运行轨压大于轨压设定值，说明系统进油管路畅通，系统回油极有可能出现问题。该柴油机的回油共有三路：一路经过双重过滤的高压油泵自身回油；一路是喷油器的回油；还有一路是高压共轨管的限压阀回油。这些都不可能出现堵塞现象，且回油管路比较平直，不存在弯曲和压扁情况，从而确定故障在油箱上。当松开油箱上回油管的接头螺栓时，只见燃油从螺栓缝隙里像喷泉一样涌出来。这表明油箱内的回油口可能存在堵塞现象，随即检查油箱底部，发现油箱回油管滤芯被堵塞。

故障排除

清洗油箱滤芯后，回油畅通，故障排除。

维修总结

该车回油管堵塞后，造成系统回油不畅而使轨压升高，共轨管内的压力超高太多，导致限压阀打开，柴油机在 1500r/min 运行，系统处于"跛行（回家）"模式。

155. WP10.270 电控柴油机可以启动，最高转速为 1500r/min

故障现象

一辆 WP10.270 电控柴油机汽车可以启动，最高转速为 1500r/min，同时用诊断仪检查后报出只有凸轮轴传感器信号，无曲轴转速传感器信号。

故障诊断

该车可以启动但启动时间长，柴油机启动后将加速踏板踩到底，转速只能达到 1500r/min，柴油机进入"跛行（回家）"模式，用诊断仪检查后报出只有凸轮轴传感器信号，没有曲轴转速传感器信号。表明曲轴转速传感器存在问题，检查发现曲轴转速传感器上没有线束接插件，而是掉在一旁，导致 ECU 检测不到曲轴转速信号而进入失效保护模式。当再次重新插接时，发现和进气管固定支架干涉（因事故造成）。

故障排除

将进气管固定支架修复后，故障排除。

156. 道依茨 BF6M1011-26E3 柴油机汽车，行驶中常出现柴油机转速维持在 1200r/min，踩加速踏板无反应

一辆道依茨 BF6M1011-26E3 柴油机汽车，该发动机采用电控单体泵控制系统。行驶中常出现柴油机转速维持在 1200r/min，踩加速踏板无反应。 熄火后，过大约 20min 再启动，正常。行驶 50~80km 后，故障反复出现。

故障诊断

读取发动机故障码为 P2299，含义为加速踏板信号不可信。根据故障码的提示对加速踏板进行更换，发现更换加速踏板后故障依旧。

再检查驾驶室线束，用万用表检测发现搭铁回路不好。仔细检查发现变速器与车架的搭铁线接触不良、松动。

故障排除

经重新紧固变速器与车架的搭铁后，故障排除。

157. 城市公共汽车每行驶 0.5h 左右，就会出现动力不足

故障现象

一辆城市公共汽车每行驶 0.5h 左右，就会出现动力不足(感觉加不上油)。人为熄火后再启动又可继续行驶 0.5h 左右，故障再现。故障发生时柴油机(WP6 电控柴油机)抖动厉害，偶尔会自动熄火。

故障诊断

首先连接诊断仪，读出故障码，记录后，进行"删除故障存储器的故障记忆"操作。进行路试，在途中发现柴油机突然感觉加不上油，将加速踏板踩到底时，车速也很慢。柴油机抖动厉害，甚至出现自动熄火。

此时读取的故障码为：P0474——车速传感器 CAN 故障；P1682——CAN 通信数据传输错误；P0580——电容器电压故障。

随即停车并检查喷油器线束，发现第 1、第 3 缸中各有一条线连接有松动，拧紧后检查其他线路，无异常。

该车散热器风扇是电吸合式的，驾驶室内有一个三挡控制按钮控制风扇的转速。路试前接通按钮发现风扇转速很慢，途中出现故障时，风扇已经不转。所以确定故障由风扇原因导致冷却液温度过高，ECU 限制了柴油机功率（进入热保护模式）。

故障排除

拔掉风扇的控制线，拧紧三个固定螺钉，让风扇以全速运转。然后进行了 2 次路试，故障没有再现，故障排除。

158. 捷达 CDX 柴油车熄火后，发动机不能启动

故障现象

一辆捷达 CDX 汽车，行驶中熄火之后不能启动。

因在行驶中突然熄火，先检查了正时皮带的情况。结果张紧度正常，正时皮带无松脱和浸油等情况，正时无偏差。用解码器读取故障码，仅有车速信号超差（偶发性故障码，发动机系统）故障码。查阅防盗系统，无故障码。将发动机故障码清除后启动车辆，起动机工作有力，但车辆无法启动。似乎喷油器不喷油，拆检柴油滤清器，发现进油管无油流出，柴油滤清器内所存柴油低于能被高压泵吸入的下限。接着向柴油滤清器内重新加注柴油，并从高压泵回油管和喷油器两处进行了人为排气，当两者均有油流出后连续启动两次，发动机启动。

接着在怠速状态下观测数据流，未发现异常。分析认为该车不启动可能是加油不及时或更换柴油滤清器时未加注柴油造成的。但在该车运行大约 5min 后，发动机开始抖动，并随后熄火，再也启动不了。

打开柴油滤清器上的预热阀，发觉柴油滤清器又没油了，而且从油箱过来的进油管仍无油。从发动机舱检查到油箱，并把油浮子拆出，观察是否因油质不良而堵塞进油滤网，结果无异常。在不得已的情况下，分别将进回油管直接连接，仅是在进油管中加了几层滤纸，而在回油管路中则把预热阀取消，重新排气后启动车辆，发现车辆立刻启动，而且一直都没有出现熄火现象。

于是换了一个新柴油滤清器（怀疑原车柴油滤清器密封不良导致漏气），可装上后故障又出现了。由于进油管没有漏油、漏气的地方，怀疑装在柴油滤清器上的预热阀有问题。

〈 故障排除

更换了一个新预热阀后，启动车辆，一下就可启动。

维修总结

该车预热阀上的两道密封橡胶圈是不可重复使用的，若橡胶圈出现破裂、磨损后，就会造成类似本例的故障，若停车时间稍长就会出现难以启动或加速无力等故障。最后检验旧的预热阀，堵住阀上的两个孔，通过另一个孔吹气，发现从管的根部有气排出，原来此阀在多次更换柴油滤清器时已损坏，但从外观上却不好辨别。

159. 捷达柴油车，发动机舱内有异响，加速无力且费油

〈 故障现象

一辆搭载 1.9L SDI 柴油机的捷达车，发动机舱内有嗡嗡声，加速无力且费油。此故障时有时无，无故障时加速有力，有故障时发动机噪声大。

故障诊断

① 用故障诊断仪检测，未发现故障码。
② 进行试车，行驶大约 1h，突然出现"嗡嗡"声且声音越来越大，类似单向阀响。
③ 打开发动机机舱，发现声源是 EGR 控制阀发出的。
④ 常温下测量其阻值为 640Ω，远大于标准值 $14\sim20\Omega$，说明 EGR 控制阀有故障。
⑤ 更换 EGR 控制阀后，试车，故障依旧。
⑥ 经过仔细检查，发现 EGR 控制阀两根粗细不同的管插反。

〈 故障排除

将 EGR 控制阀两管插回原位试车，故障排除。

160. 商用乘用车，其最高速度只能达到 50km/h 左右

故障现象

一辆商用乘用车，其最高速度只能达到 50km/h 左右，柴油机最高转速只能达到 2000r/min 左右。

故障诊断

经分析认为，造成柴油机动力不足的原因主要有：燃油压力不足、喷油器堵塞、进气管漏气或堵塞、排气管堵塞、空气流量计或者进气压力传感器故障、加速踏板位置传感器故障、电控系统故障、气缸压力不足等。

首先用检测仪检查，未读取到故障码。由于没有该车的详细资料，数据流除了氧传感器数值维持在 0.9V 外，其他数据与同类车相比较属于正常。低压油路系统的燃油压力为 0.3MPa 左右，属于正常范围。正在检测之际，柴油机自动熄火，再次启动后不久又自动熄火，同时从柴油机底部传来很浓的废气味道。

随即举升起汽车观察排气系统，发现排气管有碰撞过的痕迹，痕迹处有个小裂缝在柴油机运转时漏气。考虑到排气管多处漏气，怀疑是排气管后部堵塞致使废气不能正常排出。启动柴油机，踩下加速踏板，同时检测排气管出口排气量，排气很少（基本上没有），而排气管前部的小裂缝却排出大量的废气。怀疑催化器堵塞。

接着将催化器拆下，启动柴油机，此时运转很平稳，踩下加速踏板，排气正常。为了确保诊断正确，用压缩空气吹催化器的一端，但另一端无空气流出，从而确定催化器堵塞。

故障排除

更换新的催化转化器后，车辆加速顺畅，柴油机转速为 3000r/min 时车速 160km/h，原有的故障现象消失。

维修总结

该车故障为柴油机氧化催化转换器堵塞。判断氧化催化转换器是否堵塞的四种简单的方法如下。

（1）温度检测　利用红外测温仪测量氧化催化转换器进、出口的温度。根据其温差的大小即可以判断氧化催化转换器是否堵塞。正常工作的氧化催化转换器，由于在转换器内要进行氧化反应，会产生大量的热量，因此氧化催化转换器出口的温度应至少高于进口温度 20%～30%。如氧化催化转换器出口温度低于上述数值，则说明该氧化催化转换器的工作不正常，且氧化催化转换器堵塞越严重，其出口温度越低。

（2）尾气检测　利用尾气分析仪在进气管节气门附近测量 HC 的浓度。正常工作情况下，柴油机进气、燃烧、排气，以及进气歧管节气门附近是不应该有 HC 的。但是，如果氧化催化转换器堵塞，排气受阻，在进排气门重叠开启时，气缸中的可燃混合气便会返回进气管，所以利用尾气分析仪通过进气管上节气门附近的真空软管接头，便可以检测到 HC。一旦检测到 HC，便说明排气不畅通，氧化催化转换器堵塞的概率就很大。

（3）真空度检测　利用真空表检测进气真空度。如果排气受阻，会导致进气不畅通，因此进气的真空比正常情况下要小（绝对压力高）。所以通过真空表检测进气歧管的真空度可以判断催化转换器是否堵塞。

（4）排气背压检测　利用排气背压表测量排气背压。正常情况下，排气背压在柴油机转速为 2000r/min 时应小于 0.0014MPa。如果排气背压高于该值，便说明排气不畅。

另外，对于氧化催化转换器前后均装有氧传感器的车型，还可以利用双通道示波器检测催化转换器上游和下游氧传感器波形的方法进行判断。

161. 厦门金龙公交车在运行中故障灯点亮，整车动力下降

故障现象

一辆厦门金龙汽车，发动机型号为 CA6DL0-26E4，装用电装发动机控制系统。该车在运行中故障灯点亮，整车动力下降。

故障诊断

根据上述故障现象，先拆卸排气管路，发现尿素结晶点在喷嘴下方靠近排气管壁的一端。进一步检查发现，喷嘴的安装位置与要求不符，不在排气管路的中心轴线上，而是靠近管壁，在气流的冲击下，喷射出的尿素微滴大部分喷到排气管的管壁上，极容易在管壁上形成结晶。

故障排除

将整车排气管路全部拆卸并排查一遍，将堵塞的尿素结晶块全部清空，避免堵塞对整车性能及安全造成影响。

维修总结

该车喷嘴安装位置不规范是造成结晶的重要原因。由于尿素与水的特性不同，喷在排气管壁上的尿素水溶液，水分会迅速挥发，剩下尚未反应的尿素组分形成结晶。公交车在运行过程中，负荷、转速变化频繁，喷射出来的尿素溶液可能还未水解，发动机已运行到低速低负荷工况，排气温度降低，水解反应缓慢，引起结晶。

162. 江苏常隆汽车在运行中出现动力不足，故障灯点亮

故障现象

一辆江苏常隆汽车，发动机型号为 CA6DLD-20E4，发动机装用博世控制系统。该车在运行中出现动力不足，故障灯点亮。

故障诊断

接车后首先连上 INCA 检测，发现报尿素泵加热故障。根据电路原理图可知，涉及尿素泵加热的继电器与 ECU 的连接针脚是 K25、K90、K33，其中 K33 为检测信号。检查三个针脚的连线，发现外在的接线连接没什么问题。经分析，怀疑与 ECU 连接的整车插接件针脚有问题。

故障排除

直接把 K25、K90、K33 端子更换掉，然后清除历史故障，再次检测，无故障，故障排除。

维修总结

车辆报尿素泵加热故障的情况比较多，主要是 ECU 的整车接口 94 针插接件中的尿素泵加热继电器针脚线束错误或者质量问题，针脚铜丝毛刺多。基本上都是 K25、K90、K33、K94、K90 与其周围相邻针脚发生接触造成故障。该故障会限制转矩，造成动力不足。

163. 安徽安凯汽车在运行中，汽车限速，故障灯亮，发动机不喷尿素

故障现象

一辆安徽安凯汽车，发动机型号为 CA6DF4，装用博世控制系统。该车在运行中汽车限速，故障灯点亮，发动机不喷尿素(尿素长期无消耗)。

故障诊断

接车后启动发动机，用检测工具检测尿素喷射情况，发现果然不喷尿素。通过电脑数据分析显示，每次尿素泵在建立压力将要开始工作时，就突然泄压。怀疑是尿素滤芯堵塞导致的。拆下尿素滤芯发现有点发黑，更换新滤芯后试车，故障依旧。怀疑尿素泵有故障。

故障排除

更换尿素泵回流阀后再试车，故障排除。

维修总结

该车每次尿素泵在建立压力将要开始工作时，就突然泄压，这与共轨车中报 P100E 的情况比较相似。共轨中的故障现象是油轨泄压阀打开造成的。虽然在尿素泵上无法直接看出各喷管及阀的好坏，但是发现尿素泵回流阀周围有明显的尿素结晶，这很像是突然泄压造成的现象。如果是因为回流阀的问题造成尿素压力突然降低，那么只要换回流阀即可。

164. 上海申龙汽车在行驶中故障灯点亮，限制转矩

故障现象

一辆上海申龙汽车，发动机型号为 CA4DF3-15E3-ZD10，发动机装用博世控制系统。该车在行驶中故障灯点亮，限制转矩。

故障诊断

接车后试运行半小时左右，尿素压力会突然下降，之后报故障，转矩受限，如果及时清除故障，又会重新建压，恢复正常，而后又会报出故障；清洗尿素箱，将泵、喷嘴与其他车对调，没有效果。将尿素箱中过滤网拆除（试验），上述故障消除，检查发现过滤网很干净，只是里面有异物。

故障排除

经分析认为，异物影响尿素流量导致喷射异常，影响排放。该车尿素管对接处为半圆形缺口，如果此面滤网发生堵塞，尿素供给可能就会出现问题。建议将另一面缺口也打开，让尿素从另一方向也能进入尿素管。此外，过滤网中的胶很容易脱落，堵塞尿素进流口，应予以改善。

165. 苏州金龙汽车 SCR 灯闪烁，尿素指示表为零，发动机无力

故障现象

一辆苏州金龙汽车，发动机型号为 CA6DL0-26E3-SJ10，装用国五发动机(电装电控共轨、博世 SCR 后处理系统)。该车辆 SCR 灯(尿素故障灯)闪烁，尿素指示表为零，发动机无力。

故障诊断

连接诊断仪，读到多个故障码：P204D（尿素压力传感器电压高于上限）、P204B（尿素压力不稳定）、U0100（报文故障）。首先检查尿素压力管、尿素喷嘴、尿素滤网，均无堵塞现象；然后更换新的尿素液位传感器，试车，尿素指示表显示仍为零，故将尿素液位传感器损坏排除；最后检查ECU端子至后处理器各传感器的线路，发现ECU至各传感器多处断路。

接着检查整车仪表，未发现异常，因此怀疑尿素液位传感器损坏或尿素液位传感器至ECU线路损坏，先更换尿素液位传感器，试车无效果，将传感器损坏的可能性排除。然后再检查线束，发现线束损坏。

故障排除

更换线束后试车，故障排除。

附录

```
┌─────────────── 附录 A ───────────────┐
└── 柴油机电控系统电路图的识读技巧 ──┘
```

由于各国汽车电路图的绘制方法、符号标注、文字标注、技术标准的不同，各汽车生产厂家汽车电路图的画法有很大差异，甚至同一国家不同公司汽车电路图的表示方法也存在较大的差异，这就给读图带来许多麻烦，因此掌握汽车电路图识读的基本方法显得十分重要。

一、柴油机电控系统电路识图技能

柴油机电控系统电路的基本结构与汽油机电控系统电路基本相同，也是由信号输入部分（传感器与各种开关信号）、电控单元（ECU）与执行器三个部分组成，故识读汽油机电控系统电路的基本方法同样适用于识读柴油机电控系统电路。

1. 柴油机电控系统电路识读要领

（1）读图目的与识图方式　读识柴油发动机电控系统电路时，应抓住这类电路的结构特点，并结合不同厂家画图的规则来进行。

① 读图目的。通过读识柴油发动机电控系统线路图，可以迅速地辨识出线路图中的电子电气元件，了解各传感器和电子执行器的工作方式，并能根据电控系统线路图系统地判断出可能发生故障的部位。

② 识图（包括故障维修）应围绕 ECU 进行。在柴油发动机电控系统中电控单元（ECU）作为整个电控系统的核心。对汽车所有的电气线路、电气元件进行实时监控，并对于任何状况的出现都能及时做出调整。

在对柴油发动机电控系统故障进行维修时，结合系统 ECU 端子图和系统线路布置图，就可以很方便地检测系统各个回路的工作状况，判断通断好坏以及 ECU 内部程序运行是否正常，如果 ECU 输出的控制信号异常或没有相应的控制信号输出，均说明 ECU 内部程序运行出现了异常。

③ 了解 ECU 工作情况。在柴油发动机电控系统中，ECU 通常是将一个 5V 的参考电压提供给传感器，传感器经可变电阻，把变化的阻值转换为电压信号送回 ECU。ECU 通过反馈信号的变化监控传感器的工作状态。开关回路可以视为一种特殊的传感器信号，而执行器则是根据 ECU 的指令控制驱动回路。许多执行器都为电磁线圈，ECU 通过输出

高、低电平信号来控制电磁线圈中电流通路的形成或断开，也有的 ECU 端子输出变化的控制信号，通过改变线圈中流过电流的大小来改变线圈的作动力，从而改变执行器的动作。

（2）熟知电路电源流通方向与电流回路　熟知柴油发动机电控系统电路电源流通方向与电流回路，是读识任何电路的必备条件。

① 熟知线路电源流通方向。在柴油发动机电控系统线路图中，所有电气元件的电流都是从电源（蓄电池）正极出发，经熔断器→开关→电气元件→搭铁，然后回到电源（蓄电池）负极形成一个回路。

② 熟知电流回路。在柴油发动机电控系统线路图中，通常包括开关回路、传感器回路与驱动执行器回路。

a. 不同的柴油发动机电控系统线路所含有的开关回路的数量是不一样的，即使开关回路的数量相同，但开关的功能也不完全一样。开关回路通常包括空挡开关回路、空调开关回路、离合器开关回路、加速开关回路、动力开关回路、加热开关回路、制动开关回路、缓慢返回车库开关回路、空气低压开关回路等。

b. 不同的柴油发动机电控系统线路所含有的传感器回路的数量是不一样的，即使传感器回路的数量相同，但传感器的功能也不完全一样。传感器回路通常包括冷却液温度传感器回路、加速踏板位置传感器回路、燃油温度传感器回路、进气温度传感器回路、进气压力传感器回路、齿条传感器回路、预行程传感器回路、大气温度传感器回路、增压传感器回路、节气门传感器回路、空气流量传感器回路等。

c. 不同的柴油发动机电控系统线路所含有的驱动执行器回路的数量是不一样的，即使驱动执行器回路的数量相同，但驱动执行器的功能也不完全一样。驱动执行器回路通常包括调速器作动器回路、预行程作动器回路、喷油器电磁线圈回路、排气制动电磁阀回路、怠速控制回路、废气再循环控制回路、自诊断控制回路、电热塞控制回路等。

（3）分析要点　当一个或多个电控单元置于电路中时，为提高对电控系统的识图速度，可从以下方面着手分析。

① 查找系统的供电线。哪些是常火线，哪些受点火开关控制。

② 查找系统的搭铁线。共有几个搭铁点（又称接地点）。

③ 再分析各元件的共用关系。看哪些元件共用一根线路。一般情况下，可以多个执行器共用一根电源线，搭铁线单独引出（由 ECU 控制执行器搭线）；多个传感器共用一根搭铁线，信号线单独引出（以此可判断各传感器的信号端子和搭铁端子）。

注意：电路图中所表示的所有开关、元件、模块都是处于静止位置（车门关闭，钥匙从点火开关中拔出）。

电路图上表示的元件和线路可能与实际车辆上看到的不一样，例如一根短导线与长导线画得一样长。另外，开关和其他元件表示得尽可能简单，仅考虑到所起到的作用。

2. 电路识读示例

（1）重汽豪沃汽车电路图识读示例（附 A 图 1）

（2）东风汽车电路图识读示例（附 A 图 2）

（3）陕汽重型汽车电路图识读示例（附 A 图 3）

（4）福田欧曼重型汽车电路图识读示例（附 A 图 4）

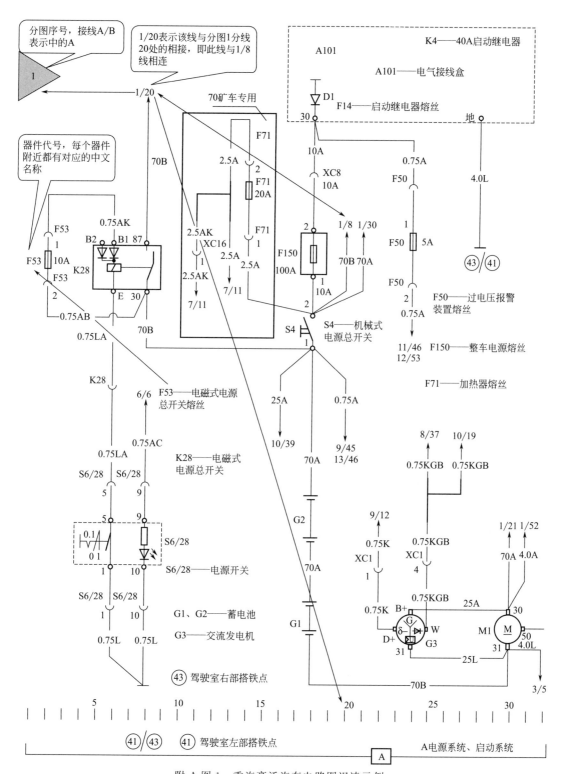

附 A 图 1　重汽豪沃汽车电路图识读示例

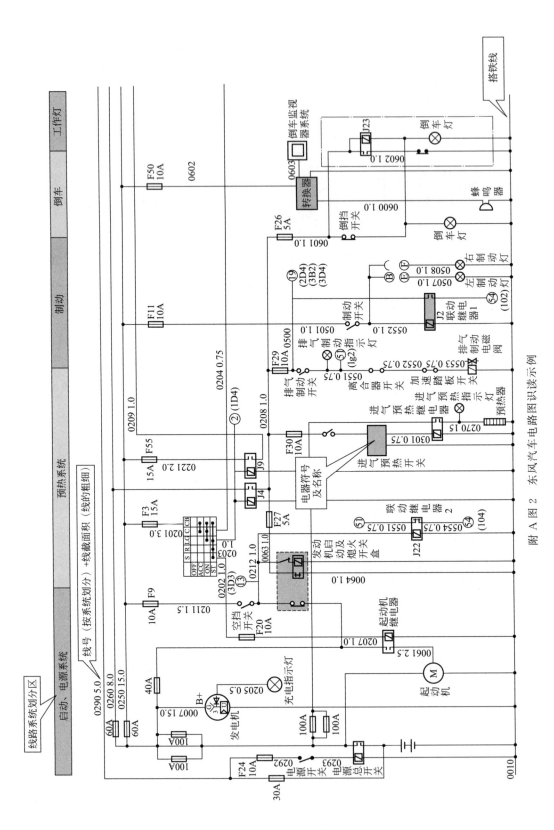

附 A 图 2 东风汽车电路图识读示例

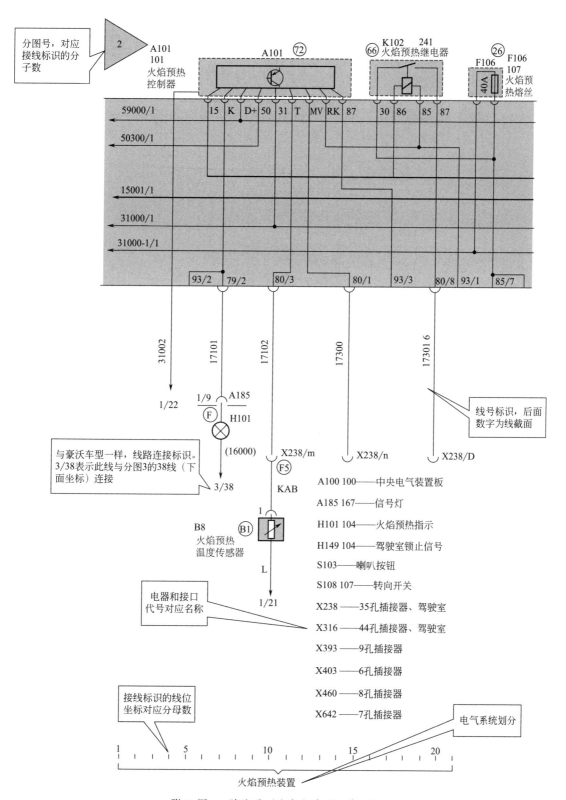

附 A 图 3　陕汽重型汽车电路图识读示例

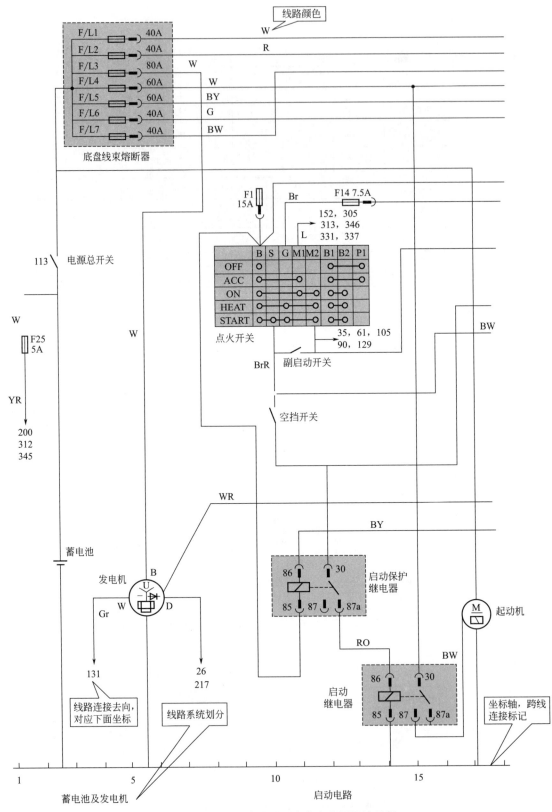

附 A 图 4　福田欧曼重型汽车电路图识读示例

二、柴油机电控系统电路图的识读技巧

柴油机电控系统的发展经历了位置控制式、时间控制式、时间-压力控制式（高压共轨式）三代，现以时间控制式（第二代）电控柴油机喷射系统电路和高压共轨式（第三代）电控柴油机喷射系统电路为例，说明柴油机电控系统电路图的识读技巧。

1. 时间控制式电控柴油喷射系统电路

时间控制式电控柴油喷射系统，根据产生高压的装置不同，又分为分配泵、直列泵、单体泵和泵喷嘴电控燃油喷射系统。

现以采用德尔福电控单体泵系统的玉柴 YC6G240-30 发动机电控单元电路（附 A 图 5）为例，说明时间控制式电控柴油喷射系统电路图的识读方法。

玉柴 YC6G240-30 电控柴油机喷射系统主要由传感器、开关、ECU 和执行器等部分组成。

（1）ECU　德尔福单体泵控制系统 ECU 可用 12V 或 24V 供电。ECU 采用 PowerPC 微处理器、橡胶绝缘隔垫、可以驱动单阀的燃油喷射系统、国际先进的 CAN 现场总线通信技术、可选择的燃油冷却功能，内置大气压力和 ECU 温度传感器。

（2）传感器电路

① 转速传感器/曲轴位置传感器。发动机转速传感器检测发动机转速信号。曲轴位置传感器安装在飞轮壳上，检测活塞上止点及曲轴转角。发动机转速传感器/曲轴位置传感器用于喷油时刻和喷油量计算、转速计算，同时在凸轮轴传感器失效后可执行失效安全策略。附 A 图 5 中，ECU 的 J1-49、J1-50 端子外接转速传感器。

② 凸轮位置传感器。凸轮位置传感器安装在齿轮室上，其作用是判断柴油机运行的角度相位（也称判缸），同时在曲轴传感器失效后可执行失效安全策略。附 A 图 5 中，ECU 的 J1-53、J1-54 端子外接凸轮传感器。

③ 增压压力传感器（MAP）。增压压力传感器安装在进气管上。其作用是测量增压压力，与进气温度一道计算空气密度和喷油量，是瞬态工况时用于冒烟控制。附 A 图 5 中，ECU 的 J1-28 端子输出 5V 电压给增压压力传感器；J1-27 是搭铁端子；J1-30 是传感器信号输入端子。

④ 进气温度传感器。进气温度传感器安装在进气管上，其作用是测量进气温度，与进气压力一道计算空气密度和喷油量，同时还用于修正喷油提前角，同时在进气温度过高时启动保护。附 A 图 5 中，ECU 的 J1-34、J1-27 端子外接进气温度传感器，其中 ECU 的 J1-34 是传感器信号输入端子，J1-27 是搭铁端子。

⑤ 冷却水温度传感器。冷却水温度传感器安装在节气座上，其作用是测量冷却水温度，用于冷启动、目标怠速计算等，还用于修正喷油提前角、最大功率保护等，同时在冷却液温度过高时启动保护。附 A 图 5 中，ECU 的 J2-25、J2-26 端子外接冷却液温度传感器，其中 ECU 的 J2-25 是传感器信号输入端子，J2-26 是搭铁端子。

⑥ 燃油温度传感器。燃油温度传感器安装在单体泵室上，其作用是根据燃油密度计算喷油量和所需的喷油脉宽，同时在燃油温度过高时启动保护。附 A 图 5 中，ECU 的 J1-46、J1-41 端子外接燃油温度传感器，其中 ECU 的 J1-41 是传感器信号输入端子，J1-46 是搭铁端子。

⑦ 电子油门传感器。电子油门传感器安装在油门踏板位置，其作用是采集驾驶员意图，通过模拟信号发给 ECU。附 A 图 5 中，ECU 的 J3-38、J3-41 端子外接怠速开关；J3-34 为油门传感器 5V 供电输出，J3-33 为油门传感器信号输入端子，J3-37 为搭铁端子。

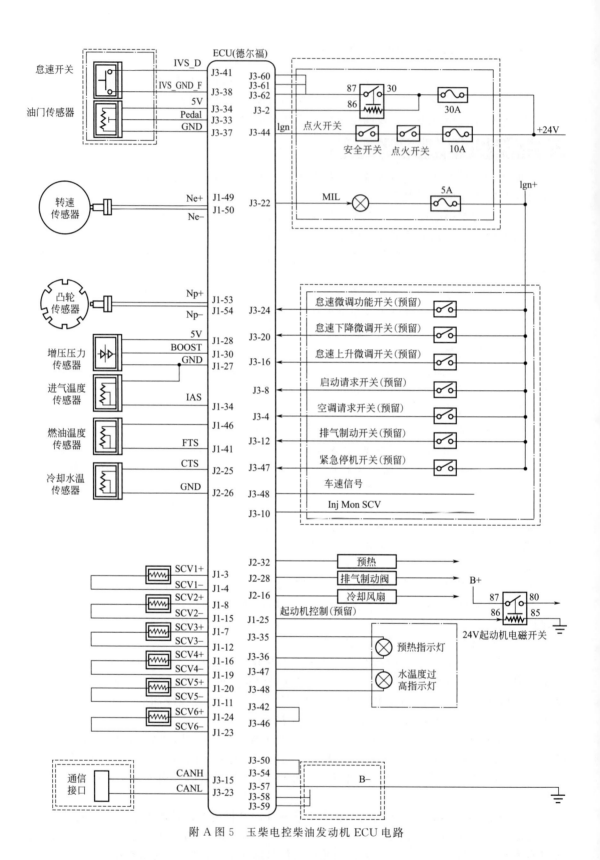

附 A 图 5　玉柴电控柴油发动机 ECU 电路

⑧ 大气压力传感器。内置在控制器 ECU。

⑨ 环境温度传感器。内置在控制器 ECU。

（3）执行器电路　玉柴 YC6G240-30 型电控柴油喷射系统的执行器有单体泵电磁阀（六个）、排气制动阀、风扇控制、水温过高指示灯、故障指示灯、CAN 通信总线等。

① 单体泵电磁阀。ECU 的 J1-3 端子、J1-4 端子外接单体泵电磁阀 1；ECU 的 J1-8 端子、J1-15 端子外接单体泵电磁阀 2；ECU 的 J1-7 端子、J1-12 端子外接单体泵电磁阀 3；ECU 的 J1-16 端子、J1-19 端子外接单体泵电磁阀 4；ECU 的 J1-20 端子、J1-11 端子外接单体泵电磁阀 5；ECU 的 J1-24 端子、J1-23 端子外接单体泵电磁阀 6。

② 排气制动阀。ECU 的 J2-28 端子外接排气制动阀。

③ 风扇控制。ECU 的 J2-16 端子外接冷却风扇，控制冷却风扇的运行。

④ 水温过高指示灯。ECU 的 J3-47、J3-48 端子外接水温过高指示灯，控制水温过高指示灯的亮灭。

⑤ 故障指示灯。ECU 的 J3-22 端子外接故障指示灯，从点火开关来的蓄电池电压→5A 熔丝→故障指示灯→ECU 的 J3-22 端子。当发动机出现故障时，ECU 的 J3-22 端子输出低电压信号，故障指示灯亮起。

⑥ CAN 通信总线。ECU 的 J3-15、J3-23 端子外接 CAN 通信接口，其中 J3-15 接 CAN 高总线，J3-23 接 CAN 低总线。

2. 高压共轨式电控柴油喷射系统电路

现以德国博世公司的高压共轨电控柴油喷射系统为例，说明高压共轨电控柴油喷射系统的电路图的识读方法。

博世高压共轨发动机的燃油系统分为低压供油部分和高压供油部分。低压供油部分为高压供油部分提供足够的燃油，主要部件有油箱、燃油滤清器（包括油水分离器、手动输油泵）、低压输油管、回油管、安装于高压油泵上的齿轮式吸油泵或叶片式吸油泵；高压供油部分除产生高压燃油外，还进行燃油分配和燃油压力测量，主要零部件有高压泵（包括流量计量阀）、高压蓄压器（轨道，包括轨压传感器）、喷油器、高压油管。

南京依维柯 SOF1M8140.43S3 高压共轨柴油机 EDC16 系统电路图，如附 A 图 6 所示。该控制系统主要由传感器、开关、ECU 和执行器等组成。

（1）ECU　ECU 是博世公司为 SOFIM 共轨发动机柴油喷射系统设计的，是一种被称为"EDC16"的电控系统，电控中心 EDC16 具有控制和诊断功能，能对系统中其他零部件实行闭环控制，并对系统执行许多精密的诊断。

（2）传感器及开关电路

① 曲轴转速传感器。ECU 的 A12、A21、A27 端子外接曲轴转速传感器，其中 A21 端子接曲轴位置传感器屏蔽线，曲轴位置传感器信号从 ECU 的 A12、A27 输入。曲轴转速传感器装在发动机缸体上，感应飞轮（注：飞轮上共有 58 个孔）的行程变化信号及飞轮上每两个孔之间的距离信号，这是电控中心识别活塞上止点位置的基本信号。该信号使电控中心了解发动机转速，成功实现提前预喷射，计算预喷射的时间，进行主喷射和驱动发动机转速表。

② 凸轮轴相位传感器。ECU 的 A11、A50、A20 端子外接凸轮轴相位传感器，其中 A11 为凸轮轴（相位）传感器负极，A20 为凸轮轴（相位）传感器正极，凸轮轴传感器信号（相位）从 A50 输入 ECU。凸轮轴相位传感器安装在皮带轮盖罩上，传感器的安装间隙和飞轮转速传感器相同。传感器的信号使电控中心在启动的同时识别发动机的相位，清楚哪一缸喷射。

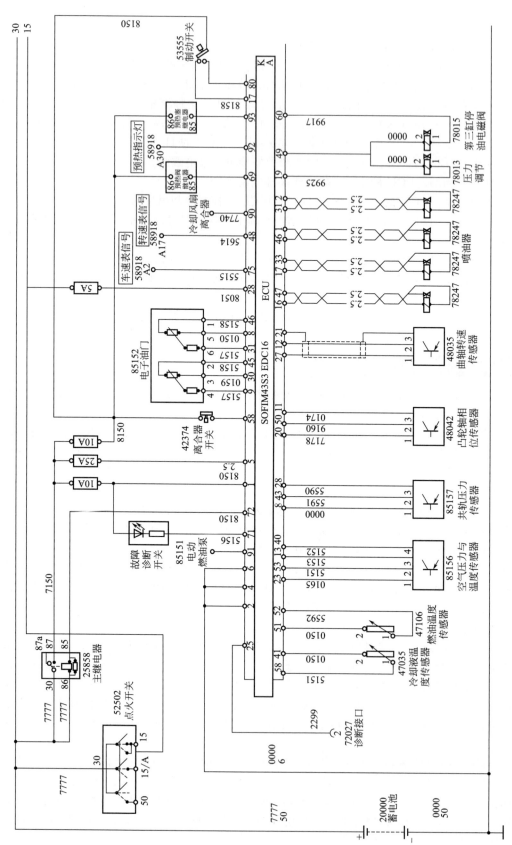

附 A 图 6　南京依维柯 SOFIM8140、43S3 高压共轨柴油机 EDC16 系统电路图

③ 冷却液温度传感器。ECU 的 A41、A58 端子外接冷却液温度传感器，其中 A41 接水温传感器负极，水温传感器信号从 ECU 的 A58 输入，冷却液温度传感器装在节温器座上，测量发动机冷却液的温度，给电控中心提供发动机水温信号。

④ 燃油温度传感器。ECU 的 A51、A52 端子外接燃油温度传感器，其中 A51 接燃油温度传感器负极，燃油温度传感器信号从 ECU 的 A52 输入。燃油温度传感器与发动机水温传感器是同一类零件。装在燃油滤清器上，测量燃油的温度，给电控中心提供柴油热态信号。

⑤ 空气压力与温度传感器。空气压力与温度传感器安装在电控中心的内部。根据海拔测量大气压力，提供正确的大气压力。其中传感器的 1 端子为搭铁端子，接 ECU 的 A23 端子；传感器的 2 端子输出温度信号，接 ECU 的 A53 端子；传感器的 3 端子是 5V 电源输入端子，接 ECU 的 A13 端子；传感器的 4 端子是增压空气压力信号输出（输出 0～5V 的信号），接 ECU 的 A40 端子。

⑥ 共轨压力传感器。共轨压力调节传感器装在"共轨"的中部，用来测量"共轨"中的燃油压力。传感器的 3 端子为供电端子，接 ECU 的 A28 端子，ECU 为传感器提供 5V 电压；传感器的 1 端子为搭铁端子，接 ECU 的 A8 端子；传感器的 2 端子为共轨传感器信号输出端子，接 ECU 的 A43 端子；电控中心对该传感器提供的信号进行信号反馈，控制喷油压力。

⑦ 电子油门。电子油门为一体式结构，电子油门具有两个功能：油门位置信号和最小油门开关，使电控中心获得油门控制信号。其中电子油门的 1 端子为供电端子，由 ECU 的 K46 端子提供 5V 电压；电子油门的 2 端子也为供电端子，由 ECU 的 K45 端子提供 5V 电压；电子油门的 3 端子为搭铁端子，接 ECU 的 K30 端子；电子油门的 4 端子为信号输出端子，接 ECU 的 K9 端子；电子油门的 5 端子为搭铁端子，接 ECU 的 K8 端子；电子油门的 6 端子为信号输出端子，接 ECU 的 K31 端子。

⑧ 离合器开关。ECU 的 K58 端子外接离合器开关，该开关是带一个常闭触点的开关，安装在离合器踏板上，使电控中心获得离合器控制信号。

⑨ 制动开关。制动开关内部有常开和常闭两对触点，安装在制动踏板上，共两个，一个用于控制制动灯，另一个用于 EDC（柴油发动机控制）。两者的接线不同，其中与 ECU 的 K17 端子相连的是常开触点，控制制动灯信号的亮与灭，当踩下制动踏板时给电；与 ECU 的 K80 端子相连的是常闭触点，用于检测制动踏板的位置，不踩制动踏板时也有电。这是一种"双保险"的连接方式，可使电控中心获得可靠的制动控制信号。

（3）执行器电路

① 电磁喷油器。ECU 的 A16、A47 端子外接 1 缸电磁喷油器；ECU 的 A2、A31 端子外接 2 缸电磁喷油器；ECU 的 A1、A46 端子外接 3 缸电磁喷油器；ECU 的 A33、A17 端子外接 4 缸电磁喷油器。电磁喷油器是电控系统中最关键的执行元件，其构造类似传统喷油器，只有柱塞弹簧不同，并多一个电磁阀，电磁阀控制喷射器柱塞的行程。

② 燃油压力调节电磁阀。ECU 的 A19、A49 端子外接燃油压力调节电磁阀，其中 A19 接燃油压力调节电磁阀正极，A49 端子外接燃油压力调节电磁阀负极，当 A19 输出控制信号时，燃油压力调节电磁阀闭合。燃油压力调节电磁阀装在高压油泵上，用来增加或减少燃油朝排气方向的渗漏，以控制燃油喷射压力。在没有控制信号时，电磁阀为开启状态。其控制信号来源于电控中心对燃油压力传感器输入信号的反馈。

③ 电动燃油泵。ECU 的 K91 端子外接电动燃油泵，电动燃油泵装在车架上。电动燃油泵的一侧，通过一个粗滤器连通燃油箱，另一侧连通柴油滤清器。它是一种带旁通管路的、旋转式的、容积可测量的电动泵。

附录 B

部分柴油机电控系统电路图

1. 潍柴 WD615 国四（Denso 系统）电路图（带 SCR 尿素系统）（附 B 图 1、附 B 图 2）

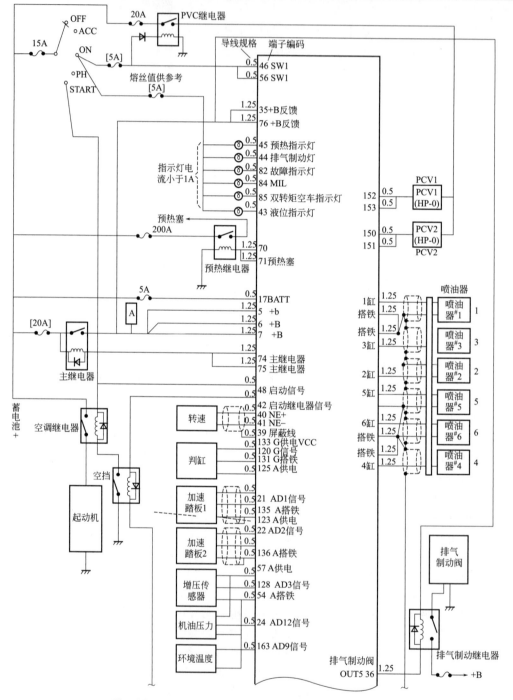

附 B 图 1　潍柴 WD615 国四（Denso 系统）电路图（一）

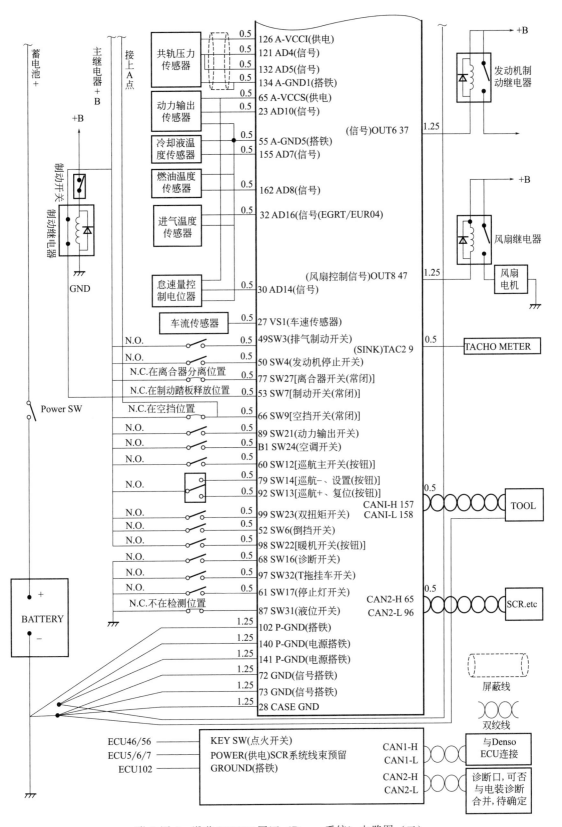

附 B 图 2　潍柴 WD615 国四（Denso 系统）电路图（二）

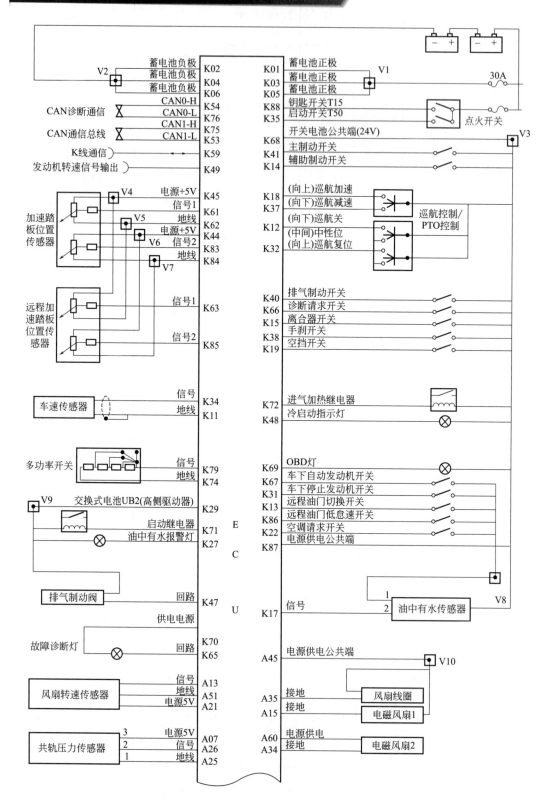

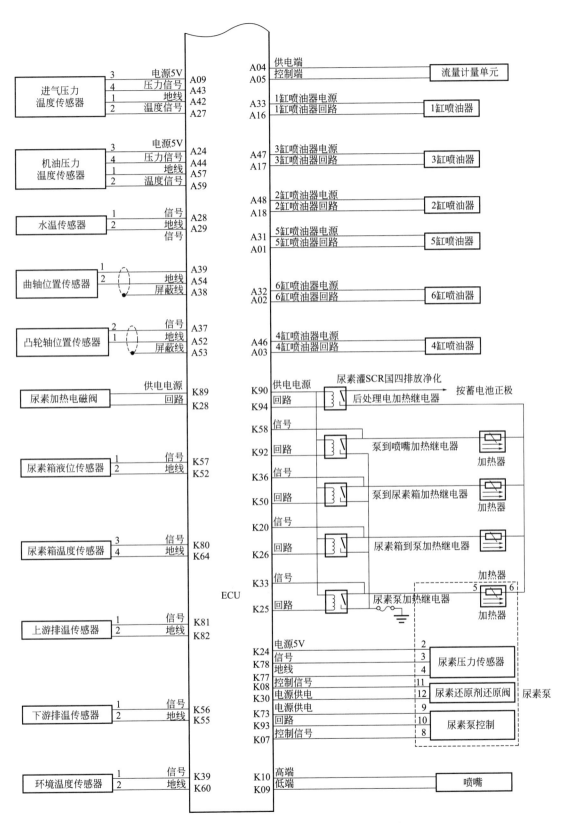

附 B 图 3　潍柴国四发动机博世 EDC17 系统电路图

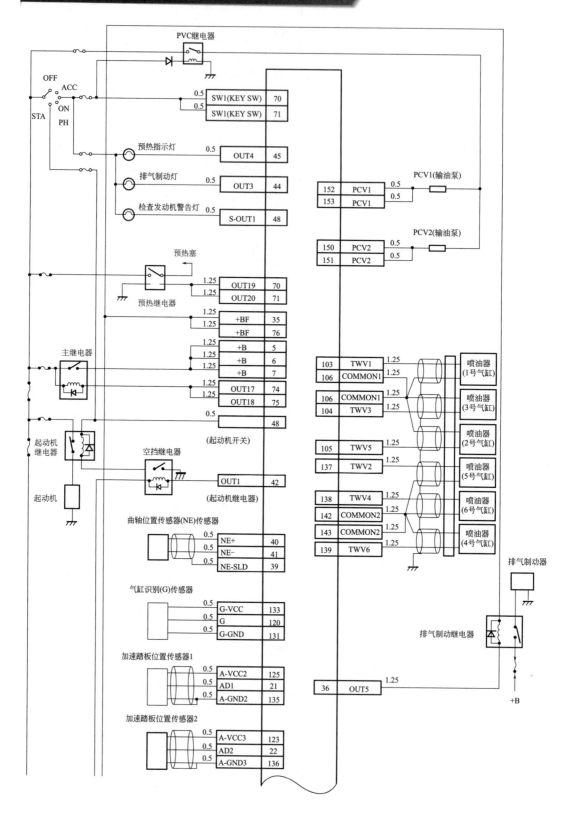

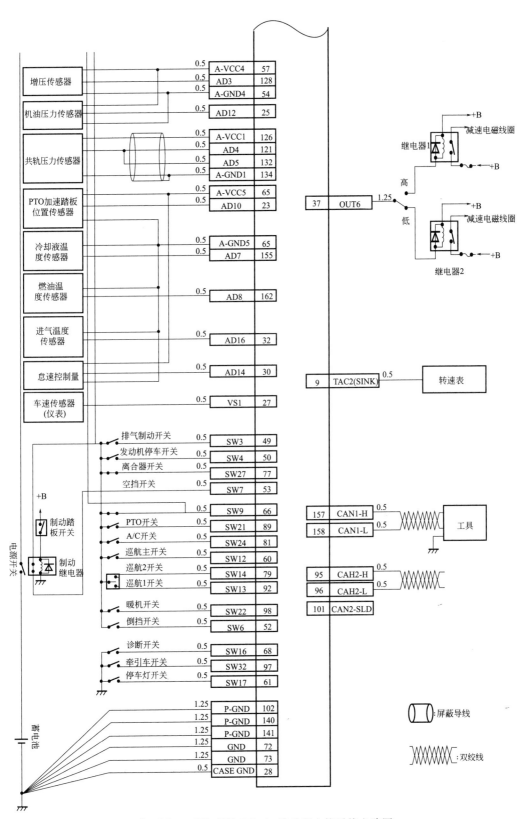

附 B 图 4　重汽豪沃 WD615 发动机电控系统电路图

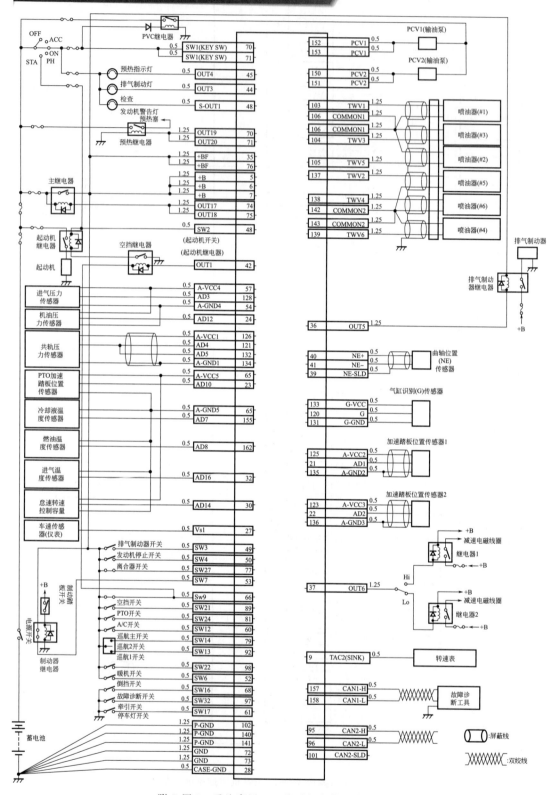

附 B 图 5　重汽豪沃 D12 发动机电控系统电路图

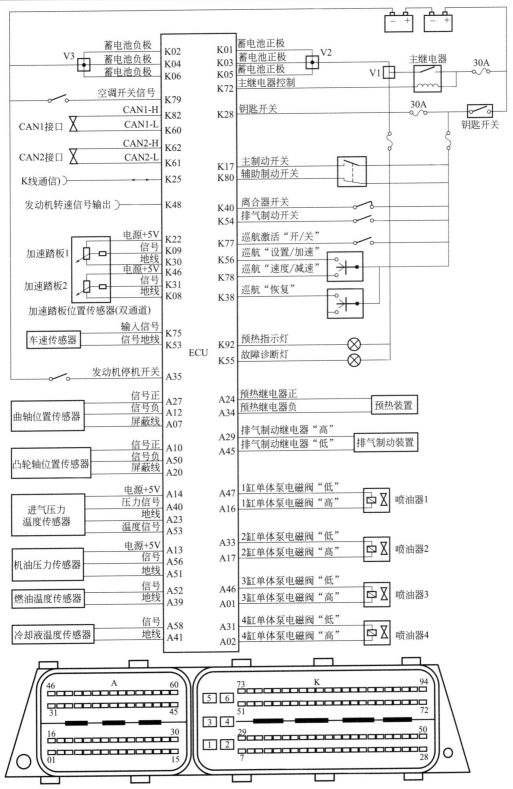

附 B 图 6　大柴道依茨发动机博世 EDC16UC40 单体泵系统（4 缸）电路图

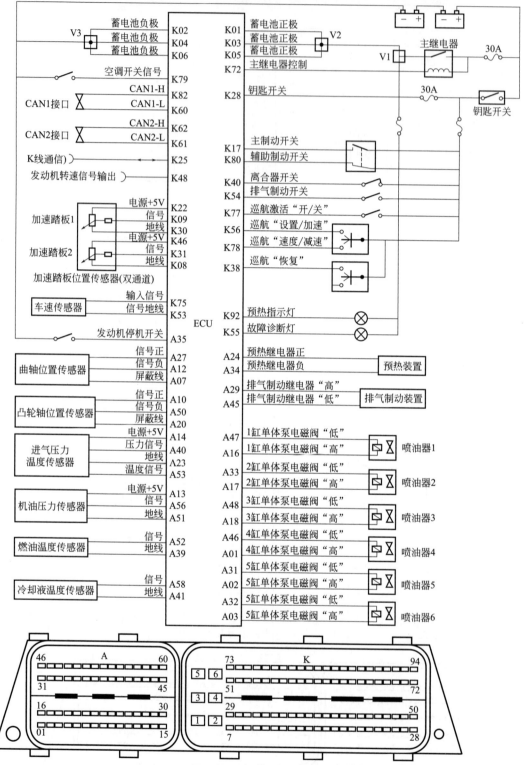

附 B 图 7　大柴道依茨发动机博世 EDC16UC40 单体泵系统（6缸）电路图

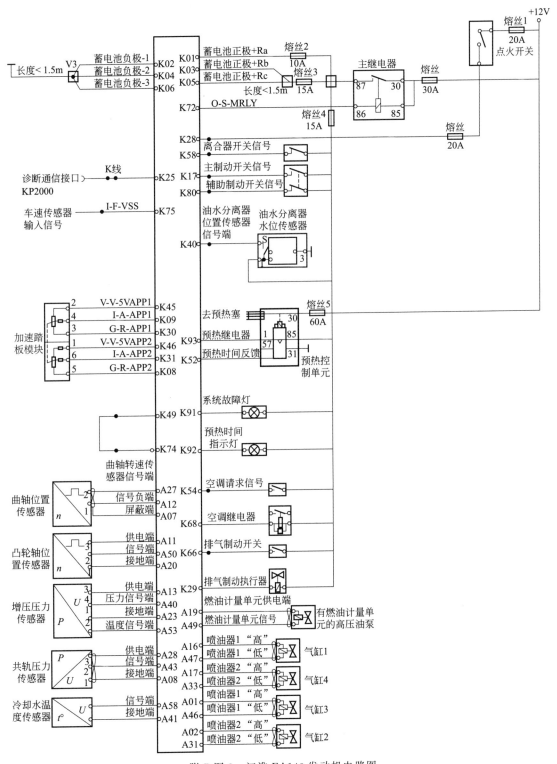

附 B 图 8　江淮 FA140 发动机电路图

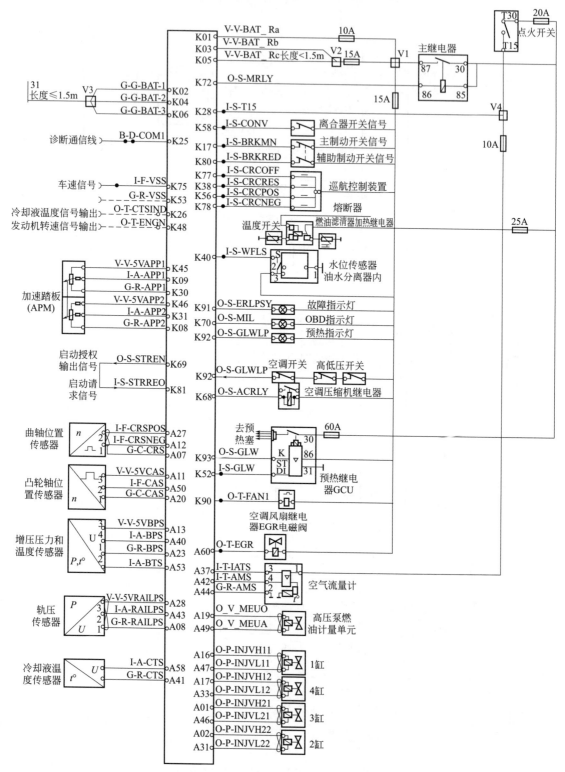

附 B 图 9　江淮瑞风 FA080 2.8柴油发动机电控系统电路图

9. 斗山大宇DV11发动机电控系统电路图（附B图10）

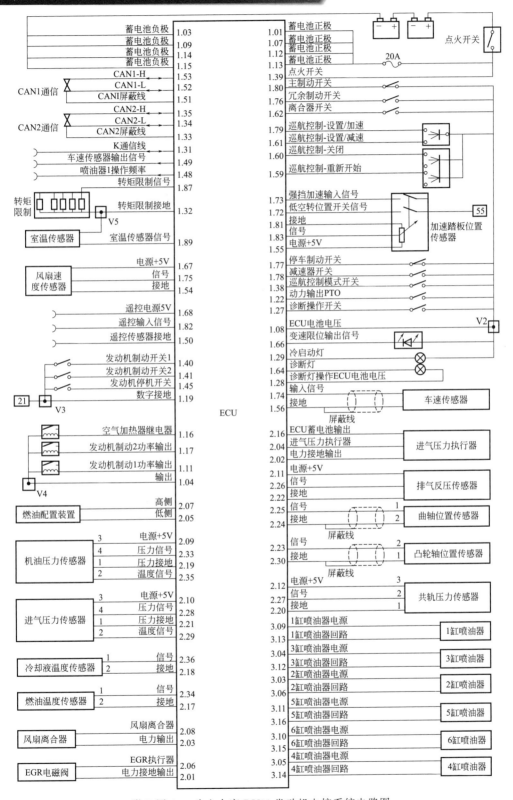

左侧信号	端子		端子	右侧信号
蓄电池负极	1.03		1.01	蓄电池正极
蓄电池负极	1.09		1.07	蓄电池正极
蓄电池负极	1.14		1.12	蓄电池正极
蓄电池负极	1.15		1.13	蓄电池正极 点火开关 20A
CAN1-H	1.53		1.39	点火开关
CAN1-L	1.52		1.80	主制动开关
CAN1屏蔽线	1.51		1.76	冗余制动开关
CAN2-H	1.35		1.62	离合器开关
CAN2-L	1.34		1.79	巡航控制-设置/加速
CAN2屏蔽线	1.33		1.61	巡航控制-设置/减速
K通信线	1.31		1.60	巡航控制-关闭
车速传感器输出信号	1.49		1.59	巡航控制-重新开始
喷油器1操作频率	1.48		1.73	强挡加速输入信号
转矩限制信号	1.87		1.72	低空转位置开关信号
转矩限制接地	1.32		1.81	接地
室温传感器信号	1.89		1.83	信号
			1.55	电源+5V
电源+5V	1.67		1.77	停车制动开关
信号	1.75		1.78	减速器开关
接地	1.54		1.38	巡航控制模式开关
遥控电源5V	1.68		1.22	动力输出PTO
遥控输入信号	1.82		1.27	诊断操作开关
遥控传感器接地	1.50		1.08	ECU电池电压
发动机制动开关1	1.40		1.66	变速限位输出信号
发动机制动开关2	1.41		1.29	冷启动灯
发动机停机开关	1.45		1.64	诊断灯
数字接地	1.19		1.28	诊断灯操作ECU电池电压
空气加热器继电器	1.16		1.74	输入信号
发动机制动2功率输出	1.17		1.56	接地
发动机制动1功率输出	1.11	ECU	2.16	ECU蓄电池输出
输出	1.04		2.04	进气压力执行器
高侧	2.07		2.02	电力接地输出
低侧	2.05		2.11	电源+5V
电源+5V	2.09		2.26	信号
压力信号	2.33		2.22	接地
压力接地	2.19		2.25	信号
温度信号	2.35		2.24	接地
电源+5V	2.10		2.23	信号
压力信号	2.28		2.30	接地
压力接地	2.21		2.12	电源+5V
温度信号	2.29		2.27	信号
信号	2.36		2.20	接地
接地	2.18		3.09	1缸喷油器电源
信号	2.34		3.13	1缸喷油器回路
接地	2.17		3.04	3缸喷油器电源
风扇离合器	2.08		3.12	3缸喷油器回路
电力输出	2.03		3.03	2缸喷油器电源
EGR执行器	2.06		3.06	2缸喷油器回路
电力接地输出	2.01		3.11	5缸喷油器电源
			3.01	5缸喷油器回路
			3.10	6缸喷油器电源
			3.15	6缸喷油器回路
			3.05	4缸喷油器电源
			3.14	4缸喷油器回路

附B图10　斗山大宇DV11发动机电控系统电路图

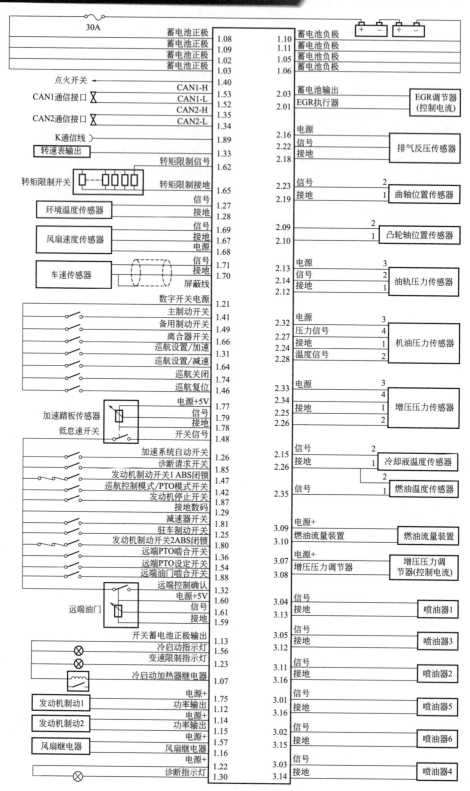

附 B 图 11　斗山大宇 DL06 发动机电控系统电路图

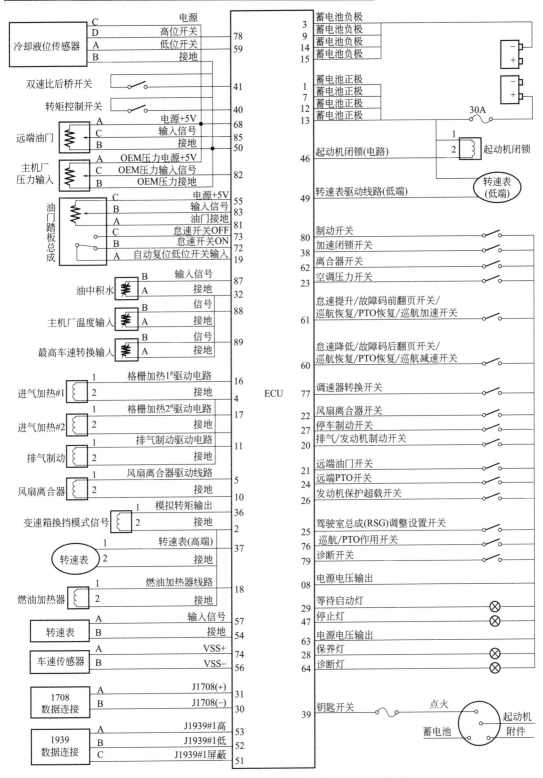

附 B 图 12　康明斯 ISB4/ISBe 发动机电控系统电路图

12. 佳友机械五十铃发动机 4HK1 电控系统电路图（附 B 图 13）

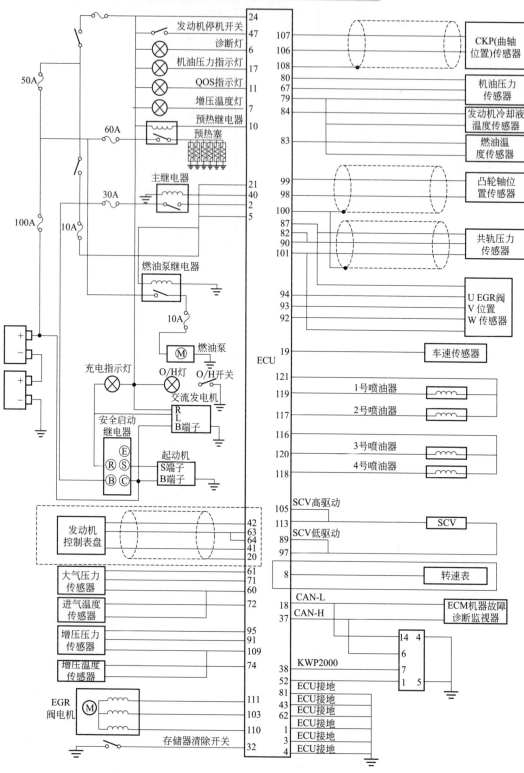

附 B 图 13　佳友机械五十铃发动机 4HK1 发动机电控系统电路图

　柴油机电控系统维修与实例